被忽视的一代

船房社区流动儿童社会融合调查研究

杜智鑫　著

中国发展出版社
CHINA DEVELOPMENT PRESS

图书在版编目（CIP）数据

被忽视的一代：船房社区流动儿童社会融合调查研究 / 杜智鑫著.
北京：中国发展出版社，2016.4

ISBN 978-7-5177-0473-7

Ⅰ.①被… Ⅱ.①杜… Ⅲ.①流动人口—儿童教育—研究—昆明市
Ⅳ.①G61

中国版本图书馆CIP数据核字（2016）第026539号

书　　　名：被忽视的一代：船房社区流动儿童社会融合调查
著作责任者：杜智鑫
出 版 发 行：中国发展出版社
　　　　　　（北京市西城区百万庄大街16号8层　100037）
标 准 书 号：ISBN 978-7-5177-0473-7
经 销 者：各地新华书店
印 刷 者：北京明恒达印务有限公司
开　　　本：700mm×1000mm　1/16
印　　　张：27.25
字　　　数：370千字
版　　　次：2016年4月第1版
印　　　次：2016年4月第1次印刷
定　　　价：68.00元

联 系 电 话：（010）68990625　68990692
购 书 热 线：（010）68990682　68990686
网 络 订 购：http://zgfzcbs.tmall.com//
网 购 电 话：（010）88333349　68990639
本 社 网 址：http://www.develpress.com.cn
电 子 邮 件：937839405@qq.com

序 言

　　中国的城市化是影响21世纪人类社会发展进程的大事。改革开放后的30多年里，中国的城市化以人类历史上前所未有的规模快速发展，成为世界上城市化增长速度最快的国家之一。中国城市化的复杂性和艰难程度也是前所未有的。

　　流动儿童是城市化的孩子。他们的社会融合问题正是伴随中国急剧的城市化过程而产生的。当前中国有3500万流动儿童，其中农业户口的流动儿童为2800万，未来数量还将快速增加。中国新型城市化的落脚点在"以人为本"，作为未来的新市民和劳动力，流动儿童本应从城市化中受益，但当前他们却是最脆弱的群体之一。他们在所居住的城乡结合部、城中村社区里大多都面临着健康、教育、贫困和社会边缘化的诸多问题，直接影响着他们的安全、行为、心理和职业技能的发展。低投入和低发展水平导致他们通常在低人力资本的情况下就卷入就业市场，由此导致就业竞争力弱、收入水平低、抗风险能力差，从而形成社会不融合和贫困的恶性代际循环。这种状况既影响中国未来的社会经济发展，也有悖于社会公平。

　　为探讨流动儿童的社会融合问题，促进他们健康成长，实现社会公平，中国发展研究基金会自2011年起在云南省昆明市的最大城中村——船房社区开展了"关爱流动儿童、促进社会融合"项目。项目就流动儿童的教育、健康和社区融入等问题进行了历时4年多的调查研究和干预试验。本书就是调查研究的成果。本书采用的调查研究有如下三个特点。

　　一是对流动儿童生活状况的忠实调查和记录。在中国城市化这样一个变动剧烈的背景下，若不及时去观察、记录、研究处身其中的流动儿童，相关史料就会永远遗失。就流动儿童生活的典型环境"城中村"进行"解剖麻雀"式的社区研究，有助于记录流动儿童真实的营养、教育、心理和社会认同等状况，探究其背后的制度和社会结构，促进对流动儿童社会融合的认识。

二是从生命历程和代际传递的角度去调查研究流动儿童。现有的流动儿童研究多注重某个年龄段尤其是义务教育阶段的问题，缺乏对流动儿童生命周期的关注。流动儿童的社会融合实际包含在从出生到其从学校毕业再到其进入社会的生命历程里，需要有连续的跟踪与研究。同时，从代际角度看，当前流动儿童复制他们父辈低学历、低收入、低社会阶层的趋势日益明显，需要引起重视。本书首次尝试从生命历程和代际传递的角度对流动儿童的营养健康和教育问题进行综合而深入的探讨，是值得肯定和鼓励的。

三是不仅提出了流动儿童所面临的问题，而且切实记录了流动儿童社会融合试验的探索经验和教训，并尝试着提出了儿童优先、全程干预的政策建议。

诚如书中所言，这些城市化的孩子的命运有三种可能。一种命运是政府和社会加大对流动儿童的关爱力度，大力投资营养健康和教育领域，促进他们向上流动，使他们成为"新市民"和"新劳动力"。与之相反，如果任由当前非包容的城市化和流动儿童政策得以延续，则会出现两种完全不同的命运："被忽视的一代"或"留守一代"。改变流动儿童的命运必须从现在开始。儿童出身的差异没办法消除，但政府、企业、社会组织、媒体和公众可以尽量弥补社会不平等，通过提供营养、卫生和教育等公共服务，让每个儿童都可以实现梦想。谨此也希望本书的出版能让更多的组织、机构和个人来关注流动儿童，帮助流动儿童，早日实现"同在蓝天下，携手共成长"！

中国发展研究基金会秘书长　卢迈

2016年2月22日

目 录

第一章

导　论

一、被忽视的一代

　　诺贝尔经济学奖获得者、前世界银行副行长斯蒂格利茨曾预言："中国的城市化与美国的高科技发展将是影响 21 世纪人类社会发展进程的两件大事。中国的城市化将是区域经济增长的火车头，将会产生最重要的经济效益。同时，城市化问题也将是中国在新世纪里面临的第一大挑战。"而流动儿童[①]及其社会融合问题正是伴随中国急剧的城市化过程而产生的。

　　城市化进程的不断加快导致了大量流动儿童的出现。联合国儿童基金会发布的以"城市化世界中的儿童"为主题的《2012 世界儿童状况报告》指出，城市中的儿童正日益成为最贫困、最脆弱的群体之一。现在全球有近一半儿童生活在城市里（图 1），预计到 2050 年这一比例将达到 2/3。在发展中国家，大量农村贫困人口在城市化进程中流动到城市，在为孩子获得教育和医疗等基本社会服务时遇到困难（联合国儿童基金会，2012）。

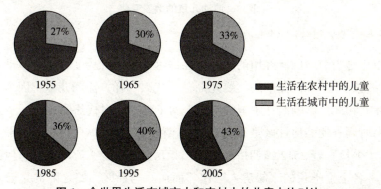

图 1　全世界生活在城市中和农村中的儿童占比对比

　　数据来源：联合国儿童基金会，《2012 世界儿童状况报告》。

---

　　① 本书对儿童的界定采用联合国《儿童权利公约》的定义，即指18周岁以下的任何人。本文的流动儿童与留守儿童相对照，与通常所称的农民工随迁子女具有一致性。

中国第六次全国人口普查数据表明，流动儿童的数量正在逐年迅猛增长。中国目前的流动人口达到 2.6 亿人，约占全国总人口的 20%，农村户籍流动人口约占流动人口总量的 80%[①]。流动人口正处于在流入地站稳脚跟后，安排子女随迁和就学的阶段。当前，全国 0 ~ 18 周岁的流动儿童约为 3500 万（图 2），其中户口性质为农业户口的流动儿童占 80.35%，即约为 2800 万。与根据 2005 年全国 1% 人口抽样调查数据测算得出的数量相比，流动儿童总量增加了 41.37%，各年龄组的流动儿童规模都在快速增加。多数流动儿童都属于长期流动，平均流动时间为 3.74 年，其中 7 ~ 14 周岁流动儿童中约有 1/3 流动时间在 6 年以上（全国妇联课题组，2013）。从流动的地域上看，流动儿童高度集中在中东部发达地区，但部分中西部地区流动儿童在当地城镇儿童中所占比例也比较突出。随着流动人口进入家庭团聚期，流动儿童的数量还将保持快速的增长。2020 年之前，中国每年大概还将有 2000 万人流动到城市中来（中国发展研究基金会，2010）。

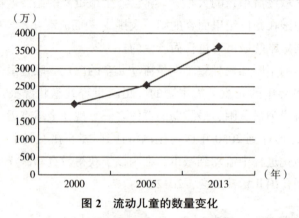

图 2 流动儿童的数量变化

数据来源：根据全国妇联各年份的数据整理而成。

城市化是当前中国所经历的最重大而深远的经济社会变迁，而流动儿童就是"城市化的孩子"。如同美国的"婴儿潮"一代人一样，流动儿童将因为自身特殊的人生际遇和社会影响而在中国的历史上留下深刻的时代烙印。

本书所调查的船房社区是云南省昆明市的第一大"城中村"。1.8 平方公里的村子里，"生长"着 2512 幢拥挤凌乱的出租房。6 万多[②]流动人口与他们的孩子和 4300 多名土生土长的"船房人"比邻而居。与社区一路之隔的是云南省人民代表大会整洁漂亮的家属区，另一边则是阴暗、喧嚣、拥挤的"船房村"。每天

---

① 国家统计局，第六次全国人口普查数据。
② "六普"数据显示，实际在 8 万人左右。

清晨，人们从密密麻麻的楼房中钻出来，穿过狭窄的巷道，汇入城市的车水马龙中……出村的这段路，走快一点只需要 10 多分钟。但在真正意义上的城市化和社会融合之路上，船房社区的流动人口和他们的孩子却走得异常艰难。

"单亲"妈妈和孩子 [①]

袁 ZHY，女，汉族，1976 年生，小学，已婚，有 1 子 1 女，户籍为云南红河。初次遇到她时，她的孩子正在生病发烧，吃了些药，但依然很难受。女儿上小学二年级，儿子上幼儿园。她在社区里打扫卫生，一个月可挣 700 多元。一家人租住在一间六七平方米的屋里，光线昏暗，床铺、桌椅、衣物和炊具都挤在屋里，做饭、孩子写作业和睡觉也都在这里。房租月均 300 多元，水电 100 多元，孩子上幼儿园 300 多元，再加上全家人的吃喝，一个月的开销要 1000 多元。孩子的爸爸在红河做包工程，几个月回来一次，给她们母子带一些钱。袁和孩子的父亲是在外面打工时认识的，觉得人不错，就在一起了。

袁 ZHY 说，之所以带孩子来船房，是因为城里的教育好一些。孩子在老家上学很苦。老家的学校离家有几里地，隔着一条大河，一下雨就涨水。女儿有两次掉进了河里，幸亏有好心人搭救，否则就再也见不到了。袁 ZHY 的老家是贵州盘县，家里有兄弟姐妹 5 个。大姐因病故去了，哥哥和弟弟都因为贩毒被抓起来判了刑。在老家的村子里，许多人都走这条路。村里还有许多人放高利贷，哪家还不起，就让哪家的小孩去贩毒。她讨厌老家村里的人，这也是她出来的重要原因。

谈着谈着，她和我们逐渐熟了起来，甚至告诉我们，其实她的丈夫已经在红河那边又有了女人，现在只是偶尔回来一次，给些钱。大部分时间都是她和孩子们生活。她每天都得去工作，周六也不休息。她希望孩子们能好好上学，将来有一个好的出路。

在厂子里玩耍的孩子

浦 HT，3 岁，男孩，现在就读于小龙人幼儿园。他还有一个哥哥，7 岁，也在小龙人幼儿园，来年就要上小学了。他们一家 4 口人，住在 8 平方米左右的出租房中，房租每个月 200 多元。摆了两张床后，房间里就几乎不剩什么地方了。父母平时上班忙，顾不上收拾，屋子里显得有点脏和乱。

---

① 本书案例如无特殊说明，均来自调查访谈，以下不再一一说明。

浦 HT 的爸爸 25 岁，四川广安人，读过初中，是家里的独子，很早就出来打工了，但没接受过什么职业培训。妈妈卢 CHM，28 岁，贵州新安人，小学没有读完。夫妇两人从老家出来 4 年了，一直在船房服装厂做活，并且就是在厂子里认识的。服装厂实行的是计件工资制，几乎要天天上班，效益好的时候每个月有近 2000 元，不好的时候就只有 1000 多点。他们既没有劳动合同，也没有任何社会保险。他们一般早上 8 点多上班，晚上通常要加班到 12 点。平常，两个孩子从幼儿园放学后就被他们带到厂子里玩耍，直到他们下班。两个孩子的晚饭也是和他们一起在厂子里吃。厂里每个月从他们工资里扣 250 元的伙食费。考虑到大孩子马上就要上小学了，浦 HT 的爸爸不想让妻子继续在厂里做活了，想给她找一份不加班的工作，以便能更好地照顾孩子，但到目前都还没找到合适的。由于船房小学招生名额有限，他有点担心大孩子会报不上名。他说如果那样，他会让孩子在幼儿园再上一年。

自首的阎 F

阎 F，男，汉族，初中文化，18 岁，重庆市忠县人。2006 年 9 月，阎 F14 岁时，随父母来到船房社区。到船房后一直在家闲居。2009 年，因其女友张 XY（时年 15 岁）同人发生口角，阎 F（时年 17 岁）伙同朋友陈 X（时年 17 岁）用砍刀将对方两人砍成重伤。之后阎 F 到当地派出所自首，同年被法院以故意伤害罪判处有期徒刑两年，缓期两年执行。他的女友在刑拘 30 日后被释放。陈 X 案发后逃逸，于 2010 年在大理被抓获。

上述是船房社区流动儿童生活境遇的三个典型案例。在中国的城市化大潮中，不甘于世世代代贫困的农民开始大量走出农村，到城市里谋生。他们多数在城市从事低技能、低收入和低社会地位的职业，尽管能获得比在老家务农更高的收入，但却不得不忍受着强烈的社会歧视和制度不公。但即便如此，他们还是对在城市生活有着高度的认同和希望，往往在具备了一些养家糊口的能力后，就会将自己的妻子儿女接到身边，实现"家庭团聚"，并希望下一代能成为"城里人"，过上比他们更好的生活。然而，在当前的城市化大潮中，人们更多看到的是：这些流动儿童生活在脏、乱、差的城中村，游戏于"山寨幼儿园"，受教于"农民工子弟学校"，被拒于"异地中考、异地高考"之门外，挣扎于"苦力"与"暴力"的"后学校"谋生漩涡之中。

这些城市化的孩子的命运究竟会如何？有三种可能。一是由于政府和社会加大对流动儿童的关爱，大力投资营养健康和教育相关领域，促进流动人口的向上流动，使他们成为所在城市的"新劳动力"和"新市民"。与之相反，如果任由当前这种非包容的相关政策延续下去，则会出现两种完全不同的命运：其一，成为"被忽视的一代"；其二，重新成为"留守一代"。无论是成为"被忽视的一代"还是"留守一代"，流动儿童长大成人后都存在极大的可能将自身的"贫困"和"社会不融合"传递给自己的子女，从而在代际之间形成"贫困"和"社会不融合"的恶性循环。

面对上述三种可能，我们需要探究，哪些因素影响着流动儿童的命运？如果真的出现流动人口"贫困"和"社会不融合"的代际传递，对整个国家和社会的影响又是什么？这种被扭曲的个人命运和社会不公有可能得到改变吗？相应的对策又是什么？

二、流动儿童社会融合的研究综述

流动儿童的社会融合问题不是中国所独有的。许多发达国家和发展中国家在工业化和城市化的过程中，都经历过相似的问题。近 20 年来，学界关于流动儿童的研究成果逐渐丰富起来，表现在对流动儿童的专项研究开始增多，研究主题明确，研究方法也不断得到改进。已有的研究成果和重要观点，部分已对流动儿童问题的解决起到了推动作用，有的甚至能在未来继续发挥重要作用。

（一）贫困的视角

1989 年，联合国《儿童权利公约》提出，要保障每个孩子都能有一个健康的、受保护的童年。在公约的倡导下，儿童贫困被看作一个重要的社会问题以及政策问题得到了社会各界的关注。

1. 儿童贫困的界定和测量

儿童贫困指儿童期所经历的贫困。早期的研究直观地用家庭收入和消费来解释儿童贫困，这种方法在后来受到了普遍质疑，因为它忽略了儿童与成人的不同以及家庭收入与分配在儿童身上的差别。在联合国儿童基金会对贫困儿童基于权利剥夺的定义下，越来越多的研究使用多维度来测量儿童贫困，认为儿童的贫困不仅体现在物质的匮乏上，还体现在其他方面。其中最著名的是普林斯顿大学和伦敦经济学院做的研究。该研究使用 7 个被剥夺权利的指标来测量贫困：食物剥夺、饮用水剥夺、生活的基础设施剥夺、健康剥夺、居所剥夺、教育剥夺、信息来源剥夺。同样的研究还包括英国国际发展部做的青少年生活项目，提出贫困儿童基本需求的剥夺主要体现在饮用水、电、高质量的教育、适当的穿着等指标上，并提出了贫困在性别维度上的差异（秦睿、乔东平，2012）。

2. 儿童贫困的原因及影响

儿童贫困的成因是多方面的。一般来看，儿童生活的主要经济来源是父母，其致贫直接原因是家庭。一方面，家庭规模的大小、构成情况、家庭特征、父母的就业和收入都是儿童贫困的影响因素。有研究表明，父母就业难、无工作、收入低的家庭更为贫困；子女多的家庭也更容易陷入贫困；单亲家庭尤其是单身妈妈家庭陷入贫困的概率持续升高。另一方面，从社会学角度来看，贫困可能发生代际传递：在贫困家庭中，可能因为要素的缺乏、贫困文化的传递、社会排斥等方面影响，父母的贫困可能会传递到下一代，引起子女的贫困。这种传递可能更多地强调家庭带给儿童在文化、精神上的禁锢，使其受到不利影响和社会排斥。而政府的政策干预也是影响儿童贫困的又一重要因素。政府是否有政策干预以及政策的覆盖范围、政府的救助力度都能影响儿童的贫困程度。

贫困往往对儿童造成身体和心理的伤害。研究表明，贫困使得同龄孩子间在如下几方面产生了差异：①身体健康（出生体重、营养、发育）；②认知能力（智力、口头表达能力）；③学业成绩（教育程度）；④情感和行为；⑤青少年非婚生育；⑥就业；⑦犯罪。贫困家庭中的儿童往往存在认知能力弱、学习障碍及社会情感发展迟缓等问题，而早期贫困的儿童比晚期经历贫困的儿童在学校的竞争力更低。在童年时期基本生活需要得不到满足，就会对其生理、心理产生长期的负面影响，从而可能会影响其成年后的生活和就业状况。在贫困环境中长大的儿童，成年后贫困的可能性会更大。

3. 国内对贫困儿童的研究

国内对于儿童问题的研究起步较晚，并且缺乏较为官方的数据统计性研究（李春凯，2013）。张时飞和唐均估算得到的城市贫困儿童数据为 710 万左右，这一数值还呈现不断增长的趋势（张时飞、唐均，2009）。

部分学者试图从经济的角度解释儿童贫困问题并提供解决方案。他们认为，对于没有收入的儿童来说，家庭收入低、经济能力差是他们陷入贫困的首要原因。应该通过针对儿童、家庭、社区和特定地域的财政性救助来缓解这一问题（汪燕敏、金静，2013；史威琳，2011 等），方法包括财政转移支付、现金补贴等（史威琳，2010）。

部分学者从社会保障的角度，对现有的针对贫困儿童的社会保障政策做了许多反思并提出了相关意见。目前我国针对贫困儿童的福利保障体系较为松散（孙莹，2002），较多地涉及贫困儿童群体中的孤残儿童（顾莉，2011）。对于低保、低收入、孤儿、重病等不同情况的贫困儿童，保障政策也不平衡（张时飞、唐均，2009）。因此，现有的贫困儿童社会保障体系仍然有待完善，并且需要在保障基本生活水平的基础上提高福利支持。

部分学者从教育的角度探讨了儿童贫困。教育的缺失直接导致经济、社会、文化资本的缺失，使孩子在如今的社会中丧失竞争力，贫困由此从父辈传递到下一代，并且更加恶化。教育问题会加剧儿童贫困问题（袁连生、刘泽云、刘宝超，2005；刘精明、杨江华，2007；王爱君、肖晓荣，2009；陈银娥、高思，2011 等）。

还有部分学者从卫生、营养和心理的角度探讨了儿童贫困问题。因病致贫也是儿童贫困问题的因素之一。陷于贫困生活条件中的儿童更容易感染疾病，也存在由于大病而导致家庭贫困的情况。目前我国尚没有针对贫困儿童的医保体制，而是把分类纳入其他的医保体系当中（陆世桢，2006；曲顺兰、窦峥、陈欣，2009）。同时，贫困儿童的心理问题也不能忽视。家庭社会经济地位以及自身的生活状况对儿童造成的心理影响不仅难以磨灭，而且会作用于儿童未来的发展和成长。他们的社会性情绪、自我认知和心理健康程度都会受到贫困带来的负面影响，问题儿童、心理缺陷儿童会越来越多（毕玉、王建平、成吉祥，2008；冯晓杭、于冬，2008；顾莉，2011；李春凯，2013 等）。

（二）教育的视角

1. 受教育权、教育公平和机会均等

保障儿童受教育的权利是社会的义务。社会应该向每个未成年人提供最低限度的正规教育，让他们掌握将来履行各种基本职责、参与社会生活所需的必要文化知识，并且在知识和智力上为将来正常生活和进一步受教育打下基础。中国《宪法》和《教育法》明确规定，公民有受教育的权利和义务。

教育公平是最重要的社会公平，是社会公平在教育领域的延伸。教育公平包括人人享有平等的教育、人人平等地享有公共教育资源、公共教育资源配置向社会弱势群体倾斜以及反对各种形式的教育特权。教育公平不仅是社会的基础性公

平，而且是人的发展的起点公平。教育公平不仅要实现资源、机会的公正分配，还要关注个人的发展（石中英，2008）。由于存在事实上的社会经济地位的不平等和个体差异，教育机会均等就成为教育权利公平最核心的内容（沈有禄、谯欣怡，2010）。就教育全过程而言，教育公平应体现为保证从学前教育到义务教育，再到高中教育和高职教育，再到高等教育的机会公平，通过教育确保社会流动渠道的畅通（沈小革、周国强，2006）。

2. 国外对教育公平和机会均等的研究

韩国、日本、美国、英国等国家也都曾面临人口流动对教育的影响，这是工业化和城市化的结果。例如，在韩国就有"大雁爸爸"的词汇，意思是说妈妈陪子女到国外学习，爸爸孤身一人在国内挣钱。此外，日本也同样出现了"教育热现象"。但由于国外没有户籍制度的限制，这些外来人口很快被城市化。

关于人口迁移对教育的影响，学者甘纳·福格斯泰德研究发现，人口的迁移会影响人们受教育的动力和改变地区学龄人口的数量。学者桑德拉·派克对流动儿童的学习问题给予了特别关注。他认为，频繁流动对儿童的学习不利，例如，流动儿童辍学率高，成绩较差，留级的比例更大。尤其贫困与流动性相结合会给儿童学习带来更为严重的影响。此外，他还对如何降低和消除人口流动对儿童学习的不利影响进行了对策探讨（李丽华，2010）。

国外在对教育机会均等的研究中最著名的当属科尔曼（Coleman）1966年撰写的题为《教育机会均等》的报告，在报告中科尔曼提出了5类不平等现象：对学校资源投入不平等、制度设定不平等、社区的投入不均等、学校对同样背景和能力的学生的影响不同、学校对不同背景和不同能力的个人影响不同。学者列维（Levin）在1976年研究西欧社会教育机会与社会不平等时指出，评价教育机会均等应该有4个方面的标准：具有相同教育需求的人被给予的受教育机会均等，不同社会背景的学生获得教育的机会均等，教育结果均等，教育对生活机会的影响是均等的。

3. 国内对流动儿童教育的研究

国内最早涉及外来务工人员子女教育问题的，是1995年1月21日《中国教育报》刊登的记者李建平的文章《流动的孩子哪上学——流动人口子女教育探讨》。但真正意义上的研究，大致是从1998年开始的。赵树凯在1998～1999年对北京的114所打工子弟学校进行了大规模的调查，对学校概貌、办学者群体、流动家庭的教育决策进行了描述分析，提出要重视"移民二代"的成长。张斌贤以1997～2001年发表的有关流动人口子女教育问题的研究文献为基础，对该问题的研究进行了梳理。段成荣等则对流动儿童教育问题的现状及亟需解决的问题进行了初步的探讨。

2001年，农民工子女简易学校成为研究热点。北京社科院韩嘉玲的《北京市流动儿童义务教育状况调查报告》研究了流动儿童义务教育市场化的形成机制，以及流动儿童学校基本现状——流动、边缘、不规范。而吕绍青、张守礼的《城乡差别下的流动儿童教育——关于北京打工子弟学校的调查》则重点强调儿童权利，把农民工子女看作一个城市化进程中的独立群体来研究。

2001～2007年，众多学者开始探究导致外来务工人员子女教育机会不均等现状的原因，并寻求解决问题的对策。综合来看，社会生产力发展不平衡、国力尚未达到一定高度，是形成农民工子女教育问题的根本原因。而社会制度的变革滞后，尤其是城乡二元户籍制度是造成农民工子女教育问题的体制原因。义务教育体制与市场经济不相适应、义务教育户籍管理学籍、义务教育财政体制的过度分权，是造成农民工子女学校教育问题的直接原因。在现有义务教育体制下，普及义务教育所需的资金由地方政府负责筹措与分配，流入地与流出地政府之间对农民工子女教育的责任不明确，一个地方的学生越多，该地方政府的财政压力就越大。此外，城市对农民工及其子女存在歧视与偏见，流动人口的社会管理与服务体系不完善是造成农民工子女社会教育不公平的外部原因。流动人口的家庭经济贫困、自身素质问题以及职业流动性是农民工子女教育问题出现的主观原因。

（三）社会融合的视角

1.社会融合的概念及内容

作为研究流动儿童重要视角的社会融合是在社会排斥的概念和理论基础上发展而来。社会排斥最初主要是指经济领域中互相排斥的现象，后来扩展到社会生活的方方面面（Lenoir，1974）。学者约翰·皮尔森、吉登斯以及一些国际组织和机构，如欧洲共同体委员会、欧洲理事会都曾对社会排斥做出界定。尽管他们对社会排斥的定义不同，但这些定义都有一个共同点，即对社会排斥的定义不仅涉及贫困和物质资源的匮乏，也涉及一些个人或者群体在社会中被边缘化的过程——他们不仅只是被排除在大多数社会成员可以获得的物质资源和生活标准之外，也被排除在机遇、选择和生活机会之外（Eleni Apospori，2003；彭华民，2005）。

表 1	学者和机构关于社会排斥的定义
个人或机构	定　义
约翰·皮尔森	社会排斥是对个人和家庭、群体和社区参与社会、经济和政治活动所需要资源的全面剥夺过程。这一过程首先是贫穷和低收入的结果，其他因素如歧视、教育程度低和生活环境差也对此造成了影响。通过这一过程，一个人在他生命相当长的时期内被排除在社会大多数人享有的制度和服务、社会网络和发展机会之外
吉登斯	社会排斥可以有多种形式，主要的有经济排斥（economic exclusion）、政治排斥（political exclusion）和社会排斥（social exclusion）
欧洲共同体委员会	社会排斥是指由于多重的和变化的因素导致人民被排斥在现代社会的正常交流、实践和权利之外。贫困仅仅是其中最明显的因素之一，社会排斥也指不能享受住房、教育、健康和服务的充分权利
欧洲理事会（European Council）	社会排斥是某些个人由于贫穷、缺乏基本技能和终身学习的机会，或者由于受到歧视，导致他们被推入社会边缘，无法全面参与各项社会活动的过程

资料来源：① John Pierson, Tackling Social Exclusion, New York：Routledge, 2001。

② Giddens, A., Sociology, CaMbridge：Polity Press & Blackwell Publishing CoMPany, 2001。

③ European Council. Joint Report on Social Inclusion. LuxeMbourg：Office for Official Publications of the European CoMMunities, 2004。

进入 20 世纪 90 年代，人们逐渐意识到，经济与社会是密不可分的。要想获得经济社会的可持续发展，必须实施人人共建、包容共享的发展策略。社会融合作为其中重要的理念和政策被提出。人们普遍认为社会融合是一件好事，而社会排斥是一件坏事，因为它破坏了社会凝聚。尽管社会融合有着多种不同的定义，但都普遍包含以下内容：社会融合不是静态的，而是一个对现状一直进行挑战的动态过程；社会融合既是目的，也是手段；没有人可以通过强制力量达到社会融合；社会融合不仅是制度性的，同时也是主观性的；社会融合是多维度的，包括经济、政治、社会、制度、文化以及心理融合；社会融合是多层面的，既有全国范围的也有城市范围的，既有宏观层面和中观层面的也有微观层面的（彭华民，2005）。

表 2	学者和机构关于社会融合的定义
学者或机构	定　义
欧盟	社会融合确保具有风险和被社会排斥的群体能够获得必要的参与权利，人人享有广泛的机会平等，全部公民都享有基本的社会福利。社会融合概念强调社会政策的作用，保护合法人权，确保所有人有机会和能力被融合，而且避免将焦点只放在贫困或需要社会救助的个人身上

学者或机构	定 义
加拿大莱德劳基金	认为社会融合旨在确保所有孩子和成人能够参与一个值得重视、尊敬和奉献的社会。它不仅仅需要消除壁垒或风险，还需要对产生融合的环境的投资和行动。社会融合具有5个维度：受到重视和认同、人类发展、参与和介人、亲近及物质丰足
阿玛蒂亚·森	共融社会或融合社会是指这样一个社会，在那里成员积极而充满意义地参与、享受平等，共享社会经历并获得基本的社会福利。他认为社会融合概念强调需要社会政策来改善能力，保护合法人权，确保所有人有机会和能力被融合

资料来源：彭华民，"社会排斥与社会融合———一个欧盟社会政策的分析路径"，《南开学报：哲社版》，2005 年 01 期。

2. 国内对流动儿童社会融合的研究

国内有部分学者从社会化的角度研究流动儿童的成长环境支持。他们指出，家庭、学校、朋友群、社会舆论的标签化等不利因素导致了流动儿童的畸形社会化，对流动儿童的早期成长产生了消极影响，如社会角色混乱、责任感缺失、能力弱化以及失范行为增多等（张翼、风笑天，2006；史小浩、王毅杰，2007）。但也有学者指出不利环境对流动儿童形成良好品质具有一定的强化作用（陈黎，2006）。

还有学者从社会整合与社会控制的角度研究流动儿童的城市融入支持。流动儿童在城市中面临消费排斥、社会关系排斥、文化排斥和福利制度的排斥（任云霞，2006；范丹，2004）。地方政府在解决流动儿童问题时，在户籍、教育、保障、医疗等制度方面，控制多于支持（周序，2007；张立忠，2007）。而在解决流动儿童问题时，应减少社会控制，尤其是在户籍、教育、保障、医疗等制度上。

部分学者从社会分层与社会网络的角度来研究提高流动儿童社会地位的社会支持。由于流动儿童的父母经济条件低下，他们在社会资本的拥有量方面处于劣势。由于居无定所、安全无保障、缺乏教育机会和教育资源，因此他们是游走在城市夹缝中的群体，是被边缘化的弱势群体（谢志强，2008）。社会应提供更多的社会福利、社区援助以增加流动儿童的经济资源。

还有学者从社会制度与社会结构的角度来分析流动儿童的制度政策支持。他们认为，制度与政策漏洞是流动儿童权益受损的根本原因，因此改革户籍制度和完善流动儿童的教育等公共服务是解决流动儿童问题的根本所在（李永道，2005；冯帮，2007；谢志强，2008）。

（四）现有研究存在的问题

综合分析上述国内外关于流动儿童的研究，主要存在如下问题。

一是受学科限制以及研究工作中人力、物力、财力等多种因素影响，现有研究分散在各学科领域，各专注于一个研究主题，缺乏整体性和系统性，未能将流动儿童的营养卫生、教育、心理和社会认同等问题作全盘考虑，而流动儿童所面临的社会融合问题实际上是一个系统性问题。

二是已有研究成果更多是对人口普查数据或多个区域及社区的剖面研究，缺乏立足流动儿童生活的典型环境"城中村"，结合营养卫生、教育、心理和社会认同等进行"解剖麻雀"式的典型社区研究。此外，还缺乏针对当前流动儿童存在的问题进行社区改革试验可能性的研究。

三是已有研究成果大多是以流动儿童为研究对象，缺乏对流动儿童及其父辈代际关系的探讨。事实上随着流动随迁家庭的增加、留城时间的延长、留城期望的高涨，"流动儿童父辈的社会融合状况是否会传递到子代"正在成为重要的议题。

四是现有研究多注重某个年龄段尤其是义务教育阶段的流动儿童，而缺乏对流动儿童生命周期的关注。而流动儿童的社会融合实际包含其从出生到毕业进入社会的一个生命历程，需要有连续的跟踪与研究。

五是已有研究大多仍然停留在"问题"阶段，将过多的精力花费在对原因的探析上。实际上，关于流动儿童的研究早就应该从"问题模式"向"治理模式"转换。同时，在提供的对策上，大多数研究也沉溺于某一问题，未能建构起一个系统的政策体系。

三、代际传递和生命历程的视角

（一）核心概念界定

1. 流动儿童

国内尚未有对流动儿童的统一明确概念。联合国《儿童公约》第一条中关于儿童的定义是指 18 周岁以下的任何人。1998 年原国家教委、公安部发布的《流动儿童少年就学暂行办法》则规定，流动儿童少年是指 6 ~ 14 周岁，随父母或其他监护人在流入地暂时居住半年以上、有学习能力的儿童少年。本研究将流动儿童界定为：18 周岁以下，跟随父母或其他监护人从户籍所在地来到流入地学习、生活的，但户口仍在原籍的未成年人。

2. 社会融合

国外有关移民融入的研究，主要关注其社会适应和国民化及市民化的过程。这个过程被视为一种依次递进和动态的过程，主要包括经济层面、社会关系层面和心理层面的融入。部分国内学者对社会融合的关注主要集中在获取正常的经济、政治、公共服务等资源的动态过程或状态。有学者从社会学角度，将流动儿童的社会融入定义为接受城市文化、进入城市原住民及其子女社交圈，并最终实现与城市原住民子女的融合的过程。本研究所谓的社会融合是指，流动儿童不仅能在城市里居住，同时享有平等的权利，如接受营养健康和教育等公共服务，有机会和能力融入城市生活，进行积极的政治和社会参与。

（二）社区研究

本研究选取了云南省昆明市船房社区作为模型，进行有关流动儿童社会融合的典型社区研究。昆明市位于中国西南的地理中心，目前正处在快速的城市化进程之中，按照昆明市 2015 年达到 70% 以上、2020 年达到 80% 以上的城镇化率目标要求，未来 10 年将有近 120 万农村人口进入城镇。据 2011 年第六次人口普查数据显示，昆明市共有常住人口 643 万人，其中流动人口 198 万。据昆明市公安局统计，2010 年昆明市共有城中村（界定标准为有 50 栋出租房以上）554 个，居住人口 219 万。而昆明西山区的船房社区作为"昆明第一大城中村"，面积约 1.8 平方公里，下辖 12 个居民小组，本地村民 3836 人，2556 栋出租房，容纳流动人口 8 万～9 万余人，本地人口与外来人口比例为 1：20。2008 年 2 月 27 日，昆明打响城中村改造突围战，计划 5 年之内使昆明的 336 个城中村全部得到改造。快速的开发建设使船房社区跻身城市化的前沿阵地，流动人口大量涌入，促进了船房社区经济发展，同时也带来了社区城市化管理和社会融合的巨大压力——船房社区在整个西南地区甚至全国都具有典型性。

社区研究最突出的特点是其"见微知著"的"透视"功能——以"社区"来透视"社会"，这在中国早期本土社会学家的农村社区研究中体现得最为明显。受到马林诺夫斯基（Bronislaw Malinowski）和罗伯特·帕克（Robert Park）的共同影响，吴文藻先生结合英国功能主义人类学和美国芝加哥学派的社会学理论，主张"社区"是了解社会的方法论和认识论单位，试图创立以"社区方法论"为主体的"中国社会学派"（王铭铭，1997b）。吴文藻先生与费孝通先生都将"社区"视为整体的抽象"社会"的具体而微，前者是"有物质的基础"和"可以观察到的"，或者是"人民的生活有时空的坐落"。这种作为"微型社会学"或"微型社会人类学"的社区分析的目的在于"从社区着眼，来观察社会、了解社会"和"有志于了解更广阔更复杂的'中国社会'"。由于方法上受到是否具有"代表性"的质疑（即小社区能否视为大社会的"缩影"），费孝通先生又进一步采取了对不同社区进行分类比较的研究策略，来达到逐渐接近认识整体社会的目的，其中"云南三村"的研究就是代表（肖林，2011）。

在上述研究的基础上，首先，本书希望通过对船房社区流动儿童的社会融合调查，实现对流动儿童的历史资料的记录。中国城市化的速度日益加快，形成了前所未有的局面。在这个新旧交替、日新月异的时期，若不及时记录，很多相关的研究资料就可能永远遗失。其次，通过对船房社区的实地调查，观察流动儿童社会融合的实际状况，描述其背后的制度和社会结构，从而加深对流动儿童社会融合的认识。最后，通过对流动儿童社会融合的社区研究，从而进行有关流动儿童社会融合的社区实验，并进而提供可能的政策建议。

（三）代际传递视角

社会学、经济学等领域都有代际传递问题的相关研究。社会学主要关注代际的流动问题，认为代际传递实际上反映的是社会中代际之间垂直流动率及流动机制的问题。在一个社会流动率较高的"开放社会"中，个人有较多的向上流动的机会，穷人及其子女也可以通过个人的努力摆脱贫困，实现向上的流动。反之，在一个流动率较低的相对"封闭社会"中，穷人的子女也成为穷人的可能性则大得多。而经济学则主要关注贫困的代际传递问题，并且在对该问题的探讨中逐渐形成了要素短缺论、智力低下论、贫困文化论、环境成因论、素质贫困论、功能贫困论、社会排斥论和能力贫困论等理论体系（李晓明，2005）。

与"贫困的代际传递"相类似，社会不融合也存在一种代际传递的现象。社会不融合的代际传递意味着移民或流动人口父辈那种低阶层、低教育水平、低收入和被主流社会排斥或隔离的状态在他们子辈身上被复制和继承。其中，儿童的社会不融合是一个重要概念。儿童的社会不融合意味着儿童在成长过程中缺乏一些诸如营养、教育等重要资源和机会。这些资源与机会的缺乏影响儿童的能力获得，导致低人力资本积累，形成成年后的低收入、低阶层及被社会排斥的状况。儿童的社会不融合不仅仅是由于家庭经济困窘而不能享受适当的物质生活，同时，还包括人力资本发展机会的匮乏、家庭社会网络资源的贫乏、社区生活的缺乏以及参与权利的缺失等。儿童社会不融合既是社会不融合代际传递产生的重要原因，反过来也是社会不融合代际传递的结果。

教育是代际流动的关键，因此也是代际传递研究的重点。但近年来儿童早期发展方面的研究表明，营养健康同样是代际流动的关键，也应成为代际传递的关注重点。许多研究者在考察家庭背景与教育之间的关系时都提到过各种"资本"的作用。美国社会学家科尔曼认为家庭可以为教育提供 3 种资本形式：物质资本、人力资本和社会资本（James S.Coleman，1998）；法国社会学家布迪厄也区分了经济资本、文化资本和社会资本（布迪厄，1998）。鉴于营养健康的重要性，作者认为在上述几种资本的基础上应加入"营养健康资本"的概念（杨一鸣，2011）。

不同的资本在社会融合代际传递中发挥作用的机制不同。它们既独立发挥影响，又相互作用、相互加强。任何一种资本的缺失都将对社会融合的代际传递产生消极的后果。反之，充分拥有上述 4 种资本的子辈，更有可能实现向上的社会流动，实现比父辈更好的社会融合（图 3）。

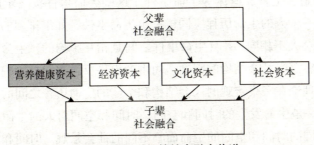

图 3　代际之间的社会融合传递

国外的许多研究都发现了移民的父辈与子辈之间所存在的阶层、贫困、教育、职业等方面的代际传递关系。在此影响下，国内的许多研究也开始引入代际传递和资本的视角，来分析中国社会的代际传递问题（李路路，2003；李春玲，2005；谢作栩、王伟宜，2006；蒋国河、闫广芬，2006；谢勇，2006；辛自强、池丽，2008；孙远太，2010）。但纵观这些研究，存在两方面的欠缺。首先，这些研究中缺乏对流动儿童的代际传递的研究。其次，这些研究中大多只采取了经济资本或文化资本这样单一的视角，缺乏对营养健康资本、经济资本、文化资本和社会资本等方面综合视角的考察。有鉴于此，本书试图从上述更综合的视角去考察流动儿童相关代际传递的状况。

（四）生命历程理论和早期发展与能力形成的视角

对流动儿童的研究综述的回顾表明，以往的研究更多偏重的是流动儿童问题的一个侧面，或者是流动儿童生命周期的一个片段，缺乏对流动儿童多维度和全生命周期的审视。这恰恰是本书主要秉持的视角和方法，即从流动儿童所生存的特定空间——城中村入手，对其进行全生命周期的观察和研究。作者希望通过对其全生命周期的透视，来探索当前中国城市化大潮中流动儿童的生活轨迹，以及他们对城市、社会和国家所产生的影响。

生命历程理论兴起于20世纪初，在20世纪60年代以后得到迅速发展。该理论的基本思想是将个体的生命历程看作是更大的社会力量和社会结构的产物（埃尔德，2002）。生命历程理论起源于美国芝加哥学派关于移民问题的研究。20世纪60年代，经济危机、越南战争、学生运动、民权运动等重大社会事件引起了西方社会的动荡，个体的生命模式因此受到影响，这促使人们去思考社会变迁与个人生命历程之间的关系。生命历程理论的基本分析范式，是将个体的生命历程理解为一个由多个生命事件构成的序列。比如，一个人一生中会经历童年、入学、就业、结婚、生育、退休等生命事件，这些生命事件按一定的顺序排列起来，就构成了一个人的生命历程。同样一组生命事件，如果排列的顺序不同，对人生的影响也会大不相同；并且生命事件之间是相互影响的，生命事件发生的时间、地点和内容深受社会结构的影响，而生命事件反过来又会影响个体的角色扮演。生命历程理论在考察宏观的社会结构和个体的生命历程之间的关系时，有如下几个要点。一是生命发生的时间和空间。时间和空间对人的生命历程有重大影响。生活在不同的时间和空间的生命面临不同的社会景观。时间和空间规定了不同生命所拥有的生活机会、权利和回报。二是生命的相关性。任何一个人总是生活在一定的社会关系中的。换句话说，生命与生命之间是相关的，生命历程与生命历程之间是相互联系的。比如，父亲的生命历程显然会影响到儿子的生命历程。三是人的能动性。个体的生命历程尽管受宏观社会力量和社会结构的影响，但并不完全取决于外部环境，个体的能动性在生命历程中作用很大。

具体从一个个人的生命历程来看，0～6岁是生命中的第一个发育期，也是生命发育的敏感阶段，这一阶段主要是通过保育和早教促进幼儿的认知、情感和社会交往技能的发展。6～18岁是生命中的第二个发育期，这一阶段主要是通过入学、义务教育、职业教育和高等教育，进一步促进人力资本的积累和社会心理和情感的发育。25～35岁是生命中的成熟期，这一阶段人的主要历程包括就

业、结婚和生育。35 ~ 55 岁则是人的第一衰退期，这一阶段个人的事业和家庭
继续发展并更加稳定，但生理开始部分衰退。从 55 岁至死亡则是人的第二衰退
期，这一阶段个人会经历退休、养老，同时人的生理开始进一步衰退（图 4）。

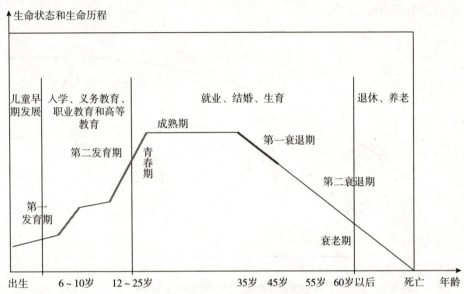

图 4　生命周期和生命历程图

　　人的能力是经其一生逐渐积累的，而且必须加以培养和维持，否则便会停滞
不前。人们的许多脆弱性（和优势）都是其人生阅历的写照，过去的经历影响着
人们目前的境遇和应对方式。生活能力的形成具有两个特征：其一，任何一个生
命阶段的谋生能力都受之前阶段的投入的影响，两者之间存在一种生态关系，受
环境、社区和社会之间的相互作用的影响；其二，短期冲击往往会带来长期后果，
在生活能力方面投入越早，未来前景就越好（参见图 5 实线 a）。反之，在生活
能力方面缺乏适时、持续的投入可能会严重影响个人实现全面发展的能力（参见
图 5 实线 b）。后来的干预可能会帮助个人得到一定恢复（但通常只是部分恢复），
并迈上一个更高水平的发展道路（参见图 5 虚线）（联合国开发计划署，2014）。
　　在人的生命周期中，儿童早期是最重要的阶段之一。经济学诺贝尔奖获得者
詹姆斯·海克曼（James J.Heckman）的研究指出，儿童早期发展对于技能和能力
的形成具有重要意义。有效的早期干预很大程度上决定了儿童的认知、情感、社
会交往技能和创造能力。拥有一套核心能力（认知性的和非认知性的）可促使个
人在生活的各个方面取得成功（图 6）。如果儿童在生命早期没有形成良好的能
力，那么成年后，他（她）在社会经济生活中失败的可能性将更大。政府和社会

对弱势儿童的生命周期采取的干预措施越晚，为弥补不良后果所付出的代价就越高（中国发展研究基金会，2012）。认知能力、社会能力、情绪和语言表达能力等因素之间相互依存、缺一不可。它们都是在人的幼儿时期形成的，对于塑造人的终身能力影响深远。

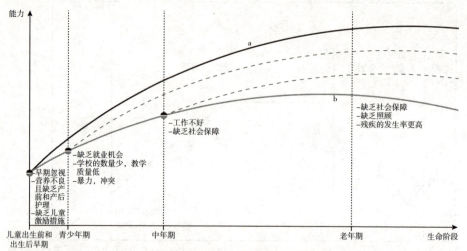

图5　在生活能力方面投入越早，未来前景就越好

资料来源：联合国开发计划署，《2014 人类发展报告》，2014。

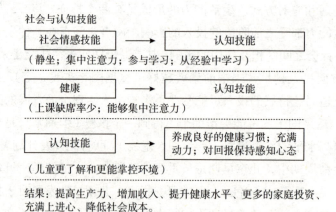

图6　儿童早期是形成人的终身能力的重要时期

资料来源：联合国开发计划署，《2014 人类发展报告》，2014 年。

诺贝尔经济学奖获得者阿玛蒂亚·森（Amartya Sen）也指出，即使在收入水平大幅度提高以及贫困人口大幅度下降之后，仍有必要对儿童剥夺问题予以特别关注。儿童剥夺问题的直接影响和长期后果是十分严重的（中国发展研究基金会，2012）。神经科学方面的研究也指出，在生命早期注重幼儿养育能够强有力地促进大脑发育。从妊娠期开始，胚胎所处的环境（母亲的营养、压力水平以及听到的语言等）就影响着基因的表达方式，进而影响着幼儿大脑的结构和功能。婴儿出生后，诸如母婴互动、语言刺激、游戏等早期经历将持续影响大脑神经元之间的相互连通，进而影响大脑的结构与功能。早期干预有助于确保社会的起点公平（中国发展研究基金会，2012）。儿童早期发展投资是具有最高回报率的投资（图7）。全球跟踪研究显示，儿童早期发展阶段每投入1美元，将获得4.1 ~ 9.2美元的回报。而在美国，这一回报竟高达7 ~ 16美元。

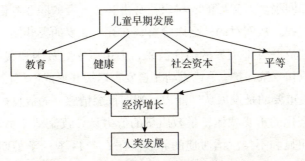

图7　从儿童早期发展到人类发展的综合框架

资料来源：Jacques van der Gaag，《从儿童早期发展到人类发展》，杨一鸣主编、刁琳琳审校，中国发展出版社2011年版。

对那些错失早期发展干预机遇，已然处于成长逆境中的流动儿童要加强抗逆力[①] 建设和社会环境建设。国内外的研究表明，流动儿童的非正常行为、违法和犯罪行为的产生与其教育、就业、人际交往及社区认同都有密切的关系，是流动儿童没有很好融入城市生活的表现。预防流动儿童犯罪的关键，一方面是有效地调节流动儿童与城市生活环境之间的互动关系，创造一个更加有利于其健康发展的城市社区环境；另一方面要提升流动儿童在逆境中反弹和成长的能力（抗逆力）。促进环境改善和流动儿童的自身发展是预防流动儿童不良行为和犯罪的最佳途径。而与之相反，如果任由当前流动儿童这种"半城市化"的状态持续下去，形成"社会不融合"的代际传递，产生数量众多的"被忽视的一代"，将会加剧

_____

① 即一个人遭遇挫折后，能够忍受和摆脱挫折的打击，在逆境中保持健康、正常的心理和行为的能力。

社会的两极化和城市贫民窟的形成，从而导致社会矛盾的爆发进而影响到社会的稳定和发展。近年来，发生在法国巴黎和英国伦敦的青少年骚乱就是这方面的典型例证。

综合生命历程理论和"能力形成"的儿童早期发展的理论看，流动儿童的"流动"生命历程是我国快速工业化、城市化和我国城乡二元社会结构的产物。在社会发展趋势和社会结构的作用下，流动儿童的生命历程遭遇了不同寻常的成长环境，进而在儿童和青少年的不同时期都面临着社会融合的风险。

流动儿童的儿童阶段刚好处于我国快速工业化、城市化的转型时期，时间的独特性影响着流动儿童的生命历程。同时，流动儿童在空间上又处在经济社会发展程度相对较发达的城市，从而决定了他们相较于农村儿童和留守儿童，拥有不同的生活机会和回报。而父母的农村户籍身份和务工者的职业身份显然也会影响到他们的生命历程。从面对的社会风险看，在 0～3 岁的婴儿期，最重要的是保障营养健康和建立与外部世界的信任关系，但由于家庭贫困和父母教育水平低、缺乏相关的知识和政策保护，导致流动儿童发育迟缓和形成不信任关系。在 3～6 岁的幼儿期，最重要的是发展认知能力、塑造社会情感、养成良好习惯，幼儿园是这一时期社会化的重要载体，早教质量的低劣易导致流动儿童认知能力低下、自我中心主义明显和不良生活习惯的养成。在 6～14 岁的学龄期，是学习知识和技能并形成积极健康的心理和正确人生观的时期，而民办学校低劣的教学质量和糟糕的学习环境和氛围，加之学校和家庭又无力很好地承担流动儿童的学业、监管和教育等重任，易导致流动儿童学习成绩差，进而形成自卑、悲观、孤僻的心理。在 14～20 岁的青少年期，是掌握技能、形成正确价值观并尝试走向社会的时期。而初中后升学制度的障碍和所受教育质量的低劣，使得许多流动儿童过早流入社会，部分进入劳动力市场从事低门槛、低收入、低报酬的职业维持低水平的生活，部分甚至走上了违法犯罪的道路。作为正常的生命历程，儿童时期所经历的主要生命事件应该是在父母的养育下健康成长，在家庭和老师的帮助和指导下接受教育、安心学习，通过自身的努力和学业成就，实现向上的社会流动。然而，对于流动儿童而言，他们比其他儿童经历了更多的事件，包括父母长期流动而导致的家庭结构的变化、社会圈子的变化、学校影响的弱化、社区服务体系的缺失以及身份认同的变化等，给流动儿童的正常社会化进程增添了诸多不利因素。

关爱流动儿童，促进他们的社会融合。首先，要认识到他们的生命历程因父母的外出务工而发生了改变，尽管这种独特的生命历程也可能会给流动儿童带来正面积极的影响，但消极的影响无疑是更多的。其次，要进一步认识到儿童阶段的生命历程可能会影响到他们未来的其他生命历程。再次，还要认识到父母、家庭、同辈、学校、社区等社会化的重要载体的缺位和不健全是流动儿童社会化的最大风险。因此，构建起一个包括国家及其各级政府、各种群团组织和社会群体、教育机构、社区、社会组织、媒体和公众在内的流动儿童的社会融合体系，将是减少宏大的社会力量和社会结构导致的"流动"生命历程的代价，降低"流动"生命历程对流动儿童未来发展带来的不利影响的必然要求（湖南省妇联、湖南农业大学，2013）。

四、研究方法

（一）定性与定量相结合的研究方法

社会科学的研究方法可以划分为定性（qualitative）和定量（quantitative）两种方法，两者各有优缺点。本书综合使用两种方法。

定性研究方法是由访问、观察、案例研究等多种方法组成，原始资料包括场地笔记、访谈记录、对话、照片、录音和备忘录等等，目的在于描述和解释事物、事件、现象、人物并更好地理解所研究问题的研究方法。定性研究方法在社会研究的微观领域和人的感受方面具有优势，它大多是采用参与观察和深度访谈的形式而获得第一手资料，参与观察的优势在于，不仅能观察到被观察者采取行动的原因、态度、程序、行动决策依据，还能获得一个特定社会情景中被研究者的感受，因而能更全面地了解他们的内心世界和行动。定性研究比较注重参与者的观点，关注不同的人如何理解各自生活的意义，从而揭示各种社会情境的内部动力和人类经验中那些特性层面。

定性研究方法也有缺陷和不足。首先，研究对象概括不全，定性研究选定的对象往往不能代表整体。其次，定性研究中更多关注的是研究对象的"特征""性质"等不可量化的信息，不可能提供有力的证据来说明事物之间的因果关系（即现象和本质之间的推断关系）。最后，研究结果的真实性不强，定性研究更多地依赖于研究者的主观体验和感受，欠缺客观性和真实性。

相比之下，定量方法的优势之一是可以在宏观层面上进行大规模的社会调查和政策预测；优势之二是其标准化和精确化程度较高，逻辑推理比较严谨，因而更客观、更真实；优势之三是具有较强的规范性和直观性，它采用统一的、严格的、明确的研究技术，把很多复杂的说不清楚的东西，用一个符号、一个数学模型就能表示出来，以更易理解的方式，把事物定义在人们能理解的范围内，给人更严谨、更直观的认识。

但20世纪70年代以来，社会科学家们在研究实践中越来越意识到定量方法的局限性，它在自然情境下对微观层面进行细致、深入、动态的描述和分析显得无能为力，往往将一些无法量化的问题忽略掉。当研究者从事先设定的假设入手，对被研究者的心理状态和自己不熟悉的现象很难了解和调查时，就会忽略研究者和被研究者的情感沟通。

从上述对定性和定量两种方法的优缺点的分析可知，采用单一的方法进行社会研究存在一定的局限性，两种方法的结合已成为社会科学研究方法运用的趋势，是一种更为合理的选择。

（二）资料收集

本书收集的资料体现了多元化的特点，包括：社区的第六次人口普查数据，对流动儿童各年龄段的抽样调查，对流动儿童家长的深度访谈，对社区幼儿园园长和老师的深度访谈，对小学校长和教师的访谈，对初中校长及教师的访谈，对社区派出所的访谈，对社区居委会的访谈，对区教育、卫生、计划生育部门的访谈和政府档案资料等。

在社区的总体状况资料方面，作者通过所在单位和社区派出所的合作关系获得了社区第六次人口普查的数据，并据此进行了整理分析。

在0~3岁的幼儿养育方面，以船房社区0~3岁流动婴幼儿为样本，采用整群抽样、等距抽样等随机抽样方法，结合使用问卷调查和幼儿心理测评工具，对流动婴幼儿及家长进行调查。调查共发放家长问卷300份，回收有效问卷290份，回收率为97%。此外，还进行了20个深度个案访谈调查。通过调查获得该年龄组婴幼儿及家长的横断面数据，分析婴幼儿父母或看护者在亲子关系、养育态度和方式、养育投入、家访环境和氛围方面的状况，并考察相关影响因素。

在3~6岁早期教育方面，作者所在的单位委托社区的苗苗幼儿园进行了3~6岁流动儿童早期教育状况专项调查。调查共发出问卷1300份，收回问卷1190份，回收率92%，其中有效问卷为1183份。通过问卷所获得的数据，对3~6岁流动儿童的学前教育状况、家庭状况、影响因素等进行了分析。此外，还对社区 8 所民办幼儿园的园长和教师进行了深度访谈，对 30 名幼儿及其家庭进行了深度访谈。

在 6 ~ 12 岁小学教育阶段，结合现有关于社会融合问题、流动人口城市现状等方面的相关研究成果，编制了《昆明船房社区流动儿童家长社会融合问卷》和《昆明船房社区流动儿童社会融合问卷》。调查采取分层随机抽样方式，选取船房社区船房小学、竞秀文武学校、明德学校、明智学校的 400 名学生为样本，从中进行随机抽样，并让他们将文件带回家让家长填答。本次调查，共发放家长问卷 400 份，回收的有效问卷 270 份，回收率为 68%。样本抽取学校基本兼顾到了学校性质与年级等因素。所获得数据被划分为 3 个领域（家庭、学校、社区）、4 个维度（价值取向、学习适应、生活适应与行为方式）共计 12 个子项目进行系统考察。此外，对社区 4 所学校的校长和教师进行了深度访谈，并对 30 户学生及其家庭进行了个案访谈。

就义务教育阶段后（15 岁以后）的教育状况，结合现有关于社会融合问题、流动儿童城市现状等方面的相关研究成果，编制了《进城务工人员子女初中后阶段教育政策问题调查问卷（学生卷）》和《进城务工人员子女初中后阶段教育政策问题调查问卷（家长卷）》。调查采取选取昆明西山区福海中学（公办）、竞秀文武学校（民办）、明德学校（民办）的 190 名初三流动儿童毕业生，进行整群调查，并让其将文件带回家让家长填答。本次调查，共发放学生问卷 190 份，回收有效问卷 187 份，回收率 99%。发放家长问卷 190 份，回收有效问卷 187 份，回收率为 99%。调查兼顾到了学校性质。所获得的数据被划分为 3 个领域（个人、家庭、学校）、4 个维度（家庭背景、教育现状、政策与教育选择）共计 12 个子项目进行系统考察。

对 17 ~ 25 岁的流动青少年群体，主要是根据社区第六次人口普查的数据进行了描述和分析。同时，进行了 40 多人的个案深度访谈。有关青少年的犯罪问题，一部分资料来自于委托社区派出所对昆明少管所未成年流动犯罪者的调查，另一部分资料来自于派出所记录的流动青少年违法的工作记录档案。

（三）资料内容和形式

本书的第一种资料是以档案法收集的关于城市化、流动儿童、教育、营养卫生等政策资料，一般是以文字的形式出现。第二种资料是以档案法收集的政府的统计资料或官方网站上公布的资料，以数字形式出现。第三种是调查资料，是针对船房社区各年龄组流动儿童所做的问卷调查，资料以数字形式呈现。第四种资料是深度访谈和一般性访谈资料，以文字的形式呈现。

（四）资料分析与整合方法

分析问卷数据先将问卷数据编码，录入计算机，再利用 SPSS13.0 软件包对问卷资料进行分析。

分析访谈资料采用的方法是内容分析。首先，将访谈资料整理成文字，并整理每个个案的访谈时间、访谈环境、访谈者背景资料，将每份资料归类；其次，通过反复阅读个案文字，把握被访者传递的信息；第三，根据内容分析方法，对访谈资料进行编码，将编码资料中的代际关系、营养、教育、家庭、融合等关系列出，以支持对流动儿童社会融合影响因素的分析；最后，对访谈资料的分析结果和其他资料的分析结果进行对比归类。

本研究中使用的政府文件、统计数据以及其他的相关文献资料属于二手资料，同样采用了内容分析方法，按照深度访谈资料的编码进行对比归类。

把不同类别的研究资料整合在一起是为了相互验证得出研究结论。在对资料进行整合时，首先，分析背景文献，论述产生流动儿童社会融合问题的社会环境和制度环境；其次，分析深度访谈资料和问卷资料，论述家庭对流动儿童社会融合的影响；第三，分析调查问卷、深度访谈资料以及相关的政策文件，论述当前的营养卫生制度对流动儿童社会融合的影响；第四，分析深度访谈资料和相关档案资料，分析政府、市场、社区、家庭分别在流动儿童的社会融合中扮演的角色及影响；最后，综合不同类型的资料，提出本书的研究发现和需要讨论的问题，进而提出相应的政策建议。

五、研究局限

虽然本书力求严格按照社会科学研究的原则进行设计和操作，但仍然存在如下的研究局限。

①本项研究的问卷调查和深度访谈的样本较小，不能依照统计抽样的原则推论整个城市流动儿童群体。以后在时间和资料允许的情况下，作者希望能把本项研究扩展，进而推论城市流动儿童社会融合的总体状况。

②本项研究对流动儿童自身的社会融合进行了关注和研究，由于研究资源、

人员、经费、时间所限，缺乏对流动儿童与城市儿童的比较研究，这有待未来进一步补充和完善。

③本研究探讨了流动儿童代际间社会不融合传递的特征和趋势，但由于研究的流动儿童还在成长之中，这种趋势是否必然会出现和固化还有待将来的进一步研究。

④本研究对流动儿童生命周期各个年龄段进行了剖面研究，但将来仍需对有关的流动儿童进行持续跟踪研究。

第二章

户籍制度

新中国成立后，废除了旧的户籍制度，建立了全新的户口登记制度。以新的户籍制度为基础建构的城乡二元体制在农村和城市之间人为地构筑起一道"城墙"。从此，人口的迁徙自由受到限制。城市户口和农村户口之间出现严重的等级差异。不同的户口享受的就业、医疗、住房、教育以及公共设施等资源明显不同，户籍甚至代表了一个人的社会地位。更严重的是，户籍在代际间传递，带有世袭的烙印。农村人口及其子女进入城市受到限制和歧视，造成典型的"半城市化"现象。户籍制度是理解和研究流动儿童问题的重要前提。

一、户籍制度探源

户籍制度这道"城墙"无形无迹却又无处不在。它建于新中国成立之初，历经计划经济时代、改革开放而一直延续至今。

（一）制度的演变

户籍制度是一种社会制度，是指通过各级权力机构对其所辖范围内的户口进行调查、登记、申报，并按一定的原则进行立户、分类、划等和编制。新中国户籍制度的历史发展过程大致如下（新华社，2014 年 7 月 30 日）。

1950 年 8 月 12 日，公安系统在内部颁发了《特种人口管理暂行办法（草案）》，正式开始了对重点人口的管理工作，这是新中国户籍制度的起点。

1951 年 7 月 16 日，公安部制定并颁布了《城市户口管理暂行条例》，这是新中国成立后最早的一个户籍法规，基本统一了全国城市的户口登记制度。

1953 年，在第一次全国人口普查的基础上，大部分农村建立起了户口登记制度。

1954年，中国颁布实施第一部宪法，其中规定公民有"迁徙和居住的自由"。

1955年6月，国务院发布《关于建立经常户口登记制度的指示》，规定全国城市、集镇、乡村都要建立户口登记制度，开始统一全国城乡的户口登记工作。

1956年、1957年不到两年的时间，国家连续颁发4个限制和控制农民盲目流入城市的文件。

1958年1月，以《中华人民共和国户口登记条例》为标志，中国政府开始对人口自由流动实行严格限制和政府管制。第一次明确将城乡居民区分为"农业户口"和"非农业户口"两种不同户籍。在事实上废弃了1954年宪法关于迁徙自由的规定。

1975年，宪法正式取消了有关迁徙自由的规定，此后一直没有恢复。

1984年10月，国务院发布《关于农民进入集镇落户问题的通知》，允许农民自理口粮进集镇落户。

1985年7月，公安部又颁布了《关于城镇人口管理的暂行规定》，"农转非"内部指标定在每年万分之二。同时，作为人口管理现代化基础的居民身份证制度也在同样的背景下由全国人大常委会于1985年9月宣布实施。社会主义市场经济的逐步确立终于使户籍制度做出了相应的初级改革。

1997年6月，国务院批转了公安部《小城镇户籍管理制度改革试点方案》和《关于完善农村户籍管理制度的意见》，其中明确规定：从农村到小城镇务工或者兴办第二、三产业的人员，小城镇的机关、团体、企业和事业单位聘用的管理人员、专业技术人员，在小城镇购买了商品房或者有合法自建房的居民，以及其共同居住的直系亲属，可以办理城镇常住户口。

1998年7月，国务院批转了公安部《关于解决当前户口管理工作中几个突出问题的意见》，规定了新生婴儿随父落户、夫妻分居、老人投靠子女以及在城市投资、兴办实业、购买商品房的公民及随其共同居住的直系亲属，凡在城市有合法固定的住房、合法稳定的职业或者生活来源，已居住一定年限并符合当地政府有关规定的，可准予在该城市落户等问题。

2001年3月30日，国务院批转了公安部《关于推进小城镇户籍管理制度改革的意见》，对办理小城镇常住户口的人员，不再实行计划指标管理。

2014年7月，国务院印发《关于进一步推进户籍制度改革的意见》，进一步推进户籍制度改革，促进有能力在城镇稳定就业和生活的常住人口有序实现市民化，稳步推进城镇基本公共服务常住人口全覆盖。

从中可以看出，中国的户籍制度经历了不断的演变过程：第一个阶段着重户籍的登记管理职能，这时的户籍管理政策最主要的目的在于对人口居住地点与基本信息的登记上面，并不涉及公民的自由迁徙与利益权利的分配等问题；第二个阶段着重户籍在限定人口自由流动方面的功能，其中最主要的是针对人口的乡城流动行为进行严格的约束与规制；第三个阶段着重在相关的利益分配方面，最突出的表现在于将涉及诸如就业、教育、住房、医疗、社会保障等与公民切身利益相关的诸多权益与户口相联系。

（二）社会后果

中国城乡割裂的二元户籍制度限制了农业人口自由迁徙的权利，并深刻影响到宪法有关居民迁徙权利的规定，由此造成了深远的社会影响。

一是户籍制度实现了从对部分重点人群的控制管理到对全人口的控制管理的转变。新中国建立最初的户籍管理是建基在之前的战时状态的社会管理职能之上，重点是维持社会治安稳定，管理重点是那些"反富地坏"[①]分子。而随着计划经济的逐步建立，对生产和消费的精确控制成为一种内在而迫切的要求。这种控制不仅是对物的控制，而且也是对人的控制。对人的控制意味着对人口数量和分布的掌握和控制。由此，对全人口加以控制管理的户籍制度应运而生（王海光，2011）。

二是户籍制度导致一种身份的区分。同一个国家的公民，因为户籍制度被分成"等级"不同的城市人和农村人，享受参差不齐的政治、经济权利。农村户口持有者不准迁往城市，也不享受国家配给的住房、粮食、医疗、教育、就业等只针对城市户口持有者的资源。

三是户籍制度成为代际传递的一道枷锁。在现有户籍制度下，一个人是城市人还是农村人，不是单由其出生或居住的地理因素决定，更重要的是户籍制度。户籍制度使得即便一个农村流动人口家庭的孩子是在城市里出生、在城市里一直生活的，但他们依然是农村人。他们通常能改变身份和命运的最重要途径是教育和考试，但由于户籍制度对教育机会的影响，使得这种改变也非常艰难。

四是户籍制度与福利紧密挂钩形成厚重的"城墙"。各种福利和待遇都与户籍制度挂钩。看似薄薄的户口薄后面，跟着的是住房、粮食、医疗、教育和就业的福利和机会。有城市户口的，就享有上述福利和机会。而农村户口则不准迁往

---

① 即"四类分子"：反革命分子、富农分子、地主分子和坏分子。

城市，也不享受上述的福利和机会。户籍作为一种利益分配工具的功能不断得到强化，导致政治、经济、文化利益向城市倾斜，并伴随中国区域经济的不平衡发展向社会生活各个领域渗透，影响着大部分人从出生、成长、受教育、就业、结婚等各个方面。

与户籍制度挂钩的社会福利分配体系，使大多数伴随快速城镇化而出现的农村流动人口不能享受与现居住地居民同等的福利待遇，主要体现在以下方面。

①影响就业机会。目前我国的劳动力市场处于城乡二元分割状态。户口成为限制农村流动人口进入主要劳动力市场的重要因素之一。本地的劳动者不仅垄断了主要劳动力市场，而且在次要劳动力市场也占有有利地位。这直接或间接地导致部分农村流动人口被排斥在收入较高的职业之外。农村流动人口就业状况表现为就业难、收入低、强度大等特点。从农村流动人口的行业分布来看，制造业、建筑业、社会服务业、住宿餐饮业、批发零售业5大实体产业吸纳了近8成的农村流动人口，而私营企业和个体工商户是吸纳农村流动人口最多的部门。有关调查发现，在遭遇过户籍歧视的青年中，有57.9%是农村户口，有78.9%是非本地户口。

②造成教育不公。户口对后代受教育的直接影响最大。流动人口子女很难在流入地获得与城镇学生相同的教育资源。在城市，流动人口如不能为子女落户，则子女无法像本地儿童那样就地入学，而是需要缴纳高昂的借读费。农民工子弟常常只能在民办学校就读，而这些学校往往条件简陋、安全性较低、师资力量差。更重要的是，这些学校随时可能被教育部门查封、取缔，孩子们可能一夜之间无学校可去。高考的户籍限制则更是加剧了这种教育资源分配的不公平。

③纳税却无缘社保。我国的社会保障制度与户籍制度是紧密相连的，户籍制度影响中国社会保障资源的分配。根据不同户口形成各自独立的社会保障制度，城乡之间、区域之间的社会保障制度都存在巨大的差距。随着农村劳动力大量进入城市，城市中的流动人口时刻面临着失业、工伤、疾病的风险，却难以获得与当地居民同等的社会保障待遇。外地人为城市的经济社会发展做出巨大贡献，与本地人一样纳税，但如果他们由于种种原因丧失了获取收入的能力，却无法享有最低生活保障。流动性较高的农民工受收入限制，加上用工单位逃避责任，更难从城市社保中受益。

④住房受限。农村流动人口还难以涵盖在城市住房福利政策的框架之内。与当地市民相比，农村流动人口的住房面积小、住房质量差。在某些城市，如果没有当地的户口，即使你符合其他一切申请经济适用房或廉租房的条件，也申请不

到。这些优惠政策总是优先照顾本地人，这样能减轻政府遭受的来自本地居民的诟病。这一点对于放弃土地进城但经济状况困窘的农民尤为不公。而从居住区域看，大量的流动人口居住在交通不方便的城郊和城乡结合部。

⑤其他权利"被缺失"。农村流动人口缺乏参与城市民主治理、表达自身利益的切实机制和渠道。同为中国公民，持有农村户口和城市户口却对应着不同含金量的政治权利。2009 年 11 届全国人大常委会第 11 次会议召开前夕，"农民1/4 选举权"再次成为社会热点话题，"城乡居民同票同权"的呼声高涨。

这种户籍制度及其福利分割所造成的后果就是"半城市化"。中国发展研究基金会的研究报告《中国发展报告 2010》就明确指出，中国城市化目前仍处在"半城市化"状态。我国现有城市化率的统计口径，包括了 1.45 亿左右在城市生活 6 个月以上但没享受到和城市居民同等的公共福利和政治权利待遇的农民工，也包括约 1.4 亿在城镇生活但从事务农的农村户籍人口，这些并没有真正转变身份的人口约占城镇总人口的一半（中国发展研究基金会，2010）。

（三）作用机制

户籍制度对流动人口的管理和控制是通过一系列日常生活安排和实践来实现的。

首先是登记。早在 1958 年，《中华人民共和国户口登记条例》就明确规定，中华人民共和国公民都应当依照本条例的规定履行户口登记义务。户口登记工作由各级公安机关主管。户口登记机关应当设立户口登记簿。户口登记以户为单位。公民应当在经常居住的地方登记为常住人口。婴儿出生后一个月以内，由户主、亲属、抚养人或者邻居向婴儿常住地户口登记机关申报出生登记。公民迁出本户口管辖区，由本人或者户主在迁出前向户口登记机关申报迁出登记，领取迁移证件，注销户口。公民由农村迁往城市，必须持有城市劳动部门的录用证明、学校的录取证明，或者城市户口登记机关的准予迁入的证明，向常住地户口登记机关申请办理迁出手续。从 20 世纪 90 年代开始，在全国范围内，如果外地人想在某个城市里逗留超过一个月的时间，就必须向当地派出所申请暂住证。1995 年 5 月，《暂住证申领办法》由公安部出台。条例要求所有外地人必须在所在地政府登记注册，以维护社会秩序和安定。凡年满 16 岁的公民如果要在非户口所在地居住超过一个月的时间，则必须持有可续签的居住证，其有效期是每次六个月或一整年（张鹏，2014）。

其次是挂钩。就是各种福利和待遇都与户籍制度挂钩。看似薄薄的户口薄后面，跟着的是住房、粮食、医疗、教育和就业的福利和机会。有城市户口，就享有上述福利和机会。而农村户口则不准迁往城市，也不享受上述的福利资源。由此使得城市户口成为含金量极高的"商品"，并且通过各种渠道"出售"，成为地方政府重要的收入来源。据公安、金融等部门估算，1992年，各地靠卖户口所得金额超过100亿元，有可能达到240亿元之巨。而1992年国家财政总收入为4188.97亿元，卖户口所得金额约占财政收入的5.9%（殷志静、郁奇虹，1996年）。到了1992年10月，公安部颁布《关于实行当地有效城镇居民户口制度的通知》，随后广东、浙江、山东、山西、河北等十多个省先后开始试行"蓝印户口制度"。当地有效城镇居民户口制度规定："对收钱办理的'农转非'户口符合办理蓝印居民户口条件、迁移手续完备的，可以转为蓝印户口。"这实际上使户口买卖合法化。此后"蓝印户口"在城镇风靡一时。

最后是排斥。社会排斥是户籍制度对城市化进程产生重要影响的机制。在户籍制度的设置中，农村户口与城镇户口、非本地常住户口与本地常住户口之划分，加之转换和迁移受到严格控制，实际上构建了一道以户口划分人群的社会屏障。这道屏障既是实在的，同时又构成了人们社会认同的一部分，为"本地人排斥外地人"奠定了边界基础。不同城市制定的所谓"入户门槛"，其实是一种社会排斥而非真正的优惠政策。户籍制度排斥机制发挥功能的力量主要有两种。一是法律的支持力量。目前户口登记管理的法律依据依然是1958年的《户口登记条例》，这一法规支持户口二元划分和对户口迁移的控制，因而是户口屏障或边界的法律基础。二是既得利益群体的支持力量。在户籍制度的利益分配框架下，有本地常住户口者（尤其是城市常住居民）相对而言属于既得利益群体，他们会排斥外地人的迁入（陆益龙，2013）。

二、户籍制度下的流动儿童

（一）流动儿童的问题

根据《中国2010年第六次人口普查资料》样本数据推算，0～17岁城乡流动儿童的规模为3581万，在2005年基础上增加了41.37%，且有持续增长的趋势。在这些流动儿童中户口性质为农业户口的占80.35%，据此推算全国有农村流动儿童达2877万。

各年龄段城乡流动儿童的规模都在快速增加，其中大龄流动儿童增速最快。学龄前流动儿童（0～5 周岁）规模达到 981 万，占流动儿童总数的 27.40%。小学（6～11 周岁）和初中阶段（12～14 周岁）学龄儿童在流动儿童中所占比例分别为 27.89% 和 13.21%，规模分别为 999 万和 473 万。大龄流动儿童（15～17 周岁）占流动儿童比例为 31.51%，规模达 1128 万。全国 31 个省区市均有一定数量的流动儿童，而且在少数几个省份高度集中。流动儿童最多的省份是广东，占全国的 12.13%，规模达 434 万，远远高于其他省份。数量较多的还有浙江、江苏两省，都有超过 200 万人，四川、山东、河南、福建的流动儿童也都超过 150 万人。流动儿童最多的这 7 个省份占全国流动儿童百分比之和为 45.71%，人数之和达 1637 万人。部分地区流动儿童占当地儿童比例很高。跨省流动儿童占全部流动儿童的 30.11%，省内跨市的占 18.80%，市内跨县的占 12.83%，县内跨乡的占 38.25%。多数流动儿童属于长期流动，平均流动时间为 3.74 年（全国妇联儿童工作部，2011 年）。

（二）对儿童公民权和儿童权的剥夺

流动儿童既是儿童也是一个国家的公民，从权利出发，他们理应享有公民权和儿童权的双重权利和保障。置身中国城市化大潮中，包括流动儿童在内的流动人口正在经历在城市中争取公民权的斗争过程。

学界对公民权有各种各样的界定。学者马歇尔（Marshall，1963）将权利分为公民权利、政治权利和社会权利。社会成员应该享有其中一种或多种的权利。学者布莱恩·S·特纳（Bryan S.Turner）指出，"现代公民权问题由两方面内容构成，第一方面的内容是社会成员资格，或者可以说是社区归属；第二方面的内容就是资源分享权利"。从上述视角出发，20 世纪 80 年代开始的中国城市化和流动人口共同挑战着户籍制度这一最基本的政治制度，因为户口其实就是公民权的标志。中国的户口非常像西方社会的公民权资格所发挥的作用，决定了一个人的全部生活机会，包括社会地位、薪酬福利以及住房分配等。生活在城市中的包括流动儿童在内的流动人口就是"二等公民"，因为他们虽然生活在城市中，但是仍然不是城市户口，社会地位低、没有房子、缺乏劳动保障和社会保护。而他们之所以这样，是因为他们没有获得城市户口，因而不能享受到城市居民生来就享有的福利和社会公共服务。包括流动儿童在内的流动人口的城市化过程也就是争取公民权的过程（苏黛瑞，2009）。

作为流动人口的流动儿童不仅具有公民权，还具有儿童权利。儿童权利（rights of the child）是儿童基于自己的需要所享有的利益与保护。与公民权利相比，儿童权利概念的产生相对较晚。20世纪60年代左右，人权运动普遍开展，儿童权利运动也蓬勃发展。1959年11月20日，联合国第14届全体会议通过的《儿童权利宣言》详细说明了儿童应享有的权利。在承认儿童权利的同时，明确指出各国应"逐步采取立法及其他措施，为捍卫这些权利而努力"。《宣言》提出了10项原则：①所有的儿童都平等地享受本宣言中所载的一切权利；②儿童应享有特殊的保护，应该在健康、正常、自由和尊敬的环境中成长；③儿童出生后有权获得命名和国籍；④儿童应受到生活的保障，得到应有的营养、住所、娱乐和医疗服务；⑤低常儿童应得到特别的医治、教育和照顾；⑥儿童尤其是幼儿应得到父母的关心和照顾，社会和公共权力机构应照顾和帮助没有家庭和没有足够营养的儿童；⑦儿童至少应在小学阶段享受免费义务教育；⑧在任何情况下，儿童都应首先受到保护和救济；⑨儿童不能被雇佣从事影响其体格和心理发展的活动；⑩儿童应在谅解、容忍、人间友谊、和平和世界性友谊的精神下成长。

1989年11月联合国大会通过了《儿童权利公约》（后面简称《公约》），为儿童权利保护订立了一套全面的国际法律准则。它指出儿童作为"积极和创造性"的权利主体，拥有4大权利：①生存权利——为此有权接受可达到最高标准的医疗服务；②保护权利——防止儿童受到歧视、虐待及疏忽照顾，尤其是那些失去家庭的儿童和难民儿童；③发展权利——每位儿童都有权接受一切形式的教育，以此培育儿童的身体、心理、精神、道德及社交发展；④参与权利——儿童有参与社会生活的权利，并有权对影响他们的任何事情发表意见。

《公约》的基本精神体现为4条原则：①无歧视原则，不论儿童来自何种文化背景，不论其社会、民族、语言、宗教、性别如何，不论是正常儿童还是障碍儿童，都应当在不受任何歧视或忽视的情况下，享有他们的一切权利；②儿童利益优先原则，凡是涉及到儿童的任何事情，都必须以儿童利益为重，符合儿童的最大利益；③保障儿童生存、生命和发展的原则，社会必须保障儿童的生存权，保障儿童生命、生活的质量，让他们获得充分的发展；④尊重儿童观点和意志的原则，使儿童有可能参与制定那些对他们的生活有重大影响的决策，为儿童创造更多的参与社会活动的机会，为其成为有责任感的成人做准备。《公约》把儿童作为行使自己权利的主体，反映了国际社会对儿童权利的最新认识。为维护儿童应有的权利，促进全世界对儿童生存、保护与发展的关心和重视，159个国家政府代表团于1990年7月参加了世界儿童问题首脑会议，发表了《儿童生存、保护和发展世界宣言》和《执行 90 年代儿童生存、保护和发展世界宣言行动计划》。

自 1992 年，中国参照世界儿童问题首脑会议提出的全球目标和《儿童权利公约》，从国情出发，先后发布和实施了《九十年代中国儿童发展规划纲要》和《中国儿童发展纲要（2001—2010 年）》，目前正在实施《中国儿童发展纲要（2011—2020 年）》。这些纲要的实施使得我国儿童生存、保护、发展的环境和条件得到明显改善，儿童权利得到进一步保护，儿童发展取得了巨大成就。但是，作为人口众多的发展中国家和快速城市化的国家，中国仍然面临诸多的问题和挑战，如：儿童发展的整体水平仍然需要提高，儿童发展的环境需要进一步优化；地区之间、城乡之间儿童生存、保护和发展的条件、水平存在明显差异；贫困尚未消除，仍有数百万儿童生活在贫困中；随着流动人口数量的增加、城镇化水平的提高和农村人口的转移，流动儿童和留守儿童问题日益突出，他们的保健、教育、保护问题亟待解决。

（三）对流动儿童教育公平的影响

当前流动儿童还没能融入城市的教育体系，不能在城市接受全面而连续的教育，不能享受和城市儿童平等的教育机会。从法律上说，流动儿童与城市儿童拥有完全平等的受教育权利，但是事实却是流动儿童与城市儿童受教育的权利不平等。在户籍制度的城乡二元结构中，由于城市资源的有限和不均，造成流动儿童受到教育政策、社区环境、家庭经济条件、学校数量、教学质量、教学环境等因素的影响，形成流动儿童教育质量与机会的不平等。

流动人口主要居住的城中村，而社区内公办园缺乏，多数民办的幼儿园缺乏正规资质、教学设施缺乏、卫生安全条件差、保教质量低。一项对北京市 12 所主要接收流动儿童的幼儿园进行的调查显示，12 所幼儿园虽然都有或大或小的独立空间，但环境嘈杂，污染也比较严重，甚至有个别幼儿园租用的房子年久失修。其中 3 所甚至完全没有户外活动场地，也没有大型玩具，其余 9 所幼儿园的大型玩具都是正规幼儿园淘汰下来的滑梯、跳床等。只有 2 所给幼儿提供了少量图书，几乎所有幼儿园都难见常用的玩具和游戏材料（苏婷，2012）。云南昆明市的船房社区有 6 万多流动人口居住，却没有一所公办幼儿园。8 所民办幼儿园中除 2 所条件较好之外，其他 6 所均存在设施缺乏、师资低下、保教质量低的问题。社区流动幼儿在语言、动作、认知和记忆方面均落后于同龄的城市幼儿。

义务教育机会不公平，民办学校的流动儿童的满意度和幸福感低。目前总体上仍有约 20% ~ 30% 的流动儿童在民办学校就读。在部分地区，流动儿童在民办学校上学的比例则更大。2011 年四川成都市武侯区的流动儿童在公办学校和民办学校就读的比例是 2∶3。云南省昆明市船房社区在公办学校和民办学校就读的流动儿童的比例是 1∶2。社区民办学校的流动儿童对教育质量的满意度（24.83%）和升学意愿（28.4%），均大大低于公办学校的流动儿童（82.65%，75%）。湖北省武汉市的调查也表明，民办学校流动儿童的幸福感（7.40±2.50）显著低于公办学校的流动儿童（7.64±1.89）（中国发展研究基金会，2013）。

异地中考、高考政策缺失，让流动儿童在城市发展的预期不确定。在云南省昆明市船房社区，只有 21.1% 的流动儿童选择初中毕业后"上高中和大学"。他们由于户籍限制只能回老家就读，由"流动儿童"变为"留守儿童"。有 65.6% 的流动儿童选择毕业后"上职业学校"，但同样由于户籍制度的限制，实际上只有很少的人能进入当地的职校学习。有 13.3% 的流动儿童选择"不上学、直接去打工或回老家"。由于只有初中文化程度和缺乏职业技能，他们中的许多人成为"失学、失业、失管"的"三失"青少年，甚至部分还走上了违法犯罪的道路（中国发展研究基金会，2013）。

（四）对流动儿童卫生健康的影响

流动儿童系统保健参与率低。有关调查发现，只有 59.2% 的流动人口为自己的孩子办理了儿童系统保健卡，而实际接受定期系统体检的流动儿童只占全部被调查流动儿童的 47%，一半以上的流动儿童没有参加过系统体检（夏怡然、叶文振，2003）。

流动儿童医保问题突出。据统计，2012 年我国 0～17 岁城乡流动儿童约有 3581 万人，其中跨省市流动儿童有 1078 万人。流动人口的参保率仅为 44%，由于我国实行"先付费后看病"的模式，这些没有参加医保的儿童一旦患病，则需要负担全部医疗费用，如果无法筹集到费用，则不能接受治疗（中国红十字基金会、中国公益研究院，2014）。

（五）对流动儿童心理健康和犯罪行为的影响

流动儿童的心理问题发生率高、被歧视感强。流动儿童本身是作为随带人口迁入城市，他们面对着与其父母同样的社会排斥，普遍感受到社会不公和社会歧视的存在（邹泓，2004；方晓义，2008）。他们的弱势地位和不利处境已经成为研究者关注的焦点。遵循"处境不利－压力－适应不良"的直线模型，研究结果发现流动儿童的心理问题的发生率或得分均高于同龄城市儿童（曾守锤，2010）。在打工子弟学校上学的流动儿童在歧视知觉上会更强烈（蔺秀云，2009）。同时，语言、环境适应和经常转学等问题，也会对流动儿童的心理存在很多负面、消极的影响。有研究发现流动儿童的孤独感和抑郁感始终强于本地儿童（周皓，2010）。

社区教育、家庭教育缺失，导致未成年人犯罪频发。2005 年中国青少年研究中心的调查表明，流动青少年犯罪占所有青少年违法犯罪的 66.4%。2012 年，该中心又开展了"青少年重新犯罪预防"的课题研究，选取江苏、河南、湖北、四川、广东五省 14 ～ 25 周岁的流动青少年罪犯样本 1356 人，其中未成年犯占23.7%，18 ～ 25 周岁的成年犯占 76.3%。调查显示，流动青少年的重复犯罪行为呈现低龄化特征（郭开元，2013）。云南省昆明市的船房社区派出所自 2011 年 1月至 2012 年 10 月共刑拘 171 人，其中流动未成年人犯罪占比达到 28.7%，这还未计算大量因为国家法律保护而没有刑拘的人员。派出所抓获的最小的犯罪嫌疑人仅 8 岁。

三、户籍制度改革与流动儿童社会融合

户籍制度导致的城乡二元分割和"半城市化"格局已严重影响到社会公平和国民经济的健康发展。户籍改革迫在眉睫。新型城镇化的基本思路就是要推进以人为核心的城镇化，而解决流动儿童问题正是"推进以人为核心的新型城镇化"的重要组成部分。

目前政府提出，到 2020 年，努力实现 1 亿左右农业转移人口和其他常住人口在城镇落户。这意味着未来的 5 年中，每年要转移 2000 多万的农村人口，这其中约 1/6 是儿童。从长远来看，和他们的父辈不同，这些流动儿童已经无法回到农村。确保他们享有公平的权利，顺利融入城市生活将是新型城镇化和户籍改革的重要内容。

户籍改革经历了很长时期的探索。1992 年国家就成立户籍制度改革文件起草小组，并于 1993 年 6 月草拟出户籍制度改革总体方案，提出了包括"取消农业、非农业二元户口性质，统一城乡户口登记制度；实行居住地登记户口原则，以具有合法固定住所、稳定职业或生活来源等主要生活基础为基本落户条件，调整户口迁移政策"的改革目标。

面对日益庞大的随迁子女群体，中央和地方相继出台了一系列的政策，以改

善流动人口子女的教育状况。1992 年出台的《中华人民共和国义务教育法实施细则》规定："适龄儿童、少年到非户籍所在地接受义务教育的，可以按照居住地人民政府的有关规定申请借读。"1996 年国家教委印发的《城镇流动人口中适龄儿童、少年就学办法（试行）》规定："父母或者其他监护人持流入地暂住证，向流入地住所附近中小学提出申请，经学校同意后即可入学。"这是中国政府首次以部门法规的形式对流动人口子女就学问题作出较为明确的规定（和学新、李平平，2014）。

1998 年国家教委发布《流动儿童少年就学暂行办法》，规定"流动儿童青少年就学以在流入地全日制公办中小学借读为主，可依法举办专门招收流动儿童少年的学校或简易学校"。这一规定一定程度上打破了户籍的限制，各种流动儿童学校大量涌现。这一时期正值我国城镇化快速发展的初期阶段，流动人口随迁子女教育问题由社会现象逐渐转变为政府行为，异地入学机会的获得是核心目标。异地入学以借读为主，门槛较高，体现了城乡二元教育体制的痕迹。

2000 年，劳动和社会保障部等 7 个部门联合颁布《关于进一步开展农村劳动力开发就业试点工作的通知》，取消了对农民进城就业的不合理限制，农民举家外出务工进入了一个新的高峰期。然而借读政策的实施并没有从根本上解决流动人口随迁子女异地"有学上"和"上好学"的难题，参差不齐的教育水平有悖于素质教育的推进和教育公平的政策理念。2001 年，国务院印发的《关于基础教育改革与发展的决定》指出，流动人口子女接受义务教育"以流入地政府管理为主，以全日制公办中小学为主"，初步确立了"两为主"的政策基调，凸显了教育公平的理念。2003 年，国务院办公厅转发了教育部等部门制定的《关于进一步做好进城务工就业农民子女义务教育工作的意见》，要求对农民工子女教育"流入地政府要做到收费与当地学生一视同仁；流出地政府禁止在办理转学手续时向学生收费"。对乱收费现象的明令禁止和对随迁子女教育的一视同仁反映了国家对农民工随迁子女教育的重视（和学新、李平平，2014）。

2006 年，修订后的《中华人民共和国义务教育法》颁布，针对流动人口随迁子女义务教育做了规定："当地人民政府应当为其提供平等接受义务教育的条件。"这一规定首次从法律的高度对流动儿童平等接受义务教育问题作了明确的规范。

2010 年颁布的《国家中长期教育改革和发展规划纲要（2010—2020 年）》要求"研究制定进城务工人员随迁子女接受义务教育后在当地参加升学考试的办法"。国务院办公厅于 2012 年 4 月印发了《关于积极稳妥推进户籍管理制度改革的通知》，异地升学的人为障碍开始瓦解。同年发布的《国家教育事业发展第十二个五年规划》要求"保障进城务工人员随迁子女享受基本公共教育服务权利，健全输入地政府负责的进城务工人员随迁子女教育公共财政保障机制，将其教育需求纳入各地教育发展规划"。随迁子女义务教育后衔接问题被正式列入国家教育发展规划之中（和学新、李平平，2014）。

2014 年 7 月国务院颁布《关于进一步推进户籍制度改革的意见》（简称《意见》）。根据《意见》，我国将建立居住证制度。"居住证持有人享有与当地户籍人口同等的劳动就业、基本公共教育等权利；以连续居住年限和参加社会保险年限等为条件，逐步享有与当地户籍人口同等的中等职业教育资助等权利，同时结合随迁子女在当地连续就学年限等情况，逐步享有随迁子女在当地参加中考和高考的资格。"

2015 年《"十三五"规划建议》提出：推进以人为核心的新型城镇化。深化户籍制度改革，促进有能力在城镇稳定就业和生活的农业转移人口举家进城落户，并与城镇居民有同等权利和义务。实施居住证制度，努力实现基本公共服务常住人口全覆盖。

综上所述，从政策制定的角度来看，流动儿童的受教育权利和机会正在逐步改善。但从具体政策落实来看，流动儿童的受教育和社会融合还存在很大的挑战。首先，许多城市尤其是一些大城市还存在"以教控人"的现象。如北京市 2014 年出台了"史上最严"的入学资格审核政策，2015 年入学门槛进一步抬升。根据北京市教委发布的《关于 2015 年义务教育入学工作的意见》，非京籍儿童入学"五证"[①]政策基本不变，具体细则由各区县结合实际制定。然而，北京各区县出台的实施细则普遍增加了多项附加或细化条件，据统计，从"五证"延伸出的需提交审查证明最多达到 28 个。上海市需要"四证"（父母一方的《上海市临时居住证》、父母及学生本人的户籍证明、父母一方在沪务工证明、预防接种卡）齐全。广州需要居住时间 6 个月以上、有稳定工作和收入以及随迁子女毕业于当地幼儿园。昆明市需要"三证"（在昆务工证明、居住证明和身份证明）齐全。其次，流动儿童中还有至少 20% 的义务教育学龄儿童在民办学校上学。在流动儿童较多的城市，流动儿童在进入公立学校的机会方面排在本地户籍儿童的后面，在安排本地户籍儿童入学后剩余学位才用来安排流动儿童。由于公立学校

---

① 所谓"五证"指父母在京务工就业证明、实际住所居住证明、全家户口簿、在京暂住证、户籍所在地街道办事处或乡镇人民政府出具的在当地没有监护条件的证明。

名额有限，许多儿童被迫进入民办学校就读。而地方城市政府往往以财政不足、没有建校用地、缺乏教师编制等为由不新建公办学校。第三，流动儿童在许多城市都无法参加中考和高考，由此导致他们的城市化中断，许多人返回老家就读成为"留守儿童"。

　　更为重要的是，除义务教育之外，目前改革还缺乏对流动儿童学前教育、营养和卫生等儿童早期发展方面的政策关注，也缺乏对流动儿童公民权和儿童权的更完善的立法保护，这些都是需要更进一步探索和改革的目标。

第三章
城中村

　　一路之隔，一边是高楼林立、宽敞整齐的城市小区，另一边却是违建林立、房屋破旧、地摊密布、人头攒动、垃圾四散的城中村。船房社区作为昆明市第一大城中村，其经历的由农村向城市社区的转变进程，很大程度上可以说是当前中国快速城市化的缩影。

　　伴随着改革开放，船房社区开始从一个单纯以种植业为主的传统农村向一个经营多种产业的城市社区转变。20世纪90年代末昆明的城市化进程加速，船房社区从形式上完成了从农村向城市社区的"翻牌"。外来流动人口大量进入船房社区并成为社区主要居民。这一时期的船房社区实质上处于一种"城中村"的状态，其中既有"村"的成分，也有"城"的成分。未来伴随昆明市进行城中村改造，船房社区将最终完成从乡村到城市社区的转变，届时流动人口将从船房的历史中退出。但是，在船房社区所经历的城中村故事，却同样可能会在昆明远郊的盘龙村、陈家村、六甲村等地上演。将这些不同村落连接在一起的是昆明的城市化和在这些不同村落之间奔波游走的流动人口。

　　数据1：据2011年第六次人口普查显示，昆明市共有常住人口643万人，其中流动人口有198万。

　　数据2：据昆明市公安局统计，2010年昆明市共有城中村554个（界定标准为有50栋出租房以上），居住人口219万。

　　数据3：船房社区是昆明市第一大城中村，面积1.8平方公里，有2556栋出租房，本地村民近4000人，容纳流动人口8万多人，本地与外来人口比例为1：20。

　　数据4：2008年2月27日，昆明打响城中村改造突围战。5年之内，昆明的336个城中村要全部改造。

　　上述数据表明，一方面随着昆明城市化进程的加快，大量流动人口进入昆明。但其中多数并未流入昆明已有的城市社区，而是流入了昆明的城中村。城中村成为流动人口就业、居住、生活和受教育的"栖息地"。同时，城中村使得流动人口与城市户籍居民形成居住空间和社会心理空间的双重隔离。另一方面，城市政府正在紧锣密鼓地进行城中村的改造。城中村犹如破旧的贫民窟一样，缺乏基本的格局，秩序混乱，其存在已成为实现良好城市设计的障碍。解决的办法明确而直接——拆迁和改造。在拆迁改造的过程中，城市政府更为关注的是城市的经营、财政收入以及本地居民的安置，大量流动人口的未来去向和生活却被忽视了。结果就是通过"城中村改造"形成对流动人口的"驱赶"和"排斥"。由此出现的问题是，以农民工为主的大量外来流动人口究竟是有效地融入城市，还是被城市边缘化和排斥？从国外的发展历史和经验看，如果要让在城市化过程中出现的大量移民在城市定居并融入其中，有两种选择：其一，让这些移民自由解决住房问题，容忍"贫民窟"的存在；其二，用福利国家的方式消除"贫民窟"（秦晖，2008）。而普遍的趋势是两者兼而有之。但如果既不给这些移民自由也不给福利，那么就只能走向分离和社会动荡。

想要促进流动人口的社会融合，着力点在于促进社区融合。在整个社会体系中，社区是新移民和城市居民比邻而居、共同生活的空间，也是新移民在城市获得归属感、培养下一代的空间。新移民能否最终融入城市，取决于他们能否与城市居民结成同一个社区共同体。

一、地理概况及历史发展

昆明是云南省省会，云南省唯一的特大城市和西部第四大城市，是云南省政治、经济、文化、科技和交通中心，也是滇中城市群的核心。因气候宜人，昆明市素有"春城"之名。全市人口 726 万人，其中常住人口 648.64 万，市区常住人口 358 万人，城镇人口占全市人口的 66%，为 428 万人[①]。昆明市下辖6区、4县、3自治县、1市：东川区、盘龙区、五华区、西山区、官渡区、呈贡区；晋宁县、富民县、嵩明县、宜良县；石林彝族自治县、寻甸回族彝族自治县、禄劝彝族苗族自治县；安宁市。

素有"春城水乡"之称的船房村坐落于昆明城区西南部，地处平坝，原为昆明近郊的一个田园村落，现已融入昆明城区，成为昆明西南城区的重要组成部分。

———————————

① 昆明市第六次人口普查数据。

船房村东至昆明振华制药厂荷花塘，与昆明城区相接；北至西坝河河堤。村境东西长 1.8 千米，南北宽 1 千米，辖区面积 1.8 平方千米，海拔 1890 米。社区居委会驻地在船房河西岸船房新村，下辖船房和柳坝新农村 2 个自然村以及 12 个居民小组或股份合作社。

历史上，船房村是由移民的不断融入发展而来的。距今三四百年前，在船房河上游，每逢雨季，河水湍急，将泥沙淤积于河两岸，逐渐形成河滩土堆和沼泽地。在滇池以打渔为生的早期渔民，有的划船经船房河至城边柳坝和王家坝进城交易，有的晚上则沿河岸拢船夜宿，久而久之则在河岸边搭棚建房，定居下来，开垦种植，逐渐形成村落。因村落是依水而建，早期居民是以船而居、以船而行、以船而作的滇池渔民，故把村落取名为"船房"。后又在明朝初年，大批江浙地区的汉族移民随明将沐英移民而来，逐渐与当地的原著民通婚融合，以早期船房村落为基础，设营、哨、卫、所，进行屯田活动。因当时沐英手下有一陆姓将官，故将船房村以此陆姓将官的姓氏命名，称为"船房陆家营"，历经变迁，船房自然村地名一直沿用至今。

1950 年，船房村属莲德镇。1953 年至 1956 年 10 月，船房村属昆明市第五区杨家乡。1956 年 10 月官渡区成立，船房村正式归昆明市官渡区管辖。1958 年 9 月，船房村属昆明市官渡区前卫人民公社杨家管理区，包括船房、杨家、陆家，船房村为第 1～4 个生产队。1961 年，管理区建制撤销，福海人民公社从前卫人民公社划出，单独成立了福海人民公社船房生产队。1984 年，农村进行行政管理体制改革，废除"一大二公"的政社合一的人民公社体制，船房村的建制变为福海办事处船房乡人民政府，下设 9 个农业生产社。1998 年 2 月，第二次区乡体制改革，船房村的建制变为昆明市官渡区福海乡人民政府船房办事处，其中至 1992 年设 9 个农业生产社，1992 年增设为 11 个农业生产社。1992 年 3 月，根据《中国人民共和国村民委员会组织法（试行）》选举成立昆明市官渡区福海乡船房村居民委员会，与原船房办事处实行"两块牌子，一套领导班子"。2000 年 11 月，为适应昆明城市化管理工作的需要，根据《中华人民共和国居民委员会组织法》进行"居改"，建制沿革变为昆明市官渡区福海乡船房社区居民委员会，下辖 11 个居民小组或股份合作社。2004 年 8 月 31 日，昆明市主城四区行政区划调整，官渡区福海乡船房社区居民委员会整体划入昆明市西山区，建制沿革更名为昆明市西山区福海街道办事处船房社区居民委员会，正式归昆明市西山区管辖。2005 年 3 月，根据昆明市西山区行政管理工作的要求，柳坝新农村居民小组从昆明市西山区永昌街道办事处永联社区居民委员会撤出，正式划入昆明市西山区福海街道办事处船房社区居民委员会，至此下辖 12 个居民小组或股份合作社。

二、人口

（一）人口的发展

历史上，船房村就是昆明市人口密度较大的自然村落之一。随着城市化进程的开启，流动人口流入速度加快，在形成与本地人口"倒挂"之余，成为社区主要居民。

新中国成立前，船房村有 340 户，1582 人。2003 年有常住户 854 户，总人口中本地人 3198 人，流动人口 1 万多人，人口自然增长率在 7% 以下。2005 年，本地总人口 3813 人，流动人口 2 万多人，人口自然增长率为 7% 以下。2010 年，船房社区有本地户籍约 930 户，本地总人口 4755 人，流动人口 63587 人。

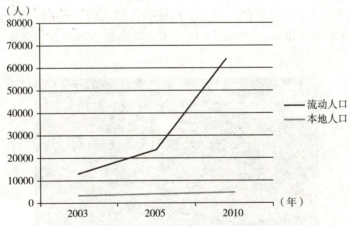

图1　船房社区本地人口与流动人口的变动趋势

表1　　　　　　　　　　1954 ~ 2010 年船房村择年户籍与人口统计表

时间（年）	户数（户）	人口（人）	男（人）	女（人）
1954	330	1453	689	784
1959	362	1542	691	833
1964	389	1754	836	918
1969	431	1941	834	1107
1974	500	2193	991	1202

续表

时间（年）	户数（户）	人口（人）	男（人）	女（人）
1979	554	2387	1092	1295
1984	573	2503	1191	1312
1989	669	2538	1186	1352
2000	784	3123	1385	1738
2003	854	3198	1452	1746
2005	—	3813	1753	1978
2010	930	4755	2389	2366

资料来源：根据船房村历年人口数据绘制。

（二）船房社区人口的总体特征

1. 密度大

船房社区的人口密度随着城市的发展而提高。到 2011 年更是达到了一个极高的水平，在 1.8 平方公里的土地上，居住的人口达到了 63587 人[①]，人口密度达 3.3 万人/平方公里。高密度的人口和不相称的城市设施是居住状况恶劣的一大原因。

图 2 船房社区的人口密度图

资料来源：谷歌地图。

---

① 我们所获得的"六普"的数据为60296人。但经过进一步实地调研，我们发现数据与实际情况有一定出入。例如，调查数据中0～6岁人口为643人，7～16岁人口为1566人，但实际人口至少分别约为2500人和3000人。为准确反映船房社区的实际情况，我们据此对数据进行了相应修正。基于上述原因，总人口数由60296人修正为63587人。修订的数据只存在低估的问题，不存在高估的问题。

2. 学历水平低，远未达到城市平均水平

无论是本地人口还是外来人口，学历水平都普遍较低。大专以上学历的人口比例平均不到 5%，具有高中文化程度的比例也只有 12%。而昆明市第 6 次人口普查中大专以上人口占总人口的比例平均为 15%，具有高中文化程度的比例为 14%（图 3）。

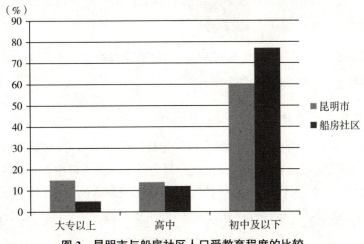

图 3 昆明市与船房社区人口受教育程度的比较

资料来源：根据昆明市第六次人口普查数据统计所得。

3. 年龄构成较为年轻，老龄化趋势远低于昆明平均水平

船房社区的人口组成较为年轻，人口平均年龄为 33.6 岁。超过 82.65% 的人口年龄在 45 岁以下，60 岁以上的人口仅占 4.55%，远低于昆明市 12% 的水平。其中 26 ~ 45 岁的中青年劳动力是船房社区人口的主要构成部分，占 52.43%。

4. 结构复杂，不便分类的其他劳动人员较多

根据船房社区第六次人口普查的数据，全社区 16 岁以上人口中，在业劳动人口[①]51642 人，占 96.54%。在职业构成中，典型的职业是"不便分类的其他劳动者"[②]（37.15%），接下来才是"商业、服务业员工"（34.23%），再次是农业（13.54%），之后是工厂 / 矿区工人（10.9%）。

---

① 仅包含明确回答了职业状态的样本。
② 主要是在非正规部门就业。

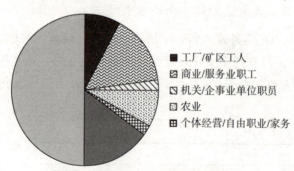

图4　船房人口的职业构成百分比

资料来源：船房社区"六普"数据。

5. 租户基本是非户籍人口

船房社区人口大部分为非户籍人口（包括昆明郊县），比例达79%，其中大多数来自云南其他城市和相邻省份。在户籍为昆明市的人口中，也以昆明郊区人口较多（总人口的13.51%）。船房社区中人口比例最大的为来自其他省的人口，达39.09%。这些数据均表明，船房社区中外来非户籍流动人口占较大比例。

表2　　　　　　　　　　　船房社区人口的户籍状况

户籍地	频数	百分比（%）
昆明市区	4599	7.63
昆明郊区	8146	13.51
昆明郊县	4270	7.08
云南其他城市	19710	32.69
其他省	23571	39.09
合计	60296	100.00

资料来源：船房社区"六普"数据。

6. 以云南省内流动为主

根据"六普"数据，船房社区的流动人口以云南省内流动为主（60%），省外的流动人口主要来自四川（23.56%）、贵州（4.86%）、湖北（2.43%）、重庆（2.22%）和湖南（1.05%）（图5）。

7. 多数流动人口已趋于定居

这些流动人口多数已来昆明5年以上（83.89%），一定程度上可以算在昆明定居下来。但同时，居住地点却不稳定，多数人（67%）有过2次以上的搬家经历。

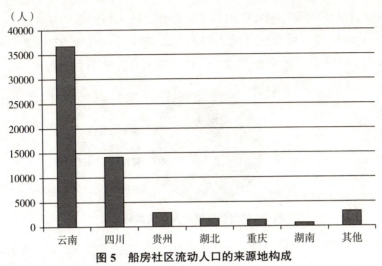

图5 船房社区流动人口的来源地构成

资料来源：船房社区"六普"数据。

8.从事的职业相对稳定

与居住地频繁变动形成对照的是，船房社区外来人口所从事的职业相对固定。来昆明后，20%的人没换过工作，21%的人换过1次工作，25%的人换过2次工作，15%的人换过3次工作，11%的人换过4～5次工作。换过2次及以下职业的人口有66%，这说明船房社区的外来流动人口职业相对固定，频繁换工作的人并不是很多。这与前述的船房社区的流动人口大多在非正规部门就业是相对应的。

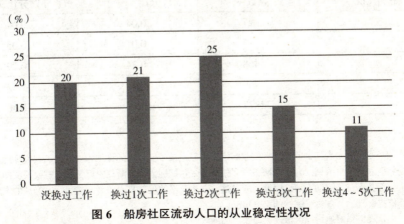

图6 船房社区流动人口的从业稳定性状况

资料来源：船房社区"六普"数据。

9. 举家迁移和单身各占一半①

在船房社区"六普"调查中回答了家庭住址的人口总数为 44477 人，占所有人口的 73.77%。其中单身居住的人口数为 24893 人，占 55.97；2～6 人合居的人口数为 18334 人，比例为 41.22%；超过 6 人合居的约有 3%。

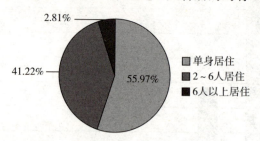

2.81%
41.22%
55.97%

■ 单身居住
■ 2～6人居住
■ 6人以上居住

图 7 船房社区流动人口的家庭构成

资料来源：船房社区"六普"数据。

船房社区流动人口家庭构成以 3～6 口人为主，占到 91%，其中比例最高的是四口之家，占 37.92%。50% 以上的人是和爱人和子女住在一起的，说明多数为核心家庭一起在外居住②。

10. 有 1/3 的人口未婚

船房社区的未婚人口为 24877 人，占总人口的比例为 39.13%。未说明婚姻状态的 1242 人，比例为 1.95%。有过婚姻经历（包含处于婚姻状态的）人口 37453 人，比例为 58.91%。其中已婚的人口 36423 人，占总人口的 57.29%。

表 3 船房社区婚姻状况

婚姻状况	频数	百分比（%）	累计百分比（%）
初婚	27	0.04	0.04
复婚	5	0.01	0.05
离婚	468	0.74	0.79
丧偶	469	0.74	1.52
未婚	24877	39.13	40.66

---

① 调查中，并未直接询问受访者的家庭情况，但记录了受访者的详细家庭住址。我们据此计算出了受访者的相应家庭人口数据。对于未回答家庭住址的，我们则无法判断其家庭情况。需要说明的是，考虑到相当大一部分人口是流动人口，因此，通过这一方法获得的仅仅是受访者在船房社区当地的家庭居住情况，并不能据此判断其真实、完整的家庭情况。

② 根据课题组对船房社区流动人口家庭的问卷调查。

续表

婚姻状况	频数	百分比（%）	累计百分比（%）
未说明的婚姻状况	1242	1.95	42.61
已婚	36423	57.29	99.90
再婚	61	0.10	
合计	63572	100.00	100.00

资料来源：船房社区"六普"数据。

11. 家庭收入出现分化，低收入和贫困家庭占相当大比重

根据调查，船房社区流动人口家庭经济收入分化明显。月家庭收入集中在 2000 元左右，这部分家庭可以划分为中等收入家庭，约占 52%，其中 26.25% 的家庭收入在 1000 ~ 2000 元[①]，25.41% 的家庭收入在 2000 ~ 3000 元之间。另有 21.67% 的家庭收入在 3000 元以上，属于高收入家庭；26.67% 的家庭收入在 1000 元以下，属于贫困家庭，其中 5.42% 的家庭月平均收入低于 500 元，属于绝对贫困家庭。

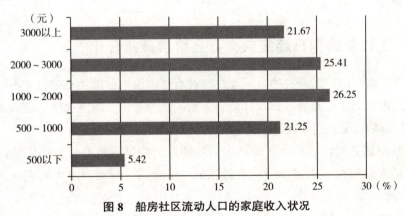

图 8　船房社区流动人口的家庭收入状况

资料来源：船房社区流动人口专项调查。

三、船房社区的居民收入和社会分层

（一）居民基本生活来源

船房社区的居民主要分为两大类。一类是本地户籍居民（常住居民），维持

---

① 如果以相对贫困的概念衡量，这部分人也可纳入贫困的范畴。

生计的收入来源主要是房租和集体经济分红，同时存在一些无职业、无技术、无投资人员；另一类是外来的流动人口（非常住居民），其收入来自各类务工收入。

船房社区本地居民生计来源较为单一，经济收入差距大。土地被城市化了，农民也就失业了。这些身居城市又失去土地的"城中村"本地居民的生计来源主要为：一是出租房屋；二是领取集体经济（土地出让、入股金）分红[①]；三是在社区中找到工作或利用自己的房屋开个小餐饮店、小百货店。由于有出租房收入和集体分红，再加上就业所得，船房社区本地居民的生活一般都比较富足。

船房社区外来人口的主要经济收入来源于各项务工报酬，收入偏低且不稳定。外来务工人员承担了城市发展最需要、城市生活一刻也不能缺少的工作：从建筑、搬运、送水、送煤气到自行车修理、补鞋、缝纫、配钥匙；从各类餐饮服务到卖水果、蔬菜、烧饵块[②]；从打扫城市卫生到医院病人护理；从理发、美容到家政服务；从日常生活用品、农副土特产品销售到夜市、地摊等等。到处都有他们的参与，哪一处都离不开他们。但是，他们的劳动所得与付出并不相符，平均月工资仅为 1500 元左右。

（二）社会结构日趋复杂，社会阶层日益分化

在有关阶层的经验研究中，职业往往被看作阶层划分的主要依据。不同职业在资源的占有上存在差异。现代社会，人们的社会地位、经济地位、政治地位都可以通过其职业地位反映出来。

从职业划分看，船房社区流动人口的职业结构呈现典型的金字塔结构。大多数流动人口都在非正规部门从事低技能、低收入、劳动强度大的职业。第六次人口普查数据显示，船房社区 16 岁以上人口中，在业劳动人口[③]51642 人，占96.54%。船房社区在业人口典型的职业是"商业、服务业员工"（34.23%）、其他不便分类的劳动者（33.68%）、农业（13.54%）、工人（10.9%）、机关/企事业单位职员（2.28%）、无业或待业（0.67%）（表4）。

---

① 每年有几千元到上万元不等的分红收入。
② 是昆明最著名的特色小吃之一，为云南特有。
③ 仅包含明确回答了职业状态的样本。

表4	船房社区流动人口的职业结构		
职业分类	频数	百分比（%）	累计百分比（%）
工厂/矿区工人	5726	10.9	10.9
商业/服务业职工	17983	34.23	45.13
机关/企事业单位职员	1197	2.28	47.41
农业	7112	13.54	60.95
个体经营/自由职业/家务	1001	1.91	62.85
离退休	350	0.67	63.52
无业/待业	351	0.67	64.19
儿童/学生	1121	2.13	66.32
其他	17694	33.68	
合计	52535	100	100

数据来源：船房社区"六普"数据。

根据表中数据，大体可将船房社区的居民按职业划分为6个阶层：国家与社会管理阶层、办事人员阶层、农业劳动者阶层、个体工商户阶层、商业服务人员阶层和无业、失业和半失业阶层。其中流动人口多属于后4个阶层。以这种职业划分的阶层结构在船房社区呈现的是"上小下大"的金字塔结构（图9）。

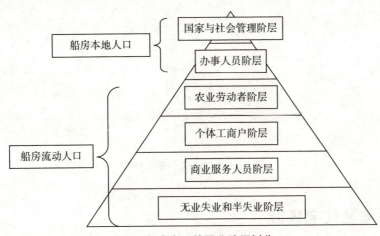

图9　船房人口的职业阶层划分

除了基于职业划分的做法，还可以从经济财富及各类资源的占有的角度来考察阶层结构的变化（孙立平，2006）。从这种视角出发，船房社区可以划分为相互隔绝、差异鲜明的两个部分——上层部分和底层部分（图10）。经济财富及各类资源越来越多地积聚在上层部分人手中，而弱势群体所能分享到的利益越来越少，他们与社会上层部分人的社会经济差距越拉越大，从而形成与上层社会相隔绝的底层社会。

首先，在船房社区，本地居民的收入要远远高于外来流动人口。船房本地居民平均每家都拥有 1 ~ 2 栋出租房，而一栋 5 层的出租房一月的房租收入在 1 万元左右。船房本地居民均享有养老、城镇基本医疗等社会保险。此外，依据各小组资产的多寡还享有人均不等的年终股份分红，如资产最多的第 12 居民小组每人年终能分到 1 万元。粗略估算，船房本地人的年均收入约是流动人口年均收入的 5 ~ 6 倍。

其次，船房外来流动人口的家庭经济收入也分化明显。船房流动人口家庭的月收入集中在 2000 元左右。这部分家庭可以称为中等收入家庭，占 51.66%，其中 26.25% 的家庭收入在 1000 ~ 2000 元，25.41% 的收入在 2000 ~ 3000 之间。另有 21.67% 的家庭收入在 3000 以上，此部分家庭属于高收入家庭。还有，26.67% 的家庭收入在 1000 元以下，属于贫困家庭，其中 5.42% 的家庭月平均收入低于 500 元，属于绝对贫困家庭。从中可以看出，高收入家庭的收入约是贫困家庭的 6 倍以上。

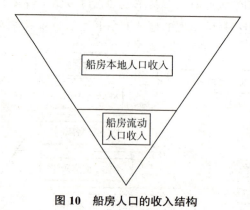

图 10　船房人口的收入结构

四、耕地及住宅建设

土地对于中国传统乡土社会具有重要意义，是人们维持生产和生活的基础。随着城市化的加速，传统村社逐渐解体，开始向现代城市社区转化。土地作为重要的自然资源，虽然正在失去其在乡土社会中所被赋予的意义，但在历史变革中却以新的面貌继续充当"财富"这一不可替代的角色。

1. 种田历史的终结

1952 年，船房村共有耕地 2057 亩。后来经历了几次大的耕地状况变动，分别为：1956 年永昌河沿岸至中河一片土地 51 亩划给杨家大队（卢家地、李家地）；1955 年划给西坝苗圃土地 15 亩，1956 年又一次性划给西坝苗圃土地 60 亩；1958 年划给柳坝建新农村土地 60 亩；1983 年推行家庭联产承包责任制，土地按农业人口承包给社员经营，并签订承包责任书。

1985 ~ 1998 年社员盖房用地约 90 亩。1999 ~ 2001 年社员建盖房屋用地约 140 亩。20 世纪 90 年代以后，滇池路片区进行大规模开发建设，处于滇池路沿线的船房耕地被大量征用。至 1997 年船房村耕地全部被征用，结束了船房人种田的历史。

表 5　　　　　　　　　　船房社区耕地情况变化

年份	面积（亩）	年份	面积（亩）
1950	1991	1980	186605
1952	2057	1981	1856.9
1957	1930	1982	1859
1962	1838	1983	1859
1965	1838	1984	1859
1970	1593	1985	1794
1975	1849	1986	1768
1978	1797	1988	1501
1979	1797	1988	1501

资料来源：《船房村志》。

表 6　　　　　船房村历年来（至 2004 年止）土地征用情况统计表

	项目	征地单位	时间	面积（亩）	备注
基础设施建设 144（亩）	滇池路扩宽	市政公用局	1992年	4	四社
	滇池路扩宽	市政公用局	2003年	7	四社4亩，五社3亩
	污水处理厂（一期）	市政公用局	1989年	89	老三社
	污水处理厂（二期）	官渡区开发办	2000年	44	九社、三社、十一社
办公区域建设 77（亩）	省禁毒委	官渡开发区	1998年	52	四社25亩、一社17亩、二社10亩
	福海乡政府办公室	福海乡人民政府	1998年	25	四社

资料来源：《船房村志》。

2. 从"种田"到"种房"

船房社区给人最深的第一印象就是那茂密如森林般的"出租房"。船房本地人形象地称盖出租房为"种房"。城中村违法建房现象的产生原因，从市场角度来说，主要是由于房屋升值和市场需求的增长；从政府角度来说，是没能严格地限制违法建房；从村民角度来说，则是因为巨大的利益驱动。船房社区由于外来人口众多，出租房市场供不应求，建造住房出租获利丰厚，所以违法抢建住房现象较为严重，平均每户都拥有一栋甚至多栋出租房。

船房社区大规模建房是从 1999 年开始的。当年，由于城市发展和地产开发，船房社区分别被庆丰房地产公司和市政佳隆公司征地 600 亩和 200 亩。当时的土地出让补偿款是 8 万 ~ 12 万 / 亩。考虑到土地不断被征用，村民未来的生计受影响，同时也考虑到土地不断升值的趋势，村委会在当年批准了大量的宅基地，房子最高允许建至 5 层。当时，包工包料，一栋 400 平方米的房子只需要 20 万元成本。这是船房村的第一次集体建房热。到了 2005 年，由于听说市政府将出台有关限制违法乱建的政策，船房村的居民在当年又掀起了一轮"加盖热"。尽管当时的每平方米的造价已经涨到 600 元，但大多数人家还是坚决地把房子加盖到了 5 ~ 6 层。

这辈子尽盖房子了

韩师傅，船房村人，已 60 多岁了。他对船房和自己这么多年来的总结就是"这辈子尽盖房了"。他说，20 世纪 80 年代初，他们家盖了一栋土坯房，当时是自己挖泥、买木料，然后请人来帮忙，总共花了 3000 多元。到 20 世纪 90 年代初，一方面土坯房已经很旧了，另一方面经济也比以前好了，于是他拆了土坯房改建砖瓦房，花了 5 万 ~ 6 万。到了 1999 年，村里大规模批宅基地，他就又盖了一栋房，2 层共花了将近 20 万。到了 2005 年时，在大家"加层热"的刺激下，他又将自己的 2 层房加盖到了 5 层，这次加盖又花了将近 20 万。他说："这辈子真是盖房子盖怕了。"作者听后问："如果现在不限制，让您盖，您还是要盖吧？"老人笑了笑，没回答。

伴随昆明的快速城市化和巨大的市场需求，船房社区的房屋租金在一段时间内有了大幅提升。2000 年的时候，船房一间 20 平方米的单间租金只是 100 元。而到 2011 年时，一个 10 ~ 15 平方米的单间租金已经在 200 ~ 300 元之间，一室一厅面积在 20 ~ 30 平方米的房子租金在 300 ~ 600 元之间。商业用房的房租，价格要高一些，一间 60 ~ 70 平方米的铺面月租金在 1000 元左右，另外根据地点还有一定的差别。保守估计，船房出租房每平方米的年租金为 200 元。船房地理位置优越，房租又相对低廉，所以空房出租率可以估算在 10% 左右，那么船房每年租房的收入在 8000 万元左右。船房社区的村民收房租，不需要缴税，但村里要收一定的管理费和卫生费。对于船房的村民来说，投资出租房的建设回报很高，3 ~ 5 年就可以收回投资，然后坐收丰厚的租金回报，并且除了行政风险（政府查处违法建筑），几乎没有任何市场风险。下面是一栋典型出租屋的投资收益。

表 7　　　　　　　　　　船房建房的成本及收益

基本情况及造价		租金收益		
		楼层	出租价格	每月可获租金
建筑覆盖	110平方米	1层商铺	30元/平方米	3300元
建筑层数	5层	2 ~ 4层出租	20元/平方米	6000元
建筑面积	550平方米			
造价	600元/平方米	5层自住		
合计	约33万			111600元/年

资料来源：根据调查数据绘制。

因为违法建房出租的回报率高，总体而言，城中村本地居民的收入是比较高的，基本上高于所在城市的平均收入水平。

五、经济发展

在过去 30 年里，昆明经历了快速的城市化过程，城中村就是这一发展阶段的产物。大量的流动人口聚集在城中村，他们中很大一部分人不能进入城市的正规部门就业，只能靠在非正规经济部门就业来维持生计。城中村是非正规部门经济的集中地，它为流动人口的城市化提供了缓冲。一方面，流动人口在由城中村集体经济所带动的非正规部门中就业，获得维持生存的劳动收入；另一方面，流动人口大量租住城中村的房屋并在城中村生活和消费，又为城中村本地人带来了可观的收入，从而成为城中村经济的重要组成部分。

1. 由"农"转"工"，由"集体"转"私营"

船房村古代以传统农业种植为生，农作物以水稻、小麦、蚕豆和油菜等蔬菜为主。船房村有史以来至 1997 年耕地被全部征用之前，农业一直是主体经济和支柱产业。据史料记载，船房早年产"冬吊"大米曾名扬昆明，因米质香、口感好而誉满全城，在民国时期曾作为昆明城一些达官显贵招待客人的首选大米，后因产量低、种植成本高及灌溉水质遭严重污染等因素而绝迹。到1984年时，船房的粮食产量达到了951698公斤，成为历史最高产量；1990年达到942526公斤，成为历史上的第二个丰收年。然而，以粮食种植为主的单一农业产业结构始终无法给船房村民带来生活水平的巨大改变，这一时期，村民们始终处于温饱有余而富裕不足的境况。

20世纪90年代邓小平南巡讲话后，船房村开始充分发挥和调动各方面的力量，走以发展工商业为支柱、市场为导向、第三产业为龙头，依托城市、服务城市、建设城市、管理和经营城市、发展城市经济的经济发展路子。船房从一个传统的以农业种植业为主的城郊型乡村开始建设成为以第三产业、第二产业为主体的城市化新型社区。

1992年全办事处企业总收入为486万。1995年船房办事处有集体企业31家，主要经营形式为联营企业。随着市场经济的不断发展，竞争日趋激烈，到2000年底，全办事处集体企业由1995年的32家减少为23家，2004年又再次减少为14家，且基本改制为私营、个人独资企业，其中有限责任公司13家、个人独资企业1家。2005年全社区企业总收入92135万元，为1992年的189.58倍，居民人均纯收入10922元，为1992年的4500元的2.4倍多。

在村镇扩张减缓、住地人口增长的情况下，社区集市贸易发展加快。1994年四社建了第一个集贸市场，占地面积7亩，建筑面积4000平方米，投资200多万元，年收入40多万元。之后，一社新村于2001年兴建集贸市场1个。

经济社会的快速发展，使船房村经济结构发生了重大变化。经济结构由以农副业为主的格局发展为商、工、贸一体化综合经营，以房屋出租、宾馆酒店、餐饮旅游、服务业和商贸业等第三产业为支柱，多业并进、协调发展的格局，产业结构也由改革开放前的"一二三"调整为1997年后的"三二"结构。

2. 船房以土地、物业出租为主的集体经济

城中村都是从农村地区转型而来，而城中村的居民以前从事的主要是农业。随着城市的发展，城郊农村的土地逐渐被政府征收，无地农民也开始从农业中脱离出来。船房社区在非农化过程中，利用自己的区位优势，要么直接出租土地，要么建设厂房物业出租以吸引外来投资，要么利用征地所得的款项或从社会上筹集部分资金兴办一些非农产业，如工厂、仓库、写字楼、商业、酒店及其他服务业等——这就是船房社区集体经济的由来。

船房社区最早的集体企业——柏油路修建修缮公司开办于 1983 年。到 1995 年，船房办事处已经有集体企业 31 家，主要经营形式为联营企业。但是随着市场经济的不断发展，竞争的日趋激烈，到 2000 年底全办事处集体企业由 1995 年的 32 家减少为 23 家，2004 年又减少为 14 家，且基本改制为私营、个人独资企业，其中有限责任公司 13 家，个人独资企业 1 家。到 2010 年船房社区共有企业 8 家，分别是昆明凯旋利汽车市场、方舟酒店、水星温泉中心、银鹏集团、满天香餐饮、泛亚物流、小天鹅和新龙门。这 8 家都已基本改制为私人经营、独资经营，年营业额在 11 亿元左右。

从船房社区集体经济的发展来看，主要是纯土地经营和村集体物业出租经营两种形式。早期主要为纯土地经营，即村集体经济组织将土地直接出租给单位经营的土地经营方式，主要有生地出租、联营、合作开发几种形式。其主要特征是：①纯土地出租经营模式由初期多样化转向单一化；②纯土地出租的经营方式在发展成熟的城中村中逐渐消失；③租金随着村集体公共设施建设投入加大而大涨。

发展到现在，船房社区的集体经济已演变为以村集体物业出租经营为主，即村集体经济组织在集体用地上兴建各种类型的物业，然后将其出租给外来单位使用的土地经营方式。起步阶段，出租物业的类型主要是工业和仓储为主。随后，商业、市场用地增长迅速，其他用地比例相对下降。其主要特征是：①村集体物业出租成为社区经济收入的主要来源；②商业和服务用地比例逐渐增加；③物业租金历年持衡；④不同地段出租物业的类型不同。2010 年船房社区居委会的物业出租经营收入为 1000 万元左右。与前几年相比，这部分收入下降了不少，主要是因为船房社区的许多土地和市场都在最近几年被征用或拆迁了。

以物业为主的集体经济发展模式在船房社区具有必然性，一方面，船房社区是从农村转变而来的，居民绝大多数都没有工商经验，自办实业的难度很大。另一方面，昆明城市化的快速发展，使得船房所在地域的土地和房屋大大增值，因此，选择风险相对较小的物业开发就成了船房社区集体经济在产业开发上的自然选择。

但从长远来看，由于土地是不可再生资源，船房社区的土地资源是有限的，单纯以物业出租为主的经济结构的发展潜力是有限的。同时，物业出租受经济形势的影响极大，物业收入也是起伏不定。此外，由于物业出租在管理上没有实现专业化和规范化，拖欠物业租金的现象也时有发生。因此，以物业经济为主的城中村集体经济的发展空间和发展方向是一个值得深入研究的问题（谢志岿，2005）。

3. 集体经济的组织形式：股份合作制

船房村早期的集体收入来自农业和一些集体兴办的产业。但随着城市劳动力成本和土地使用价格的升高以及城市劳动密集型产业的衰落，现在社区的集体收入主要来自村集体的物业收入。在发展的早期，管理村集体经济的组织是"经济联社"，下属若干个"经济社"，各自独立核算，但与行政管理上的村委会和村民小组实际是一体化的。村民既是"经济社"的股东，也是"经济联社"的股东。

随着城市化进程的加快，2000 年村委会改为社区居委会。在经历行政管理体制从"村委会"到"社区居委会"转变的同时，船房社区也经历了经济体制从"经济联社"到"股份合作公司"的转变。

首先，村集体（即社区居委会）拥有独立的村集体资产，经济上与各居民小组（股份公司）相互独立核算。其次，船房社区辖 12 个居民小组，这 12 个小组来管理各居民小组的资产。各居民小组有小组长 1 名、居民代表 4 名，主要负责社区居委会所分配的各项社区管理事务。

改制后，船房社区出台了《船房社区合作股份制章程》（以下称《章程》），将股份分为集体公益股和个人股、现金股。将全村集体资产共折成 15600 股，其中集体公益股 6240 股，占总股本的 40%；个人股 9360 股，占总股本的 60%。股权持有人原则上为 2000 年 12 月 30 日零点零分之前享受村民待遇的村民。股份实行一次性分配，以后不再增减。《章程》规定股份可以在船房村民之间继承和转让，但不能抽资退股或以股抵债。

股份的分配依据以下原则：一是"按籍分配"，凡是村民，不分长幼，股份平等，俗称"人头股"；二是在此基础上的"按劳分配"，也就是"按工龄分配"，针对 18 ~ 60 岁的男村民和 18 ~ 55 岁的女村民，每一年工龄折为一股，俗称"劳力股"；三是"村龄股"，也就是享有股权的村民从出生到 2000 年为止的村龄所享有的股份。

在船房社区，居委会资产的收益主要用于船房各项公益事业和居委会行政支出，因此不进行集体分红。村民的集体股分红主要来自各居民小组，各居民小组的纯收益的 60% 一般都直接分给村民，其余 40% 用于居民小组的工资、老年补助等行政及公益事业支出。

船房的股份合作制有以下几个显著特征。首先，社区性和封闭性。股份只在社区"村民"之间分配，不对外募集和分配，可以继承和转让，但不能退股抽资和用于抵押。此外，居民小组的人员构成也具有封闭性。员工基本都是本村村民。

其次，过于重视眼前利益，缺乏长期积累。股民每年都要求多分红、少积累，把分红水平作为衡量居民小组管理层工作的重要标准。而管理层也遵循效用最大化原则，大都不去想方设法提高小组的长远竞争力，而是在任内尽可能地维持和提高分红水平，赢取村民支持。有的人甚至希望通过各种工程谋取私利，导致村内有限的土地资源迅速被开发殆尽。短期经营行为直接加剧了居民小组的经营危机。最后，资产效益差，管理成本高。各居民小组在物业出租方面积累了大量资产，多的超过 5000 万，少的也有 200 万以上。但一方面，经营观念狭隘，资产流动性很差，很难大规模地转化为增量资产；另一方面，居民小组的管理成本很高，每年经营收入的 20% 被用于公司人员的工资及行政经费。

4. 收入分配

1956 年高级社时期，按劳动力强弱评工计分，再按劳动日累计参加年终分配，因粮食未计价，经济来源仅有副业收入，日分值平均在 0.25 ~ 0.35 元之间。1958 ~ 1961 年人民公社化，公共食堂免费吃饭，参加公社劳动的社员实行月工资制，但由于经济收益微薄，工资难以维持。1961 年调整社队规模，以生产小队为核算单位，实行评工计分、按劳分配，粮食作物计价，年终根据各户总工分计算分配（分红），对入不敷出的困难户超支款从逐年分红中扣除。这种模式一直延续到 1986 年。1997 年，耕地被征用完后，社员年终分配实行股份合作社效益分配办法（表 8）。

表 8　　　　　　　　　　1997 ~ 2005 年社员年终分配总数　　　　　　　　单位：元

社别	1997年	1998年	1999年	2000年	2001年	2002年	2003年	2004年	2005年	合计
1社	353440	403108	294150	301310	258450	310260	226950	226500	998580	3372748
2社	314760	482080	308800	145203	103570	433171	225737	305050	854140	3172511
3社	91002	192406	210390	400073	150964	131692	208780	224840	160600	1770747
4社	400000	40000	350000	300000	600000	700000	770000	810000	888030	4858030
5社	323100	439909	458168	324000	452052	388908	360750	505050	649350	3901287
6社	281700	240888	253970	207611	211920	197340	168636	236808	215280	2014153
7社	119040	130680	125847	341528	371376	297714	284271	330615	366900	2026443
8社	187050	312900	262780	285294	262918	285294	262918	346828	1078200	3284182
9社	158600	238850	128490	195889	253828	275900	206925	220720	275900	1955102
10社	29800	77560	100960	240152	269200	180364	153444	191132	199208	1441820
11社	107900	163200	6001500	134850	170810	183000	246902	0	66952	7075114
合计	2366392	30090653	2553570	2875910	3104797	3383643	3115313	3390992	5753140	

资料来源：根据船房社区历年数据绘制。

六、公共服务

基本公共服务是人类发展的重要条件，也是人类发展的重要内容。船房社区作为昆明第一大城中村，其公共资源配备不适应人口增长速度，社会服务能力十分薄弱。城中村内的公共资源配置是按照原有村民数量配备的，而当近20倍于原村民数量的流动人口成为城中村的实有人口后，就造成了"僧多粥少"的局面。虽然各级政府部门也增加了对城中村公共服务的支出，但相对于实有人口的增长无异于杯水车薪。此外，城中村保洁供应能力严重缺乏，村内卫生环境恶化，发生各类传染疾病的危险增加；教育培训类资源严重缺乏，流动儿童就学或职业培训困难，被排斥在主流社会之外；对应流动人口的低水平的日常医疗设施匮乏，各类无证、无照经营充斥于城中村的每个角落；保安力量配备不足，治安防范漏洞较大，犯罪活动频发。

1. 市政基础设施

船房社区配套市政主要设施现状如下：社区中主要干道都已硬化，但都很狭窄；有1个垃圾中转站，5所公厕及有线电视电缆、电信通信、宽带电缆、供电、自来水、排水管等市政和管线设施。此外有2处社区公共休闲设施，沿船房河两边有绿化带。

虽然船房社区中通有水电，但由于整体的市政设施不配套，有时会发生断水、断电的情况。此外，由于私搭乱建现象严重，导致电线和排水管线"错综复杂"，存在极大的安全隐患。社区附近没有污水处理和废气处理设施。社区内的排水管线老化，下雨时经常污水横流、环境恶劣。市政设施配套不完善，服务半径不理想。

2. 教育

学前教育阶段，船房社区目前没有公办幼儿园，只有8家民办幼儿园，教学质量还参差不齐。3所较好的幼儿园收费较高，只有家庭收入较高的家庭才上得起；而其他5所民办幼儿园接纳了大部分流动学前幼儿，但基本都存在"无证办学"、教学设施落后、教师水平低、安全卫生条件差、早教质量低的问题。

义务教育阶段，船房社区目前有1所公办小学和3所民办小学。公办的船房小学是在1999年，由船房社区出资947万修建的，学生上学免费。学校建成后交由西山区教育局管理和运作。学校现有22个班级，约1000名学生，90%为外来流动儿童。此外，船房社区还有3所民办小学，均由私人投资，吸纳了大约2000名流动儿童就读。这些投资人都是靠"灰色积累"起家，看到"有利可图"

而进入民办教育领域的。3所民办学校的教学设施普遍不足和老化，而且每学年都要求学生缴纳学费。

显然，船房社区的教育公共经费投入明显不足，流动儿童在义务教育阶段面临严重的机会公平问题。同时，由于教育经费和体制制约，船房的教育还存在严重的教学设施落后、教师缺编和教师学历低、流动性大的问题。此外，作为拥有大量流动劳动力的社区，船房社区及其附近却没有开设职业技能培训的学校和机构，中学、中专、技校的数量均为0。

3. 卫生

船房流动人口的居住环境相对较差、流行疾病传播迅速，这些都对居民的健康造成了严重影响。流动人口的两周患病率远高于本地村民，约是本地村民的8～10倍，其中排前3的疾病为感冒、腹泻、咳嗽。流动人口的健康状况较差，卫生公共服务需求较高。

船房社区目前有1所社区卫生服务站、约28家私人诊所和4家药店。私人诊所是外来人口常去的卫生机构。流动人口所能享受的医疗服务远比城市居民少。本地村民与外来人口的两周患病及就诊情况（到医院就诊、私人小诊所就诊和未采取任何治疗）差异不大。但调查发现，相对于本地村民，外来人口能报销的医药费更少，甚至没有任何医疗保障，经济收入也较低，造成外来人口患病后不就医或自己购买药物，或到"黑诊所"诊治的情况较多。此外，本地孕产妇100%住院分娩，多次进行产期检查，而部分外来孕产妇仍然在出租屋内生孩子，而且没有接受过任何产前检查，健康状况令人担忧。

船房社区卫生服务站

社区卫生服务站是2005年12月22日建立起来的，服务的对象包括本地和外来流动人口。本地人有城镇居民医疗保险，本人交70元，社区再给交50元；外地人一般只有新型农村合作医疗保险。就诊的常见疾病，儿童以支气管炎、肺炎为主，中年人主要是感冒和外伤，老年人以高血压等慢性疾病为主。每天前来就诊的人大约有20～30个。一般感冒看病开药的花费大约10多元钱，如果输液也只要30～40元。服务站所用的药都是直接从省医药公司批发的。社区的卫生所与服务站加起来有11个员工。服务站除了一般的门诊，还负责社区儿童的免费疫苗接种和预防，这项服务覆盖了外来流动儿童。

社区卫生服务站每年的经费是根据对依法接种、妇幼保健和公共卫生三方面的工作考核而定的，大概在7万～8万元的水平。服务站员工的工资需要自筹自支。服务站的护士原来都是本地人，现在慢慢地也有外地人了。员工的工资为基本工资（800元）加考核，一个月大概有1000多元。对员工有定期的培训。一般社区有关卫生方面的公益活动都需要站里来做。

站长H，平常在医院坐诊，已工作了22年，一直都住在船房村。他本人有养老、医疗、失业、生育和住房公积金，站里给上，每个月大约600～700元。从就诊过程中，他觉得只有大约20%的人了解城镇居民医疗保险和新农合的内容和政策。他当前对于社区卫生服务站最大的希望就是财政能够解决员工的工资。

双平诊所

双平诊所在一条街道拐弯的地方，有3间房——一间看病开药、一间输液、一间存放药品和居住。在访谈的短短十几分钟时间里，有人来买温度计，有人来输液，还有医药公司人员来送药。

诊所的主人姓刘，女，30多岁。她开诊所已经3年了，墙上挂着医生执业执照，执业的范围为内科/外科。来双平就医的大部分为外来人口。来看的通常为一些常见病，大病通常要转诊到市里的大医院。在诊所中，一次输液要30～40元，开药一般为几块钱。药一般从医药公司批发。一般最多开两天的药。有的人病了也拖着，只有严重了才来看。来看病的外来人口大多没有医保，看病的钱报销不了。有些人有新农合，但也报不了。刘开诊所之前在医院当医生。据她介绍，目前政府对私人诊所管理很严，每年都有年检。

七、社区的监控和管理

相对于昆明市的城市社区，船房社区作为第一大城中村，最突出的特点是对社区进行全面监控和管理。这种全面监控和管理针对的是由于快速的人口流动所导致的犯罪频发和社会不稳定。从根源上，这种犯罪和不稳定是由于流动人口能力缺乏、权利剥夺和公共服务缺失导致的。最根本的解决办法是进行户籍制度改革，积极为流动人口提供公共服务，维护其权利，积极投资于流动人口的能力发展尤其是流动儿童的早期发展方面。然而，船房社区居委会和派出所的回应和措施则是更全面和无处不在的监控和管理。

2000年，船房村委会翻牌为船房社区居委会，随着城市化的进程，整个社区的环境脏、乱、差特别严重，治安混乱、打架斗殴、"两抢一盗"等案件居高不下。租房率下降，严重影响当地村民的租房收入，同时村民的生命财产安全无法得到保证，人心惶惶、怨声载道。当时船房社区被评为全省的"A级乱点"。2003年社区以治安和稳定为突破口，大力整治卫生、治安"脏乱差"的环境。先后投资13万元安装28个消防设施，投资154万元进行灯光亮化工程，投资346万建设社区视频监控系统，建立了4个社区治安监控室，安装了200个摄像头，投资40多万盖了2个规范治安执勤点，招聘78名社区治安联防队员设立一个中队，9个治安联防分队在社区展开24小时监控和巡逻防范。

同时，面对船房流动人口众多、治安相对复杂的特点，西华派出所在船房社区积极推行"三式管理法"。

①围院式管理法是以村间主要道路为界限，把相对独立、人口较为集中的船房新村1社、5社、7社、10社和11社划分出来，依托有形的围墙、治安卡点和无形的视频监控等形式对划定区域进行综合管理的方法。

②循环登记式管理法是西华派出所针对辖区人口基数大、流动性大，实有人口信息采集难、更新难、维护难的现实，设计制作《出租房流动人口循环登记本》，免费发放给房东使用，由民警定期收集和日常管理。

③重点部位动态式管理法是西华所针对辖区特种行业、娱乐场所以及部分技防、物防设施差的出租房，有针对性地开展动态式管理的方法。首先是开展平安社区、无盗楼院工作，突出辖区内的治安乱点和易发案部位，进行重点管理和重点防范。其次是进一步延伸治安星级评定工作，把治安星级评定从一个个区域，延伸到每一栋楼、每一栋出租房。第三是加大对网吧、旅馆业、洗浴场所的检查和清查力度，坚决查处不如实登记和违规上网的情况，强化了对重点人员的监控力度。

八、四元社区

船房社区可以看成一种四元社区。当社区的"城市社区""农村""本地人"和"外来人"四个维度相互组合和叠加时便会呈现出不同的社区形态和社会关系（图11）。

图11　船房四元社区

　　首先，由于其城中村的属性，船房社区既有"村"的部分也有"城"的部分，呈现出一种紧张的"城""乡"对立关系。在形式上，船房社区已转变为城市社区，成立了社区居委会，但在日常运作中，它还是承袭了原来的村委会体制。在船房居民的生活水平和生活方式上，尽管已经非常城市化，但原有的社会关系网络却仍然是血缘和地缘性的。在社区外部形态上，经管它已经置身于城市地域之中，但它内部的建筑和空间分布又具有明显的农村形态。在社区经费支出上，尽管它已成为城市社区，但由于有自己的集体资产，其日常经费支出是自筹自支的。更为重要的是，作为城市社区却居住着 20 倍于本地人口的大量流动人口，而这些流动人口除了在城市就业外，其他几乎所有的权利都被限定在农村户籍的范围之内，处于严重的"半城市化"状态。

　　其次，在"城""乡"对立的基础上，在社区内容方面也呈现出本地人口和外来人口的隔离。船房社区中的本地人口和外来人口虽然居住在同一个社区里，甚至居住在同一栋房子里，但本地人口和外来人口之间只是房东和租客的关系，除了交易几乎没有别的关系，二者之间泾渭分明，在社区内部又形成一种二元隔离的状态。学者周大鸣等从 5 个方面深入地分析了城中村中的这种"二元关系"（周大鸣、高崇，2001）。①从分配制度来看，本地人和外地人的分配是截然不同的。外来人口如果是做工，一般是计件工资，如果是做生意，则是经营收入，但两者同样极不稳定且缺乏相应的社会福利保障。而本地人的主要收入来源于房租和二次分配，即村里的分红和福利制度。②从职业来看，外来人主要在非正规部门就业，干脏活累活或专业技术要求不高的工作。而本地人则主要是出租房屋，或者是从事服务业，再有就是在村里的集体企业中从事管理工作。总之，本地人通常从事那些比较轻松、收入也比较高的职业，而外地人则相反。外来的农村流动人口是当今中国城市社会中最大的非正规就业群体。③从消费和娱乐方式来看，本地人往往在那些较为高档的餐厅、商城和娱乐场所消费，而外来人则基本在那些低档的餐厅或娱乐场所消费。④从聚居方式来看，流动人口一般都居住在本地人建设的私房中，而很多本地人则居住在统一建设的小区房里，或到市区买房居住。⑤从社会心理来看，本地人和外来人在观念上的区分是非常清楚的，这种区分从本地人对外地人的态度、语言等都可以表现出来。

　　第三，当社区的"村"的部分与"本地人"和"外来人"相叠加时，所呈现的是一种初级关系社区的特征。也就是说人们更多以血缘、地缘和业缘构成日常生活的关系纽带。儿童在家庭、邻里、伙伴的结构和关系中完成社会化和成长；成人在家人、亲戚、老乡、朋友的社会圈子中交往互动，进而形成自身的归属感和身份认同。

最后，当社区"城"的部分与"本地人"和"外来人"相叠加时，则呈现出次级关系社区的特征。在这种关系下，人们更多遵循的是非个人的法理关系。在工作和生意、房屋租赁中，契约关系是主导性的。如船房的集体企业从组织结构和运作上是遵照现代企业的架构和原则建立的，在其中工作的本地人也基本是在现代科层制的架构中工作和运作。外来人在自身所从事的职业和生意中也更多执行的是市场化的准则，较少牵连血缘和地缘关系。即便是一些涉及冲突和争执的事件，血缘和地缘的影响也没有在乡村时那么大了。正如一位调查者说的："现在就是有什么事请老乡来帮忙打架，人家也都不来了，没有钱谁还来？"

九、流动人口的栖息地

船房社区作为昆明市最大的城中村，是城市化的产物。它不仅是船房本地人的"家"，而且也是流动人口的"栖息地"。

一方面，城中村作为流动人口的"栖息地"，能够满足本地人口、流动人口、政府等多主体的利益，有效避免其他发展中国家城市"贫民窟"现象的出现。

从需求来看，城中村是多数流动人口必然而无奈的选择。首先，以农民工为主体的流动人口从农村流动到城市，住所是他们首先需要解决的问题。他们中多数人在非正规部门就业，职业技能低、劳动强度大、收入低。从经济理性出发，价格低廉的出租房无疑是他们的第一选择。能够满足这一条件的只能是新建了大量违建出租房的城中村。其次，城中村大量的非正规经济为流动人口提供了就业机会。由于城中村管理形式与城市有效管制的缺失在空间上的叠加，为非正规部门的集聚创造了良好的空间条件。这表现在两个方面：一是经济主体不受经营场所制度要求的影响，以及为规避庞杂的制度成本（如卫生保洁费、治安费、雇佣登记费等）而从事经营活动，并自由选择和改变经营内容与地点，以满足特殊的消费需求；二是城中村中大量的宅基地住房不受正规的市场规范限制，向外界开放一个廉价的房屋出租市场，这为非正规经济主体实现工作和居住地合二为一并降低生活成本提供了条件。

从外部特征看，首先，"城中村"一般具有良好的区位条件，交通便捷、人口密度大，这为非正规部门的生存提供了不可缺少的市场支撑（黄耿志、薛德升，2007）。其次，除了住房之外，日常消费也是流动人口的重要开支。由于特殊的流动人口聚居形态，城中村的吃、穿、娱乐等消费往往也低于其他城市社区，较好地契合了流动人口压缩消费性支出的需求和特征。最后，流动人口的社会关系维系需求。对于以农民工为主的流动人口，其首要的社会关系网络就是同乡关系。城中村的聚居模式正好为这种关系网络的建立提供了空间。

从供给来看，目前包括昆明在内的多数地方城市还无法提供大量的廉租房，有限的廉租房也首先照顾城市户籍的贫困人口。流动人口的住房还主要是依靠城中村等非正规出租房市场提供。正如学者蓝宇蕴所指出的，在各国城市化中，伴随大批农民进城与新劳工阶层的出现，住宅短缺几乎成为该时期共同的问题。并且，从发达国家历史来看，高速城市化时期，低收入阶层的居住问题需政府强有力地介入去解决。现代城市是资源要素高度密聚的社会经济体，土地资源稀缺、价格高昂，若不是由垄断了土地一级市场的政府让利，适应流动人口需要的廉租屋开发经营则无利可图。我国政府处于转型期，完善的公共福利生产与供给机制还没有建立，无法完全满足流动人口的公共服务，包括廉租屋需求。当前的城市住房制度与政策，客观上受以行政区为核算单位的财政制度的制约，外来人口公共服务资源由地方财政承担，地方政府往往把重点放在有户籍的"官方城市贫困阶层"上，而将更大群体的"非官方城市贫困阶层"排除在外，也没有积极性去解决流动人口的居住问题。正规房地产市场对低收入者的排斥以及政府政策性住房对非户籍人口的排斥，这些因素的共同作用，实际上就把廉租屋供给推给了城市非正规市场（蓝宇蕴，2011）。

城中村非正规廉租屋以规模化与市场化的方式推出，作为流动人口的"栖息地"，恰好又具有暂时维系多方利益均衡的效果。对城中村本土居民而言，廉租屋带来的租金收益，正是该失地农民群体进入城市生活的基本物质来源；对流动人口而言，这种低成本的城市生活区，也正是其脆弱的经济能力能够承担的；对政府而言，缺位的正式廉租屋供给职能有了民间化替代渠道。当然，城中村这种由多方利益主体营造出的自平衡体系，又在相当程度上强化了自身的"类贫民窟"化（蓝宇蕴，2011）。

另一方面，城中村居住的同质性、公共服务的缺乏、相对较差的环境，与流动人口的家庭贫困相叠加，又进一步固化了流动人口的社会融合状况，进而影响到流动儿童的生活和成长。

第四章

代际传递视角下的流动儿童社会融合

船房社区有外来流动人口 6.1 万人，其中 0 ~ 14 岁的流动儿童约占社区总人口的 10%[①]。这些流动儿童或是很早就被带到城市中生活，或是在城市出生的，与农村的联系已经很薄弱，对在城市的生活和发展有着很高的期望。他们的父母普遍希望通过自己的辛苦努力能够最终使子女实现向上的社会流动，顺利融入城市生活之中，过上比自己这一代人更好的生活。但现实与期望相反，从代际传递的视角来看，流动儿童家长的低阶层、低收入和低社会资本的状态正在被再生产并复制到子代的身上。由于受制于户籍制度、教育、自身融合能力、公共服务和社会融合氛围等不公平因素，流动儿童摆脱"被复制"他们父辈生存状态的可能性和机会正在逐渐减少，贫富差距和社会不融合代际传递的固化倾向明显。

一、代际传递的理论

当后代与前代之间表现出在思想观念、文化习俗、社会分层和行为方式等方面明显的继承性时，这种继承性就是"代际传递"。代际传递对人口和劳动力的再生产，对社会经济结构的形成都有着重要的影响。美国诺贝尔经济学奖获得者詹姆斯·赫克曼（James J.Heckman）的研究表明，在包括中国和美国在内的许多国家，家庭条件优越的儿童和处境不利的弱势儿童在早期家庭环境质量方面存在明显差距。与条件优越的儿童相比，家庭环境较差的儿童接受早期启蒙刺激较少，儿童发展资源和健康医疗服务相对缺乏，这造成了持续的代际不平等现象。以收入不平等为例，在丹麦、美国和中国，父亲与儿子两代人之间的收入一致性系数分别为 0.15、0.47 和 0.6。中国明显高于丹麦和美国，而且近年来，这一代际间

[①] 昆明的包括流动儿童在内的流动人口主要居住在城中村社区。据昆明市公安局统计，2010年昆明市共有城中村554个（界定标准为有50栋以上出租房），居住人口219万。

收入一致性系数还在不断变大（刘蓓，2012）。

社会学、经济学等领域都对代际传递问题有相关研究。社会学主要关注代际的流动问题，认为代际传递实际上反映的是社会中代际之间垂直流动率及流动机制的问题。在一个社会流动率较高的"开放社会"中，个人有较多的向上流动的机会，穷人及其子女也可以通过个人的努力而摆脱贫困，实现向上的流动。反之，在一个流动率较低的相对"封闭社会"中，穷人的子女也成为穷人的可能性则大得多。而经济学则主要关注贫困的代际传递问题，并且在对该问题的探讨中逐渐形成了要素短缺论、智力低下论、贫困文化论、环境成因论、素质贫困论、功能贫困论、社会排斥论和能力贫困论等理论体系（李晓明，2005）。

与"贫困的代际传递"相类似，社会不融合也存在代际传递的现象，即意味着移民或流动人口父辈那种低阶层、低教育水平、低收入和被主流社会排斥或隔离的状态在他们子辈身上被复制和继承。其中，儿童的社会不融合是一个重要概念。儿童的社会不融合意味着儿童在成长过程中更不易接近一些诸如营养、教育等方面的重要资源和机会。这些资源与机会的缺乏影响儿童的能力获得，导致低人力资本积累，形成成年后的低收入、低阶层及被社会排斥的状况。儿童的社会不融合不仅仅是因为家庭经济困窘而不能享受适当的物质生活，同时，还包括人力资本发展机会的匮乏、家庭社会网络资源的贫乏、社区生活的缺乏以及参与权利的缺失等。儿童的社会不融合既是社会不融合代际传递产生的重要原因，也是社会不融合传递的结果。

教育是代际流动的关键，因此也是代际传递研究的重点。但近年来儿童早期发展方面的研究表明，营养健康同样是代际流动的关键，也应成为代际传递的重要关注领域。许多研究者在考查家庭背景与教育之间关系时都提到过各种"资本"的作用。美国社会学家科尔曼认为家庭可以为教育提供 3 种资本形式：物质资本、人力资本和社会资本（Coleman，1998）。法国社会学家布迪厄也区分了经济资本、文化资本和社会资本（布迪厄，1998）。鉴于营养健康的重要性，有研究者认为在上述几种资本的基础上应加入"营养健康资本"的概念（杨一鸣，2011）。

不同形式的资本在社会融合代际传递中发挥作用的机制有所不同。它们既独立发挥影响，又相互作用、相互加强。任何一种资本的缺失都将对社会融合的代际传递产生消极的影响。反之，充分拥有上述 4 种资本的子辈，更有可能实现向上的社会流动，实现比父辈更好的社会融合（图 1）。

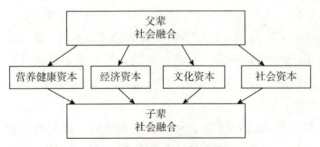

图 1　社会融合的代际传递

营养健康资本主要指成人和儿童所具有的健康状态和智力、社会认知发育程度。研究表明，与未能获得良好儿童早期发展的同龄人相比，身体更健康、预期寿命更长、身高体重测量更佳的成人一般生产效率较高、缺勤较少、收入较高，患慢性疾病的风险更低（杨一鸣，2011）。而成年时的健康则与儿童早期发育时的营养状况密切相关。身高体重的发育开始于胚胎，3岁以内儿童的体重增加5倍，身高增加1倍，这个时期肌肉和骨骼的发育也是同步的。同时，这个时期脑的发育是最快的，神经元的数量、脑的容量增长非常快。2岁时，脑的大小已达到成人的80%了，此外，结构发育、精神心理及运动发育、智力潜能、视觉反应与听力，还有脑活动的氧供给都是在胚胎时期就开始了。实际上，在婴儿没出生以前已经是发育的高峰了。而新陈代谢系统的发展、基因的表达、器官的形成，包括器官功能的发育都从胚胎时期开始，在儿童时期继续加强。所以，儿童早期营养是非常重要的。小时候营养不好，以后再改善也不解决问题了（陈春明，2013）。

经济资本主要指家庭收入，是教育支出的来源。国内外一些学者用家庭总收入、家庭资产等来衡量家庭经济资本，发现家庭收入对儿童学习成绩有长期影响，家庭资产的多少也与儿童学业成就有关（蒋国河、闫广芬，2006；谢勇，2006）。近年来，由于市场的冲击和社会分化的加速，经济资本在教育成就代际传递中的作用越来越大，而且作用机制也开始发生质的变化。教育成本的增加和教育制度缺陷造成的各种不公平现象都为经济条件较好家庭的儿童提供了更多升学机会。而那些受教育程度低的家庭在社会分化中逐渐沦为社会底层，收入与其他阶层的差异日益显著，同时由于无力支付高涨的教育费用而致使其子女的高中和大学入学率下降。

人力资本理论是美国经济学家舒尔茨和贝克尔提出的，认为劳动者的自身才智、专业知识和技术在经济增长中发挥比物质资本更大的作用（Becker and Tomes，1979、1986）。在社会学实证研究中，人力资本通常用父母的受教育水平测量。最近有研究者将人力资本具体化为父母对子女进行学习指导的能力，提出受教育水平不同的父母与子女进行学业沟通的能力也不同，这将影响子女的学业成绩（Dearing E，2006）。例如，有研究表明，那些学习优秀儿童的父母给予子女针对学习方法的指导远多于差生的父母；而差生的父母对子女的指责也远多于其他父母（池丽萍，2010）。

文化资本概念是由法国社会学家布迪厄提出的，指借助教育行动传递的文化物品。文化资本存在于人们稳定的个性倾向、文化物品（书籍等）和文化制度（考试等）中。文化资本能培育儿童的学习动机和在学业上良好表现的欲望，这对他们的学业成功至关重要。许多研究从父母家庭文化环境创设、子女教育期望、学业沟通等方面考查文化资本对儿童学业成绩和教育成就的影响。研究结果表明，那些为子女提供更多的学习用品、组织更多学习性活动（阅读、参观博物馆等）（Sullivan A，2001）、更多与子女和学校进行沟通的家庭的子女学业成绩较好（Gonzalez A，2006）。

社会资本是嵌入在社会网络中的资源，这些资源不为个人所直接占有，但处于社会网络中战略性位置或较高等级位置上的人却可以通过直接或间接的社会关系来获取（辛自强、池丽，2008）。不同阶层的个体所占据的社会网络位置不同，拥有社会资本的量也不同。拥有社会资本越多的阶层就越有能力为子女争取教育和升学机会。在当前我国社会分化较剧烈的背景下，各阶层拥有的社会资本量差异巨大，高阶层可调动其网络资源直接获得比其他阶层更多的教育资源。换言之，即使孩子的学习成绩不好，高阶层父母仍可以帮助孩子获得更多的机会（谢作栩、王伟宜，2006）。也有研究发现，农业户口的青少年可获取（包括自己直接获取和通过家庭成员获取）的社会资本显著少于非农业户口青少年，因为他们能接触到的社会网络无论是规模大小还是阶层高度都显著差于非农户口的青少年。这对其最终教育成就、求职意向、实际职业都产生深远影响（辛自强、池丽萍，2008）。

国外的许多研究都发现了移民的父辈与子辈之间所存在的阶层、贫困、教育、职业等方面的代际传递关系。在此影响下，国内的许多研究者也开始将代际传递和资本的视角引入来分析中国社会的不平等代际传递问题（李路路，2003；李春玲，2005；谢作栩、王伟宜，2006；蒋国河、闫广芬，2006；谢勇，2006；辛自强、池丽，2008；孙远太，2010）。但纵观这些研究，存在两方面的问题：首先，这些研究缺乏对流动儿童家长及其子女代际传递的研究；其次，这些研究中许多只采取了经济资本或文化资本这样单一的视角，缺乏对所研究代际营养健康资本、经济资本、文化资本和社会资本这样综合视角的考察。有鉴于此，本章试图从更综合的视角去考察流动儿童及其父辈间有关代际传递的状况。

二、船房社区社会不融合的代际传递①

正如前文所述，流动儿童的社会不融合意味着儿童在成长过程中缺乏一些诸如营养、教育等重要资源和提高能力的机会，而这些资源和机会对他们的成长和社会融合是至关重要的。流动儿童的社会不融合既是社会不融合代际传递产生的重要原因，也是社会不融合传递的结果。从代际传递角度来观察，船房社区流动儿童家长的低阶层、低收入、低家庭资本和社会资本的特性正在"遗传"给他们的子女。船房流动儿童的生存状况越来越呈现"流动人口第二代"（简称"流二代"）的特点。

调查发现，船房流动儿童家长多从事一些低技能的职业，收入水平低，居住环境差。他们在昆明居住时间较长，但居住地频繁更换。他们中绝大多数没有养老、医疗、失业和住房公积金等社会保障。住宿饮食、医疗和低工资是他们生活的主要困难。他们多数有 2 个及以上子女，其中 1/3 的幼儿是在昆明出生的。他们对子女有很高的期望，希望孩子未来能实现向上流动。他们自身与昆明本地人进行社会交往的主观意愿很高，但现实中却体现出很大的"社会距离"，城里人只是处于他们信任的"边缘"位置。这些流动儿童家长对自己的身份认同较为模糊，有近一半人明确表示不觉得自己是"城里人"。这在很大程度上形成了"过客心理"，并影响到他们的社会交往和融合。

---

① 研究工具：结合现有关于社会融合问题、流动人口城市现状等方面的相关研究成果，编制了《昆明船房社区流动儿童家长社会融合问卷》和《昆明船房社区流动儿童社会融合问卷》。根据"社会融合"的基本含义，课题组尝试将其划分为3个领域（家庭、学校、社区）、4个维度（价值取向、学习适应、生活适应与行为方式）共计12个子项目进行系统考察。

研究样本：本次调查采取分层随机抽样方式，选取船房社区船房小学、竞秀文武学校、明德学校、明智学校400名学生为样本，从中进行随机抽样，并让其将文件带回家让家长填写。本次调查，共发放家长问卷400份，回收的有效问卷270份，回收率为68%。样本抽取学校基本兼顾了学校性质与年级等因素。样本在性别比例上男性多于女性（男性占61.42%，女生占38.58%）。共发放儿童文件400份，回收的有效问卷280份，回收率为70%。样本抽取学校基本兼顾到了学校性质与年级等因素。样本在性别比例上基本持平（女性占55%，男生占44%）。被调查者基本都来自昆明市外的省内其他地区或外省，其中外省以贵州、四川和重庆为主。

研究方法：在把握样本基本情况的基础上，本研究针对3个领域和4个维度共12个项目进行描述和频数统计与分析。统计与分析采用SPSS10.0进行处理。

与之对应，目前船房社区的流动儿童正在努力适应并力图融入昆明的城市社会。同他们的父母辈一样，他们目前也正在实现着城市身份的塑造、城市语言的掌握、行为方式和价值观念的城市化转换等城市适应历程。他们对昆明这个现代化都市及置身其中的生活状态普遍持积极肯定态度。他们大多渴望通过在昆明学习，努力把握与改变自己的未来。很多流动儿童都积极地视自己为昆明城市社会的一分子，努力学习城市生活规范、价值规范，努力融入城市生活，从某种意义上已经成了"半个昆明人"。

但让人忧虑的是，目前船房社区流动儿童城市社会融合方面存在着一些"复制"自他们父辈的重要特征。①营养方面。营养不良，贫血率高，卫生保健差，发育迟缓，缺少医疗保障。②教育方面。缺少科学的早期养育，早教水平低。他们中 2/3 的人在民办学校上学，只能接受低质量的教育，并且还面临着初中毕业后，或回老家就读或打工或混社会的无奈。学校的频繁变动使他们的教育始终处于一种流动变迁的状态中。部分儿童在学习进度与学业成绩方面与昆明本地同学存在较大的差距。③行为方式方面。部分儿童习惯较差，衣着不整洁，语言粗鲁，出口成"脏"，对于各个阶段的养成教育要求做得不够好。④社会价值取向和认同方面。他们对自身的认同同样模糊、不确定，挣扎在城里人与农村人两种身份之间。有一半左右的流动儿童明显存在"非城市人"的身份自卑感，对昆明存有一定程度的"城市畏惧症"，感到自己是外地人而受歧视，在自信的同时又不乏几分自卑。⑤社会关系与网络方面。他们普遍怀有浓厚的乡土情结而对自己学习、生活的城市既热爱又有几分排斥，倾向于结交老乡等具有相近身份、相同经历的非昆明本地朋友。⑥社区生活方面。由于频繁的流动，他们缺乏对所居住社区的认同感和责任感。城中村特有的环境和封闭氛围易形成流动儿童的亚文化。⑦未来发展预期方面。流动儿童主观上期望能获得高学历，能实现向上流动，想从事一些曝光率高、收入高的职业，但现实中他们向上流动的机会却非常有限。由于制度、家庭和学校各方面的因素，他们对城市生活的预期不确定。

（一）船房流动儿童家庭的经济资本及代际传递

1. 流动儿童家庭的经济收入及其影响

流动儿童家庭的经济收入决定着整个家庭的生活质量，也决定了流动儿童在教育资源上的占有情况。船房流动儿童家庭的经济收入主要集中在 1000 ~ 3000元之间，其中 26.68% 的家庭为贫困家庭。高经济收入家庭的流动儿童在公办小学就读的比例要远高于经济收入低的家庭。从子女所上学校的类型的客观方面看，500元以下月收入的家庭在公办学校上学的为1.9%，在民办学校上学的则为11.9%；500～1000元月收入的家庭在公办学校上学的则为14.2%，在民办学校上学的为34.5%；2000元以上月收入的家庭，在公办学校就读的为54.2%，在民办学校就读的仅为33.13%（表1）。

船房流动儿童家庭经济收入分化明显。家庭月收入集中在2000元左右，这部分为中等收入家庭，占52%；21.67%的家庭月收入在3000元以上，此部分家庭属于高收入家庭；26.68%的家庭月收入在1000元以下，属于贫困家庭，其中5.42%的家庭月平均收入低于500元，属于绝对贫困家庭。

表1　　　　　　　　调查学校类型和家庭月收入

		收入（元）					合计
		500以下	501~1000	1001~2000	2001~3000	3000以上	
公办学校	频数	3	22	46	41	43	155
	所占百分比	1.9%	14.2%	29.7%	26.5%	27.7%	100.0%
民办学校	频数	10	29	17	20	8	84
	所占百分比	11.9%	34.5%	20.2%	23.8%	9.5%	100.0%

资料来源：船房专题调查。

从主观感受来看，船房流动儿童家长普遍对家庭经济状况不满意。超过一半（50.9%）的被访者对家庭经济状况的感觉是"一般"，23.48%觉得"不好"，12.12%觉得"很不好"，觉得"比较好"和"很好"的两者相加只有5.31%。与之对应，从子女学校类型来看，19.2%经济状况"不好"家庭的子女在公办学校就读，30.9%的在民办学校就读；觉得"很不好"的家庭，6.6%的在公办学校就读，21.6%的在民办学校就读（表2）。

表2　　　　　　　　您觉得，您家的经济情况怎么样？

		非常好	比较好	一般	不好	很不好	合计
公办学校	频数	3	8	113	32	11	167
	所占百分比	1.8%	4.8%	67.7%	19.2%	6.6%	100.0%
民办学校	频数	0	3	43	30	21	97
	所占百分比	0.1%	3.1%	44.3%	30.9%	21.6%	100.0%

资料来源：船房专题调查。

之所以会出现上述情况，根源在于公办教育资源的不足和流动儿童的早期教育水平低。由于船房社区只有一所公办学校，每年的招生名额仅有100多人，远远无法满足船房社区流动学龄儿童入学的需求。于是，校方在满足区教育局所要求的证件齐全的条件下，额外增加了入学考试的要求。而这种入学考试直接将流动儿童的入学机会与学前教育挂钩起来。船房社区缺乏普惠性公办早期教育，各种民办幼儿园参差不齐的早教质量和收费标准直接将儿童的早期教育与家庭经济水平挂钩起来。

船房社区现有 3～6 岁的流动儿童约 2500 名，民办幼儿园 8 所。这 8 所民办幼儿园中没有 1 所具有正规办园资质，质量参差不齐。一方面是收费较低的幼儿园（约每月 200 多元），但不具备起码的教学条件和办园资质，如教具、图书、玩具和活动场地等办学硬件设施严重不足，保教质量低劣；另一方面是保教质量相对较好的民办幼儿园，但较高的收费使不少流动家庭望而却步。以船房社区的苗苗幼儿园为例，在该园就读 1 年的费用开支不低于 5000 元，并且还有进一步上涨的趋势。而船房社区流动人口的月平均收入在 2000 元左右，甚至有超过 1/4 的流动人口月均收入低于 1000 元。较高的收费超出了大部分流动人口的承受能力。在一项对船房 50 名 3～6 岁流动儿童及其家庭的案例调查中发现，月收入在 1500 元以下的有 16 家，占 33%；月收入在 1500～2000 元的有 21 家，占 44%；月收入在 2000～2500 元的有 12 家，占 23%。这 50 名儿童中，77% 的家庭人均可支配月收入在 300～400 元甚至更低。船房社区所在的昆明西山区 2011 年的低保线是 310 元。也就是说，这部分流动贫困家庭在经济上仍然非常紧张，他们的收入仅够"糊口"而已。在家庭收支状况不允许孩子接受教育的情况下，56% 的被调查家庭选择"让孩子辍学"，只有 35% 的家庭选择"无论如何也要供孩子上学"。在希望得到的援助方面，有 40 家希望提供子女教育帮助，占 80%。正是这种流动儿童家庭经济状况的差异直接决定了他们的早期教育质量，从而间接决定了他们在社区当前状况下接受质量较高的公办教育的机会。事实上，在船房公办小学每年的招生过程中，质量和收费都相对较高的苗苗幼儿园的孩子总是校方优先考虑的对象，并且在总生源中占有相当的比例。

由于"高经济收入家庭的流动儿童在公办小学就读的要远高于低经济收入的家庭"现象的存在，从而导致了"越穷—越在民办学校上学—教育费用支出越多—教育质量越差"的怪圈。由于超过半数的流动儿童在民办学校就读，流动儿童家庭相应的教育支出较大。在船房社区流动儿童家庭的小学学费年平均支出中，31.09% 在 200 元以下，200～700 元的为 15%，700～1000 元的为 12.44%，1000～2000 元的为 44%，2000 元以上的为 10.36%。从子女就学的学校类型来看，学费支出差异明显。支出 200 元以下的在公办学校就读的为 50.46%，在民办学校的为 6.025%；1000 ~ 1500 元的在公办学校就读的为 2.75%，在民办学校的为 44.58%（表 3）。

表 3　　　　　　　　　　　　不同类别学校的学费

		200元以下	201 ~ 500元	501 ~ 700元	701 ~ 1000元	1001 ~ 1500元	1501 ~ 2000元	2000元以上	合计
调查学校类型	公办学校	50.46%	10.09%	1.83%	11.93%	2.75%	11.93%	11.01%	100%
	民办学校	6.02%	6.02%	13.25%	12.05%	44.58%	8.43%	9.64%	100%
合计		31.25%	8.33%	%6.77	11.98%	20.83%	10.42%	10.42%	100%

资料来源：船房专题调查。

船房许多流动儿童由于民办学校高昂的收费及对异地中高考的限制，不得不回到老家读书，城市化过程被迫中断。截至 2012 年 2 月底，新学期船房 3 所民办的小学比去年共减少了 300 多名学生。据统计，船房所在的西山区 2009 年时有民办学校 50 所、学生 2.5 万人左右，到 2011 年时民办学校只剩下 17 所，学生 1.1 万人，共减少了 1.4 万名学生。而同期，公办学校大概只扩招了约 2000 ~ 3000 名流动儿童。这意味着有大量的流动儿童流回了户籍所在地上学，由流动儿童转变为留守儿童。

2. 流动儿童家庭的居住环境及其影响

流动儿童家庭迁移到城市，生活在一个与农村完全不同的环境之中。城市总体的居住环境、学习环境具有农村无法比拟的优势，但是具体到流动儿童家庭所处的小环境，则不尽如人意。由于经济收入少，多数流动儿童家庭只能选择居住在城乡结合部的船房社区。他们租住在简易民房中，在家里基本上没有自己单独的房间，更没有安静、宽敞的学习和玩耍的空间以及必要的益智玩具等。此外，船房社区人员混杂、治安差。流动儿童在社区内容易接触到各种复杂人群，沾染不良习气。

船房流动儿童家长普遍对居住环境不满意。26.4% 的家长对现在居住地方的周围环境表示"说不清"，25.6% 明确表示不满意。船房流动儿童家庭几乎都以租房为主。仅有 6% 的流动儿童表明自家有自购住房。在对 50 名流动儿童的个案访谈中，从家庭居住面积看，10 平方米以下的有 13 家，占 27%；10 ~ 20 平方米的有 34 家，占 71%；20 平方米以上的只有 1 家，占 2%。在船房这样一个典型的城中村中，经常是十几平方米租来的房里住着一家老小，条件较差、空间狭窄，一般只有一个房间，且这个房间是多功能的，"吃喝拉撒都在一起"。

（二）流动儿童家庭的营养健康资本及其代际传递

健康是人力资本的重要组成部分。健康在奠定个人一生发展轨迹的同时，有助于提高生产率，降低医疗费用支出，增加通过教育获取更多向上流动的机会。流动儿童家长健康对流动儿童的代际影响主要体现在 3 个方面。

1. 母亲孕期营养健康产生的直接影响

生命早期 1000 天（从怀孕至儿童出生后 2 岁），是决定儿童一生营养与健康状况的最关键时期。孕期营养和婴幼儿期营养是实现儿童发展潜能的基础。孕期营养不良不仅可能导致母亲孕期增重不足、贫血、先兆子痫等妊娠并发症，增加孕产妇患病和死亡的风险，还会增加新生儿早产、低出生体重儿和先天畸形等情况的发生。婴幼儿时期的营养问题可能会导致儿童不可逆转的体格生长、行为和认知发育迟缓，以及患病率（如腹泻）和死亡率增加。远期将影响儿童智力潜能的发挥，导致学习、工作能力及生殖能力下降，增加患慢性病（如肥胖、高血压、冠心病、糖尿病等）的危险性等。

船房社区流动妇女文化程度普遍偏低，绝大多数为初中文化水平。22.4% 的母亲在怀孕期间没有咨询过医生或专家。怀孕前 3 个月咨询医生或专家的次数在 3 次及以下的为 77.3%。43% 的人没有被告知，母乳喂养会影响宝宝；31.6% 的人没有被告知，吸烟会影响宝宝；33.3% 的人没有被告知，喝酒会影响宝宝；62.9% 的人没有被告知，宝宝在母亲肚子里怎么生长；54.4% 的人没有被告知，如果比预产期提前要生了该怎么办。据船房 0 ~ 3 岁养育专项调查显示，39.4% 孩子母亲怀孕前 3 个月没有吃过维生素或矿物质营养品或营养片。

而且，早产比例高、接受回访的比例低。孩子出生时早产的比例为 10.1%，孩子出生后接受过回访的仅为 31.2%。

与之相关，船房社区流动儿童的出生缺陷率为 26%，低体重出生率为 9.7%，均高于昆明市儿童的平均水平。中国发展研究基金会课题组 2012 年在船房社区所做测试显示，24 ~ 60 个月的流动儿童贫血率为 45.6%，也远高于当地城市儿童的平均水平。

2. 养育不科学和公共服务缺乏对流动儿童的健康发育产生直接影响

流动儿童的家长主要来自农村，文化水平和经济收入普遍较低、流动性大，缺乏科学的养育知识和技巧。街道社区、卫生服务机构对国家基本公共卫生服务项目宣传不到位，流动儿童家长不了解国家基本公共卫生服务项目的内容，不了解儿童健康检查和计划免疫一样由政府承担部分费用，以为儿童健康检查和成人体检一样，需要增加自己的经济负担，主动要求给孩子进行健康检查的流动儿童家长很少。有些流动儿童是计划外生育，家长怕罚款而拒绝为孩子做健康检查。

根据船房 0～3 岁养育专项调查，船房社区的母乳喂养率，6 个月及以下为 16.8%，6 个月以上为 83.2%。孩子 4 个月时开始添加辅食的为 30.4%，6 个月开始添加的为 23.9%。有 18.4% 的孩子贫血。定期体检的孩子只有 44.6%，也就是一半以上的孩子没有定期体检。

缺乏医疗保险。43.9% 的儿童有医疗保险，56.1% 的人没有医疗保险。有保险的儿童中 90.1% 的是新农合，城市儿童医疗保险只有 9.3%。

黄疸、甲肝的发病率高。在患病经历方面，31.5% 的孩子患过小儿黄疸，8% 的患过甲肝，5.4% 的患过疝气，3.8% 的患过乙肝，3.8% 的患过麻疹，2.3% 的患过乙脑，3.8% 的患过百白破，3.8% 的患过水痘，1.5% 的患过流脑，1.5% 的患过腮腺炎，0.8% 的患过中耳炎。

两周患病率高。过去两周孩子有生过病的为 40.1%，没生过病的为 59.9%。而对于孩子生小病如何处理，73.5% 的人立刻找医生看病，24.8% 的人自己找药或买药，0.3% 的人不采取任何措施，等病慢慢好。

3. 父母健康状况所带来的经济收入差异，对流动儿童的营养健康产生间接影响

船房流动人口在务工过程中存在大量职业病和工伤，包括矽肺、建筑和机器事故造成的肢体损伤等。这些职业病和工伤对流动人口家庭的直接影响就是"因病致贫"。家庭失去主要经济来源，由此造成家庭消费支出困难，家庭中儿童的营养支出也被压缩到很低的水平，由此造成隐形的营养不良，进而影响儿童的正常发育。

受伤的"挣面包者"

张 T，男孩，4 岁。父亲叫张 ZHB，云南楚雄人，母亲叫自 ZHP，云南南华人。父母是在外打工认识并结婚的，只育有一个孩子。一家三口住在一个十几平方米的出租房中，一个月房租加水、电费要 500 多元。

张 ZHB 现年 33 岁，初中文化，是家里的顶梁柱。但眼下他却不得不痛苦地

待在家里，因为他受伤了，而且很严重。受伤前他从事外墙清洗工作，有活就干，没活的时候就闲着。他们名义上是在公司里做事，但没有劳动合同，只有口头协议，自然也没有社会保险。他们干一天活的收入平常是 80 元，节假日是 100 元。2011 年 4 月初的时候，他在一次作业时不慎从 2.5 米高的梯子上摔了下来，摔坏了腰椎。到医院接受治疗时，公司为其支付了二十几万的医药费。但自从他出院后，就再也没有收到一分钱的生活费。他目前想通过劳动工伤仲裁来要求相关赔偿，可高昂的律师费和漫长的仲裁时间成为他不得不面对的困难。他的妻子上过小学没有工作。自从他受伤以后，他们就没了收入来源，只有靠跟亲戚朋友借钱来艰难度日。

由于家里经济困难，小张 T 很少吃肉和喝牛奶，看上去比同龄孩子瘦弱很多，也不太爱说话。张 T 的父母是看到中国发展研究基金会有关"公益幼儿园项目"的宣传通知后，把孩子送来报名参加项目的。他们说，以他们家现在的情况，如果没有"公益幼儿园项目"，孩子恐怕就没法上幼儿园了。现在把孩子送入幼儿园后，他妈妈就可以稍微轻松一点了。此前，她既要照顾受伤的丈夫又要照看孩子，艰辛可想而知。她说，如果过一段时间丈夫恢复好一些，她还想试着找份工作以补贴家用，让孩子生活得更好一些。

调查显示，在船房公办和民办小学里，流动儿童中矮瘦身材者较多，营养不良检出率较高（16.36%），超出当地学校卫生防病工作规划的控制目标（10%）。虽然遗传因素对流动儿童学生身体形态也有一定影响，但生活环境相对不稳定、生活水平相对较低已直接影响到学生的身体发育和营养状况。

（三）流动儿童家庭的文化资本及其代际传递

文化资本是家庭背景影响子女教育的中介机制，是不平等代际传递的重要机制。家庭背景包括家庭阶层背景和家庭教育背景。家庭阶层背景以父母的职业阶层来表示，家庭教育背景则是指父母所受的教育年限。国内外的研究表明，家庭教育对教育获得的影响可分为直接影响和间接影响。前者是家庭背景直接作用于子女的教育获得，后者是家庭背景通过文化资本对子女教育获得的那部分影响（刘精明，2005；孙太远，2010）。

1. 流动儿童家长的职业地位

根据社会学家布劳和邓肯的研究，父辈职业对子辈的教育有重要影响。父亲的职业与子女教育呈正相关，父亲的职业地位越高，其子女越有可能获得很好的教育，也越有可能获得向上流动的机会。

船房流动儿童家长的职业主要集中在建筑装修（34.81%）、商业和服务人员（33.34%）、运输（18%）、其他（8%）和无业（4%）（图2）。这些职业主要是一些技术含量低的体力劳动或知识要求不高的商业活动，多为一些城市人不愿干的脏活、累活，只是一种谋生的手段。流动儿童家长的底层职业除了给子女提供一定的物质条件，在其他方面对孩子的帮助是相对较少的，这使他们的子女在接受教育方面也处于劣势：缺乏科学的早期养育，在低质的民办幼儿园接受早教；2/3的船房流动儿童在民办小学就读，剩下1/3就读的公办小学在教学质量上也与本区其他公办学校有不小的差距。

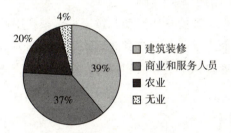

图2　船房流动儿童家长职业分布

资料来源：船房专项调查。

在船房社区民办学校就读的流动儿童与公办学校的流动儿童相比成绩普遍偏低，厌学、辍学和升学困难的现象比较突出。以代表小学阶段教育成就的6年级学生的成绩为例，公办的船房小学2011年春季测试，语文的平均分为87.5分（及格率100%），数学的平均分为85分（及格率为96%），英语的平均分为83分（及格率96%）。而民办的后秀文武学校6年级学生相应的成绩则是语文平均分71分（及格率82%），数学平均分63分（及格率82%），英语平均分41.8分（及格率仅为27%），各项成绩均大大低于公办的船房小学学生的成绩。近3年来，社区中的3所民办学校的小学毕业生中没有1人进入昆明市重点中学。调查显示，民办小学中3.36%的流动儿童经常逃学，还有20.56%的流动儿童留过级。

不良的学业成绩也会影响到这些流动儿童初中、高中乃至大学的入学机会，而教育成就的高低又将影响到他们未来的择业和生活轨迹。在社会日益凭借知识和能力来衡量个体在社会中所处的地位和关系的今天，获得专业知识和技能成为社会流动的主要手段。受教育资格成为获得较高社会地位的必要条件，系统的社会化制度性教育成为社会流动的首要方式，教育日益成为"机会所在"。而这恰恰是目前船房流动儿童最缺乏和让人忧虑的地方。

2. 流动儿童家长的文化程度

流动儿童家长的受教育程度直接影响他们对科学育儿知识的掌握，间接决定其对孩子的成长指导和帮助程度。

船房流动儿童家长的文化程度多数为初中及以下文化水平。女性整体的文化程度略低，小学所占比例高于男性，而在初中及高中阶段，男性的比例更高。而通常在流动儿童家庭，母亲是主要的教育者和看护者。母亲的低文化程度势必对流动儿童的健康成长有消极影响（图3）。

由于文化水平偏低，即使一些流动儿童家长希望利用城市的有利条件为孩子打好教育的基础，然而由于受制于自身文化水平，他们大多没有掌握科学的保育和教育知识，不懂得教育孩子的方法和技巧，在教育方法选择上有较大的随意性和盲目性。

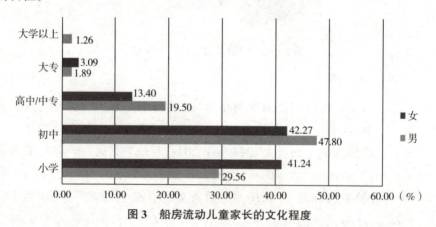

图3 船房流动儿童家长的文化程度

资料来源：船房专项调查。

船房流动儿童家长一定程度存在忽视儿童早期教育的倾向。流动儿童早期教育专项调查显示，船房流动儿童早期教育不理想，只有67.8%的被调查家庭表示孩子上过幼儿园、托儿所。

而在对子女教育内容和质量的关注上，家长对流动儿童的首要关注是"学习成绩"（22.02%），其次是"健康身体（18.34%）"，再次是"不跟坏人学坏"（13.59%）、"相信自己"（10.85%）、"不骗家长"（8.96%）等（表4）。

表4	对子女教育内容和质量的关注
最关心孩子的哪方面	百分比（%）
学习成绩	22.02
健康身体	18.34
不跟坏人学坏	13.59
自信，相信自己	10.85
不骗家长	8.96
听话	8.85
孝顺	8.43
不在学校胡闹	8.01
其他	0.95

资料来源：船房专项调查。

3.流动儿童家长的教养方式

家庭的教养方式一般可分为民主型、放任型、专制型和溺爱型4种类型。受制于教育程度和职业背景，有很大一部分流动儿童家长对孩子往往只养不教，或缺乏正确的教养孩子的观念和方法，其教养方式多属于放任型或专制型。

在父母管教是否严格的问题上，大多数被调查的船房流动儿童认为比较严厉，"比较严"和"很严"的加在一起占到64.2%，认为"不严"的只有10%左右（图4）。

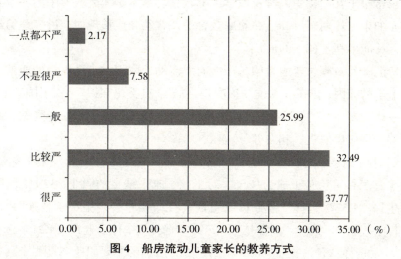

图4　船房流动儿童家长的教养方式

资料来源：船房专项调查。

在教养内容上，86.77% 的家长经常过问孩子的学习，13.23% 偶尔问一下。在关心孩子的学习方式上，排在前 5 位的依次是：过问成绩（26.16%）、辅导做作业（37.02%）、买课外辅导书（27.71%）、请家教（2.33%）、报辅导班（6.78%）。这种过问更多是一些"管束和督促性"的内容，比如"要好好做功课""要温习功课""最近成绩怎么样"等（表 5）。由于流动儿童父母的受教育程度较低，故很难对孩子的学习有专业性和针对性的帮助。

表 5　　　　　　　　　　　　　　关注孩子学习的方式

关注方式	百分比（%）
过问成绩	26.16
辅导做作业	37.02
买课外辅导书	27.71
请家教	2.33
报辅导班	6.78

资料来源：船房专项调查。

4. 流动儿童家长的教育期望

大部分流动儿童家长都清楚地认识到自己之所以身处城市底层与文化知识过少密切相关，因此他们迫切地把改变自身处境的希望寄托在子女身上。流动儿童家长对孩子的教育期望倾向于多学知识、脱离农村。在学历期望上，大部分流动幼儿家长希望子女能接受大学及大学以上教育。这本是家庭教育中的一个有利方面，然而如果家长期望过高，在家庭教育中违背幼儿成长规律，过多地给幼儿灌输知识，反而不利于孩子的成长。

船房流动儿童家长普遍希望孩子能向上流动，取得比自己更高的成就。关于让孩子上学的原因，排在前 5 位的依次是："多学点文化知识""为了国家的未来，提高下一代的素质""将来成才，有出息""为了孩子不像父母一样受累，脱离土地"和"父母应尽的责任和义务"（表 6）。

他们对孩子未来的职业期望以稳定和社会认同度高的为主。值得注意的是，几乎很少有家长希望孩子成为技工。对于孩子未来从事的职业，37.1% 的家长选择"医生"，21.37% 选择"公务员或当官"，12.1% 选择"中小学教师"，10.89% 选择"其他"，8.87% 选择"高级技工"，7.26% 选择"个体商业户"，1.21% 选择"农民"，1.21% 选择"普通技工"（表 7）。显然，所选的主要职业都是要求具备相应的知识文化和专业背景的。

表6 流动儿童家长的教育期望

让孩子上学主要目的	百分比（%）
多学点文化知识	24.28
为了国家的未来，提高下一代的素质	22.92
将来能成才，有出息	13.75
为了孩子不像父母一样受苦受累，脱离土地	11.21
父母应尽的责任和义务	9.51
身体健康	5.94
今后能赚钱，能自己养活自己	5.43
能考上大学，给家里争气	3.90
成为城市人	1.36
脱离土地	0.51
其他	1.19

资料来源：船房专项调查。

表7 对孩子未来的职业期望

希望孩子未来从事的职业	百分比（%）
医生	37.10
公务员或当官	21.37
中小学教师	12.10
其他	10.89
高级技工	8.87
个体商业户	7.26
农民	1.21
普通技工	1.21

资料来源：船房专项调查。

与之对应，对于"你希望自己以后能做什么样的工作"的调查，流动儿童选择最多的是当演员、歌手和运动员。这些职业在新闻媒体上的曝光率都很高。可见对于流动儿童来说，日常接触对以后的理想影响很大。排在第二位的是军人和警察，这可能是因为在船房这样的城中村，军人和警察象征了一种秩序维护者的光辉形象，代表着一种权威和力量。在所有的比例中，选择农民的最低。这也体现了农民在职业体系中的较低位置。排在后几位的还有工人、公司职员、厨师和餐饮服务人员（表8）。而这些通常都是这些流动儿童父母所从事的职业。对这些职业较低的排名表明了流动儿童的一种向上层社会流动的愿望，希望能超越他们的父辈获取更大的职业成就。

表8	以后想从事的职业
以后想从事的职业	百分比（%）
演员、歌手、运动员	16.21
军人、警察	13.83
教师、培训师	13.04
医生、护士	9.09
播音员、主持人、电影电视编导	6.72
企事业单位负责人	5.93
个体、私营企业主	5.53
公务员	4.35
律师、法官、检察官	3.95
研究人员、技术人员	3.56
工人	3.16
公司职员	3.16
厨师、餐饮服务人员	1.98
农民	1.19
其他	3.16
没想过	5.14

资料来源：船房专项调查。

5. 流动儿童家庭的文化氛围

对船房 0～3 岁流动婴幼儿家庭所做的专项调查表明，家庭环境差，图书、光碟及玩具较少，部分家庭氛围紧张等，是流动儿童家庭的文化氛围的主要特征。家里大概有 100 册以内图书的家庭为 95%，100～200 册的为 3.3%，200～500 册的为 1.7%。家里孩子的图书，20 册以内的为 87%，20～50 册的为 10%，50～100 册的为 1.3%，100～200 册的为 0.8%，200 册以上为 0.8%（图 5）。

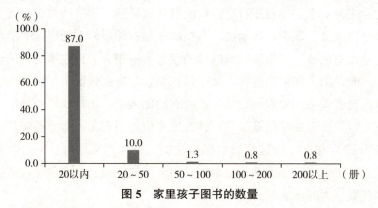

图 5　家里孩子图书的数量

资料来源：船房 0～3 岁养育专项调查。。

家里有 20 张以内光碟的家庭为 77.6%，20 ～ 50 张的为 16.5%，50 张以上的为 5.9%。其中，孩子用的光碟，0 张的为 29.1%，20 张以内的为 65.1%，20 ～ 50 张的为 5%，50 张以上的为 0.8%。

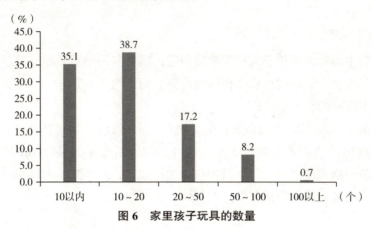

图 6　家里孩子玩具的数量

资料来源：船房 0 ～ 3 岁养育专项调查。

家里有 10 个以内孩子的玩具的家庭为 35.1%，10 ～ 20 个的为 38.7%，20 ～ 50 个的为 17.2%，50 ～ 100 个的为 8.2%，100 个以上的为 0.7%（图 6）。

流动儿童家长是"户籍农民"，又是"编外市民"，具有双重身份，边缘性成为其重要特征。边缘化的家庭文化氛围会对流动儿童产生双重影响。一方面，流动儿童家长在逆境中求生存，具有吃苦耐劳、自强不息等优秀品质，这给子女们树立了很好的榜样。不少流动儿童在这种氛围中变得早熟、懂事。另一方面，流动儿童家长平日劳动量较大，加之在城市中属于"编外市民"，没有归属感，休息时通常在家看电视、睡觉、打牌等，很少看书、学习、充实自己，这显然容易对孩子的成长产生负面影响。

专项调查还表明，放学后，除了做作业，50% 的流动儿童帮父母干活，25% 跟朋友玩，25% 看电视。

无处不在的麻将桌

船房社区一个独特的景观就是无处不在的麻将桌。昆明天气温暖，日照时间长，一年四季人们在户外的时间都较长；加之流动人口从事的多为非正规职业，时间支配较为自由，因此麻将作为一种娱乐和交际的方式，成为船房流动人口最喜爱的活动。有的母亲往往背上背着还在吃奶的孩子就"酣战三圈"；有的家长则让孩子"自由活动"，自己则聚精会神摸牌、出牌。因打牌误了给孩子做饭更是"家常便饭"。时间久了，许多小孩喃喃学语时说的都是叫牌的话。

（四）船房流动儿童家庭的社会资本和代际传递

1. 流动儿童家庭的高流动性

社会资本的形成有赖于成员关系的稳定，需要时间的积累和投资。过于频繁的流动会阻碍社会资本的积累和作用的发挥。而流动儿童家庭恰恰处于一种较高的流动和不确定的状态中。

船房流动儿童家庭绝大多数在来昆明后，都有过搬家的经历。其中 19% 的人搬过 2 次家，23% 的人搬过 3 次家，11% 的人搬过 4 次家，12% 的人搬过 5 次家。这表明随着昆明城市化和城中村进程的加速，外来流动人口的居住环境处于较高的流动和不确定的状态中。

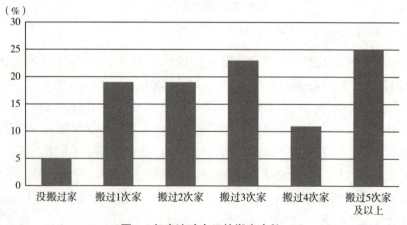

图 7　船房流动人口的搬家次数

资料来源：船房专项调查。

在对现住地和老家进行比较时，被调查的流动儿童中有 43% 的人认为"现在住的地方好"，有近 30% 的人认为"老家好"，有 30% 的人认为"都一样，没有什么区别"。如果将后两者相加可发现，被调查的流动儿童对现有居住地的认同并不高。考虑到这些儿童居住在城乡结合部，地方乱、空间小，公共活动参与机会少，他们上学只能上民办学校或指定接收流动儿童的公办学校，再加上父母频繁更换工作和居住场所，这种低认同度是可以理解的。

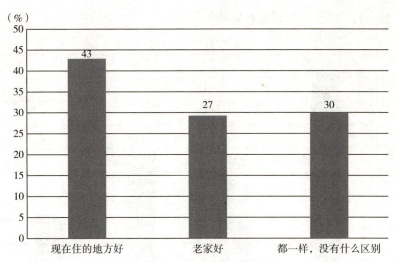

图8　现在住的地方和老家的比较

资料来源：船房专项调查。

2. 流动儿童家庭的社会资本

频繁的流动、身份认同的模糊、社会信任缺失、社会网络的缺乏使得流动儿童家长无法形成有效的社会资本。而这种脆弱的社会资本状态又进一步影响到流动儿童的社会资本积累和社会融合。

船房社区流动儿童家长与昆明本地人进行社会交往的主观意愿很高，但现实中却体现出很大的"社会距离"。城里人只是处于他们信任的"边缘"位置。这些流动儿童家长对自己的身份认同较为模糊，有近一半人明确表示自己不觉得自己是"城里人"。这在很大程度上形成了"过客"心理，并影响到他们的社会交往和社会融合。

在与城市人打交道方面，50%的流动儿童家长表示"偶尔打交道"，45%表示"经常打交道"，5%表示"从来不打交道"。70%表示自己有昆明本地的朋友，30%表示没有。在对自己身份的认同上，41%表示"不觉得是城里人"，24%表示"说不清"，24%表示"没考虑过"，只有11%的人目前表示"觉得是城里人"（图9）。

与之对应，对于在城市生活的好朋友数目，被调查流动儿童都表示有1个以上的好朋友。30%的学生表示有1～5人，31%的表示有6～10人。两者相加为61%，表明大多数流动儿童的好朋友在10人以下。在问到"在老家的朋友多还是这里的朋友多"时，37%表示"差不多"，35%表示"这里的多"，28%表示"老家多"（图10）。对于"更愿意和哪边的朋友玩"，68% 的学生表示"都愿意"。

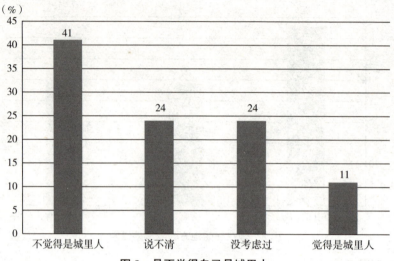

图 9　是否觉得自己是城里人

资料来源：船房专项调查。

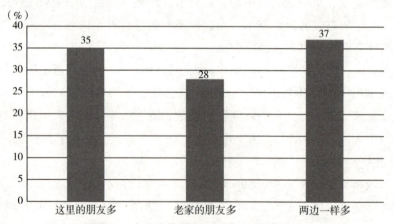

图 10　在老家的朋友多还是这里的朋友多

资料来源：船房专项调查。

　　流动儿童家长的社会信任出现典型的"差序化格局"。他们信任的人的排序依次是家人、直系亲属、亲密朋友、单位领导、其他亲属、城里的老乡、在一起干活的人、城市中的邻居、一般朋友、城市中的其他人。家人和亲属是最值得信任的人，处于"核心圈"的位置；而城里人则处于最边缘，是最不信任的人（表9）。

表9		流动儿童家长的社会信任度排序	
	信任（%）	不确定（%）	不信任（%）
家人	97.33	2.29	0.38
直系亲属	77.11	20.08	2.81
其他亲属	34.87	55.46	9.66
亲密朋友	62.50	32.26	5.24
一般朋友	15.09	58.19	26.72
在一起干活的人	27.39	48.55	24.07
单位领导	44.89	43.11	12.00
城市中的邻居	23.50	58.12	18.38
城里的老乡	29.96	55.70	14.35
城市中其他人	6.47	50.00	43.53

数据来源：船房专项调查。

与之对应，被调查流动儿童在对周围的人的信任度上，也呈现典型的"差序化格局"。对家人的信任度是最高的，其次是老师和亲密朋友。而对城市中其他人不确定和不信任的比例很高。从中可以看出，儿童对城市生活信任关系的确立，是以周围生活的环境的熟悉程度而定的，并且有很强的强关系倾向，家人和老师仍是他们最为信任的群体（表10）。这两个群体对儿童的影响程度是很大的。从对儿童的教育有利的角度出发，提高这两个群体的教育方法和水平是非常重要的。

表10		流动儿童的社会信任度排序	
	信任（%）	不确定（%）	不信任（%）
家人	92.06	6.86	1.08
老师	79.54	17.76	2.70
亲密朋友	65.89	29.84	4.26
同学	47.22	46.83	5.95
直系亲属	41.83	52.59	5.58
城里的老乡	36.29	49.19	14.52
其他亲属	33.20	55.06	11.74
城里的邻居	20.40	63.20	16.40
一般朋友	20.24	65.48	14.29
城市中其他人	8.57	46.53	44.90

数据来源：船房专项调查。

儿童的身份认同对其社会交往有着直接的影响。调查中，45%的船房流动儿童表示和城里的孩子玩时，从来没有觉得自己是城里人，36% 表示偶尔有，19%表示经常有（图11）。而回答"和老家的朋友玩时，你会觉得自己是城里人吗"时，67% 表示从来没有，23% 表示偶尔有，10% 表示经常有（图12）。上述结果表明，船房区流动儿童对自身的认同模糊、不确定，挣扎在城里人与农村人两种身份之间。而从现实来看，城市里的有关部门也未将流动儿童纳入"城市人"的范围之内。

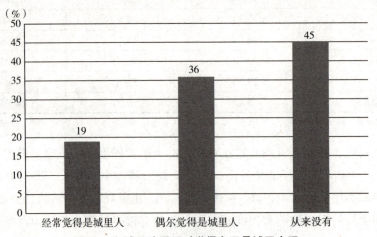

图 11　和城里孩子玩时觉得自己是城里人吗

资料来源：船房专项调查。

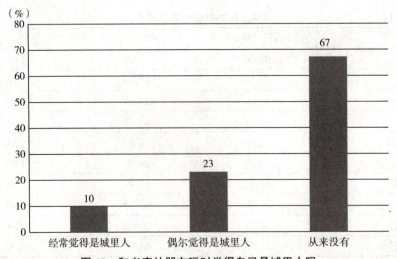

图 12　和老家的朋友玩时觉得自己是城里人吗

资料来源：船房专项调查。

三、影响流动儿童社会融合代际传递的因素

流动儿童的社会不融合的代际传递趋势并非是必然发生的。从城市化和人口流动的角度看，流动儿童的社会融合主要受到制度、自身素质、教育、营养健康、社会关系和居住环境等方面因素的影响。这些影响因素不是孤立发生作用的，而是相互影响的。

一是制度因素。包括儿童在内的流动人口首先受到制度上的社会排斥，户籍制度和建立在户籍之上的城市各种制度构成了流动人口融入城市社会的制度性障碍（或制度排斥）。户籍所内含的不平等因素使得流动人口及其子女融入城市社会的难度加大。户口及与之相应的用工制度、子女教育等方面的政策使流动人口的某些权利缺失，使其很少能享受到城市的各种公共资源和福利，加大了他们进入城市的成本。户籍制度阻碍流动人口群体社会地位的向上流动。在社会地位的上升流动的职业渠道、经济渠道、政治渠道、教育渠道、婚姻渠道等各种方式中，城市流动人口的社会流动都受到了户籍制度的阻碍（李强，2002）。

二是自身素质因素。自身能力不足是影响流动人口及其子女融入流入地社会的重要因素。相对于城市人口，流动人口自身素质较差。学历普遍较低，职业技能培训不足。绝大部分流动人口来自经济社会落后的农村地区，在他们进入经济社会发展相对发达的城镇务工或经商后，面临着职业、生活方式、社会交往关系等一系列的转变和适应。能力的不足使得他们在这种转变和适应过程中处于不利的地位。人力资本理论的创始人之一——贝克尔曾提出，如果移民进入的是一个公平竞争的市场，则他们在迁入地的经济成就将主要取决于其人力资本水平。而流动人口目前不仅面临着不公平的劳动力市场，更重要的是他们自身的人力资本水平也阻碍了其经济成就的取得和向上社会流动的可能。

三是教育因素。教育是实现社会融合的关键制度安排。无论从法理上还是从伦理上来看，流动儿童都应当与城市同龄人享有同等的权利。然而，在现实层面，流动儿童权利的实现却面临着巨大的障碍，这种障碍不仅在于户籍制度所构筑的"看不见的城墙"，也缘于城市公共资源的相对稀缺。长期以来，流动儿童大多只能就读于"无资质"的民办幼儿园和设施简陋、师资薄弱的农民工子弟学校，这些幼儿园和学校不仅无法提供优质的教育，而且时刻面临教育行政部门的取缔。近年来，义务教育阶段农民工子女就读于公办学校的比例逐年递增，但当前对流动儿童受教育权利的保障仍存在不少盲点。首先，开放公办学校仅限于九年义务教育阶段，学前儿童的入托难、入园难（由于私立幼儿园的收费过于高昂，公办

幼儿园的学位紧张、门槛过高、要求高额寄读费等原因），初中毕业生的升学难、异地高考等问题日益突出。其次，公办学校对农民工子女的吸纳以"数字"为中心，即片面重视就读比例和人数的增长，忽视农民工子女进入公办学校后的社会融合与学业成就。

四是营养健康因素。营养健康是人力资本的重要组成部分。然而当前流动儿童的营养健康状况却不容乐观。研究表明，流动儿童的健康水平虽然比农村留守儿童好一些，但比起其他城市儿童的健康水平差距很大。理论上，流动人口进入城市后，由于拥有比农村更多的卫生健康服务及设施，更高的家庭收入水平，其子女的营养健康水平也应更好。但现实是，生活环境相对不稳定、生活水平相对较低、卫生服务稀缺、健康营养知识贫乏已直接影响到流动儿童的身体发育和营养状况。而不良的营养健康状况又进一步影响到这些流动儿童的学业成绩，以及未来在劳动力就业方面的表现。

五是社会关系因素。调查表明，流动人口的人际交往关系大多还停留在传统的亲缘和地缘关系方面，很多流动人口交往的人群主要是老乡、亲戚等。流动人口的社会网络是围绕着血缘、地缘和业缘等同质关系构成，并影响流动人口生活的建构过程。这种以初级群体为基础的社会网络在经济上和精神上的支持能使刚进城的流动人口很快适应环境，一定程度上防止其沦为城市化失败者。但另一方面却强化了流动人口生存的亚社会生态环境，保护了流动人口身上所具有的传统观念和小农意识，阻碍着其对城市的认同感与归属感的形成。很多流动人口存在"打工心态"和"过客心态"，他们觉得自己的"根"始终还是在农村的家乡。这种"打工心态"和"过客心态"使得大多数流动人将自己的未来定位在农村，对流入地社会没有归属感和"主人翁"意识，始终保持着对流入地社会一种"陌生人"的感觉。

六是居住环境因素。居住是人的基本需求之一，然而现有的户籍及住房制度却严重阻碍了流动人口在城市定居。一方面，流动人口所从事的大多是工作条件差、劳动量大、收入低的职业，这决定了他们在居住方面的支出不可能很大。另一方面，在现有的城市住房保障体系中，无论是限价房还是经济适用房都没有将流动人口纳入其中。而市内小区较高的房租也不符合流动人口的承受能力。两方面的合力使得房租低廉、交通便利的城中村理所当然地成为流动人口的首选。由于城中村地域空间的隔离和公共服务的缺失，对流动人口的社会融合造成了严重的阻碍，并且有进一步固化的趋势。此外，由于当前各地城市不断扩大的城中村改造工程，使得连城中村这样的外来流动人口"栖息地"都在不断消失，他们的城市化和社会融合的门槛和成本都在不断增高。

第五章
流动儿童的父辈

作为在当前的中国城市化大潮中不甘于世世代代贫困的农民，船房社区流动儿童的父辈走出了农村，到城市里谋生。他们多数在城市从事着低技能、低收入和低社会地位的职业，尽管能获得比在老家务农更高的收入，但却不得不忍受着强烈的社会歧视和制度不公。他们在城市没有选举权和被选举权等政治权利，不能真正融入城市社会，处于一种"半城市化状态"。他们已经身居城市，但都市的现代化似乎又离他们十分遥远；他们的一只脚已经跨进了城市的门槛，但另一只脚还被排斥在繁华都市之外。

一、离乡进城：流动的贫困

船房社区流动儿童的父辈有近一半来自昆明省内的昭通、曲靖、会泽等地，另一半则来自四川、贵州、重庆、湖南等地。如同中国当前的1.5亿农村进城务工人员一样，他们外出打工的原因既出于宏观经济社会条件和环境的影响，也出于个人自主理性和社会网络的选择。

长期以来，在中国，政府通过农村组织、投资、人口、迁移、社会福利、定价等多方面的政策，（通过作为和不作为）持续地影响到农村自然经济环境所产生的结果。到20世纪80年代，人均可耕土地严重不足，务农根本无利可图。农民"选择"外出打工，在很大程度上是对人口压力、自然资源制约，以及国家政策作出的反应。船房流动儿童的父辈尽管来自不同的地方，但他们的家乡普遍以农业为主导，人均耕地有限，劳动收入水平低。由于缺少乡镇企业，经济上主要依靠土地产出，他们陷入越来越不利的困境。1990年有11个人口流出省份，每个农村劳动力平均只创造不足2000元的农业产值。既无法依靠种地获得满意的收入，在家乡又缺乏其他收入来源，农民便被迫离开农村，进城打工。

船房流动儿童父辈家乡中的云南昭通市镇雄县就很典型。地处云贵川三省交界处，且有 100 多万庞大人口的镇雄县是国家级贫困县之一，有贫困人口 30 多万①。尽管拥有丰富的资源，但由于基础条件差、资本积累低、投资环境不畅、产业结构不合理等诸多因素，导致丰富的自然资源未得到充分的开发利用。镇雄土地瘦薄，水土流失严重。农业生产方式原始，基础设施薄弱，工业生产方式粗放，教育、卫生落后，人口素质低下。许多居住在深山区、石山区的农村贫困户，人均占有粮食不足 450 斤 / 年，除去种子和饲料，所剩粮食只够吃 8 个月，一年中有 4 个月要靠地方政府供应或靠亲戚朋友周济，人均年收入包括食物折款加现金不足 600 元，全家固定资产不到 200 元，解决油盐酱醋茶等日用必需品都十分困难。居住条件极差，多数贫困户居住的房屋为土墙茅草屋，面积狭窄，光线暗淡，破烂不堪，有的甚至连土墙都没有，只能用荆条或农作物秸秆作墙壁或屋顶。在苗、彝族聚居的地区，往往是人畜同屋，室内室外污水横溢，蚊蝇乱飞。居民易患疾病，患病后又无钱医治，多数只能顺其自然。运送生产生活物品基本上靠人背马驮，劳动强度非常大，效率很低。当地学生辍学率高，一般读到小学四年级就辍学在家务农或出去打工了，能上初中的很少。

船房流动儿童父辈家乡的贵州盘县同样是国家级贫困县。位于贵州西部，总人口 118 万。全县 747 个村（合并村前数据）中，276 个村被列为新阶段扶贫开发重点对象，其中一类重点扶持村 163 个，二类重点扶持村 237 个，三类重点扶持村 28 个，重点扶持村占总村数的 57.3%。按照当时人均年收入 1196 元的贫困人口标准测算，2009 年末，盘县共有贫困人口 18.23 万人，占全县农村总人口的 18.9%。盘县贫困人口的特点各不相同，有的缺粮，有的缺钱，有的无住房，大多居住在深山区、石山区和少数民族聚居区，交通不便，信息闭塞，自然条件恶劣。贫困人口相对素质较低，"等、靠、要"的旧观念依然存在，自我致富、自我发展的能力较低②。

除了自然环境恶劣和经济发展落后外，两地的社会环境同样恶劣。镇雄县的毒品犯罪十分突出。由于为贫穷与落后所困，在改革开放大潮的冲击之下，一部分人忘掉了合法劳动、勤劳致富的根本，走上了毒品犯罪的道路。镇雄是全国 20 个外流贩毒问题突出的县，每年都破获毒品案件数十起，缴获大量毒品，逮捕毒贩嫌疑人数十人。2012 年前半年，镇雄就破获各类毒品犯罪案件 23 起，缴获各类毒品 2771.46 克，抓获犯罪嫌疑人 24 名，收戒吸毒人员 285 名，发现并

---

① 2008年镇雄县统计数据。
② 国家发展和改革委员会农村经济司相关数据。

铲除非法种植的毒品原植物 3678 株，打击处理非法种植毒品原植物违法人员 31
名[①]。在破获的案件中，既有大宗国际贩毒也有零星当地贩售。镇雄县成为了毒品
的重灾区，贩毒的家族型和团伙型问题突出。全县吸毒人员近千名，复吸人员比
例高。

　　而贵州盘县则是远近闻名的"机动车盗窃之乡"。2012 年，盘县警方摧毁了
一个在云贵两省跨省作案的特大摩托车盗窃犯罪团伙，抓获作案人员 10 名，破
获盗窃摩托车案件 50 余起，并追缴被盗摩托车 24 辆，挽回经济损失近 10 万余
元[②]。2011 年，贵州省盘县公安局红果派出所经过近一年的缜密侦查，成功摧毁
一个长期在贵州盘县和云南曲靖等地流窜盗窃的机动车团伙，抓获犯罪嫌疑人 9
名。该团伙犯罪嫌疑人交代，2010 年 1 月以来，他们先后流窜至贵州盘县、水城、
毕节和云南曲靖等地作案 80 余起，盗窃机动车 110 余辆，价值 200 余万元[③]。

　　两地的经济贫困和社会不良环境对儿童青少年的健康成长有着持续消极的影
响。2007 年，云南省镇雄县人民法院审结青少年犯罪案件 80 起 200 余人，其中
在校青少年 110 余人，约占 55%。一些地下赌场里的打手是清一色的"学生军"，
一些专门替人收"保护费"的团伙里也充斥着"娃娃脸"。学校教育的不足、家
庭亲情的缺失以及不良社会现象的侵蚀，使得这些孩子根本不懂法，不知道打打
杀杀是要负责任的。更令人担忧的是，在镇雄县，青少年犯罪呈现出团伙化趋势。

　　以镇雄县法院审理的一起案件为例。犯罪团伙的主要经济收入就是开赌场。
团伙头目李某在城区发展无业青年加入其赌博集团，甚至将触角延伸到了校园
内，不论年龄大小，只要"下得了手"，而且"听李哥的话"，就都收归旗下。
法院查明，先后有近 40 名无业青年及学生加入这个违法犯罪组织，充当其赌场
的看场人员及催收赌债的打手。这个恶势力团伙成形后，制定了不成文的帮规，
要求所有成员"下级必须服从上级，不允许跳槽、背叛……"团伙成员"火拼"受伤，
其医疗费还统一支配。另一个案例是，自 2000 年以来，以申某为首的社会闲杂人
员及一些学生组成的七八十人的帮派，社会称之为"东站帮"。这伙人手持刀、火
药枪等工具先后聚众斗殴，严重危害了县城的社会公共秩序（法制网，2008）。

　　社会不良环境的直接影响就是家长对教育不放心，忧虑孩子未来的成长。有
调查发现，镇雄县师生资源流失严重，一些有能力的家庭，等孩子读到小学或初
中后就把孩子送到外地上学。"镇雄的教育我们实在不放心啊！到时候不是耽搁

[①]　昭通新闻网，http://zhaotong.yunnan.cn/html/2012-06/26/content_2270371.htm。
[②]　毕节信息网，http://www.bijie.ccoo.cn/forum/thread-5956171-1-1.html。
[③]　公安部网站，http://www.mps.gov.cn/n16/n983040/n2672619/n2672689/2697847.html。

了孩子的前途吗？"许多学生家长都这样反映。由于师生资源流失严重，镇雄一些学校存在着片面追求升学率的现象，就是一切教育成果都用"升学率"来衡量和体现。至于"差生"，老师希望他们不来上课以免扰乱纪律，这使得"差生"无人关心。时间一长，"差生"就闲流于社会，极易走上违法犯罪的道路。

家庭的缺失、家庭教养方式不当、父母的不良行为也给青少年学生带来极大的挫折感和不安全感。不良家庭环境对一些青少年犯罪起着"催化剂"的作用。镇雄县是云南省第一人口大县，又是国家级贫困县，贫困家庭较多。大部分家庭的父母都外出打工，有些家长几年才回家一次，导致孩子无人管教和约束。贫困容易使孩子在同龄人中产生自卑感，很容易形成孤僻、内向的性格和敌视社会的心理。为了满足自己从家庭中无法得到的物质欲望，他们往往铤而走险，走向极端（法制网，2008）。

而对贵州盘县的调查表明，贫困地区儿童的早期养育环境非常令人担忧。盘县只有 45 所幼儿园，幼儿与教师的比例为 18∶1，专业学校毕业师资的比例仅为 66%，人均室内面积 1 平方米，只有 1% 的儿童能从社区获得图书，只有 10% 的儿童参加过社区亲子活动（表 1）。父母接受过育儿知识培训的比例只有 11.3%（表 2）。家庭普遍缺少儿童玩具、图书、运动器具和场所（朱宗涵，2013）。

表 1   3 个贫困县儿童早期教育环境调查结果

	盘县	会泽	洛南
幼儿园数量	45	62	85
幼儿与教师比例	18∶1	27∶1	–
专业学校毕业教师资格（%）	66	54.7	89
人均室内面积（平方米）	1.0	2.6	2.2
能从社区获得图书	1	1	15
参加过社区亲子活动（%）	10	3	8

资料来源：朱宗涵，《我国儿童保健和儿童早期发展历程和启示》，载于中国发展研究基金会"贫困地区儿童发展培训会"会议材料，2013 年 6 月。

表 2   父母接受过育儿知识培训的比例

地区	调查人数（人）	接受过培训的比例（%）
盘县	80	11.3
会泽	80	3.8
洛南	83	2.4
合计	243	5.8

资料来源：朱宗涵，《我国儿童保健和儿童早期发展历程和启示》，载于中国发展研究基金会"贫困地区儿童发展培训会"会议材料，2013 年 6 月。

综上所述，我们可以把大量农民的进城看作是一种对摆脱贫困的本能反应，它既是市场力量与国家政策共同作用的产物，也是农民在不同宏观因素的影响下所做的理性选择。更为重要的是，越来越多的流动人口是为了子女生活得更好，实现向上的社会流动，来到城市并努力打拼的。他们希望自己的子女能够读更多的书，能够过上与城市里的孩子一样的生活，能够摆脱贫困，能够比他们过得更好。一定程度上，他们的"城市化"梦是寄托在孩子身上的，而这个过程也理应成为中国当前城市化的核心内容。

二、父辈的社会现状 [①]

1. 年龄：外来人口更年轻

本地人口与外来流动人口在年龄上呈现不同的特点。本地人口的平均年龄为 42.74 岁，标准差为 19.78。而外来流动人口的平均年龄为 32.86 岁，标准差为 12.64。外来人口整体上比本地人口更年轻（年轻近 10 岁）。本地人口的年龄分布较为均匀，而外来流动人口绝大部分为 17 ~ 45 岁的青壮年劳动年龄人口。

2. 教育：本地人口受教育程度优于外来人口

船房社区本地人口的受教育程度明显优于外来人口，平均受教育年限为 10.13 年，约为高中一年级水平，接受过高中及以上教育的人口比例达 46.37%，接受过大学本科及以上教育的比例达 20.38%。而外来人口的平均受教育年限仅为 8.12 年，仅约为初中二年级水平，仅有 13.69% 接受过高中及以上程度的教育，且文盲率高达 2.94%。

在 18 岁及以上的人口中，本地人口在各年龄段的受教育程度均优于外来人口，其中差距最大的为 26 ~ 45 岁人群，本地人口的平均受教育年限达 12.19 年，而外来人口仅为 8.41 年。

3. 职业：外来人口主要在非正规经济部门就业

与船房本地人口相比，流动人口更多在非正规经济部门就业，从事低技能、低收入、低社会地位的职业。

[①] 本次调查采取分层随机抽样方式，选取船房社区船房小学、竞秀文武学校、明德学校、明智学校为样本，从中进行随机抽样400个学生，并让其将文件带回家让家长填答。由于访问对象基本为有孩子的流动人口群体，故可基本界定为第一代流动人口群体。

如表 3 所示，16 岁以上的本地人口与外来人口群体的就业结构都比较复杂，这直接表现为两类人群中选择"不便分类的其他劳动者"的比例都相当大。本地人口的典型职业为"商业 / 服务业职工"，比例为 48.66%。而外来人口中比例最大的是"不便分类的其他劳动者"，比例为 34.81%；其次是"商业 / 服务业职工"，比例为 33.34%。值得注意的是，有 0.7% 的流动人口处于"无业或待业"状态，远高于常住人口的 0.2%。

外来人口中职业为"其他"或"个体经营 / 自由职业"的比例达到 36.83%，这意味着相当比例的外来人口没有稳定的工作，或者从事非正规经济类型的工作，职业及收入状况都令人担忧。

表 3　　　　　　　　　　船房社区 16 岁以上人口的职业构成

职业类别	人口类别				合计（人）	占总人口比例
	本地人口（人）	占本地人口比例	外来人口（人）	占外来人口比例		
工厂/矿区工人	662	21.7%	5064	10.23%	5726	10.9%
商业/服务业职工	1484	48.66%	16499	33.34%	17983	34.23%
机关/企事业单位职员	217	7.11%	980	1.98%	1197	2.28%
农业	4	0.13%	7108	14.36%	7112	13.54%
个体经营/自由职业/家务	1	0.03%	1000	2.02%	1001	1.91%
离退休	205	6.72%	145	0.29%	350	0.67%
无业/待业	6	0.2%	345	0.7%	351	0.67%
儿童/学生	4	0.13%	1117	2.26%	1121	2.13%
其他	467	15.31%	17227	34.81%	17694	33.68%
合计	3050	100%	49485	100%	52535	100%

资料来源：船房专项调查。

（1）船房的非正规经济与外来流动人口就业

"非正规经济"已经成为中国最大的非农就业部门，而城中村正是非正规经济的"多发地"。城中村内部经济一个重要的特点是大量非正规经济的存在。非正规经济是未申报、未纳税、未纳入政府监管和经济统计的各种经济活动的统称，它既包括未申报审批的"隐形经济"，也包括非法经济活动（黄苇町，1996；李培林，2004；谢志岿，2005）。

城中村之所以充斥着大量的非正式或地下的经济，可以从宏观和微观两个方面分析。

从宏观方面看，非正规部门的产生与计划经济向市场经济体制的转变和转型背景下城市化过程中经济增长与劳动力增长之间的矛盾密切相关。随着城市化和工业化进程的加快，农村向城市释放了大量的剩余劳动力，导致城市外来移民数量迅速增长，以致于超过城市经济水平所能提供的就业岗位数量，使部分移民无法实现就业。同时，城市正规部门存在的教育、文化、技能等方面的就业要求以及户籍制度影响下的就业排斥，使外来务工人员只能在城市正规就业体制之外寻求一种替代性的经济活动。这一部分流动人口构成了非正规经济部门潜在的活动主体。

从微观方面看，城市政府为顺利推进城市化，采取了逃避土地补偿和村民安置成本的妥协策略，从而产生了被城市包围的村庄——"城中村"。这种妥协背后反映的是土地、户籍、人口、行政管理等城乡二元体制的影响。这导致城中村脱离城市的统一规划、建设与管理体系，使其处于发展散漫和管制宽松的状态。结果是，村集体利用土地国有化过程中留下的留用地或宅基地，以独立开发或合作开发的形式构建了以物业出租为主导的经济体系。这种经济体系与城市有效管制的缺失在空间上的叠加，为非正规经济部门的集聚创造了良好的空间条件。这表现在两个方面：一是经济主体不受经营场所制度要求的影响，规避庞杂的制度成本（如卫生保洁费、治安费、雇佣登记费等）而从事经营活动，并可以自由选择和改变经营内容与地点，以满足特殊的消费需求；二是城中村中大量的宅基地住房不受正规的市场规范限制，向外界开放了一个廉价的房地产出租市场，这为非正规经济主体实现工作和居住地合二为一并降低生活成本提供了条件。此外，"城中村"一般具有良好的区位，交通便捷，人口密度大，这为非正规经济部门的生存提供了不可缺少的市场支撑（黄耿志，2007）。

船房村的非正规经济可分为 6 类：①出租房经济的避税部分；②装修业的避税部分；③制衣厂经济的避税部分；④商业、服务业经营中避税、漏税、偷税的部分；⑤没有营业执照的流动性生意；⑥违法的贩毒、卖淫、黑社会、制假卖假等交易。

在这 6 部分中，从事第一类的主要是船房的原住村民，而从事后 5 类的主要是船房的外来流动人口，也是此处重点讨论的内容。

船房非正规经济的第二块是装修业。近年来昆明市城市化进程加速和房地产业的快速发展，导致了对家庭装修的强烈需求。船房村中相当大一部分流动人口都从事家庭装修行业。他们的组织方式都是"游击队"式的，由家人、亲戚和老乡组成，规模不大，由于没在工商管理局登记，所以可以"不交税"。

　　船房非正规经济的第三块是制衣产业。船房因有低廉的房租、充足低价的劳动力优势，吸引了大约 20 多家制衣厂的进驻。这些制衣厂多以订单为主，生产的服装以中低端为主，主要销往螺蛳湾等大型批发市场。这些制衣厂中规模大的雇有 100 多人，小的只有 30～40 人。工人的工资实行计件制。由于这些厂子往往藏身于城中村一些大的出租屋内，因而常出现逃漏税的现象。

　　船房村非正规经济的第四大块，涉及商业和服务业。据 2012 年统计，船房村共有各种经营性店铺 300 多家，其中服装鞋具店约 100 多家，小超市 50 多家，餐饮熟食店 50 多家，旅店 10 多家，美容美发店约 20 多家，诊所与药店 30 多家，音像制品店约 10 多家，通信器材店约 30 家，五金油漆店约 20 多家，此外还有诸如杂志报刊、车辆维护保管、娱乐健身、电子游戏、酒吧和卡拉 ok 等店铺。有的店铺规模较大，雇用十几到几十个人，也有的就是个体或家庭的自雇者，也就是挣一份工资收入，仅供养家糊口。平均估算，每家店铺的年收入可达 10 多万元，300 多家店铺一年下来就是 3000 多万人民币收入。船房村的这些店铺在工商管理部门那里一般都是注册为"个体户"。作为个体户，这些店铺也不用缴纳 17% 的增值税，实际上即便税务部门想征收，也难以收缴。

　　船房非正规经济的第五块是没有营业执照的流动性生意。这部分主要是外来流动人口经营的各式各样的摊档，肉菜水果、服装、日杂百货等。这些摊档散布于船房的各个角落，估计有二三百个之多。这些摊档除了给社区管理员缴纳一定的摊位费和卫生费外，不缴纳任何税收。

　　船房非正规经济的第六块是违法的贩毒、赌博、卖淫、黑社会、制假卖假等交易，是城中村最受指责的一块经济，也因此被地方政府和治安部门整治过多次。每次整治后，这些活动收敛一段时间，但很快又卷土重来。这种非法的地下经济与合法的地下经济就像是孪生体，整治了非法的地下经济，合法的地下经济也由繁荣转为萧条。这是村民对其"睁一只眼闭一只眼"，采取放任态度的根本原因。

　　（2）船房非正规经济系统的运行：封闭与开放

　　船房的非正规经济系统包括两个部分：封闭部分和开放部分。封闭部分是在船房产生的收入用于船房的消费，也可以称为自循环[①]，即交易发生在城中村内部；而开放经济是船房内部与船房之外经济系统的交易与自由流通（图 1）。船房经济的开放部分是其财富的根源，而封闭的自循环部分则是船房非正规经济繁荣

---

　　① 经营者内部存在的交换关系，如超市为服装经营者提供日常生活用品获取收入，而这些收入中的一部分又被用来购买服装经营者的衣服。

的重要条件。如果没有船房内部各成分之间频繁的交易关系，船房社区就不会那么繁荣，就会像普通超市社区那样，显得单纯和清净得多。

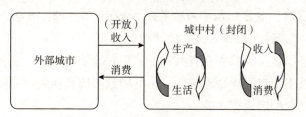

图 1　船房非正规经济系统的运行

从整个船房社区经济与城市其他区域的关系来看，船房没有按照其所处区位特点进行合理充分的功能分工，同时，船房的集体和个人也都没有在城市化过程中通过调整和创新，投入到城市市场分工、社会分工的各环节中去，而是像以前一样，仍然单纯地依赖土地作为经济来源。而船房的其他非正规经济，也由于寄生性和违法性，与城市整体经济缺乏必要的、合理的关联。

4. 婚姻和家庭

船房外来流动人口结婚普遍早于本地人口。调查发现，在 20～25 岁的年龄段中，本地人口未婚的比例高达 97.65%，而外来流动人口仅为 83.02%（表 4）。

表 4　船房流动人口的婚姻状况

人口类别	年龄段	婚姻状况					
		处于婚姻状态	离婚	丧偶	未婚	未说明婚姻状况	合计
本地人口	20～25岁	8人	0	0	333人	0	341人
		2.35%	0.00%	0.00%	97.65%	0.00%	100.00%
外来人口	20～25岁	1293人	6	1人	8105人	358人	9763人
		13.24%	0.06%	0.01%	83.02%	3.67%	100.00%

资料来源：船房专项调查。

船房流动人口的家庭结构正从在老家时的联合家庭向在城市中的核心家庭的模式转变，同时还存在相当多的家庭成员分离状况。船房流动人口的家庭人口构成以 3～6 口人为主，占到 91%，其中比例最高的是 4 口人，占 37.92%。50%以上的调查者是和"爱人""子女"住在一起的，说明多数为核心家庭一起在外居住。在打工地家庭成员在 2 人及以下的不足 10%。被调查者中留在老家的家庭成员，以"父母"为最多，占到 30% 以上。值得注意的是，明确填答将"女儿"（包括大女儿、二女儿或小女儿）留在老家的占到 5.19%，而明确填答将"儿子"留在老家的只有 0.74%。虽然我们不能就此论断留在老家的女孩比男孩多，但可以谨慎推测将女孩留在老家的概率可能要高于男孩。另外有 18.89% 的人表示老家已经没有人了，与老家的家庭关联已经很少。

此外，船房的流动人口中还存在约 5% 左右的单亲家庭。这种单亲家庭既有由于流动后关系不稳定而离婚形成的，也有因家庭成员伤病形成的，还有以各种夫妻关系名存实亡的形式存在的。

"单亲"的妈妈和孩子

袁 ZHY，女，汉，户籍所在地为云南红河。1976 年 6 月 10 日生，小学，已婚，有 1 子 1 女。她在社区里打扫卫生，一个月收入 700 多。她们租住的房子约有六七平方米，一个月房租加水电要 400 多元，孩子上幼儿园要 300 多元，再加上吃喝，月开支要 1000 多元。孩子的爸爸在红河，包一些工程做。他们是在外面打工时认识的，觉得不错就在一起了。她说其实他丈夫在红河那边又有了女人。他现在也就是偶尔回来一次，给些钱，大部分时间都是她和孩子们生活。她每天都得去工作，周六也不休息。

离婚的父母

李 CHH，男，4 岁，此前在金太阳幼儿园已经上了一年了，家住船房老村。

孩子的妈妈现在主要是给别人做保姆，月收入 800 元。她和孩子租住在一间八九平方米的出租房中，每月房租 200 多元，另要交 40 元的水电费。她每个月的收入不太够用，但用孩子爸爸的话说，"她很倔强"，坚决不要孩子爸爸给的抚养费。对于将来，孩子的爸爸说，"能维持就待在昆明，不能就回老家去"。

---

5. 家庭收入状况

多数家庭的月收入在 1000 ~ 3000 元之间，其中 26.68% 的家庭为贫困家庭。一半的家庭对自己的经济状况感觉"一般"，并对现在所居住的环境表示"不满意"。

船房外来流动人口家庭经济收入分化明显。家庭月收入集中在 2000 元左右，这部分家庭可以划分为中等收入家庭，约占 52%（其中 26.5% 的家庭收入在 1000 ~ 2000 元之间，25.41% 的收入在 2000 ~ 3000 元之间）。另有 21.67% 的家庭收入在 3000 元以上，此部分家庭属于高收入家庭；26.68% 的家庭收入在 1000

元以下，属于贫困家庭，其中 5.42% 的家庭月平均收入低于 500 元，属于绝对贫困家庭（图 2）。

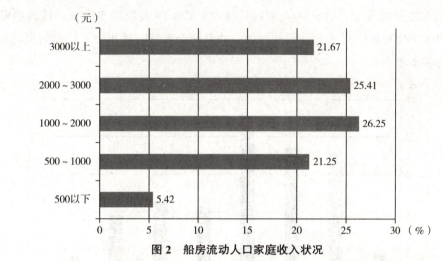

（元）

图 2　船房流动人口家庭收入状况

资料来源：船房社区专项调查。

超过一半（50.9%）的流动儿童家长对家庭经济状况的感觉是"一般"，23.48% 觉得"不好"，12.12% 觉得"很不好"，觉得"比较好"和"很好的"两者相加只有 5.31%。而上述关于家庭经济状况的判断，41.77% 是和自己同龄人比较得出的，29.32% 是和自己的过去比较得出的，15.66% 的是和"老家人"比较得出的，而只有 13.25% 的是和"城里人"比较得出的。

48% 的流动儿童家长对现在居住方的周围环境表示满意，但有 26.4% 为"说不清"，25.6% 为"不满意"。

6. 流动状况

船房流动儿童家长以云南省内流动为主，省外的主要来自四川和贵州。这些流动人口多数已来昆明 5 年以上，在昆明趋于定居下来。但同时，在昆明的居住地点却不稳定，多数人有过 2 次以上的搬家经历。与居住地频繁变动形成对照的是，他们所从事的职业相对固定。

船房流动儿童家长的户口所在地，以云南省内最多（59.26%），其次为四川（15.19%）和贵州（11.48%）。从中可以看出，省内非昆明户籍占到一半以上，流动人口主要以省内流动为主。他们来昆明前，大多数在 3 个以下的城市工作过，其中 1 个的为 48%，这表明他们倾向于在流入城市停留较长时间。4.53% 的来昆明的时间为 20 年以上；来了昆明 10 ~ 20 年的占 54.36%；5 ~ 10 年的占 25%。

这表明他们大多都来了昆明较长的时间，并在一定程度上已经在昆明定居下来。同时，他们中绝大多数来昆明后，都有过搬家的经历。其中 23% 的人搬过 3 次家，19% 的人搬过 2 次家，11% 的人搬过 4 次家，12% 的人搬过 5 次家。这表明随着昆明城市化和城中村改造进程的加速，外来流动人口的居住处于较高的流动和不确定状态之中。

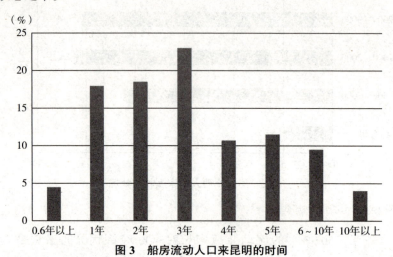

图 3　船房流动人口来昆明的时间

资料来源：船房社区专项调查。

来昆明后，20% 的人没换过工作，25% 的人换过 2 次工作，21% 的人换过 1 次工作，15% 的人换过 3 次工作，11% 的人换过 4 ~ 5 次工作。这说明船房的外来流动人口职业相对固定，频繁换工作的人并不是很多。

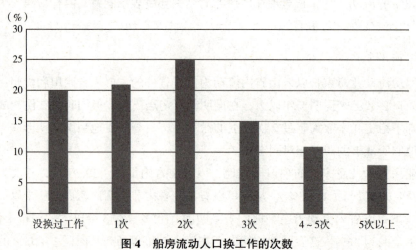

图 4　船房流动人口换工作的次数

资料来源：船房社区专项调查。

7. 社会保障情况

船房流动儿童家长绝大多数没有养老、医疗、失业和住房公积金等社会保障。住宿、饮食、医疗和低工资是他们生活的主要困难。

他们绝大多数都没有诸如养老、医疗、失业和住房公积金的社会保险。这其中，有失业保险的只有 2%，有医疗保险的只有 11.5%，有住房补贴或公积金的只有 3%。在工伤、失业、医疗、养老保险和住房公积金 5 项保险中，他们最关注的是医疗保险。45.38% 的人生病时去"正规医院就诊"，28.08% 的去私人诊所看病，26.54% 的表示根据病情到药店买药吃（图 5）。不上正规医院看病的主要原因：68% 表示费用太高，18% 表示手续太麻烦。而对于现在没有养老保险的原因：72% 的表示"不了解情况"，16% 表示"企业不愿办"，27% 表示"本人不愿办"。

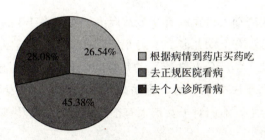

图 5　船房流动人口就医状况

资料来源：船房社区专项调查。

8. 留城意愿

船房多数流动儿童家长都有很高的留城意愿，但前提是户籍及社保问题能得到解决。另外，子女在公办学校的流动人口的留城意愿要高于民办学校的。

70% 的流动儿童家长表示愿意留城，30% 表示不愿意。分学校类型来看，子女在公办学校上学的家长的留城意愿（76.7%）要高于在民办学校的（59.8%）。

多数流动儿童家长表示，之所以想留在城里主要是"可以有进一步的发展"和"为了子女的教育"。而回到老家的主要理由是"在城里生活困难，花费大，收入少"。如果政策允许（给户口），46.67% 的表示想离开原籍到打工的城市定居，20.78% 的表示不想，还有 32.55% 的表示说不清（表 5）。分学校类型来看，如果政策允许，想离开原籍到打工城市定居的公办学校的学生的比例（55.6%）要高于民办学校的（31.9%）。

表5	分学校类型的留城定居意愿
想	46.67%
不想	20.78%
说不清	32.55%

资料来源：船房社区专项调查。

流动儿童家长认为定居打工地的主要困难首先是"就业不稳定"（32%），其次是"城市生活开销大，养家贵"（28%），列第三位的是"子女教育受限制"（24%）。最希望政府给予的帮助方面：排在第一位的是住房（64%），其次是"解决子女就学难"（28%），并列第三位的是"养老保险"和"盼望能和本地人享有同样户口"。

9. 孩子教育状况

船房社区多数流动人口家庭有2个及以上子女。有1/3的幼儿是在昆明出生的。部分家庭幼儿没有上幼儿园。学龄儿童以公办学校就学为主，但仍有1/3多的儿童在民办学校上学。公办学校流动儿童的教育支出要明显低于民办学校的，而满意度却大大高于民办学校的。流动儿童家长对子女教育比较关注，但主要以关注学习成绩为主。他们对子女未来有很高的期望，希望孩子未来能积极向上流动。

41%的被调查家庭有2个6岁以下的儿童，27.18%的家庭有1个，18.46%的家庭有3个，4.1%的家庭有4个。67.8%的家庭的孩子上过或正在上幼儿园、托儿所，32.22%的家庭没有上过。有38.15%的受访者表示孩子是在现居地出生的，24.81%表示不是（做出此项回答的家庭总共只有62.96%）（表6）。

表6	是否在所在地出生
是否在所在地出生	百分比（%）
是	38.15
否	24.81
总计	62.96
缺失	37.04

资料来源：船房社区专项调查。

24.07%的家庭有2个学龄儿童（6～15岁）随迁在船房社区，18.15%的有1个，5.56%的有3个，没有的为20.74%（回答了此问题的家庭占总体的69.26%）（表7）。也就是有近一半的家庭都有随迁子女。41.85%的表示2个学龄儿童在上学，29.63%的有1个，16.67%的有3个，3.33%的有4个（表8）。上学的儿童中，62% 在公办学校上学，38% 在民办学校上学。

表7　　　　　　　　　　　　　6～15岁子女人数

6～15岁子女数量（个）	百分比（%）
0	20.74
1	18.15
2	24.07
3	5.56
4	0.37
6	0.37
总计	69.26
缺失	30.74

资料来源：船房社区专项调查。

表8　　　　　　　　　　　　　孩子在学状况

上学孩子数量（个）	频数	百分比（%）
0	2	0.74
1	80	29.63
2	113	41.85
3	45	16.67
4	9	3.33

资料来源：船房社区专项调查。

所调查家庭的小学学费一人年均支出，31.09% 在 200 元以下，200 ~ 700 元的为 15%，700 ~ 1000 元的为 12.44%，1000 ~ 2000 元的为 44%，2000 元以上的为 10.36%。从子女就学的学校类型来看，学费支出差异明显。支出 200 元以下的在公办学校就读的为 50.46%，在民办学校的为 16.02%；1000 ~ 1500 元的在公办学校就读的为 2.75%，在民办学校为 44.58%（表 9）。民办学校的收费要远远高于公办学校，对于家长而言是沉重的负担。

表9　　　　　　　　　　　　分学校类别的学费

		学费							总计
		200元以下	200 ~ 500元	500 ~ 700元	700 ~ 1000元	1000 ~ 1500元	1500 ~ 2000元	2000元以上	
调查学校类型	公办学校	50.46%	10.09%	1.83%	11.93%	2.75%	11.93%	11.01%	100%
	民办学校	6.02%	6.02%	13.25%	12.05%	44.58%	8.43%	9.64%	100%
总计		31.25%	8.33%	6.77%	11.98%	20.83%	10.42%	10.42%	100%

资料来源：船房社区专项调查。

总体上，52.38%的被调查家长对子女所受教育表示"很满意"和"满意"，32.43%表示"一般"，认为"不满意"的有14.3%。但分学校类型来看，有69.4%的在公办学校就读的表示"很满意"或"比较满意"，而相应的在民办学校就读的只有21.5%；在公办学校就读表示不太满意的为6%，而在民办学校就读的则为29.7%（表10）。

表10 对子女所受教育的满意度

			对子女受教育满意度				总计
			很满意	比较满意	一般	不太满意	
学校类型	公办学校	频数	66	50	41	10	167
		百分比	39.5%	29.9%	24.6%	6.0%	100.0%
	其他学校	频数	10	11	43	27	91
		百分比	11.0%	12.1%	47.3%	29.7%	100.0%
总计		频数	76	61	84	37	258
		百分比	29.5%	23.6%	32.6%	14.3%	100.0%

资料来源：船房社区专项调查。

对子女受教育不满意的原因：最大的不满意为"其他"，占39.13%；排第二的为生活费用过高，占25.6%；排第三的为教学质量不高，为19.32%；排在第四的为收费过高，占15.95%（图6）。分学校类型来看，只有5.65%在公办学校就读的表示"收费过高"，而有31.7%的在民办学校就读的表示"收费过高"。

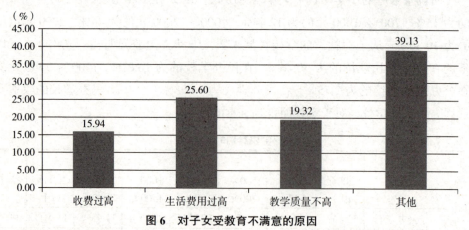

图6 对子女受教育不满意的原因

资料来源：船房社区专项调查。

让孩子上学的目的，排在前5位的依次是："多学点文化知识""为了国家的未来，提高下一代的素质""将来成才，有出息""为了孩子不像父母一样受累，脱离土地"和"父母应尽的责任和义务"。其中强烈透出希望孩子积极向上流动、超越自己的愿望。

家长最关心的孩子的方面，排在前 5 位的依次是："学习成绩"（22.02%）、"健康身体（18.34%）,"不跟坏人学坏"（13.59%）、"自信"（10.85%）、"不骗家长"（8.96%）（图 7）。从中可以看出，学习成绩始终是家长最关注的方面，身体排第二，品德排第三。

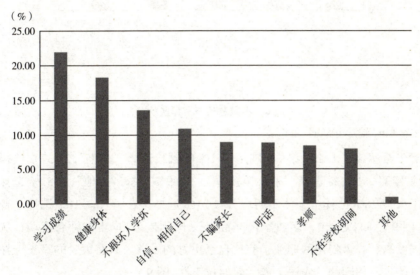

图 7 关心孩子的方面

资料来源：船房专项调查。

86.77% 的家长经常过问孩子的学习，13.23% 的家长偶尔过问。而关心孩子学习的方式主要是：过问成绩（26.16%）、辅导做作业（37.02%）、买课外辅导书（27.71%）、请家教（2.33%）、报辅导班（6.78%）。90.9% 的家长会参加孩子的家长会。

家长们最不愿意看到孩子将来的状况依次是："品行差，周围人不喜欢"（26.64%）、"学习差，不能顺利升学"（20.95%）、"能力差，不能养活自己"（20.29%）、"身体差"（19.89%）、"胆小怕事"（12.78%）、"其他"（1.45%）（图 8）。这也表明，在城中村这样人员混杂的社区，"周围人喜不喜欢"这样的社会资本指标是比学习成绩和升学更重要的事情（图 8）。

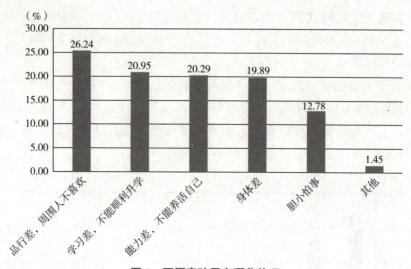

图 8　不愿意孩子有哪些状况

资料来源：船房专项调查。

　　对于希望孩子未来从事的职业：37.1% 的家长选择"医生"，21.37% 选择"公务员或当官"，12.1% 选择"中小学教师"，10.89% 选择"其他"，8.87% 选择"高级技工"，7.26% 选择"个体工商户"，1.21% 选择"农民"，1.21% 选择"普通技工"（图9）。可以看出，多数家长都希望孩子们能实现向上的社会流动，从事社会认同度高、收入稳定的职业，有比自己更好的发展。只有很少的家长选择让孩子从事与自己相同的"农民"或"普通技工"（图9）。

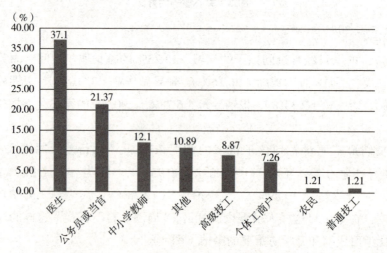

图 9　希望孩子未来从事的职业

资料来源：船房专项调查。

家长认为教育孩子最好的方式依次是：有更多的辅导和帮助，诸如"多买辅导书、多培养孩子的德、智、体"；多与孩子沟通；对学校和老师有更多的期望，如"学校和家长共同努力"；严格管教；顺其自然。对于孩子今后成长中可能面临的主要困难，排在首位的是"上学升学困难"，其次是"复杂的社会环境对孩子的影响"，第三是"就业困难"，第四是"怕孩子性格有问题"，第五是"家庭经济困难"。

三、父辈的流动和承替

人口流动是社会的脉搏，城市发展是社会解体和社会整合的一种后果，人口流动类似于机体内部新陈代谢的分解和合成过程（谢志岿，2005）。船房社区的流动儿童父辈的流动情况可分为 3 类。

一是城中村之间的人口流动。居住在船房的人由于工作变动、生活需要或者其他原因，从这个城中村搬到另一个城中村居住。

二是流回家乡。由于船房社区的流动人口没有所在城市的户口，他们在身份上仍然属于家乡。如果在城市发展不好，或者考虑到未来生活的需要，他们都会考虑返乡发展。许多外来人口，在积累了一定资金、技术和工作经验后返回家乡发展，也有的因为家庭原因或因为失去工作、城中村拆迁等，被迫离开居住的城市，返回家乡。

三是沉淀在城中村。以船房这样的城中村作为谋生地的外来人口，一旦离开城中村他们就没有了生活来源，因此，他们会选择一直生活在城中村，除非生活出现大的转机或变故。

说生意不好做的装修老板

江 ZG，男，46 岁，四川内江资中县人，初中未毕业。找他访谈时，许多人正围在一起打麻将，其他人都不太愿意接受访谈，只有他爽快地同意了。

江 19 岁就从家乡出来了，来昆明船房已 20 多年。刚来的时候，船房还是一片田野。他现在搞装修、刮灰和刷漆，和爱人两人在这边。他们有两个女儿，一个 19 岁，一个 17 岁，都在老家上高中，之所以不在这边上是因为不能异地高考，而且这边学费太贵。他刚出来的时候住在工地，大约十多年前才开始租房住。目前租的铺面兼住房大约有十几平方米，一个月要 600 多元。在老家有新农合，每人每年缴费 30 元，不住院报不了。一般小毛病都是到社区的私人诊所就医买药。

江说最近物价上涨，生意不好做。问到将来的打算，他说还是得回去，并且80%的打工的人都得回去。他老家还有地，亲戚在帮忙种。现在1年回去1次。两个孩子目前的学习成绩中等，如果将来考上大学，他们会全力供；如果考不上，那就出来打工。将来有可能接她们来船房社区。

四、父辈与城市的社会交往

船房社区流动儿童家长与昆明本地人进行社会交往的主观意愿很高，但现实中却体现出很大的"社会距离"。城里人只是处于他们信任的"边缘"位置。他们对自己的身份认同较为模糊，有近一半人明确表示不觉得自己是"城里人"。这在很大程度上形成了"过客"心理，并影响到社会交往和社会融合。

在与城市人打交道方面，50%的家长表示"偶尔打交道"，45%表示"经常打交道"，5%表示"从来不打交道"。70%表示自己有昆明本地的朋友，30%表示没有。在对自己身份的认同上，41%表示"不觉得自己是城里人"，24%表示"说不清"，24%表示"没考虑过"，只有11%的人目前表示"觉得自己是城里人"（图10）。

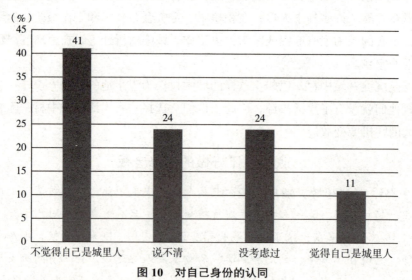

图10 对自己身份的认同

资料来源：船房专项调查。

船房流动人口信任的人的排序依次是家人、直系亲属、亲密朋友、单位领导、其他亲属、城里的老乡、在一起干活的人、城市中的邻居、一般朋友、城市中的其他人，呈现典型的"差序化格局"。家人和亲属是最值得信任的人，处于"核心圈"的位置；而城里人则处于最边缘，是最不信任的人（表11）。

表11　船房社区流动人口信任的人的排序

	信任	不确定	不信任
家人	97.33%	2.29%	0.38%
直系亲属	77.11%	20.08%	2.81%
其他亲属	34.87%	55.46%	9.66%
亲密朋友	62.50%	32.26%	5.24%
一般朋友	15.09%	58.19%	26.72%
在一起干活的人	27.39%	48.55%	24.07%
单位领导	44.89%	43.11%	12.00%
城市中的邻居	23.50%	58.12%	18.38%
城里的老乡	29.96%	55.70%	14.35%
城市中其他人	6.47%	50.00%	43.53%

资料来源：船房专项调查。

他们对社会交往多持肯定和积极的态度，比如很同意"我跟干活的人在一块时相处得很融洽""需要时，我可以在城市找到朋友""我觉得自己是一个有价值的人"等，而不同意"在城市，我没有说话的对象""我感到孤独""我害怕和城市人打交道"等说法（表12）。

表12　社会交往的态度

题项	同意	说不清	不同意
在城市交新朋友，对我来说很容易	32.54%	48.81%	18.65%
在城市，我没有说话的对象	10.29%	24.69%	65.02%
我跟干活的人在一块时相处得很融洽	77.69%	19.12%	3.19%
我感到孤独	11.34%	24.79%	63.87%
需要时，我可以在城市找到朋友	61.22%	26.12%	12.65%
我和城市人相处很融洽	43.72%	42.91%	13.36%
我害怕和城市人打交道	8.26%	23.14%	68.60%
我担心城市人瞧不起	18.60%	29.34%	52.07%
我觉得我有许多优点	42.91%	46.15%	10.93%
我觉得自己是一个有价值的人	57.20%	32.10%	10.70%

续表

题项	同意	说不清	不同意
即使户口迁到城市，也无法改变城里人对我的瞧不起	14.40%	28.81%	56.79%
只要有钱，就能改变城里人对自己的看法	30.33%	25.82%	43.85%

资料来源：船房专项调查。

他们认为城里人最愿意让他们做的事情是"聊天""一起工作"和"做邻居"，而最不愿意的分别是"参与社区管理""通婚"和"做亲戚"。他们认为他们也是处于城里人社会交往的"边缘"位置上，远离其核心关系（表 13）。

表 13 城里人最愿意让您做的事情是什么

题项	愿意	说不清	不愿意
城里人愿意您参与社区管理吗？	36.55%	39.76%	23.69%
城里人愿意与您通婚或做亲戚吗？	27.35%	53.06%	19.59%
城里人愿意您做他们的亲密朋友吗？	39.68%	50.61%	9.72%
城里人愿意做他们的邻居嘛？	50.00%	42.28%	7.72%
城里人愿意雇佣您们做保姆、钟点工吗？	34.69%	45.71%	19.59%
城里人愿意与您一起工作吗？	61.54%	31.58%	6.88%
城里人愿意与您聊天吗？	63.45%	28.92%	7.63%

资料来源：船房专项调查。

五、影响父辈社会融合的因素

在昆明快速的城市化进程中，船房社区流动儿童的父辈在辛勤劳作、养家糊口的同时，对留城定居有着很高的期望，努力融入所在的城市，争取转变为市民。但这一转变受到制度因素、自身因素和其他因素的共同制约。

（一）制度障碍

影响流动儿童父辈社会融合的制度性因素主要有户籍制度、就业制度、教育制度、社会保障制度、住房制度及土地制度。

1. 户籍制度障碍

新中国成立后，我国户籍制度和其他一些配套的制度和政策架构起"城乡分治、一国两策"的二元社会结构，把城市和农村、城市居民和农村居民区隔开来，户口成为一种身份标识，农村居民无法与城镇居民享有同等的国民待遇。改革开放以后，户籍制度较以往有了较大的松动，农民有了职业选择的自由，但是国家的许多制度安排仍然立足于城乡二元社会结构。在城市现有的制度安排下，流动人口面对的是一系列有别于城市居民的制度，如就业制度、社会保障制度、医疗制度和教育制度等。户籍制度如同一种"社会藩篱"，将社会上一部分人屏蔽在城市的社会资源之外。户籍制度的直接后果是造成流动务工人员身份与职业、角色的背离。城市农民工通过职业非农化的过程完成了从农民到工人的角色转换，但从身份上看，他们依然是农民。

2. 就业制度障碍

改革开放后，随着人口流动和迁移政策的逐步放宽，大量农村剩余劳动力涌入城市，一定程度上冲击着二元社会经济结构体制。但城市内部传统的就业方式、就业观念等还缺乏实质性的改变，城乡劳动者的平等就业权远未实现。在"二元体制"构架下，流动人口进城打工首先遭遇的就是就业歧视。农民工从制度上被排斥在城市部分就业岗位之外。这使得农民工只能进入城市的"第二劳动力市场"，进入非正规就业部门，即收入低、工作条件差、就业不稳定的劳动力市场。即便如此，许多农民工还面临着随时被解雇的风险。此外，还必须交纳一定的费用，办理"暂住证""务工证"等各种各样门类繁多的收费项目。由于不平等的就业制度的存在，农民工很难在城市里找到一份理想的、稳定的职业，也很难在城市里立足，这严重阻碍了其社会融合进程。

3. 教育制度障碍

教育制度对农民工社会融合的妨碍主要体现以下两个方面。一是限制或剥夺农民工接受继续教育的权利。虽然近几年来，一些城市也开始对农民工进行技术培训，但只是刚刚起步，且受益面很小。二是农民工子女受教育的权利受到种种限制，使得农民工倍感无奈，其子女倍受伤害。一旦农民工及其子女受教育的权利得不到保障，就会影响其自身素质的提高，使其很难在城市里立足，进而也使农民工社会融合受到了限制。

4. 社会保障制度障碍

长期以来，我国对于流入城市的农民工的社会保障问题基本上不加以考虑。城市职工普遍享受着住房、劳动保护、医疗、养老、失业、生育和工伤保险等福利，而农民工却被排斥在劳动保护和社会保障体制之外。他们在供大于求的劳动力市场上，大多处于非正规就业状态，只能凭借劳动力在城市中谋生，除了劳动报酬外，几乎不享受任何劳动保护和社会保障。虽然一些地区已经尝试为农民工提供养老保险、工伤保险等保障，但整体效果并不理想。农民工的高退保率不仅表明政策制度安排的缺陷，而且反映出现行社会保障体系并没有较好地接纳这一群体。因此，缺乏社会保障的农民工并没有真正割断与土地的联系，摇摆于城乡之间，这也在一定的程度上阻碍着农民工的社会融合进程。

5. 住房制度障碍

居住是人的基本需求之一，然而现有的户籍及住房制度却严重阻碍了流动人口在城市定居。一方面，流动人口所从事的大多是工作条件差、劳动量大、收入低的职业，这决定了他们在居住方面的支出不可能很大。另一方面，在现有的城市住房保障体系中，无论是限价房还是经济适用房都没有将流动人口纳入其中。而市内小区较高的房租也非流动人口所能承受的。两方面的合力使得房租低廉、交通便利的城中村理所当然成为他们的首选。但城中村地域空间的隔离和公共服务的缺失，对这些流动人口的社会融合造成严重的阻碍，并且有进一步固化的趋势。此外，由于当前各地城市不断扩大的城中村改造工程，使得连城中村这样的外来流动人口"栖息地"都在不断消失，他们的城市化和社会融合门槛和成本都在不断增高。

6. 土地制度障碍

中国现行的土地政策是"承包30年不变"的政策。由于没有合理的土地转包制度，已经在城里工作和生活的农村务工人员，依然无法"割舍"那一小块土地。他们多数时候表现出"两头靠"的特性，既要在城市挣钱生活，同时又不敢放弃农村的土地，但土地并不能给他们带来太多收益，所以出现大量"空心村"。事实上，他们在农村拥有的土地（承包地和宅基地）功能正在发生转变，土地的社会保障功能已开始弱化，而资产功能正在增强。但是相关的土地制度安排却远不能适应土地功能转变的要求。这些土地无法实现合理的流转，无法给进城的农民带来相应的财富以支撑其在城市的生活，进而影响着农民工的城市融入进程。

（二）自身素质的障碍

流动儿童父辈的文化水平普遍较低而且劳动技能缺乏是阻碍其市民化和社会融合的直接因素。文化水平低和劳动技能缺乏使其只能从事一些简单的、繁重的、以体力劳动为主的职业，这种职业上的同质性又限制了其人力资本和社会网络的扩展。

从整体上来看，农村进城务工人员的整体素质偏低。首先是文化程度低，其次是技术素质低。目前，农村劳动力的大部分在初中文化程度以下，劳动力素质不高、缺乏劳动技能将难以在城镇实现稳定就业。而稳定的就业是实现社会融合的一个很重要的因素。大量事实证明，进城农民的整体素质是取得市民资格的重要条件，影响着由农民向市民转化的成功率。整体素质高的农民，进城后一方面容易获得较多的就业机会，容易取得相对稳定的职业和收入；另一方面又容易融入市民社会，培育市民观念，承担市民义务，得到市民认同，取得市民资格。目前流动儿童父辈的社会融合的进程之所以缓慢，障碍之一就在于他们的整体文化水平和能力素质不高，进城后就业竞争力低。流动儿童父辈的文化素质低、思想价值观念落后、生活方式传统也不利于其融入到城市社会生活中去，使其社会融合面临着种种障碍。

（三）地方政策的障碍

地方城市对流动儿童父辈所实行的政策措施，直接关系到他们社会融合的程度和未来发展。近年来中央政府从战略高度出台了一系列政策措施，为实现农民工市民化开了绿灯。但是，由于我国实行"统一决策、分级管理"的体制，地方政府出于对自身多方面利益的权衡考虑，最终出台能使自己利益最大化的政策，从而使中央政策执行受阻。在对待农民工社会融合的问题上，城市政府作为城市市民利益集团的代表，以保证本市市民的充分就业、市民收入和生活水平提高及市民社会保障的完善为重要目标。另外，解决农民工社会融合问题需要巨额财政投入相应的教育、医疗、社会保障、住房等配套政策，但目前这些政策都还未完全到位。这些都导致针对流动儿童父辈的抑制、排斥和歧视性政策的形成。

（四）"过客"心态和认识的消极影响

船房流动儿童的父辈从农村来到城市，用辛勤的劳动挣得比在农村更高的收入，获得了一些更开放和现代的观念。但由于所处的"半城市化"处境，他们对所生活的城市没有归属感，许多时候还存在一种"过客心态"。他们在生活中和工作中遭遇歧视和排斥，生活没有保障、权益不受保护。所生活的城市无法给予他们安全感、成就感，更没有归属感。对于这一代曾经在农村生活的人，真正使他们具有归属感和安全感的还是他们的老家。这种感受最直接的体现就是，他们对自己的身份认同较为模糊，有近一半人明确表示自己不觉得自己是"城里人"。由于土地牵制和户籍的限制，许多流动儿童家长还将自己的未来定位于农村，加上城市中偏见与歧视的客观存在，促使他们对城市形成过客心态，缺乏主人翁意识，他们认为城市再美丽、建筑再雄伟、环境再干净，那也是城市人的城市，与他们无关。

地方政府对流动儿童父辈同样存在一种"过客"的认识和心态。一方面，政府欢迎流动儿童的父辈们到城市来，因为他们是廉价的劳动力，可以承担城市居民不愿意做而社会又需要的累活、脏活、险活，为当地城市的建设作出巨大的贡献；另一方面，政府又不愿意这些人永久地在城市定居下来，不愿意承担他们的社会福利、权利保障、子女教育等责任，希望他们老了仍然回到农村去。

第六章

营养与卫生

儿童时期是决定人一生营养和健康状况的关键时期。儿童营养不良不仅增加儿童死亡的风险，影响儿童的认知、记忆和心理发展，也是引起各种成年疾病、导致人力资本受损的重要因素。改善儿童营养状况，提高儿童健康水平，是实现儿童健康成长，提升人力资本积累，促进社会公平的重要基础。当前，与城市儿童相比，流动儿童家长营养知识的贫乏、物质条件的匮乏、流动儿童卫生公共服务的缺乏，都使流动儿童处于一种健康"贫困"的状态。由于流动儿童所处的"边缘"地位，社会对他们的营养和健康状况的关注和研究还不够，政府缺少明晰的流动儿童营养和卫生方面的相关政策。

一、早期营养的重要性

儿童营养是保障和促进儿童健康和发展的重要因素。儿童早期特别是从胎儿期至出生后 2 岁（生命早期 1000 天），是决定其一生营养与健康状况的最关键时期。婴幼儿期的营养不良可能导致儿童不可逆转的生长和认知发育迟缓，影响智力潜能的发挥，降低学习能力和成年后的劳动生产能力，导致成年后患肥胖、高血压、冠心病和糖尿病等诸多慢性疾病的风险加大（图 1）。同时，儿童营养状况与死亡率也有着密切的关系。据世界卫生组织报告，全球 5 岁以下儿童死亡归因于营养不良的比例达 35%，急性重度营养不良儿童的死亡风险是非营养不良儿童的 9 倍。儿童期营养状况直接与经济社会发展密切相关，如果采取积极的干预措施，将会带来显著的经济效益和社会效益（朱宗涵，2009）。

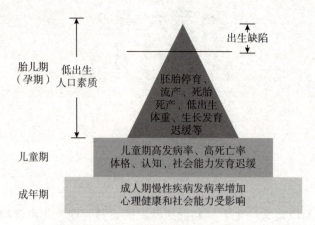

图1　孕期和儿童早期营养缺乏的后果

资料来源：朱宗涵，"儿童早期营养的重要性和对策"，会议 PPT。

在众多研究中，专家们提出营养改善的"机遇窗口"由5岁以下集中到了2岁以下，即从母亲孕期开始到出生24个月内的营养状况，是关系人一生发展的重要因素。此时营养保证得到的益处是终生的（陈春明、何武、王玉英、黄建、李文仙，2013）。2岁以下儿童发育和健康所需的微量营养素，以单位体重计，是一生中最高的（表1）。此时期的营养不足，包括生长发育的滞后和微量营养素缺乏（主要以铁、碘、维生素 A 缺乏为代表），可以导致一生的损伤，造成体格和认知能力的发育潜力损失以及疾病风险的增加，甚至导致儿童夭亡。此外，2岁以内由于营养不良所造成的损伤是不可逆的。

表1　　　　　　　　　　婴幼儿的特殊需要：辅食添加

	4~24个月儿童生长迟缓率		12~24个月儿童身高	
	r	p	r	p
奶类	-0.64	0.001	0.76	0.001
谷类	0.20	0.26	-0.12	0.44
豆类	-0.29	0.10	0.34	0.03
蔬菜水果	-0.59	0.001	0.22	0.17
蛋类	-0.59	0.001	0.61	0.001
鱼肉类	-0.45	0.008	0.68	0.001

续表

	男			女		
	城市	农村	城-农	城市	农村	城-农
年龄（岁）	2002年身高值					
3	99.7	95.1	4.6	98.8	94.2	4.6
5	112.2	108.2	4.0	111.5	107.4	4.1
7	124.0	119.6	4.4	122.6	118.2	4.4
10	139.6	134.2	5.4	139.9	134.3	5.6
20	170.2	167.7	2.5	158.7	156.4	2.3
年龄（岁）	1992~2000年各年龄组身高平均增长（厘米）					
3	4.3	3.1	1.2	4.3	3.2	1.1
5	4.0	3.3	0.7	4.9	3.6	1.3
7	3.2	3.5	−0.3	3.9	3.5	0.4
10	3.1	3.3	−0.2	4.2	4.0	0.2
20	1.7	2.3	−0.6	1.5	1.5	0

资料来源：朱宗涵，"儿童早期营养的重要性和对策"，会议 PPT。

营养不足带来的智力发育的滞后和身高不足造成的劳动生产能力缺损（由于 2 岁以内营养不足带来的成年身高缺失 1%，可使劳动生产力降低 1.4%），以及成年后疾病如心血管病的危险，都会成为社会生产能力降低和社会财富积累缺损的重要根源。英国跟踪 50 年的相关研究表明，低出生体重和婴儿期营养不良会导致成人期的心血管疾病患病率增高。荷兰跟踪 50 年的研究同样表明，孕期营养不良会导致成人慢性阻塞性肺病患病率增高（图 2）。大量动物实验也提供了证据，表明早期营养和成年期慢性疾病的关系。

图 2　儿童早期营养的重要性

资料来源：朱宗涵，"儿童早期营养的重要性和对策"，会议 PPT。

值得重视的是，营养不足而导致身材矮小的女孩，将更有可能生育低体重和身高不足的婴儿，即营养不良会发生代际传递，由此形成了儿童营养不良以致社会经济发展滞后的恶性循环。所以，2 岁以内女童营养又是妇女健康的重要原因。

而儿童营养不足与贫困总是相互关联的，儿童营养不足不仅是贫困的结果，反过来早期儿童营养不足是不可忽视的贫困的根源（陈春明、何武、王玉英、黄建、李文仙，2013）。

二、流动儿童营养健康的研究

1. 流动儿童的贫血率高于城市儿童

对 0～5 岁流动儿童群体而言，母乳喂养率、贫血率是重要的营养健康衡量指标。一直以来，流动人口的母乳喂养率和贫血率都普遍较高。国务院妇女儿童工作委员会及联合国儿童基金会在 2002 年曾对中国 9 个城市（北京、深圳、武汉、成都、吉林、咸阳、绍兴、株洲和伊宁），进行了流动人口儿童营养健康情况的抽样调查。结果表明，深圳罗湖区、武汉市、广东中山市的"流动儿童贫血、佝偻病、中重度营养不良等疾病的患病率都显著高于当地儿童"（表 2）（林良明、顾雪、米杰、单晓益，2005）。

表 2　流动人口新生儿破伤风、营养不良性疾病的发病率或患病率

地区	疾病	时间（年）	常住儿童（%）	流动人口（%）	RR
深圳罗湖区	贫血	2001	5.3	11.4	2.2
武汉市	贫血	2001	6.0	26.4	4.4
广州中山市	贫血	1998	2.8	5.1	1.8
	中重度低体重	1998	3.8	18.2	4.8
	中重度发育迟缓	1998	8.2	26.5	3.2
	佝偻病	1998	1.12	18.2	16.3
	腹泻	1998	3.24	13.6	4.2

资料来源：林良民、顾雪、米杰、单晓义，《中国卫生健康杂志》，2005 年。

何惠卿等 2008 年在广东东莞的调查也显示，0～3 岁组户籍儿童贫血检查率为 14.08%，而流动儿童的贫血检查率为 27.69%，明显高于城市儿童（何惠卿、龙顺莲，2008）。江初等人于 2009 年对北京市海淀区 5 岁以下流动儿童的营养状况进行的调查表明：5 岁以下流动儿童贫血率为 20.28%，其中 0～2 岁和 2～4 岁的流动儿童贫血率分别为 39.63% 和 11.05%。2002 年北京市 0～2 岁婴幼儿贫血患病率为 10.7%，3～6 岁学龄前儿童贫血患病率为 1.1%。与北京市 2002 年调查资料相比，2009 年的调查显示流动儿童的贫血率相对较高，2 岁以下儿童贫血情况尤其严重（江初、丁越江、朱淑萍、晁晓东、胡英、赵振、李园、王晔茹、沈艳辉，2009）。

2. 农民工子弟学校流动儿童体格发育比公办学校流动儿童差

2010 年一项对陕西和河南等地流动儿童所做的调查发现，在发育迟缓率方面，农民工子弟学校的流动儿童为 5.1%，公办学校的仅为 1.9%；在消瘦率方面，打工子弟学校的为 3.6%，公办学校的则为 2.9%。在这 2 个指标方面，打工子弟学校流动儿童均比公共学校流动儿童差（陈丽、王晓华、屈智勇，2010）。

3. 儿童系统保健状况差

儿童系统保健是指父母在孩子满月后到居住地所属街道的社区卫生服务中心办理儿童系统保健卡，并接受儿童系统体检①。参加儿童系统保健可以使儿童生长发育中出现的健康问题和疾病及早地被发现和治疗，以保证儿童的健康成长。夏怡然等 2003 年的调查发现，只有 59.2% 的流动人口为自己的孩子办理了儿童系统保健卡，而且办卡之后实际参加儿童系统体检的仅占办卡总人数的 81.4%，即实际接受定期系统体检的流动儿童只占全部被调查流动儿童的 48.1%，也就是说一半以上的流动儿童没有参加过系统体检。相反，调查地 7 岁以下常住儿童同期保健覆盖率却达到了 100%（夏怡然、叶文振，2003）。

何惠卿等 2008 年的调查发现，按卫生部要求，城市儿童在 1 岁内应进行 4 次健康检查，1～3 岁应每半年检查 1 次。东莞市户籍儿童完成定期健康检查的比例（192 人，90.14%）明显高于流动儿童（89 人，41.78%）（夏怡然、叶文振，2003）。

4. 流动儿童监护人营养健康知识贫乏

流动儿童营养不均衡的状况与看护人有关。闫淑娟等人对朝阳区和大兴区 11 个乡镇的 5 岁以下流动儿童的调查发现，"流动儿童看护人普遍存在保健知识匮乏的问题"，儿童适时辅食添加率仅为 22.0%，而在拥有正确认识的看护人的护理下，儿童适时辅食添加率为 67.6%（闫淑娟、陈欣欣、段建华，2008）。段建华在调查北京市朝阳区和大兴区 5 岁以下流动儿童的过程中发现："流动人口儿童监护人除了对"儿童应该接种疫苗"这一知识点的知晓率较高外，近 75% 儿童监护人不知道"新生儿访视"，30% 监护人不知道"应该给儿童做定期体检"；一些儿童健康常识性的提问中，回答错误率也比较高；对儿童常见疾病症状的关注度低，可能导致就医行为的不积极（段建华，2009）。

---

① 其中1周岁体检3～4次、1～3周岁每半年体检1次和3～6周岁每年体检1次。

5. 流动妇女孕前教育和产检差、孕期营养不均衡

夏怡然等 2003 年的研究表明，仅有 63.6% 的流动母亲接受过孕期保健教育，而常住人口同期的孕期保健教育率已经达到了 98%，二者相差 34.4 个百分点。《中国妇女发展纲要（2001 ～ 2010 年）》和《中国儿童发展纲要（2001 ～ 2010 年）》要求孕产妇必须在 3 个月内进行第 1 次产前检查，城市孕产妇产前检查总次数必须在 8 次以上。在调查中，只有 56.7% 的流动母亲是在 3 个月内进行第 1 次产前检查，产前检查比例在 8 次以上的只占 40.9%，5 次以上的只占 61.7%，而同期常住孕产妇 100% 进行过 5 次以上的产前检查（段建华，2009）。

根据江初等人 2009 年的研究结果，流动儿童平均出生体重高于北京市婴幼儿平均体重，但是低出生体重儿（2.95%）和巨大儿的比例（20.03%）均高于北京市城区平均水平（2.8% 和 13%），说明流动儿童母亲孕期营养不均衡状况较为严重，流动儿童在 2 ～ 5 岁的年龄阶段在"食物摄入方面存在不合理之处"（段建华，2009）。

三、船房流动儿童的营养与健康

1. 早产儿和低出生体重儿童比例高

2012 年第二季度，船房社区所在的船房卫生所和卫生站的早产儿童占整个福海街道卫生院的 75%，远远高于其他 17 个卫生所和卫生站（图 3）。

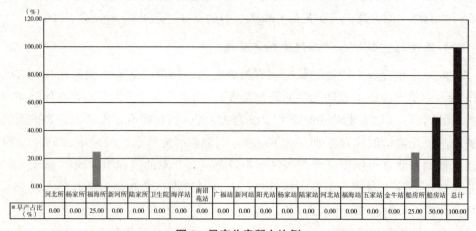

图 3　早产儿童所占比例

资料来源：昆明市西山区福海卫生院。

2012 年第二季度，船房社区所在的船房卫生所和卫生站的低出生体重儿童

占整个福海街道卫生院的 50%，高于福海所和陆家站各自的 25% 的同时，更远远高于其他 15 个福海卫生院下属的卫生所和卫生站（图 4）。

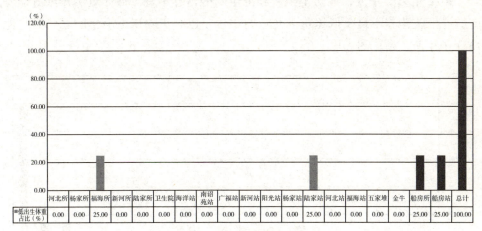

图 4　低出生体重儿童比例

资料来源：昆明市西山区福海卫生院。

2. 贫血率高于城市儿童

2012 年在昆明船房社区所做测试中，24 ~ 60 个月大的流动儿童中，贫血率为 45.6%，高于昆明本地城市儿童的平均水平。

根据船房所在福海街道卫生院的监测，2012 年第二季度，船房卫生所和卫生站的轻度贫血儿童占福海街道卫生院轻度贫血儿童的 20%，也高于除街道卫生院之外的其他 16 个卫生所、站（图 5）。

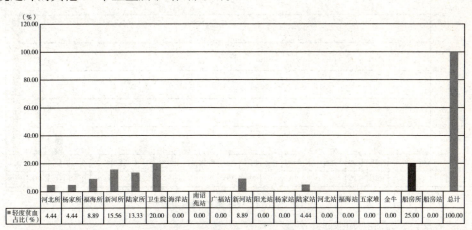

图 5　轻度贫血儿童比例

资料来源：昆明市西山区福海卫生院。

3. 低体重、活佝发生率高

2012 年第二季度，船房卫生所和卫生站的营养不良（低体重）儿童占福海街道卫生院营养不良（低体重）儿童的 29%，也高于除街道卫生院之外的其他 16 个卫生所、站（图 6）。

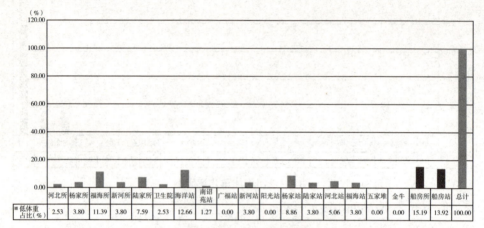

	河北所	杨家所	福海所	新河所	陆家所	卫生院	海洋站	南诏苑站	广福站	新河站	阳光站	杨家站	陆家站	河北站	福海站	五家堆	金牛	船房所	船房站	总计
低体重占比(%)	2.53	3.80	11.39	3.80	7.59	2.53	12.66	1.27	0.00	3.80	0.00	8.86	3.80	5.06	3.80	0.00	0.00	15.19	13.92	100.00

图 6　营养不良（低体重）儿童比例

资料来源：昆明市西山区福海卫生院。

2012 年第二季度，船房卫生所和卫生站的活性佝偻儿童占福海街道卫生院活佝儿童的 17.77%，也高于其他 17 个福海卫生院下属的的卫生所、站（图 7）。

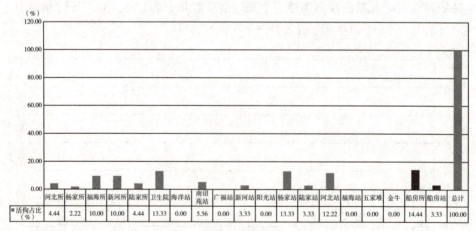

	河北所	杨家所	福海所	新河所	陆家所	卫生院	海洋站	南诏苑站	广福站	新河站	阳光站	杨家站	陆家站	河北站	福海站	五家堆	金牛	船房所	船房站	总计
活佝占比(%)	4.44	2.22	10.00	10.00	4.44	13.33	0.00	5.56	0.00	3.33	0.00	13.33	3.33	12.22	0.00	0.00	0.00	14.44	3.33	100.00

图 7　活佝偻儿童所占比例

资料来源：昆明市西山区福海卫生院。

4.民办学校流动儿童体格发育比公办学校流动儿童差

调查发现，在发育迟缓率方面，3 所民办学校的流动儿童为 7.3%，公办学校的则为 3.9%；在消瘦率方面，民办学校的为 9.5%，公办学校的则为 4.1%。在 2 个指标方面，民办学校流动儿童均比公共学校流动儿童差。

5.儿童系统保健状况差

在船房社区所在的福海街道，流动儿童是麻疹的主要高发人群。2012 年福海卫生院报告病例中流动人口占全市病例的 18%，其中 8 月龄至 14 岁的儿童占 26%。理论上，船房的流动儿童与昆明籍的同龄孩子一样，由基层预防保健机构为其建立预防接种档案，免费领取儿童预防接种证，按程序接种免疫规划疫苗。但实际上，一方面，存在接种免疫没有全覆盖的问题。在船房社区，约有 90.3% 的流动人口为孩子办理了儿童预防接种卡，而办卡之后实际定期去社区卫生站接受接种免疫的仅占办卡总人数的 79.5%，差不多有约 1/4 的流动儿童没有定期接受接种免疫。相反，船房社区本地户籍的 7 岁以下儿童的接种免疫覆盖率却基本上为 100%。这主要是因为福海街道只街道卫生院有防疫保健部，且只有两三名工作人员，而要面对整个街道数万人口，根本就忙不过来。此外，不少流动儿童家长对儿童接种免疫问题没有引起足够重视，有的因为对政策不了解，担心要花钱，有的甚至根本不知道要让自己的小孩去接种。另一方面，又存在流动儿童"过度接种预防"的问题。按照规定，实行计划免疫，政府对此进行补贴，但在实际操作中，政府拨款都是采取"打包"的形式，用到计划免疫上面的钱，每次都不够，卫生院每年都要贴钱进去。由此鼓励来接种的儿童多打那些收费的预防针就成为"创收"的途径。

一个月打了三次预防针

唐 YH，3 岁，家在船房老村 5 社。她和姐姐唐 XH 是双胞胎，都在小龙人幼儿园。不同之处在于，YH 属于公益幼儿园项目，上幼儿园免费，XH 不在项目内，每月要交 330 元。

YH 的父母来自四川，都读了高中，已经来船房 3 年了。他们现在开一家修车铺，主要修理电动自行车，每个月大概有 1000 多元的收入。一家人租了一个十多平方米的门面，楼上住人，一个月的房租是 1200 元。

YH 出生时只有 5 斤，当时母乳不够，所以一开始就吃奶粉。YH 经常生病，现在已经 3 岁了，只有 22 斤，身高 88 厘米。YH 姐妹生下来后，收费和不收费的疫苗几乎都打了。他爸爸说，反正每回社区服务站都叫去打，既然人家叫去打了，敢不打吗？就在被调查前的 1 个月，两个孩子 1 个月内打了 3 次预防针，交了 840 元的疫苗费。

6. 医疗保障差

一方面，船房流动儿童的医疗保障尤其缺乏。船房流动人口的居住环境相对较差、流行疾病传播迅速，这些都对流动儿童的健康造成了一定的影响。流动儿童所能享受的医疗服务远比城市儿童享受的服务要少。船房的流动人口多来自贫困地区，只有新型农村合作医疗保险，遇到生病就到城中村一些无证小诊所看病，延误病情甚至因救治不当致死的情况时有发生。船房社区的相关调查表明，45.38% 的被访者回答孩子生病时去 "正规医院就诊"；28.08% 的回答 "去私人诊所看病"；26.54% 的表示 "根据病情到药店买药吃"（图 8）。不上正规医院看病的主要原因：68% 表示 "费用太高"，18% 表示 "手续太麻烦"。而对于现在没有养老保险的原因：72% 的表示 "不了解情况"，16% 表示 "企业不愿办"，27% 表示 "本人不愿办"。

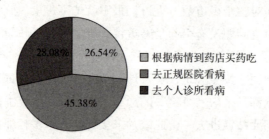

图 8　流动人口就医状况

资料来源：船房专项调查。

另一方面，重大疾病在未成年人中的发病率不断上升。全国妇联的一项调查表明，近年来，由于环境污染等多方面的原因，恶性肿瘤（包括儿童白血病）、先天性心脏病、肾功能衰竭等重大疾病在未成年人中发病率不断上升。重大疾病治疗所需的费用是十分昂贵的，超出了许多家庭尤其是低收入和贫困家庭所能承受的范围，因病致贫的事件多有发生。

7. 流动儿童看护者的营养健康知识贫乏

流动儿童营养不均衡的状况与看护人有关。对船房社区妈妈学校的流动儿童家长进行调查后发现，"流动儿童看护人普遍存在保健知识匮乏的问题"，家长普遍不知道儿童抚育是一门科学，有 60% 的家长基本沿袭传统老人看护孩子的做法。儿童适时辅食添加率为 25.40%，而在拥有正确认识的看护人护理下，儿童适时辅食添加率为 67.6%。70% 的看护人不知道补钙、补铁和维生素的作用和重要性。近 80% 的儿童看护人不知道新生儿访视，50% 的看护人不知道应该给儿童做定期体检。在一些儿童健康常识性的提问中，回答错误率也比较高。对儿童常见疾病症状的关注度低，可能导致就医行为的不积极。

四、影响流动儿童营养和健康的因素

流动儿童的营养健康处于一种"贫困"状态。这种"贫困"的形成和发展是由一系列的因素综合影响和相互作用形成的。

1. 孕前教育和产检工作不到位，孕期营养、母乳喂养和辅食添加不科学

生育是新生命诞生的方式和过程，也是奠定儿童健康的基础和起点。妇女孕期教育、产检和孕期营养对婴幼儿健康有直接影响。流动人口中，仅有 63.6% 的流动母亲接受过孕期保健教育，而常住人口同期的孕期保健教育率已经达到了 98%，二者相差 34.4 个百分点。《中国妇女发展纲要（2001—2010 年）》和《中国儿童发展纲要（2001—2010 年）》要求孕产妇必须在 3 个月内进行第 1 次产前检查，城市孕产妇产前检查总次数必须在 8 次以上。但实际上，只有 56.7% 的流动母亲是在 3 个月内进行第 1 次产前检查，产前检查比例在 8 次以上的只占 40.9%，5 次以上的只占 61.7%，而同期常住孕产妇 100% 进行过 5 次以上的产前检查（林良明、顾雪、米杰、单晓益，2005）。孕前教育和产检不到位，孕期营养不科学所导致的结果就是，流动儿童中低出生体重儿的比例要高于城市户籍儿童的比例。

2 岁以下儿童的贫血率与母乳喂养和辅食添加密切相关。而由于文化水平、传统养育观念和信息获取渠道等因素的限制，流动儿童家长往往缺乏正确的母乳喂养和辅食添加相关的科学知识。许多流动儿童家长认为奶粉比母乳更有营养，过早给孩子断母乳。辅食添加方面，则比较单一，不注重儿童发育的特点，许多时候就是"大人吃什么、小孩就吃什么"。不正确的喂养方式导致流动儿童中的发育迟缓和贫血率都要高于城市儿童。

2. 收入水平低，营养摄入不均衡，居住条件差

流动人口的收入一般不稳定且水平较低。儿童营养及食物摄入情况是儿童生

长发育的基础，是儿童健康、抵抗疾病的基础。国务院妇女儿童工作委员会及联合国儿童基金会调查了解了9个城市的流动人口儿童1周内的主要食物的摄入情况，结果表明，其每日食用奶类、肉类、鱼虾类、蛋类、水果蔬菜的情况均比城市儿童更差，导致流动儿童贫血、佝偻病、营养不良、生长发育迟缓等营养性疾病明显高于城市儿童。

儿童营养不良导致免疫功能低下，易患多种疾病，患病如不能得到较合适的诊治则会导致健康状况恶化。影响流动儿童的营养状况的，除了家庭收入和父母文化水平之外，"居住地集中，住房拥挤，卫生条件较差"也是重要原因。

3. 流动儿童看护人的营养健康知识缺乏

大部分的流动儿童看护人由于文化水平低，对儿童营养健康重视不够，缺乏科学的营养保健知识。虽然近年来也进行了很多相关知识普及教育，但是传统喂养习惯是根深蒂固的，再加上收入的限制，母乳喂养和辅食喂养的质量受限。流动儿童家长养育健康知识的获取渠道有限，主要是通过亲友、同事、邻居或宣传栏，而从正规的社区医疗保健单位获取的信息很少。看护人对于儿童系统保健不了解，甚至许多的看护人不知道在哪里进行儿童系统保健。

4. 卫生保健服务滞后

流动人口的迅猛增长造成了卫生保健部门管理和服务的滞后。以往卫生保健部门的服务对象、机构配备、人员设置、经费安排等都是以城市常住人口为依据进行安排的。一些大城市的流动人口已达数百万，但城市卫生管理部门的机构、人员、经费等还是运行老的机制和老的服务模式。尤其以社区群体为服务对象的卫生防疫、妇幼保健工作并未因新增加的流动人口而调整相应的机构、经费和人员，使本来已经不足的城市卫生保健经费问题更加严重，使卫生保健服务人力不足的矛盾更加突出。城市卫生机构以往多集中在市区，郊区卫生机构相对较少，卫生保健相对薄弱，而流动人口大量居住在城市卫生保健较为薄弱的郊区、郊县或城乡结合部，使这些地方的卫生机构人员与卫生保健服务需求的矛盾更加突出。卫生管理部门要求的卫生保健常规报表、数据统计、工作要求也是针对城市常住户籍人口设计安排的，缺乏流动人口卫生保健情况的宏观及连续信息。

5. 缺乏针对流动儿童的营养干预政策措施

目前国家在贫困农村地区实施了儿童营养改善项目，为6个月至2岁的婴幼儿每天提供1包富含蛋白质、维生素和铁、钙、锌等矿物质的营养包，同时开展儿童营养知识的宣传和健康教育。此外，还开展了农村义务教育养育改善计划，为13.3万所农村义务教育学校的3160万名学生提供每天4元的营养膳食补助。而同样处于营养"贫困"状态的流动儿童目前缺乏上述有针对性的营养干预政策措施。

6.缺乏儿童医疗保障

儿童医疗保障体系在我国一直存在法律和制度上的空白。我国目前还没有一部法律涉及儿童医疗保障问题。当前，除极个别大城市外，城镇中0~18周岁的未成年人的医疗保障没有纳入到基本医疗保障体系之中。处在弱势边缘的流动儿童没有被纳入城镇医疗保障体系之内。下面就是一个船房流动儿童的典型案例。

王R的故事

王R为一名患有先天性心脏病的唐氏综合症儿童，父母来自云南省昭通巧家县。王R于2007年出生于云南省思茅市（今普洱市），3个月大的时候经医院诊断为唐氏综合症。随后2008年2月在昆明市儿童医院检查，确诊患有先天性心脏病，并且医生明确告知，必须通过手术解决。3万多元的手术费远远超出了这个家庭的承受范围。为了给孩子治病，父母来到昆明，在工地、家政公司打零工。

2009年5月，王R的父亲由于加入了一起斗殴事件，被判有期徒刑3年。这期间，母亲独自一人带着两个孩子。王R心脏病发作时，呼吸困难，嘴唇发紫，母女几次都濒临绝望的边缘，甚至曾有人建议她，给孩子吃点药，让她"去"了。孩子母亲始终没有放弃，但是她自己的健康状况也出现了问题，眼睛逐渐看不清东西。平时主要靠在船房街上卖气球为生，每月300~400元的收入，还得等到晚上孩子睡了以后才能出去。

王R的父亲由于服刑期间表现良好，减刑一年，于2011年7月6号回到了家。当时两个孩子的户口都还没有上，也就从没买过新农村合作医疗保险。而一般来说，资助先心手术的机构或基金会都会要求，家庭负担新农合保险能够报销的部分，机构承担保险以外的手术费。这样，他们如果想申请相关机构的救助，就必须回老家将所有资料补齐。这个家庭连能够证明小孩的社会身份的任何材料都没有。夫妻二人生孩子以前甚至没有结婚证。孩子没有出生证，更没有办理户口。他们在家乡一无所有，才到外面来谋生，但在城里他们能得到的社会服务也非常少，甚至有了问题都不知道该找什么部门去解决。

说服他们购买医疗保险非常的艰难。一开始让他们回老家办理孩子的户口，孩子母亲在心理上就有障碍。她说老家什么都没有了，当时出来也是因为这个，多年在外，经历这么多困难，没有什么值得回去的。但最终还是被项目人员说服了。随之而来的问题则是他们没有回家的路费。在项目人员资助了800元路费后，他们终于在7月30日回老家办户口。8月中旬，在昭通办理孩子的户口期间，由于天气太过炎热，两个小孩又都生病了。户口手续办理好后，他们拜托老家的亲戚等待申领。同时，他们也到县农合办询问办理保险事宜。被告知保险要到10月份才能购买，到次年1月才能生效。由于差旅费、路费都已全部用完，回程车费也没有了。项目工作人员只好再次资助400元，他们才得以回到昆明。

9月7日，项目工作人员在网上看到爱佑华夏基金会资助先天性心脏病儿童手术的消息，马上和对方取得了联系。在提交了所有的资料之后，对方告知王R符合心脏手术要求，可以资助2万元。经过与定点医院广州军区总医院联系，得知患儿手术的预估费用为4万元。项目人员又与王R老家的昭通团市委负责人联系。他们又推荐了另一家基金会——中国星火基金会，又申请到了1万元补助。另外，他们再想办法筹集1万元。王R家当时最多能够借到3000元，其中包括去广州的路费、食宿等。后来，昭通团市委的负责人将王R的家庭情况告知中国星火基金会以后，对方愿意另外资助2万元。这样，王R终于可以去广州做手术了。王R和父母于9月25日到达广州。经过一系列的体检后，王R的身体条件良好，于9月27日接受了开胸手术。手术非常成功，王R康复良好。他们一家3口于10月5日回到了昆明。

手术成功后两个多月，王R体重增长了2公斤。第2次复查结果也良好。这样，王R的先天性心脏病问题得到较为圆满的解决。王R母亲说，以前挣的钱全部花在看病上了，"苦点钱①就看病"，每年1万多。孩子情况严重时，一点办法都没有。每次生病打五六天针，在小诊所得花500～600元，大医院一天就得500～600元。儿童医院曾经下过3次病危通知书。王R的父母没有办法上班，只能天天守着。做完手术后，王R不像以前那样了，现在只是一些感冒、咳嗽、气管炎，基本只去卫生所打针、吃药。小诊所尽管每次费用不算太大，但累计起来也是不小的开支。此外，时间长了，抗生素用太多，孩子抵抗力也容易下降。为此项目工作人员给了福华门诊志愿者医疗诊所的电话，王R的母亲有时会带着孩子去看一下。福华国际门诊距离船房仅有10分钟的步行路程，有一群来自世界各国并长期在中国工作的志愿医生，他们中有非常专业的、从业超过20年

---

① 苦钱，在云南方言里指挣钱。

的儿科医生、急诊科医生。对于贫困家庭，每次看病只收取 2 元的挂号费。而且对于儿童，即使是普通的看诊，医生们都非常耐心，一般都会花 30 ~ 40 分钟看一个病人，所以门诊采用预约挂号的形式。

王 R 的问题解决之后，妹妹也送去读幼儿园了，夫妻二人有时间摆摊卖一些蔬菜水果养家糊口了。这个家庭的生活终于开始步入正轨，但因疾病而引发的悲剧却并未结束。2011 年 12 月 7 号，工作人员接到王 R 父亲的电话，说孩子的母亲到社区内小诊所就医，因被误诊导致宫外孕破裂。孩子母亲被紧急送往圣约翰医院，手术后脱离了生命危险。孩子父亲向项目人员求助，询问这样的医疗事故可以通过什么途径解决。项目人员马上联系了社区所在的西华派出所并报告了情况。派出所指导员到医院看望了病人并了解了事情经过。之前，病人家属与小诊所已经谈判过几次，都未得到明确答复。为此，西华派出所联系了小诊所的负责人，将他约到派出所，当面与病人家属协商，最后双方终于达成和解意向。小诊所方面赔偿现金 12000 元，包括手术费和精神损失赔偿，也对医疗事故受害人表示了道歉。这起纠纷也在家属同意和解条件的情况下得到了解决。

王 R 这个案例的特殊性在于，由最初的一个无力解决的流动儿童健康问题，导致了一连串后续的问题，涉及健康、医疗、大病救助、家庭经济维系、家庭其他成员的健康，甚至是司法问题。一连串事件的发生，根源在于贫困和卫生服务和医疗保障制度的缺失。由于中国发展研究基金会正好在社区开展儿童早期发展的项目，才使问题得以解决。这种偶然性，对于还有着相似问题的流动儿童家庭而言，是无法复制的。昆明曾经发生过由于无力医治先心病患儿，父亲对家庭的信念产生动摇，导致绝望的母亲携带刀具冲到幼儿园欲实施报复的案件。而事发地点离船房社区非常近。当时之所以没有发生流血事件，也是出于偶然因素——有家长正好接孩子，及时制止了那位母亲。但这些事件折射出来的问题就是，流动人口的基本卫生服务与医疗保障的缺失会导致家庭贫困及一系列的社会问题。

第七章

早期养育

0 ~ 3 岁是个体生命发展中最关键的时期。这一阶段，不仅是婴幼儿大脑、身体快速发育的时期，同时也是社会情感形成的重要时期。科学的婴幼儿早期养育可以显著增进父母与儿童的互动和依恋关系的建立，促进儿童的早期发展和健康成长。但当前流动儿童的早期养育水平普遍较低。与城市户籍儿童家长相比，流动儿童家长文化水平普遍偏低，获取知识的能力有限，缺乏科学的婴幼儿养育理念和技巧。由于家庭经济条件所限，他们也通常无力从市场上去获取相应的养育服务。由此导致他们无法为 0 ~ 3 岁流动幼儿提供科学和有质量的早期养育。

一、早期养育的重要性

之所以要注重早期养育，是因为我们深信环境能有力地影响儿童的早期发展。行为遗传学、神经生物学以及社会和认知发展等领域关于早期发展的研究为这一理论提供了依据。在各种环境因素的影响下，遗传敏感性得到了激活和显现。脑的发展精巧地适应着来自环境的输入，而环境的影响又塑造着脑逐渐形成的构造。儿童最初的照料者为他们提供的环境，事实上深刻地影响着他们早期的发展，包括从出生时的健康和健全到入校前的准备等各个方面（杰克·肖可夫、黛博拉·菲利普斯，2007）。

国际研究表明，大脑发展有敏感期。分娩前的 4 个月到分娩后 40 个月，是婴幼儿视觉听觉能力、语言能力、对符号和数字的认知能力、情感控制能力发展的敏感期，约 80% 的相关能力在此期间形成发展。从出生到 2 岁的时候，在人脑重量不断增加的同时，每秒钟有 700 个神经细胞突触连接发生。2 ~ 3 岁婴幼儿大脑突触数量是新生儿的 20 倍，3 岁幼儿的神经细胞突触连接是成人的 2 倍。人脑发育具有可塑性。神经细胞突触连接是基因与婴幼儿所处环境及其经验的相互作用的结果。敏感期的存在表明存在机会之窗。早期经验能为终身的学习、行为能力和生理、心理健康创造良好的基础。对 0～3 岁婴幼儿进行早期的学习训练和经验积累，将加强并维持大脑神经元细胞的突触联系，促进大脑结构和功能发育，为以后的学习、应对挑战、社会交往和情感发展奠定良好基础，否则，神经细胞突触则会被更多地修剪掉（杨一鸣，2011；蔡建华，2014）。

研究还表明，在婴幼儿 36 个月大的时候，不同社会群体就会在词汇积累方面出现显著的差异。来自美国的研究数据，职业家庭里长大的孩子平均每小时听到 2153 个词汇；工人家庭的孩子平均每小时接触 1251 个词汇；生活在领取救济金家庭的孩子是 616 个词汇。在儿童 3 岁时，来自职业家庭孩子的词汇量是 1100 个，工人家庭孩子的词汇量是 750 个，而社会救济家庭的孩子只有 500 个。厄瓜多尔的研究也表明，3 岁婴幼儿的语言技能上的差距反映出他们家庭社会经济地位的差异，到 5 岁时，差距继续扩大。这些研究意味着贫困家庭孩子在进入正规学校教育前已经处于明显不利的地位，随着孩子的成长，这种不利地位越来越突显，使贫困的代际循环更难被打破（蔡建华，2014）。

大脑发展是基因、生物因素和心理因素相关影响的过程。生物因素包括因贫困带来的慢性营养不良、缺乏铁和碘、受到疟疾和 AIDS 感染、母亲怀孕期间营养不良带来的宫内生长限制等。心理因素包括遭遇虐待、在孤儿院抚养、看护人有心理疾病、处于单亲家庭、母亲受教育程度较低等。负面的生物因素和心理因素会损害婴幼儿认知能力和社会情感的发展。在生命的最初 3 年，当一个婴幼儿遭遇 6～7 个生理、心理方面的风险因子时，有 90%～100% 的可能会出现发育迟缓。当一个人在儿童时期有 7～8 次严重的负面体验时，其成人后患心脑血管疾病的几率是其他人的 3 倍。具体风险因子包括：虐待儿童（100%）、弱势地位（58%）、单身看护人（48%）、贫困（46%）、家庭暴力（40%）、看护人滥用药物（39%）、看护人有精神健康疾病（30%）、看护人受教育程度低（29%）、生物医学危险条件（22%）、看护人未成年（19%）、家庭有 4 个或以上子女（14%）等。对孤儿的研究表明，忽视比虐待的危害更大，会对儿童的身体、社会情感行为和认知发育都造成持久的影响（蔡建华，2014）。

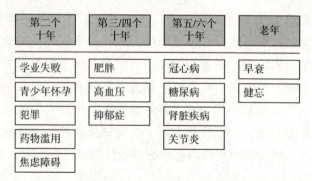

图1 0~10岁生活不健康可能对生命全过程中产生不利影响

资料来源：蔡建华，中国发展研究基金会流动儿童家访项目培训PPT，2014。

婴幼儿早期发展最重要的活动之一就是婴幼儿与养育者建立安全的依恋关系。一些学者认为，幼儿与他人最初的关系，尤其是与他们的父母或其他主要照料者的关系，阐明了幼儿的两项基本需要。首先，养育者的陪伴减少了幼儿对新的或具有挑战性的环境的畏惧，使幼儿能够带着信心（所谓建立在安全感基础上的行为）去探索世界，并能够适当处理自己的应激行为。其次，依恋关系增强了幼儿的能力感和效能感。有证据表明，安全型依恋的幼儿可能发展出更为平衡的自我概念、更高级的记忆过程，对情绪的把握更精确，对友情的理解更积极，并且道德意识比不安全型依恋的幼儿发展得更好（杰克·肖可夫、黛博拉·菲利普斯，2007）。

牙买加家访项目是国际上有代表性的家访项目，也是第一个完整提供了有关发展中国家发育迟缓儿童从儿童早期发展干预中受益情况的循证式（Evidence Based）研究。牙买加家访项目开始于1987年。1987~1989年，129名发育迟缓的儿童参加了为期2年的包括营养补充和早期心理刺激干预在内的早期养育研究实验。在实验的2年期间内，针对4个儿童分组每周都有家访员进行一次家访。对于控制组，家访员每周一次的家访只是搜集儿童疾病方面的信息。对于第2组，家访员只进行心理刺激干预。对于第3组，家访员只进行营养补充干预。对于第4组，家访员既提供营养补充干预，也进行心理刺激干预。项目中的营养补充干预主要是每周提供1公斤的婴幼儿奶粉，心理刺激干预则主要围绕一套结构化的家访课程来开展。实验2年后，研究表明两种干预措施都对实验组儿童发展有积极作用。在实验儿童7岁时，研究表明两种干预措施都对实验儿童的认知有促进作用，但对发育不再有影响。在实验儿童11岁和17岁时，心理刺激干预对儿童认知仍然有持续的促进作用，同时对17岁时的阅读能力有显著影响，但营养补充干预不再有任何作用。在实验儿童 17 岁时，心理刺激对实验儿童的心理情感也有促进作用。到实验儿童 22 岁时，相比对照组，实验组儿童有更高的学业成就和心理、行为及工资方面的收益。

通过长期的跟踪研究，牙买加家访项目表明以营养补充和心理刺激为主的家访干预措施，有助于为贫困儿童母亲或养育者提供社会支持，促进孩子的发育成长以及母亲和孩子的互动。母亲或养育者通过家访获取儿童健康成长的知识，提升和孩子交谈、做游戏、互动的技巧，使孩子在家时也能得到发育成长所需的刺激，并提升她们自己在养育孩子过程中的自尊和幸福感。对于项目儿童，家访促进了他们的语言、认知和社会情感发育，提升了他们的健康和营养状况，使他们成年后获得更好的职业发展和家庭生活（杜智鑫，2014）。

二、船房流动婴幼儿的早期养育现状

（一）对"真正的起跑线"缺乏认识

从孕期到生命早期 1000 天，决定孩子一生的营养与健康状况。这 1000 天才是孩子真正的起跑线。这段时期内孩子的营养与健康差异直接影响孩子是否"输在起跑线上"。

船房社区的流动儿童家长对这一"起跑线"缺乏明确的认识。部分家长（45%）只是觉得"孩子还小，需要大人照顾，确保吃饱穿暖"；部分家长（30%）"没觉得有什么特殊，老一辈人怎样带大我的，我就怎样带自己的孩子"；还有25% 的家长觉得"不输在起跑线上就是不输在幼儿园或小学"。他们缺乏科学的养育知识，85% 的家长认同"良好的养育，为发育提供足够的营养"，只有 62%的家长认同"充分的玩耍，促进身体和认知发育"，只有 53% 的家长认同"安全的家庭环境，是健康成长的保障"，只有 46% 的家长认同"优质的心理营养，让宝宝更好成长"。可见，从婴幼儿的营养到心理的重要性方面，家长对早期养育的认知有一种递减的趋势。

现在孩子好带，也不好带

杨 TY，刚出生 5 个月。父母是云南镇雄人，来船房 5 年了。我们去入户访谈时，她的奶奶正在给他喂奶。

问：喂的是妈妈的奶？还是奶粉？答：奶粉。

问：孩子的妈妈呢？答：看摊子去了。

问：为什么不吃妈妈的奶？答：妈妈忙，所以一天有两顿是奶粉。奶粉不是有营养吗，那么贵，一桶要 100 多块钱。现在的日子好，孩子幸福。

问：您觉得现在的孩子好带吗？答：好带，也不好带。好带是现在的条件好，要吃有吃，要穿有穿，要玩有玩，不像孩子的爸爸那会，条件困难。不好带是，现在就 1 个、2 个的，又是在城里，注意的事多，要操心很多。

问：你觉得这样带，会不会比其他孩子落后？会不会输在起跑线上？答：不会吧，我看周围的人都这么带，没发现啥问题。至于什么起跑线，反正孩子的爸妈会给他上学前班，让他读小学，我就是让孩子吃好、穿好。

（二）家庭基本状况

船房社区有 0 ~ 3 岁婴幼儿的流动家庭，其婚姻状况以初婚为主。家庭构成以核心家庭（比如三四口之家）为主，拓展家庭（6 口人以上）也占有相当比例（16.2%）。孩子数以 1 孩和 2 孩为主，两者占 85.6%。家庭收入以中低收入和贫困家庭为主。家庭年收入在 3 万元以下的占 34.6%；3 万 ~ 8 万元的占 55.6%；8 万元以上的占 9.4%（此部分为高收入家庭）（图 2）。家庭的支出水平同样以中低水平为主。家庭年支出在 3 万元以下的占 48.5%，3 万 ~ 5 万的占 37.5%，5 万 ~ 8 万的占 12.7%，8 万以上的仅占 1.4%（图 3）。

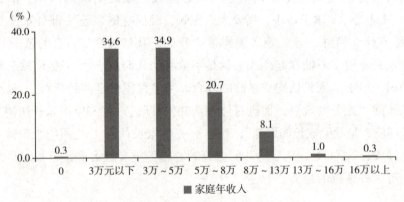

图 2　船房有 0 ~ 3 岁婴幼儿家庭的年收入

资料来源：船房 0 ~ 3 岁养育专项调查。

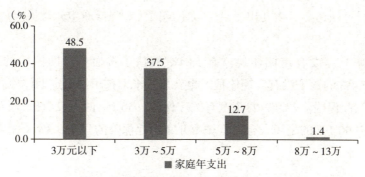

图 3 船房有 0-3 岁婴幼儿家庭的年支出

资料来源: 船房 0～3 岁养育专项调查。

此外，这些家庭的居住环境普遍不够理想。家庭的居住面积在 20 平方米及以下的占 84.7%，20 平方米以上的仅占 15.3%。多数家庭为租房住，占 97.1%。80.3% 的家庭没有室内厕所，使用室外公共厕所。92.5% 的家庭使用公共垃圾箱。

（三）母亲及孩子的基本状况

孕期相关咨询做得不到位。有 22.4% 的妈妈在怀孕期间没有咨询过医生或专家，怀孕前 3 个月咨询医生或专家的次数在 3 次以上的仅占 22.7%。孩子母亲最常咨询的医生或专家的渠道，"去省、市、县医院及卫生院"的占 76.9%，"去个人诊所"的占 3.1%，"家里长辈及其他有经验的人"占 20.1%。

孕期知识了解不充分。怀孕期间，43% 的母亲没有被告知"母乳喂养会不会影响宝宝"。31.6% 的母亲没有被告知"吸烟会影响宝宝"。33.3% 的母亲没有被告知"喝酒会不会影响宝宝"。26.5% 的母亲没有被告知"哪些药会危害宝宝健康"。62.9% 的母亲没有被告知"宝宝在母亲肚子里怎么生长"。54.4% 的母亲没有被告知"如果比预产期提前要生了该怎么办"。

孕期营养补充不充分。39.4% 孩子母亲怀孕前 3 个月没有吃过维生素或矿物质营养品或营养片。而孕期的营养补充有助于帮助胎儿的心脏、骨骼、神经系统、动脉和血管的形成和发育，有助于防止胎儿畸形及其他疾病的产生。

早产比例较高和接受回访的比例较低。孩子母亲的分娩方式，剖腹产的为 42.6%。孩子出生时早产的比例为 10.1%，相对于社区户籍儿童早产率明显偏高。有 8.3% 孩子出生时非正常。孩子出生后接受过回访的仅为 31.2%，68.8% 的孩子没有接受过回访。新生儿出生后予以定期回访对降低新生儿常见疾病发生率有积极作用。

贫血率高，没有定期体检。有18.4%的孩子贫血。定期体检的孩子只有44.6%，55.4%的孩子没有定期体检。也就是一半多孩子没有定期体检。

缺乏医疗保险。43.9%的儿童有医疗保险，56.1%的人没有医疗保险。有保险的儿童中90.1%的是新农合，有城市儿童医疗保险的只有9.3%（图4）。

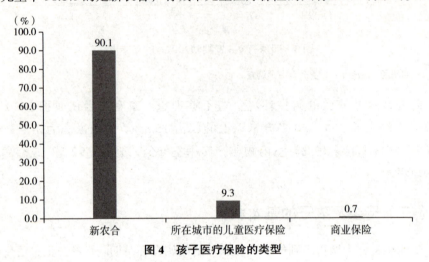

图4　孩子医疗保险的类型

资料来源：船房0～3岁养育专项调查。

疫苗注射率高，黄疸、甲肝发病率高。在疫苗注射方面，90.6%的儿童免费和收费的都注射，6.7%的只注射免费疫苗，2.7%什么疫苗都不注射。在患病经历方面，31.5%的孩子患过小儿黄疸，8%的患过甲肝，5.4%的患过疝气，3.8%的患过乙肝，3.8%的患过麻疹，2.3%的患过乙脑，3.8%的患过百白破，3.8%的患过水痘，1.5%的患过流脑，1.5%的患过腮腺炎，0.8%的患过中耳炎。

两周患病率高。过去两周孩子有生过病的为40.1%。一般情况下，孩子生小病，73.5%的人"立刻找医生看病"，24.8%的人"自己找药／买药"，0.3%的人"不采取任何措施，等病慢慢好"。

（四）养育者的基本状况

父母教育水平低，主要在非正规经济部门就业或全职在家。孩子父母的学历以初中及初中以下为主。孩子父亲的职业方面，蓝领工人、各类体力劳动者、手工劳动者为 40.5%，自由职业者为 15.7%，其他（主要是个体户、做生意）为 17.4%，医生、律师、教师、IT 行业从业人员为 15.7%。有 6% 的父亲酗酒，2.3% 的父亲吸毒，0.7% 的父亲有犯罪记录。孩子母亲的职业方面，全职在家的有 57.6%，蓝领工人、各类体力劳动者、手工劳动者为 11.4%，个体户为 7.7%，自由职业为 7.4%。

有 1/3 的父母偶尔打孩子。父亲打孩子的频率，"从不"的为 62.2%，但也有 36.8% 的"偶尔打"，1% 的"经常打"（图 5）。母亲打孩子的频率，"从不"的为 42.6%，"偶尔"的为 56.1%，"经常"的为 1.3%（图 6）。

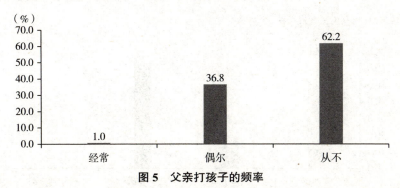

图 5　父亲打孩子的频率

资料来源：船房 0 ~ 3 岁养育专项调查。

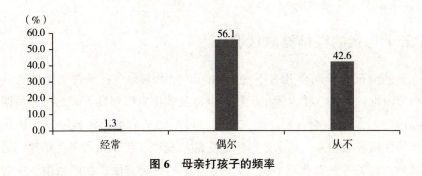

图 6　母亲打孩子的频率

资料来源：船房 0 ~ 3 岁养育专项调查。

平常交流以家乡话为主。65% 的父亲平常在家说家乡话，23.9% 的说当地方言，只有 9.8% 的说普通话（图 7）。孩子母亲平时最经常说家乡话的为 64.2%，当地方言为 19.2%，普通话为 16%（图 8）。

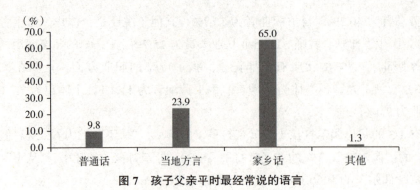

图 7　孩子父亲平时最经常说的语言

资料来源：船房 0 ~ 3 岁养育专项调查。

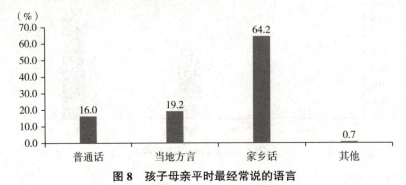

图 8　孩子母亲平时最经常说的语言

资料来源：船房 0 ~ 3 岁养育专项调查。

（五）母亲的精神健康状况

母亲的抑郁对早期婴儿有不良影响，这种影响会令孩子在出生后头 3 个月出现行为困难、紧张、较少满足、易疲惫以及动作发展不良等。而在对后期婴儿（12 ~ 19 个月）的影响方面，研究表明，母亲的产后抑郁症与婴儿的认识能力和婴儿的性格发展相关。母亲产后抑郁症的严重程度与婴儿的不良精神和运动发展不良呈正相关。在对儿童早期（4 ~ 5 岁）的影响方面，在产后第一年有抑郁症的母亲，她的孩子的能力和认知指数均显著低于健康妇女的孩子。

1/3 的 0 ~ 3 岁婴幼儿的母亲处于消极抑郁的精神状态中。在过去 7 天中，"孩子母亲愉快地期待着很多事情"，这样的心情明显少于以前和现在几乎很少有这样的心情的为 47.3%。在过去 7 天中，"会没有理由的焦虑或担忧"，有时会的为 31.6%，经常发生的为 3.8%。在过去 7 天中，"会没有理由的害怕或恐惧"，经常发生的为 1.4%，有时如此的为 20.4%（图 9）。在过去 7 天中，"很多事情越来越无法控制，大多数时间我很难应付过来"的为 10.9%，有时候我无法应付的为 21.8%。在过去 7 天中，"非常不开心以至于很难入睡"，经常如此的为 5.5%，有时如此的为 26.9%。

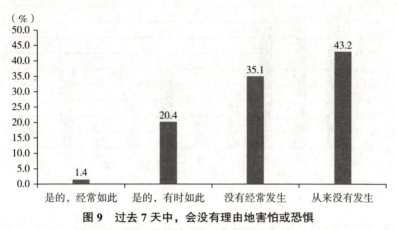

图9 过去 7 天中，会没有理由地害怕或恐惧

（六）孩子上幼儿园前的情况

流动儿童在 0 ~ 3 岁上幼儿园前主要由母亲照料，以全天候陪伴、日常照料和看护为主，而对孩子进行各项能力培养的比例偏低。

在孩子半岁前，95.5% 的妈妈承担照看孩子的主要职责，51.2% 的父亲也会照料孩子。除妈妈之外，9.1% 的姥姥会带孩子，4.7% 的姥爷会带孩子，27.9% 的奶奶会带孩子，10.8% 的爷爷会照顾孩子。孩子半岁前，主要养育者每周与孩子在一起的时间，以"全天候为主"的为 92.7%，"每日半天"的为 3.3%，"每天下班后"的为 4%。孩子半岁前，孩子主要照料者和孩子在一起的主要活动是日常照料的为 85.2%，安全看护的为 76.4%，陪孩子玩的为 71.4%，训练孩子动作能力的为 27.6%，给孩子讲故事的为 16.9%，给孩子听音乐的为 43.2%，唱歌谣的为 27.2%，看书的为 6.6%，43.2% 的教孩子说话，15% 教孩子数数，等等（图 10）。

孩子半岁到 1 岁时，主要由妈妈带的比例是 91.8%。除妈妈以外，爸爸也照料孩子的比例是 52.4%，姥姥照顾的比例是 9.2%，姥爷照料的比例是 5.5%，奶奶照料的比例是 25.6%，爷爷照料的比例是 10.3%。与孩子在一起的时间，以全天候为主 87%，每日半天的为 5.1%，每天下班后的为 6.5%，周末为 0.4%。值得注意的是，开始出现"不在一起"的情况（占 1.1%）。在一起的主要活动是日常照料 86.8%，安全看护 81%，陪孩子玩 71.8%，训练孩子动作能力 28.2%，给孩子讲故事 24.9%，听音乐 45.8%，唱歌谣 27.7%，看书 11.7%，教孩子说话 47.6%，教孩子数数 24.8%，教孩子画画 6.9%（图 11）。

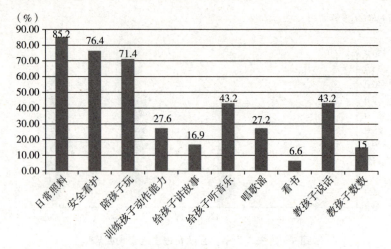

图 10　孩子半岁前照料者和孩子在一起的主要活动

资料来源：船房 0～3 岁养育专项调查。

孩子 1 岁到上幼儿园前，主要由妈妈带的有 90.2%。除妈妈以外，爸爸照料孩子的比例是 58.8%。姥姥照顾的比例是 8.5%，姥爷照顾的比例是 6.6%，奶奶照顾的比例是 25.5%，爷爷照顾的比例是 8.5%。孩子 1 岁到上幼儿园前，被访者每周与孩子在一起的时间，全天候为主 85.9%，每日半天 6.4%，每天下班后 5.9%，

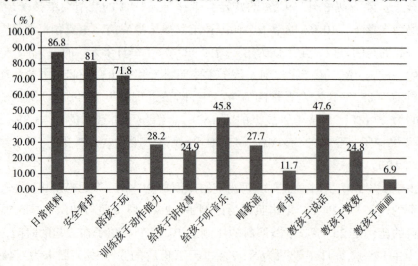

图 11　孩子半岁到 1 岁时照料者和孩子在一起的主要活动

资料来源：船房 0～3 岁养育专项调查。

周末 1.4%，不在一起 0.5%。照料者的主要活动为日常照料的是 85.8%，安全看护的比例是 81.6%，陪孩子玩的比例是 78%，训练孩子动作能力的比例是 30.7%，给孩子讲故事的比例是 33%，听音乐的比例是 51.4%，唱歌的比例是 66.5%，看书的比例是 22.5%，教孩子说话的比例是 62.8%，教孩子数数的比例是 36.7%，教孩子画画的比例是 13.3%，教孩子外语的比例是 6%（图 12）。

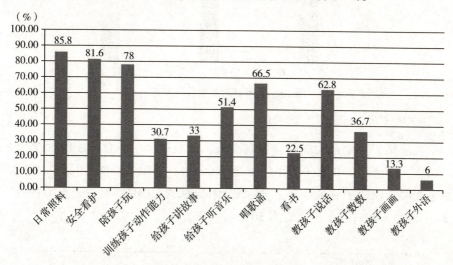

图 12　孩子 1 岁到上幼儿园时照料者和孩子在一起的主要活动

资料来源：船房 0～3 岁养育专项调查。

（七）孩子上亲子班的情况

仅有一半的 0～3 岁流动儿童上过或打算上亲子班。上过亲子班的仅有 6.2%，没上过或正准备上的为 46.4%，不打算上的为 50.9%。亲子班的主要教学方式为"亲子互动游戏" 42.9%，"老师带领孩子游戏" 42.9%，"其他" 14.3%（图 13）。

孩子上了亲子班后，最大的收获是在运动、语言、动手能力和人际交往等方面。其中，绘画能力方面有收获的为 18.2%，音乐有收获为 27.3%，运动方面有收获为 54.5%，语言方面有收获为 72.7%，动手能力有收获为 54.5%，基本生活技能有收获为 45.5%，情绪控制方面有收获为 27.3%，人际交往方面有收获为 45.5%，同情心方面有收获为 27.3%，分享行为方面有收获为 18.2%，亲子关系有收获为 45.5%，数学方面有收获为 9.1%，外语方面有收获为 9.1%，记忆方面有收获为 18.2%，注意力方面有收获为 27.3%，智力方面有收获为 18.2%，创造力方面有收获为 18.2%。

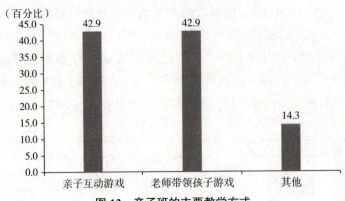

图 13　亲子班的主要教学方式

资料来源：船房 0 ~ 3 岁养育专项调查。

家长从亲子班中最大的收获是玩游戏，以及懂得了养育孩子的理念和方法等。其中，学会一些和孩子玩得的游戏为 90.9%，认识了一些家长 33.3%，缓解了焦虑 25%，懂得了更多养育孩子的理念和方法为 58.3%，对孩子有了新的认识 41.7%，增强了养育孩子的信心为 50%（图 14 ）。

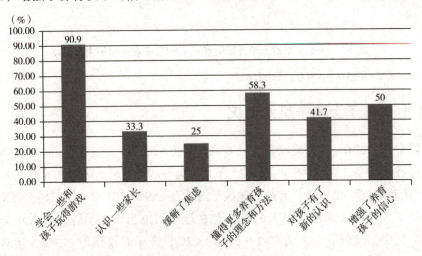

图 14　家长在亲子班上的收获

资料来源：船房 0 ~ 3 岁养育专项调查。

（八）养育态度和方式

照料者对孩子的态度，主要以细心、耐心和爱心为主，并且能够及时发现孩子的需求并采取相应行动。

对待孩子的方式，多数照料者能做到和孩子积极沟通交流、及时肯定、合理引导和尊重孩子兴趣，如："好好地跟孩子说话"（93.4%）、"使孩子感到我是可信任的"（94.8%）、"告诉孩子怎么做事是对的"（92.6%）、"对孩子做的事感兴趣"（83.9%）、"孩子应该得到表扬的时候，我会表扬他"（93.4%）、"对孩子和蔼"（85.5%）、"当孩子受伤或生病时，我会尽力关怀他（82.2%）"、"我让孩子知道我爱他（90.5%）"、"让孩子感到他做的事情是重要的（83.9%）"，等等。但同时，许多照料者也存在过于权威，对孩子加以严厉控制的养育行为，如："我总是坚持要孩子严格按照我的话去做（62.5%）"，"我想控制孩子的一切行动（41.9%）"，等等（表1）。

表1 　　　　　　　　　　　　照料者对待孩子的方式

	符合	不符合
我总是好好地跟孩子说话	93.4%	6.6%
我使孩子感到我是可信任的	94.8%	5.2%
我总是告诉孩子怎么做事对的	92.6%	7.4%
我对孩子做的事感兴趣	83.9%	16.1%
我总是坚持要孩子严格按照我的话去做	62.5%	37.5%
孩子应该得到表扬的时候，我会表扬他	93.4%	6.6%
我允许孩子做他想做的任何事	20.5%	79.5%
我总是对孩子很和蔼	85.5%	14.5%
我使孩子感到别人接受他，需要他	40.6%	59.4%
当孩子受伤或生病时，我会尽力关怀他，使他感觉好一些	82.2%	17.8%
我想控制孩子的一切行动	41.9%	58.1%
我让孩子知道我很爱他	90.5%	9.5%
我让孩子感到，他做的事情是重要的	83.9%	16.1%

资料来源：船房0～3岁养育专项调查。

孩子对父母养育的态度以听话、信任为主，但也存在惧怕父母、沟通不充分的情况。孩子比较听父母的话（81.5%），相信父母说的话（86.5%），愿意和父母待在一起（88.2%）。同时，孩子存在惧怕父母的情况，和父母之间的交流沟通还不够坦率和充分，如有35.8%的孩子有不同于父母的意见时不会说出来，25.5%的孩子在有拿不准的事情时不会去问父母的意见，46%的孩子在父母说错话、做错事时，发现了不会说出来，42.1%的孩子不会跟父母说出他对人和事物的看法。

在家里，家长对孩子的培养以语言、卫生健康、良好习惯等方面为主。其中，有意识对孩子进行语言方面培养的为 82.3%，进行卫生和健康培养的为 62.2%，进行良好习惯培养的为 62.3%，音乐培养的为 44.3%，美术培养的为 9.1%，数学培养的为 22.9%，进行运动能力培养的为 39.1%，进行自然知识培养的为 21.2%，进行动手能力方面培养的为 41.1%，进行人际交往方面的培养的为 38.9%，进行美德培养的为 25.2%（图 15）。

养育者在家进行早期教育的最主要方法是"玩中教"。有计划的专门教 2.7%，在生活中抓住机会随时教给孩子 41.4%，玩着就教给他了，没有刻意教的为 55.9%（图 16）。

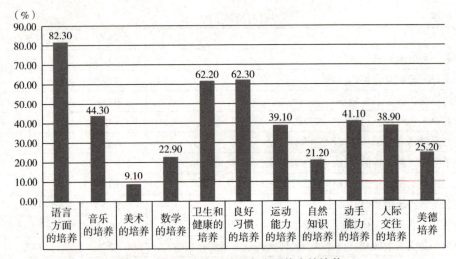

图 15　养育者在家对孩子各方面能力的培养

资料来源：船房 0～3 岁养育专项调查。

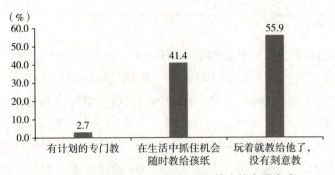

图 16　养育者在家对孩子进行早期教育的主要方式

资料来源：船房 0～3 岁养育专项调查。

养育者对孩子玩玩具没有过多限制，但对一些孩子"很自然"的玩法却并不认同和许可。孩子玩玩具时，没有过多限制（84.8%），会将危险的东西藏起来进行安全保护（81.5%），孩子跟小朋友玩时，尽量让他们自己处理问题（78.1%），尽量满足孩子的好奇（83.6%），鼓励参与家务（77.2%），观看孩子自编自演的节目（87.8%），鼓励孩子尝试（65.9%）。同时，有相当一些养育者对于一些孩子自己的发明或"很自然"的玩法不是很认同和许可，如有34.9%的养育者不鼓励孩子做他们自己发明的"菜谱"，有38.1%的不鼓励孩子在外面玩沙土、泥巴和树叶等东西，45.2%的不允许孩子收藏从外面捡回来的"宝贝"（比如树叶、石头）。

孩子遇到困难时，养育者以帮助（40.8%）和示范（52.1%）为主，但也有36.7%的养育者会直接代替孩子解决问题。当孩子高兴时，有88.5%的养育者会和他一起高兴。孩子生气时，51.9%的养育者会先了解情况，再告诉他如何应对。孩子伤心时，71.9%的家长会先抱抱他，让他感到安慰。

养育的主要做法以教导为人处事、营造良好家庭氛围、督促子女学习和上进为主，认为：为人处事很重要88.3%；营造良好家庭氛围，利于孩子成长很重要73.1%%；督促子女学习和上进70.7%；指出子女错误教育好他们很重要57.2%；关心孩子的内心感受很重要62.2%；关心子女发育和交往问题很严重57%；孩子遇到学习困难鼓励他们很重要56.7%；重要的事情上为孩子做决策28.4%。

多数家长都期望孩子听话和独立。希望孩子很听父母的话64.9%；希望孩子很独立自主性强，不依赖他人32.5%；希望孩子人缘好27.7%；希望孩子在学校表现好34.1%；希望孩子人品好31.4%；希望孩子成绩好45.2%；希望孩子身体好25.1%。

多数家长都认为孩子的成长要从小打好基础。其中，"笨鸟先飞，孩子先天不够聪明就要早点让他勤学苦练"（66.6%同意），"孩子从小学习，打好基础，将来他才能成绩好"（70.1%同意），"从小让孩子多学些东西可以让他的能力更强"（72.5%同意），"不管怎样，学总比不学好"（78.3%同意），"如果方法得当，孩子很小就可以学很多东西"（72.5%同意），"不管学什么，都要尊重孩子的兴趣"（80%同意），"很多早教理念都挺好的，但是环境压力太大，无法实施"（67.4%同意），"小的时候还是让孩子多玩玩好些"（59.2%同意）。在"应该让孩子多学还是多玩"方面，认同者和反对者差不多各占一半。

害羞怕生的男孩

杨YH，男孩，1岁2个月，见人含羞怕生，身高体重明显低于同龄儿童。

平常大人吃什么，他就吃什么，偶尔会有牛奶喝。一家人住在一间约 20 平方米的商铺中，前店后家。YH 平时要么和妈妈呆在暗而窄的"家"里，要么就到前面的铺子和街道上看来来往往的行人，偶尔也和附近的小朋友玩一玩。YH 的父亲是重庆人，母亲是曲靖人。两人都是小学文化程度。孩子的父亲小时候是跟随父母在云南红河出生的，在红河上到 6 年级后被送回了重庆老家，由老人抚养。他自己说，本来在红河读小学时，成绩还可以。但转回去后，语言和课程都变了，自己跟不上，成绩就差了。父母也不在身边，慢慢就厌学了。所以初中没上完就辍学了。之后就来到了云南昆明。为了养家糊口，跟着别人学了如何修理手机，试着开个铺子，做点小生意。孩子的母亲也是在这里认识的。全家现在一个月大概有 3000 多元的收入，但除去房租、伙食费，也就不剩多少了。对于孩子，除了给吃饱穿暖，基本老一辈怎么带他们的，他们就怎么带。大人吃什么，小孩就吃什么。偶尔会买点牛奶给孩子喝，也很少买水果。会给孩子买玩具，但也不多，觉得每次买了没玩多久就弄坏了。几乎没有儿童书，也很少专门抽时间给孩子阅读。谈到将来的打算，他们说，幼儿园大概会在这里上，但上小学恐怕就会送回去，交给老人照顾。因为怕送晚了，担心将来也会像自己那样跟不上。

（九）养育投入

养育投入相对较低。孩子 1 岁之前，每月花在孩子身上的早教费，100 元以内的为 47%，100～500 元的为 34.2%，500～1000 元的为 9.8%，1000～2000元的为 6%，2000～5000 元的为 3%（图 17）。

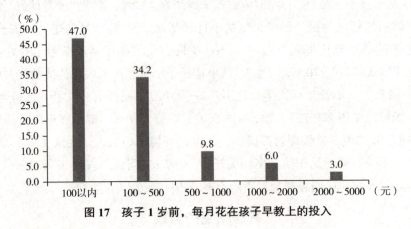

图 17　孩子 1 岁前，每月花在孩子早教上的投入

资料来源：船房 0～3 岁养育专项调查。

孩子 1 ~ 3 岁期间，每月花在孩子早教上的投入：100 元以内的为 32.6%，100 ~ 500 元的为 32.6%，500 ~ 1000 元的为 22.3%，1000 ~ 2000 元的为 8%，2000 ~ 5000 元的为 3.1%（图 18）。

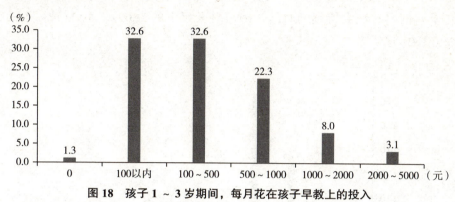

图 18　孩子 1 ~ 3 岁期间，每月花在孩子早教上的投入

资料来源：船房 0 ~ 3 岁养育专项调查。

（十）家庭环境及氛围

家庭环境差，部分家庭氛围紧张。图书、光碟及玩具较少。家里有图书 100 册以内的为 95%，100 ~ 200 册的为 3.3%，200 ~ 500 册的为 1.7%。家里有光碟 20 张以内为 77.6%，20 ~ 50 张为 16.5%，50 张以上为 5.9%。家里有孩子的图书，20 册以内的为 87%，20 ~ 50 册的为 10%，50 ~ 100 册的为 1.3%，100 ~ 200 册的为 0.8%，200 册以上为 0.8%（图 19）。

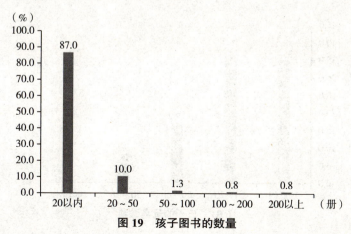

图 19　孩子图书的数量

资料来源：船房 0 ~ 3 岁养育专项调查。

孩子现在喜欢看的书，识字类为27.3%，百科类为11.6%，外语类为3.2%，益智类为13.9%，数学类为7%，卡通漫画类为56.9%，文学类为3.2%，道德培养类为0.9%，艺术类为3.2%，生活习惯类为7.9%，其他类为5.6%。通常孩子看他喜欢的书每次会持续的时间，10分钟及以下的为69%，10分钟以上的为31%（图20）。

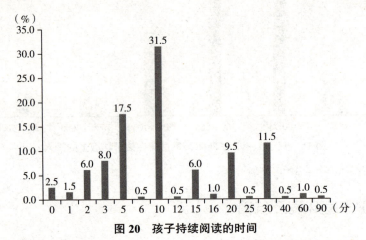

图20　孩子持续阅读的时间

资料来源：船房0～3岁养育专项调查。

孩子的玩具，10个以内为35.1%，10～20个位38.7%，20～50个为17.2%，50～100个为8.2%，100个以上为0.7%（图21）。孩子每次玩喜欢的玩具时会持续的时间：10分钟及以下的为42.4%，10分钟以上的为57.6%。

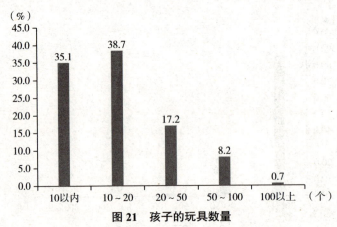

图21　孩子的玩具数量

资料来源：船房0～3岁养育专项调查。

调查中，对家的描述以温馨（57.8%）、快乐 50.6%、热闹（47.4%）、安静（29.5%）为主，但也有混乱（12.3%）、秩序（5.2%）、紧张（3.2%）、冷清（2.6%）、冲突（2.6%）等描述。对和他人的关系的满意程度为 71.4%，对家庭的满意程度为 79.2%，对爱人的满意程度为 83.8%，对自己生活的总体感觉满意的为 78%。

三、影响流动儿童早期养育的因素

船房流动人口的"半城市化"，不仅体现在"人在城市，户口却在农村"，更重要的还体现在"人在城市，观念和知识还在农村"。这种现象典型体现在对婴幼儿的早期养育上。船房流动人口还缺乏对早期养育的科学认识，没有掌握正确的养育方法并进行投入。而早期养育质量的差异却直接决定了儿童是否会"输在起跑线上"。

1. 养育观念薄弱，知识和技巧缺乏

多数流动婴幼儿家长缺乏科学的育儿观。真正了解 0 ~ 3 岁婴幼儿早期教育实质的家长不是太多，有的多是一些"众口相传"的知识，对真正科学专业的知识了解少。家长对早期养育的理解有偏差。怀孕前的准备不足，较为盲目，孕期保健知识缺乏。孩子出生后，大部分较为关注儿童的安全和抚养，但对新生儿的教育不重视且起步较晚，优生优育的观念淡薄。多数家长认为自己就是按老一辈人的方法养大的，所以自己的孩子用同样的老办法也行，甚至认为科学的早教是早教机构或老师的事情，忽视自己和家庭对孩子产生的作用与影响。在养育观念上，存在着重养轻教、重男轻女、教育期望过高等方面的偏差。父母与祖辈之间在教养观念上存在差异。家长缺乏科学的早期养育知识和技巧，如母乳喂养的重要性、建立亲子依恋关系的有效途径、家庭阅读的习惯和家庭教育的合理方式等。有些养育者不喜欢身体接触，照顾婴儿显得笨拙无能，当婴儿哭闹烦躁时往往不知所措，而且对满足婴儿的需要缺乏敏感性，这样会导致婴儿的不安全依恋。

2. 家庭低收入影响儿童早期养育

家庭收入之所以会影响流动婴幼儿的早期养育，是因为不同收入水平的流动家庭提供给婴幼儿的经济与社会资源环境存在差异。具体来说，收入水平高的家庭会给婴幼儿提供更好的营养（知名品牌的奶粉、高质量的辅食）、丰富的文化游戏（如玩具书籍、亲子课程等）与社会环境（如社交活动、人际资源等），而

低收入家庭则只能给婴幼儿提供贫乏的环境刺激。而正是这种家庭环境的差异，会导致不同收入水平家庭的婴幼儿在发展结果上出现差异。

3. 不稳定的家庭环境影响依恋质量

家庭环境如教养方式、父母的感情状况等在很大程度上影响依恋质量。在一个有压力、不稳定、养育不敏感的家庭里，不安全依恋的比例很高。紧张的家庭人际关系对婴幼儿心理有严重的负面影响。在气氛压抑、父母关系不和谐的家庭里，父母常常处于极度不安的情绪紧张状态，动辄烦恼不安、打骂动粗、言行暴躁，对子女缺少一定的关爱。对于还没有独立生活能力、完全依赖父母的儿童来讲，在这样的环境中，孩子容易情绪紧张，为父母关系失调而慌乱、憎恨或为忠实父亲还是母亲而烦恼和疑惑。紧张的家庭人际关系破坏了应有的温馨的家庭气氛，使孩子长期处在消极情绪中，缺乏安全感容易使孩子形成孤僻、自私、玩世不恭等不良品质。

4. 母乳喂养持续时间短，辅食添加过早

对于婴幼儿而言，最重要的营养提供就是母乳喂养和辅食添加。母乳喂养对婴幼儿早期发展有重要意义。一方面母乳为婴幼儿提供充足和必要的营养，不仅对婴幼儿的身体健康有重要作用，还因为母乳中的许多营养成分能够影响婴幼儿的神经系统，从而影响婴幼儿的心理发展。此外，母亲的哺乳行为有助于加强亲子间的情感联系，促进婴幼儿的安全感和幸福感的形成。而流动婴幼儿普遍存在母乳喂养率低和母乳持续喂养持续时间短的问题。此外，母亲缺乏喂养技巧、辅食添加过早、辅食质量差、添加时间不合理等问题也很突出。

5. 低水平的语言和阅读环境影响婴幼儿发展

家庭是婴幼儿获得语言的第一环境。家长对婴幼儿语言教育的状况对幼儿的语言发展有着直接影响，影响婴幼儿语言的水平和发展的可能性。城中村中的流动婴幼儿所在的家庭经济条件差，许多家庭都缺乏必要的儿童图书和影像资料。养育者文化教育水平普遍不高，日常生活中大量使用方言，语言的丰富性、规范性都相对欠缺。他们对儿童语言教育的重要性缺乏足够的认识，很少有家长注重家庭语言环境的创设。很多家长对阅读的重要性缺乏认识，没有每天给孩子读书的习惯，或者阅读的时间很少。最重要的是，对于绝大多数养育者而言，他们并不十分了解对婴幼儿进行语言指导的科学方法。因此，流动婴幼儿的语言方面的家庭指导是一个比较薄弱环节，是导致婴幼儿的语言发展水平低的非常重要的影响因素。

6. 养育者的精神状态影响婴幼儿养育

养育者的精神状态对婴幼儿成长有着重要的影响。理论上，只要养育者调整其行为以适合婴幼儿的需要，无论何种气质的儿童都会形成安全依恋。但当母亲调整其行为的能力受到限制时，如母亲存在精神问题或生活压力太大，则孩子容易形成不安全依恋。而越来越多的流动婴幼儿的养育者，她们或者是因为患上产后抑郁症，或者是因为丈夫和身边的人帮不了忙，只能自己一个人负担养育孩子的责任而产生消极的心态。养育者消极的精神状态对婴幼儿的养育行为产生不良影响，从而导致幼儿产生心理问题。

7. 社区公共服务缺乏导致养育水平低

流动儿童家庭，尤其是那些贫困和低收入的流动儿童家庭不能为孩子的发展创立良好的家庭环境，因此需要借助社会支持系统改善养育行为和亲子关系。但从 0～3 岁流动婴幼儿家庭养育的现状来看，社区服务与家长的需求之间存在一定的差距，无法满足贫困和低收入流动婴幼儿发展的需求。流动人口聚居的社区缺乏必要的公办或公益性早教机构和服务。而已存在的各种民办早期教育机构，缺乏统一管理，商业色彩过浓，收费偏高，流动贫困和低收入家庭难以承受。在社区有关早期养育的活动和服务方面，形式化、表面化的倾向严重，存在指导人员数量不足、指导方法欠缺、指导内容缺乏科学性和针对性等问题。

第八章

学前教育

　　3～6岁是人一生发展的关键时期，是身体、智力、心理、品德健康发展的基础阶段。这个阶段的早期教育对个人发展具有重要的影响和作用。但由于当前流动儿童家庭收入水平低、居住社区缺乏高质量早教服务等原因，多数流动儿童处于低水平早教或无早教的状况。低水平早教或无早教导致流动儿童发展水平较低，并进而影响到与义务教育阶段的衔接。由此导致教育贫困和社会化的中断，产生贫困的代际传递并影响社会和经济的发展与稳定。

一、学前教育的重要性

　　儿童早期发展和教育投资是最具成本效益的投资策略之一，它能够打破贫困的代际传递，是能在较长的时期内提高生产力和社会凝聚力的最具成本效益的投资策略。

　　科学研究表明，儿童早期发展至关重要，并会留下终生印记。早期大脑的开发至关重要，对整个童年和成年生活的生理和心理健康、学习能力以及行为都会带来影响。早期获得适当护理和刺激的儿童可更好地为入学和在校学习做好准备。来自神经物理学、儿科学、医学、儿童发展、教育、社会学和经济学的大量科学证据均表明，贫困、生活环境不卫生、缺少精神激励或早期教育并在幼年时期养育不良的儿童，其身心发育迟缓的可能性远远大于较富有家庭的儿童。对国家而言，在儿童出生后最初几年的投资具有乘数效应。得到精心培育的幼儿在之后的学校教育中通常表现更佳，更有可能发展出参与激烈竞争所需要的技能。因此，对学前教育在内的儿童早期发展投资可以算得上是对人类发展和经济发展的基本投资（杨一鸣，2011）

　　全球跟踪研究显示，儿童早期发展阶段每投入1美元，将获得4.1～9.2美元的回报，在美国，这一回报甚至在 7 ~ 16 美元之间。诺贝尔经济学奖获得者赫克曼教授的研究显示，在儿童早期发展阶段的投资回报远高于在学校教育阶段和成人继续教育阶段的投资回报。成年人的成功和失败都能追溯到其儿童早期发展阶段。个人的能力发展受限会引发严重的社会问题，如辍学、犯罪、健康状况糟糕、低收入等。个体能力之间的差距在儿童早期发展阶段就已经显现出来，而且儿童早期发展的缺陷不可逆，如果等到儿童上学甚至青少年、成年期再开始弥补儿童早期发展阶段的差距，往往代价高昂且收效甚微。

美国著名的佩里学前教育研究计划（Perry Preschool Program Study）的结果有力地证明了幼儿教育对人的长期发展具有长远的、多方面的影响。实验组儿童在多个方面的发展都超过对照组儿童，现将最新跟踪到 40 岁的研究的主要发现介绍如下（图 1）（杜智鑫，2014）。

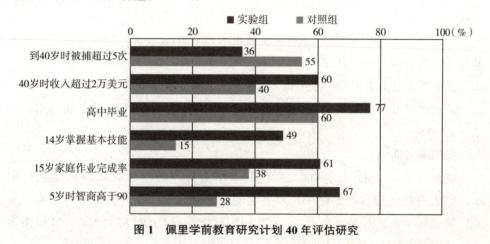

图 1　佩里学前教育研究计划 40 年评估研究

资料来源：Lifetime Effects：The HighScope Perry Preschool Study Through Age 40（2005），http://www.highscope.org/Content.asp?ContentId=219。

教育方面

①高中毕业率更高。研究对象 40 岁时，实验组中 77% 的人高中毕业，而对照组只有 60% 的人高中毕业，实验组比对照组高 17 个百分点。实验组女性的高中毕业率（84%）远高于对照组的高中毕业率（32%），两者相差 52 个百分点。

②精神疾病更少。研究对象 40 岁时实验组中的女性只有 8% 的人接受过精神疾病方面的治疗，对照组中则有 36% 的人接受过相关治疗。

③更少留级。研究对象 40 岁时实验组女性中只有 21% 的人留过级，对照组中则有 41% 的人留过级。

④智力发展更快。实验组经过 1 ~ 2 年的学前教育，智力明显胜过对照组。根据斯坦福智力测试，5 岁时实验组有 67% 的儿童智商高于 90，而对照组的这一比例仅为 28%。

⑤学习成绩更好。根据加利福尼亚学习成绩测试，实验组孩子在 6、7、8 岁时平均分数明显高于对照组，9、10 岁时仍胜过对照组，14 岁的两组差异更加显著。

⑥文化水平更高。到 19 岁时实验组的成人文化水平高于对照组。根据国家测试标准测试结果，实验组有 39% 低于全国平均水平，而对照组有 62% 低于平均水平。在读写能力和职业知识等方面实验组也胜过对照组。

经济收入方面

①就业率更高。研究对象 40 岁时实验组中 76% 的人有工作，对照组的比例为 62%。

②收入更高。研究对象 40 岁时实验组中 60% 的人收入超过 2 万美元，对照组的比例为 40%。

③更多人有房子。研究对象 40 岁时实验组比对照组有更多人拥有自己的住房。

④更多存款。研究对象 40 岁时实验组中 76% 的人有银行存款，实验组这一比例为 50%。

犯罪率方面

受过学前教育的人，其成人后的犯罪率更低。研究对象 40 岁时实验组中 36% 的人有过被捕 5 次的纪录，对照组的比例则高达 55%。实验组中暴力犯罪的比例仅有 32%，对照组为 48%；实验组中财产性犯罪的比例为 36%，实验组为 58%；实验组中毒品犯罪的比例为 14%，对照组为 34%。

英国的"学前有效性追踪研究"项目（Evidence from the Effective Pre-school and Primary Education Project）是欧洲规模最大的、旨在考察学前教育效果的研究，不仅对英国学前保育和教育政策制定产生了巨大的推动作用，而且对影响儿童社会性发展和认知学习的日常教育实践也产生了深远的影响。该研究成果显示，学前教育对儿童的认知和社会性发展具有重大的积极影响，既包括短期（入小学前、小学一年级结束时）的影响，也包括中期（小学毕业时）的影响，现将项目研究的部分发现介绍如下（凯西·西尔瓦、爱德华·梅尔休伊什、帕姆·萨蒙兹、艾拉姆·西拉杰 – 布拉奇、布伦达·塔加特，2011）。

任何学前教育经历都可以对儿童的社会性、情感和认知发展产生显著的积极影响。幼儿园教育对所有儿童都有益处——相对于没有任何幼儿园教育经历而言，在儿童 18 岁时，有过入园经历与母亲高学历对儿童学业成就有近似的效应值。

较早开始接受幼儿园教育对儿童认知和社会性发展具有很大的积极影响。在园时间越久，儿童的认知发展成果越好，独立性越强，同伴交往能力也越强。例如从 2 岁开始，上高质量幼儿园的儿童每增加一个月的在园时间，其入小学时的认知成绩都会提高，这种积极的影响会至少持续到 7 岁。那些 2 岁或 2 岁以前就进入高质量幼儿园的儿童的发展水平领先于没有上过幼儿园的儿童 10 个月。研究还表明，较早上幼儿园能提升儿童入小学时的社会技能。

和没有上过幼儿园的儿童相比，无论所在幼儿园的质量如何，也无论在园时间长短，只要上了幼儿园就能对儿童产生显著的积极影响。研究表明，上过和没有上过幼儿园的儿童之间的发展程度相差 4 ~ 6 个月。对质量最高的综合中心来说，这种发展差距甚至可以达到 9 个月。这么大的差距是在仅仅两年的时间内产生的。

处境不利儿童从幼儿园受益最大。儿童 3 岁入园时，有 1/3 的儿童处于需要特殊教育的困境中，但到上小学时，这一比例降低到 1/5。处境不利儿童上过幼儿园后，在第一学期结束、第二学期开始时，他们的阅读和数学都能达到 2 级水平，足以应对小学教育结束前更高要求的课程学习了。

上常规的非全日制幼儿园可以使儿童获益。尽管项目研究发现，和没有上过幼儿园的儿童相比，只要上过幼儿园，无论上哪种类型的幼儿园以及在园时间有多长，都对儿童发展有积极的促进作用，但是全日制幼儿园并不比非全日制幼儿园效果更好。

在控制了儿童自身、家庭和家庭学习环境等方面的影响之后，幼儿园的质量成为影响儿童发展成果的一项重要指标。上过高质量幼儿园的儿童，其阅读成绩更好，行为问题更少。

所有类型的幼儿园都可能有高质量的幼儿园，但总体上看，综合中心、托儿学校和托儿班质量更高。更高质量的幼儿园与儿童更好的学习成果之间正相关，关键的解释性因素包括：保教人员学历高、领导力强、在职时间长，经过专业训练的教师共同合作并帮助缺乏专业知识的保教人员，保教人员能够很好地理解儿童是如何发展和学习的，能够主动开展家、园联系工作。

早期家庭学习环境的质量对儿童的发展产生了重要的影响。早期家庭学习环境比父母的职业或收入等人口特征更加重要。有效的家庭学习环境和高质量的幼儿园能够形成合力，引导儿童走上通向成功的成长之路（凯西·西尔瓦、爱德华·梅尔休伊什、帕姆·萨蒙兹、艾拉姆·西拉杰－布拉奇、布伦达·塔加特，2011）。

二、流动儿童学前教育研究综述

从现有政策看，2003 年国务院出台了《教育部关于进一步做好进城务工就业农民工子女义务教育工作意见的通知》（后简称《通知》），2004 年明确规定流动儿童入读公办学校免交"借读费"，但这些都只针对义务教育阶段的流动儿童，没有涉及非义务教育阶段的学前流动幼儿。尽管最新发布的《国家中长期教育改革和发展规划纲要（2010—2020）》首次将学前教育纳入国家教育发展规划，但缺乏像《通知》那样对流动儿童早期教育的明确规定和政策支持。

长期以来，流动人口子女的学前教育问题一直未进入公众的视线。许多政策和实证分析都只是针对义务教育阶段的流动儿童，没有涉及非义务教育阶段的流动儿童。在城市化的大背景之下，流动儿童这一庞大群体的学前教育问题作为一个重要的社会现实问题，理应得到更多的关注。目前，流动儿童学前教育问题处在现有制度体系的边缘地带，政府支持力度不够，公办学前教育机构在准入门槛以及办学条件等方面还不能满足流动儿童的学前教育需求。在这种情况之下，民办教育机构应运而生：一是以进城务工人员子女为服务对象的各种非正规民办托幼机构的兴起，提供灵活便利、低成本、低收费的托幼服务；二是由民间兴办的公益性学前教育组织也大量出现。这些民办教育机构在一定程度上解决了流动儿童学前教育的需求。

面对民办学前教育的现实处境，有学者提出，民办学前教育的实践是在唤起一种新的力量，不仅可以为政府部门分忧和为社会分担责任，更可以为解决流动儿童的学前教育问题提供多种选择。政府应当为这些民办教育机构提供宽松的环境，但并不意味着放任自流、不闻不问。相反，流入地的教育行政部门应该加强管理，以确保教育质量和流动儿童的安全——这应该成为流入地教育行政部门的重要职责（张燕，2009）。

也有学者认为，私立幼儿园质量参差不齐，并不能提供良好的学前教育，这也使得流动儿童面临两难选择。所谓两难，一难是指低质的幼儿园虽收费较低，但不具备起码的教学条件和办园资质；二难是指优质的私立幼儿园由于高昂的收费，使广大流动儿童望而却步。更严重的问题是，目前公办幼儿园已成为稀缺资源，而有学前教育需求的适龄儿童却在增加，大多公办幼儿园只能针对本地居民儿童而将流动儿童拒之门外（苏婷，2012；韩嘉玲，2001）。

除了公办学前教育资源短缺和私立幼儿园质量的参差不齐，家庭教育的缺失也是流动儿童学前教育存在的问题之一。家庭教育是学前教育的重要组成部分，但流动人口父母由于经济条件限制、工作不稳定以及教育观念滞后、教育方式不当等原因，难以承担起教育子女的责任。

三、船房流动儿童的早期教育需求及现状

船房社区所在的昆明市目前在经历快速的城市化进程。据2010年第六次人口普查，船房社区有外来流动人口6.1万人，0～14岁的流动儿童约占社区总人口的10%。随着船房社区社会经济的快速发展，人口的不断增长，社区居民尤其是外来流动人口对接受优质早期教育的需求也越来越迫切，这主要体现在以下3个方面。

一是"多"，船房社区外来流动人口家庭平均有2～3个子女，而整个船房现有早教适龄儿童（3～5岁）约3000多人。二是"早"，就是接受学前教育的儿童年龄在提早，这些父母在经济条件许可的前提下一般会在孩子3岁的时候将其送入幼儿园，甚至部分家长会把才2岁的幼儿送入幼儿园进行早期教育。三是"全"，越来越多的家长对于孩子接受教育的认识有所提升，开始从仅重视义务教育阶段的教育发展到开始重视孩子的早期教育，对早期教育的关注程度不断提高。

（一）因贫困而失教幼儿的状况

船房社区进行的"未接受学前教育的适龄幼儿情况调查"[①]了解到以下情况。

1. 有约1/5的流动儿童从未上过幼儿园

调查中，有902人正在幼儿园就读，占所调查儿童总数的76.2%；有233人从未上过幼儿园，占19.7%；有48人曾经上过幼儿园，占4.1%（表1），这也表明部分幼儿的学前教育是不稳定的，存在"上了又退"的现象。

---

① 此项调查是由中国发展研究基金会委托苗苗幼儿园进行的。调查共发出问卷1300份，收回问卷1190份，其中有效问卷为1183份。

表1 流动儿童就读幼儿园的状况

入园情况项目	正在就读幼儿园	从未上过幼儿园	曾经上过幼儿园
人数	902人	233人	48人
百分比	76.2%	19.7%	4.1%

资料来源：船房流动儿童学前教育专项调查。

　　未就读幼儿园的幼儿在年龄上有明显差异，3岁的幼儿占61.21%，其次是4岁的幼儿占29.54%，5岁的幼儿未就读幼儿园的人数最少，只占9.25%（图2）。主要是因为相当部分的流动儿童家长还停留在"读幼儿园没必要，等快上学的时候给上个学前班或到幼儿园上1年就行了"的观念认识上。

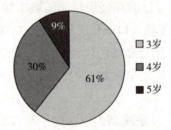

图2　未入园儿童年龄构成

资料来源：船房流动儿童学前教育专项调查。

2. 未入园幼儿父母的职业情况

　　未入园幼儿的父亲主要从事建筑、装修业，工作不稳定，其中从事建筑工人的占总人数的18.9%，从事装修工人的占总人数的22.1%（表2）。

　　未入园幼儿的母亲则大多数无正式职业，其中在家带孩子的母亲占总人数的53%，这可能也是家长未把孩子送入幼儿园就读的主要原因之一。从中可以看出，母亲就业与否对孩子上幼儿园有着显著的影响。

表2 未入园幼儿父母的职业构成

从业状况	父亲		母亲	
	人数（人）	所占百分比（%）	人数（人）	所占百分比（%）
自主经营、个体经商户	77	27.4	59	21.0
打工者	179	63.7	43	15.3
无正式职业	12	4.3	155	55.2
不愿填写	13	4.6	24	8.5
合计	281	100.0	281	100.0

资料来源：船房流动儿童学前教育专项调查。

3. 未入园幼儿父母的文化程度

父母的文化程度在一定程度上影响着他们对幼儿早期教育重要性及相关知识的认知。这又影响到他们的孩子能否正常接收幼儿园的早期教育。调查表明，未就读幼儿园的幼儿家长文化水平偏低，70% ~ 80% 的家长都是初中以下的文化程度（图3），他们教育孩子的能力有限，所以对这些家长宣传早期教育的重要性是很有必要的。

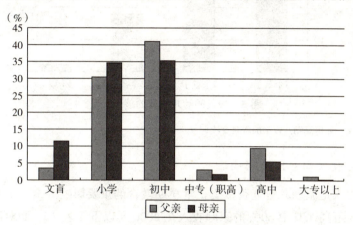

图 3 未入园幼儿父母的文化程度

资料来源：船房流动儿童学前教育专项调查。

4. 家庭人口数量及家庭中孩子的数量

流动家庭中孩子数量对流动儿童是否接受早教也有显著影响。未入园幼儿的家庭人口以"四口之家"为最多（图4），孩子也以"2个孩子"为最多（图5）。家中有2个大人的有226个家庭（占总数的81%），超过2个大人（即家中有老人或亲戚）的有42个家庭（占总数的15%）。收入少、家庭负担偏重是大部分未入园幼儿家庭面对的问题。

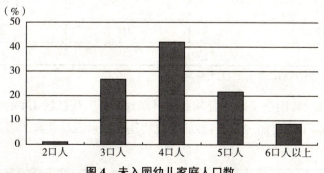

图 4 未入园幼儿家庭人口数

资料来源：船房流动儿童学前教育专项调查。

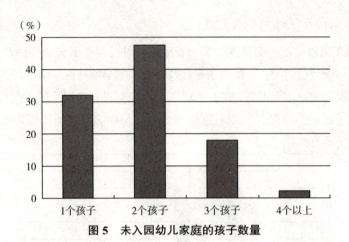

图5　未入园幼儿家庭的孩子数量

资料来源：船房流动儿童学前教育专项调查。

5. 家庭收入和贫困的影响

　　家庭收入是流动儿童能否接受正常早期教育的重要影响因素。未入园幼儿的家庭月收入不高，其中60%的家庭收入在2000元以下（表3）。面对高额的入托费用，家长只能选择自己带孩子。

表3　　　　　　　　　　　　　未入园幼儿家庭收入

家庭月收入范围	人数（人）	所占比例（%）
500元以下	13	4.6
501～1000元	77	27.4
1001～2000元	82	29.2
2001～3000元	49	17.4
3001～5000元	16	5.7
超出5000元	3	1.1
不愿透露或不确定	41	14.6
合计	281	100.0

资料来源：船房流动儿童学前教育专项调查。

　　流动家庭的贫困严重影响着儿童的早期教育。船房社区1/4的流动家庭月收入在1500元以下。对船房50名参加公益幼儿园项目流动儿童[①]及其家庭的案例

---

　　① 此部分儿童是基金会公益项目的儿童。这些儿童原本由于家庭贫困等原因没有上幼儿园，后由基金会资助幼儿园保育费从而进入幼儿园接受早期教育。

调查发现，月收入在 1500 元以下的有 16 家，占 33%；月收入在 1500～2000 元的有 21 家，占 44%；月收入在 2000～2500 元的有 12 家，占 23%。可以看出，77% 的公益幼儿园项目家庭人均可支配收入在 300～400 元，甚至是低于 300 元。船房所在的昆明西山区 2011 年的低保线是 310 元。也就是说，这部分流动贫困家庭在经济上仍然非常紧张，他们的收入仅仅只够"糊口"。从家庭居住面积看，10 平方米以下的有 13 家，占 27%；10～20 平方米的有 34 家，占 71%；20 平方米以上的 1 家，占 2%。从低保情况看，只有 1 家享有城镇居民最低保障，其他 47 家均不享受。在家庭经济状况不允许孩子接受学前教育的情况下，56% 的项目家庭选择"让孩子辍学"，只有 35% 的家庭选择"无论如何也要供孩子上学"。在希望得到的援助方面，有 40 家希望"提供子女教育帮助"（占 80%）。

爸爸苦钱去了

袁 P，三岁半，大大的眼睛，圆圆的脸，一幅中国传统年画中顽童的样子。通过中国发展研究基金会的公益幼儿园项目（资助贫困的流动儿童免费入读船房的民办幼儿园），他现在船房的苗苗幼儿园上学。

"袁 P，你妈妈呢？"

"在家睡觉"。

"你爸爸呢？"

"苦钱去了。"

苦钱是云南话，意思就是挣钱去了。袁 P 家住在船房老村。一家四口人住在 7 平方米的租赁房中，每月房租 130 元，水电费 30 元。除了房租之外，他们一家每个月要花销 1000 多元。一个月下来，一家人基本不剩什么钱了。

袁 P 的父母已来船房十多年了。父亲袁 K X，38 岁，贵州盘县人，没上过学，现在在昆明附近的海口镇的工地上干活，很少回家。每个月的收入因工作量不同而在 1000～2000 元间浮动。跟着包工队，没签劳动合同，也没有各种社会保险。袁鹏的妈妈罗 L F，35 岁，云南富源县人，有姐妹 10 个，她是老九。她本人上过小学，平时在家门口摆个地摊卖衣服，一天也只能赚 10 多元钱。

他们的大女儿 9 岁半，和弟弟袁 P 都是在昆明出生的，现在公办学校福海小学上 3 年级。女儿以前在私人办的白马小学上学，一个学期要 850 元，现在在福海小学不交学杂费了，只交每个月 160 元的午餐费。大女儿的学习成绩还可以，他们想让她在船房上初中，之后回老家中考。

问袁 P 的父母还想再要孩子吗，他们明确地说不想再要了，两个就够了，现在孩子的花销太大了。

自从袁 P 上了公益幼儿园后，他妈妈腾出手有时间了，想找个工作。但由于只上过小学，又没什么技能，她目前还没有找到工作。

---

5 个孩子的家庭

徐 Q X，3 岁，男孩，通过中国发展研究基金会的公益幼儿园项目现就读于金太阳幼儿园。他们一家 7 口人，租住在一个 50 多平方米的套间，每月 600 元的房租，另外要交 150 元的水电费。Q X 的父母都是贵州毕节人，因为家里穷，都只读到了初中。

孩子的爸爸从事运输业，开车给别人送货。据他说，现在车子越来越多了，油费也不断地上涨，越来越不好开了。孩子的妈妈没有工作，在家里带孩子。他们夫妇有 5 个孩子。老大，女孩，11 岁，现在公办的昆湖小学上 5 年级。老二，男孩，8 岁，在船房的明德小学上 2 年级。老三，女孩，5 岁，在金太阳幼儿园上大班。老四，也就是 Q X，3 岁，通过项目在金太阳幼儿园上。老小是一个只有 11 个月大的男孩。

看到这么多孩子，我们不禁问妈妈："难道不罚款吗？"

她回答说："罚啊，我们被罚了 5 万。到目前为止交了 6000 元，慢慢交吧，再说我们也没钱。"

她说目前最大的困难就是供孩子上学。大女儿刚开始在民办的华茵小学上的时候要交钱，现在在公办的昆湖小学上不用交学杂费了，每个月只要交 160 元的午餐费。老二在船房的明德小学上学，每学期要交 360 元的学费。老三在金太阳要每个月交 200 多元的入托费。她特地强调说，如果没有你们的公益幼儿园项目，老四是不会现在就送去读幼儿园的。

问她："你认识的人中还有人有这么多孩子的吗？"

她确定地说："我周围的老乡中有 5 个小孩的还是有一些的，到了 3 岁没有上幼儿园的也有。"

（二）流动儿童接受民办早期教育状况

1."山寨幼儿园"的形成

船房社区没有公办幼儿园，只有 8 所民办幼儿园。而这 8 所民办幼儿园，明显是由民间自发兴办的，在现行教育体制之外的，不满足现行托幼机构注册标准而未能在教育部门登记注册的托幼机构，即所谓的"山寨幼儿园"。这些"山寨幼儿园"形成的原因是复杂多样的。

第一，有需求。船房社区有8万多的流动人口，他们中有越来越多的人在船房生孩子或是将老家的孩子带到船房来生活。随着人们对学前教育越来越重视，越来越多的流动家长希望在孩子到年龄后，能跟城里孩子一样上幼儿园。但船房社区又没有公办幼儿园，由此给了这些现行教育体制之外的民办幼儿园以机会和生存空间。这样也一定程度上解决了流动儿童入园的问题。

第二，社区内公办园缺乏。船房社区内没有公办幼儿园，体制内学前机构供给不足。这是因为我国的学前教育规划是按照城区户籍人口制定的，而船房这样的"城中村"则往往不在规划之内。同时，学前教育财政经费有限，城市户籍儿童尚且存在投入不足、入园难的问题，流动儿童就更不可能获得更多的投入和关注。

第三，门槛低。由于属于体制外"无证、无资质"的幼儿园，创办"山寨幼儿园"的门槛很低。基本上租几间民房，聘请几个刚出学校的学生就可以开园招生了。

第四，收费低，服务"灵活"。由于无证、无资质，设施简陋，师资单薄，投入不大，因而这些民办幼儿园的收费都较低，较好地适应了多数社区流动人口收入较低的现状。同时，这些园的许多教学都是根据家长的需求来开展的，如中班开始就教拼音和算术；有些园为了适应流动家长工作忙和时间长的特点，允许家长晚上才来接孩子。

第五，管理混乱，缺乏支持。由于处于体制之外，所以平常教育、卫生、消防等部门都不会来管。而等发生了安全卫生事故后，这些部门又会全部"出现"地来管。同样因为属于体制外，这些园既无法获得相关经费上的支持，也无法获得师资培训等方面的支持。

最后，当前对这些园既无法取缔也无法收编。如果因为目前"山寨园"的事故频发、保育质量低而取缔这些园，那么船房社区的流动幼儿就面临着无园可上的局面。而如果将这些园进行改造从而纳入正规学前教育体系中，这又是当前地方政府在教育经费、基础设施和管理等方面短时期内无法承受的。由此，就如何处置这些"山寨园"的问题，政府面临着两难的选择。

2. 接受民办早期教育的状况

船房社区属于昆明典型的城乡结合部。根据世界银行最新采用《幼儿学习环境评量表》（ECERS-R）对昆明市幼儿园所做的评估，昆明城乡结合部的幼儿园在机构活动结构、活动、生活常规、空间设施、互动、家长与教师等方面都落后于城市幼儿园（表4）。这表明这些城乡结合部地区的儿童接受的早教质量在一定程度上要远低于城市儿童所接受的早教（梁晓燕、傅予、张亦勇，2014）。

表4　　　　　　　昆明各地区幼儿园 ECERS-R 平均得分比较

	城市	城乡结合部
机构活动结构	1.86	1.63
活动	2.05	1.88
生活常规	2.18	1.64
语言–推理	1.88	2.18
空间设施	2.55	2.14
互动	2.61	2.34
家长与教师	3.34	3.05
合计	2.38	2.16

资料来源：梁晓燕、傅予、张亦勇，《挑战和机遇：云南学前教育研究》，上海教育出版社 2014 年版。

具体到船房社区，目前的早期教育服务主要有以下特征。

①缺乏正规的办园资质。船房社区现有民办幼儿园 8 所，这 8 所没有一家具有教育局颁发的正规办园资质，也没有一家能够完全符合国家的相关办园软硬件标准。

②办园者缺乏专业背景。所调查的民办幼儿园办园者多数都无学前教育专业背景，也缺乏长期的幼儿园工作经验，许多都是看到办幼儿园有利可图而从其他行业"半路出家"的。在 8 所幼儿园的园长中仅有 1 人毕业于幼师，1 人有在公办幼儿园工作的经验。

③位置环境差，存在安全隐患。由于身处城中村中，虽然这 8 所幼儿园都有自己或大或小的独立空间，但幼儿园的周边混杂居住着各类外来务工人员，环境嘈杂、污染比较严重，如苗苗幼儿园一出门就是社区的市场。同时，这些幼儿园大多租用的是社区的房子，多数存在建筑老旧、楼层高、设施简陋等问题，安全隐患很多，极易发生火灾、跌落摔伤和传染病等。据调查，我国学前教育领域发生的意外事故，九成以上发生在这些私立幼儿园，所谓的"黑户幼儿园"均属于这一行列。

④生源多、服务时间长。船房社区 8 所幼儿园的生源基本都来自于流动儿童。有 2 所幼儿园的人数达到了 200 人以上，其中苗苗幼儿园有 500 个孩子，其他 6

所幼儿园人数在 100 ~ 200 人之间，在园的儿童人数会随着季节的变化而有所增减。由于流动儿童的父母大多从事的是劳动时间长的工作，无暇照顾孩子，因此这些幼儿园的服务时间一般都很长。幼儿园一般从周一到周五都开放，孩子早上7：30 就有入园的，而晚上有时会到五六点才离园。

⑤教师学历偏低，素质有待提高。调查发现，初高中学历的教师占到整个幼儿园老师的 85%，只有 16.7% 的老师为大专或以上学历。同时，这些教师中只有约 50% 的具有幼教专业背景。总体上教师素质偏低。同时，由于民办幼儿园工资相对较低，好的教师很容易找到待遇更好的幼儿园，由此经常出现教师流失的现象。

⑥教学为主，缺乏活动和游戏。调查发现，这些民办幼儿园的各个年龄班级普遍以教学活动为主，识字、拼音、数学、英语、珠心算、手指算等，有些幼儿园还开设有舞蹈和绘画课程。调查中有许多老师反映孩子的户外活动时间少于 2个小时，主要是因为"没有地方，没有材料，没有条件，我们只能根据教材给孩子们讲课，最多加上一点故事变得形象一点"。

⑦优质幼儿园的高收费，让不少流动家庭和儿童望而却步。以船房的苗苗幼儿园为例，在该园就读一年所需的托儿费不低于 5000 元，并且随着最近的物价上涨其费用还有进一步上涨的趋势。而根据我们对船房社区流动人口的调查，流动人口家庭的月平均收入在 2000 元左右，还有超过 1/4 的家庭收入低于 1000 元。如此一来，较高的幼儿园收费超出了大部分流动人口的承受能力。

金太阳双语幼儿园

金太阳是船房社区最便宜的幼儿园。我们去的时候还没到放学时间，园门口既没有保安也没有看门的。敲门后，一个活泼可爱的小女孩蹦蹦跳跳地过来给我们开门。本以为她会叫老师，可没想到她伶俐地攀上半人高的园门给我们开锁。迎面是一个约 7 ~ 8 平方米的小院，是孩子们平常游戏的地方。再往里走，则是一楼一个略显昏暗的约 5 ~ 6 平方米的教室，一些陈旧的教具凌乱地堆放在角落里。20 多个小班的孩子大声的在里面喊着、叫着、跳着。孩子们穿着五颜六色的衣服，有些已经很旧了。

金太阳由尹姓的姐妹俩经营，是 1 年前从其他人手中接手过来的。园里现有幼儿 140 多个，全都是船房外来人口的子女，有大班 1 个、中班 2 个、小班 1 个（最小的 1 岁，最大的 3 岁半）。幼儿园租了 4 层楼，一个班占 1 层。整个楼里除了幼儿园，还有几家住户。幼儿园每天从早上七点开到晚上七点。园长说她们很少能晚上七点下班，许多孩子的家长只顾着自己买菜和打麻将，通常都是很晚了才来接孩子。

金太阳总共有9个老师，负责小班教学的老师是初中文化程度，有1个中班老师也是初中文化程度，大班的2个是中专文化程度但并非幼师专业毕业。金太阳是船房最便宜的幼儿园，小班250元／月，中班和大班220元／月。幼儿所缴纳的费用包括一日三餐的费用。园里的早餐一般为稀饭、米线和面条，中餐为米饭和青菜、肉末等菜肴，下午餐为一个荤素搭配的菜和一个汤。由于幼儿园不提供牛奶，有一半的幼儿每天自带牛奶。教学方面，小班主要是游戏和看电视，大班则以数学、语文和英语为主，中班处于两者之间。

园里老师的月平均工资约为1000多元（以前为800～900元），没有任何社会保险。一般新来的老师工资为700多元／月。老师们没有任何的培训和学习。园长反映目前幼儿园老师的招聘相当困难，主要是嫌工资低，吃不了苦。金太阳一年的运营成本约在4万～5万元左右。姐妹俩个为办这个幼儿园已经先后贷了20万元的款。园长说，与其他幼儿园相比，她们的优势在于收费低。金太阳有在教育局登记，但由于安全、场地、师资等达不到相关标准，因而没有办园资质证书，属于典型的"无证经营"，处于非法存在的"灰色地带"。

园长是昆明华夏中专幼师专业毕业，来船房办园之前，在昆明明波社区办幼儿园。明波也是昆明的一个城中村。她说与船房相比，明波的小孩比这边少，房租更便宜，但老师的水平没这边高。明波那边的城中村拆迁了，她们只能来这里。如果将来船房也拆迁了，她们也不知道该怎么办了，也许就不做了。

希望幼儿园

希望幼儿园就在金太阳的斜对面。希望有一扇绿色的大铁门，并且有专人在门房值班。希望的园长叫陈LH。她原来在马家营办幼儿园，后因拆迁来到船房社区。园里现有幼儿150个，孩子们的家庭状况比金太阳要好一些，但收费也要比金太阳贵不少，350元／月。

希望幼儿园有3层楼，面积1000多平方米，房子是从村集体租的，1个月要1万多元。各个班级依次分布在各楼。园里的院子较大，有23平方米的样子，较为宽敞整洁，有滑梯、转椅等游戏器材。相比金太阳操场是大了不少，但这依然离国家规定的幼儿园标准差很多。

陈园长是1年前从别人手里接手这个幼儿园的。此前的幼儿园叫源茂幼儿园，是 1 个船房本地人办的。源茂的定位是高档幼儿园，配套设施很好，老师的素质也很高，收费相对不算太高。但源茂没有经营多久，很大原因就在于船房的流动家庭收入不高，许多人承受不了较高的收费，即使是那些能上幼儿园的家庭也时常发生拖欠托费的情况。源茂停办的时候，许多该退给幼儿家长的钱都没退，由此也导致了陈园长接手时，许多家长对希望都不太信任，认为还是以前的那家幼儿园。

希望幼儿园有 6 个班，每班最多 35 人，其中大班 20 人，中班 32 人，学前班 30 人（5 岁半），小班 18 人（2～3 岁），小中（2）班 28 人，小中（1）班 28 人。小班主要是教简单的"爸、妈、五官、人、口、手"等字词，从 1～10 数数；小中（2）班简单地动手写点横竖撇捺；小中（1）班一学期学 5 个复杂的汉字；中班学习更多的汉字及 5 以内的加减法；大班学更多的汉字及拼音和 10 以内的加减法；学前班学习 15 以内的加减法及更多的汉字和拼音。陈园长说不教这些内容的话，家长会不愿意，会影响幼儿园的声誉和经营。幼儿的家长多为外地流动人口，每天因工作或生意忙得都没有时间照顾和教育小孩，有老人的还好一些，没老人照看的甚至第二天会没洗脸就来园里。

园里现有 12 名老师，其中 5 个幼师毕业，6 个高中毕业，1 个是大专生。每个班都是一保一教，另外有 3 个办公室及做饭的人。老师的月平均工资为 1300 元左右，保育员约为 900 多元。老师们都没有社会保险，据陈园长说是老师们不愿意上。老师在园里包吃，部分住在园里的宿舍，部分租房住。老师都是从社会上公开招。现在招聘比较困难，刚毕业的不行，没经验也不愿意吃苦。陈园长说，不知现在是怎么回事，即使农村出来的干活也不行了。

园里的学生流动性很大，从小班一直上到学前班的幼儿连一半都到不了。入园费是 1 个月收一次。陈园长是去年 9 月才接手这个幼儿园的，刚开始 10、11、12 月的时候都是亏损的，过完年后才好转起来。陈园长原来所在的马家营也是一个城中村。相比船房社区，她认为马家营较好，人气旺，刚开始的时候就有 50～60 人，后来发展到 200 多人。收费最开始是 150 元 / 人，后来涨到 300 元 / 人。希望幼儿园在教育局有正式登记，每年教育局也会来年检。陈园长以前在严家地办园时有办园资质，那时民办幼儿园相对较少，批准没那么难。

陈园长今年已有 60 岁左右，自己最早是在公办幼儿园当老师，后来自己开办幼儿园。她认为现在政府对民办幼儿园的政策很宽容，各个方面正在向公办幼儿园方向靠拢。但她同时也强调，那些没有办证的幼儿园在抢他们的生意。因为没有办证各项费用较低，各个方面能凑合就凑合，都是低标准。据她说办证及相关的各项费用下来要几千元。

小龙人幼儿园

小龙人是船房社区开办最早的民办幼儿园。幼儿园在一座二层楼的第二层上，一道半人高的园门锁着。园子的一边紧靠一家纺织刺绣厂，车间就在孩子们的教室下面，不时传出机器的轰鸣声。跨过园门就是一个20平方米左右的院子，摆放着几个旧的滑梯和桌椅，孩子们每天在这个院子里做操和游戏。

园长叫郑YH，女，37岁，电视广播大学幼师专业毕业，接手这个幼儿园已6年。幼儿园现有100多个小孩，分为小班、中班、大班和学前班，每个班约有20个小孩。幼儿园的费用第一个月为300元，以后为每月250元。园里提供一日两餐。早餐通常有稀饭、面条和米线；午餐通常是两菜一汤，有黄瓜、鸡蛋、洋芋、肉末和罗卜汤。小班的孩子大多2~3岁，主要教一些汉字、儿歌和卫生常识；中班教1~20的数字、点横竖撇捺、舞蹈和常识；大班主要是认识拼音，教20以内的算术和5以内的减法；学前班是写拼音注字，上音乐、美术、科学、舞蹈和社会保护课。

小龙人共有12名老师，其中4个是幼师中专毕业，2个是师范大专毕业。老师中本地的有1个，其他的都是外地的，主要来自楚雄和大理。幼儿园老师包吃包住，工资从1500~1700元不等，依据带班的好坏和工作年限而定。老师有定期的培训，新来的老师要培训3~4个月。幼儿园的老师都是社会公开招聘来的。现在招有经验的老师很难，园里去年5次登报才招了一个好老师。好老师通常意味着学历高、有经验、会普通话。老师们有的住在幼儿园里，有的在外面租房住。园里只给老师们买了意外伤害险，没上其他的社会保险。目前小龙人老师们的稳定性还可以。

小龙人的孩子大多都是流动人口的孩子。郑园长说，幼儿园难做，主要是风险大、压力大。她们一般要从早上七点忙到晚上的八点多钟。每周五要进行一次大的检查。幼儿园每年都要去教育局登记，接受年检。来船房之前，她在昆明的良家河办园，后来因为拆迁她就来到了船房。小龙人一年的费用大概要十几万。目前100多个孩子已经趋于饱和了，她们不准备再招了，孩子多了风险大。

郑园长说，她们园中比较困难家庭的小孩占了一小半，那些单亲家庭的更困难。她们对这些小孩也尽量给予照顾，如双胞胎来就少收40元，姐妹两个一起来的可以优惠。她还讲了一个典型的例子。有一个月托的孩子，父亲是曲靖的，因为打架被抓了，母亲也和父亲离婚了。结果孩子就没人管了，一年多的时间就住在幼儿园里，园里对他不收费，同时老师们还精心照顾孩子。直到上个月，通过派出所终于找到了孩子的亲生母亲，把孩子领走了，好像离开船房去了别的地方。园里的小孩流动性也较大，每个月有10人左右的出入。

乐思瑞幼儿园

乐思瑞是6个项目幼儿园中唯一一个没有游戏活动场地的。幼儿园的大门是一扇普通的防盗门，为了安全，一天中的大部分时间都是锁着的。进了门就是一段并不宽敞的楼梯，有点暗。上了楼，二、三层就是教室和园长的办公室。整个乐思瑞有有教室6间，睡室10间，玩具室4间，都不太大，总面积有800多平方米。园子里配有各种大小的玩具：塑料滑梯、海洋球池、摇摇马、跷跷板、智力模块等，但这些玩具都只能放在楼里不太宽敞的空地和角落里供孩子们嬉戏。

乐思瑞目前有幼儿138人，大多为流动人口子女。园里有教师6人，保育员5人，煮饭工2人，清洁工1人。教师中有2人大专在读，其余全部为中专及以下学历。园长张老师原来是船房明德学校的老师，后来自己筹集资金办了这个幼儿园。在她看来，虽然在船房这样的城中村办幼儿园有需求，但很累，风险也大。首先面临的就是拆迁问题。尽管船房近期还没有要拆迁的消息，但大家都知道早晚要拆的，所以时刻担心着。因为一旦拆迁了，她的投资就都泡汤了。而且拆迁后，再想找个合适的地方租房继续办幼儿园就很难了，要么再加大投资，要么就只好不办了。其次，就是船房大多都是流动人口的现实决定了，她不可能过多投入办一个高档幼儿园，那样的话没有多少人会上得起。

乐思瑞每个月收费280元左右，便宜但一点都不少操心。张园长说，这些孩子的父母都是外来打工的，每天都很忙，所以把孩子一丢给你就不管了，一般都很晚才来接孩子。同时，他们文化程度也不高，一旦孩子在园里有个磕着碰着了，那可不得了，他们会不依不饶地找你理论。在他们看来，交了钱，你就得负责他们孩子的一切。

与其他几个幼儿园的园长不同，张园长不太赞同幼儿园教育的小学化。她说，乐思瑞的5个教学班都是严格按照教学大纲实施教育，针对幼儿的不同特点实施不同的教学方法，坚决杜绝小学化教育。她更注重幼儿的身心健康、行为习惯的养成等。几年下来，家长们对此也多有肯定。

问到眼下办园的困难，张园长说主要是以下 3 个方面的问题。首先是幼儿园的"硬件"。园舍占地面积小，教室的基本配备不合理，部分设施布局比较落后。虽创建了幼儿专用活动室，但受到场地的限制，难以合理规划。其次是缺乏有影响力的教师。尽管现有教师的工作热情很高，但理念与行为之间存在较大的落差，将先进的教育思想转化为教育实践，对教育对象的了解与分析，对教育实践的反思与创新明显不够。最后，就是后勤人员的整体素质、水平和能力有待提高，员工的自学意识不够，参与保育和教育的能力缺乏。

最后，问到她对未来发展的期望时，她笑着说："希望国家对我们这样的流动儿童的幼儿园扶持力度能大一点，这些孩子我们不管，就真的没人管了！"

苗苗第二幼儿园

苗苗二幼是康贝尔教育集团开办的。康贝尔是昆明市一家幼儿教育企业，共有 8 个幼儿园，但目前有两个幼儿园因拆迁而关闭了。一个叫康琪尔，在昆明下马村，刚刚开业了一年就因拆迁被拆掉了，公司损失了 60 万～70 万。另一个是苗苗第一康贝尔幼儿园，在严家地，不久前也因拆迁而关闭了。园长现在最担心船房社区拆迁的事。因为一拆迁，公司的所有投入就没了。同时由于拆迁，现在寻找合适的地点和房子变得越来越难，也越来越贵。开办一个幼儿园，除了房租，还要装修、买教具等，如果成本太高，家长尤其是流动儿童家长是承受不了的。

苗苗二幼可以说是船房社区最好和最大的幼儿园，同时也是最贵的幼儿园。苗苗租了一个 3 层的楼房，约有 1000 平方米左右，但操场同样不大，也就是 30 平方米的样子。园里现有 500 多名幼儿，分为托班（两岁半以上）、小班、中班、大班和学前班，一般每班 30 多人，小班有 40 多人。幼儿园总共有 55 名老师，均为社会公开招聘，学历基本为大专，所学为幼教专业。

苗苗的学费从去年下半年以来已涨过两次价了，由原来的 350 元 / 月涨到 390 元 / 月，最近又涨到了 420 元 / 月。苗苗的老师解释主要是因为近期物价上涨导致成本上升。苗苗的学生的家庭条件都是社区中相对较好的。园长说，船房小学校长对苗苗的小孩比较认可，认为基础好，也更愿意接收。但与公司其他幼儿园相比，这个幼儿园的盈利状况不太好，目前的收费水平也就是仅仅维持正常的运作。

园里的孩子基本上本地的和外来的各占 50%。学校提供一日 4 餐，园长说幼儿家长很认同学校的餐饮，一般进园以后不久孩子就长高增重。表5是一份苗苗幼儿园的食谱。

表5   苗苗幼儿园某周食谱

日期	早餐	中餐	午点	晚餐
25日	番茄鸡蛋面	小米饭、桂花肉、香菇京白菜、腌菜洋汤	蒸黄金瓜	小饭、粉蒸肉、韭菜炒银芽、筒骨茴香汤
26日	牛奶 米糕	米饭、木耳炒肉、蒜小黄瓜、紫菜鸡蛋汤	鸡蛋玉米羹	米粉、红烧肉 番茄洋芋片、青菜汤
27日	焖肉米线	三鲜刀削面	水	米粉、蒸肉饼 金钩白、腌菜豆汤
28日	小米杂粮 西式火腿	双色饭、三色鸡丁、青菜苏红都、筒骨冬瓜汤	牛奶 餐包	双色饭、叉烧肉、甜脆莲花白、笋尖汤
29日	粑肉卷粉	高粱饭、芙蓉蒸鸡蛋、翡翠黄瓜、菠菜汤	水果 萝卜	海鲜云吞

相比船房其他幼儿园，苗苗的管理比较规范和人性化。幼儿园的每个小孩过生日，整个幼儿园都会一起庆祝，吃蛋糕、送纪念品和纪念相框。幼儿园对于表现好的幼儿给予3角/天的积分奖励，到月底时可以兑换玩具。

学校老师的工资，最高的是那些特色班的老师，包括提成在内有2000多元，其他老师最低也有1600～1700元。苗苗的园长也反映，现在想招一个有经验、肯安心留下来工作的老师非常不容易。园里对老师经常进行培训，个别突出的教师会被集团送到广州甚至是国外去学习，这些老师学成后再培训其他的老师。集团还经常送老师到昆明的师专或集团本部的培训中心去学习。

苗苗的园长目前最大的担心就是城中村改造导致的拆迁。园长说，苗苗第一幼儿园因拆迁闭园时，她们办了一个和孩子的告别活动，当活动开始音乐响起的时候，老师和孩子的眼泪马上就流了出来，大家都依依不舍的，可是没办法，还是只能关闭了。幼儿园关闭后，部分老师找到了工作，部分老师就安排到了现在的这个幼儿园。园长说，在城中村办幼儿园真的是一个良心工程，他们这个幼儿园房子租的是船房社区五社的房子，是从二房东那里租来的，一年光房租就18万元，加之最近物价飞涨，成本也飞涨，他们几乎没什么钱赚。长期以来，教育局对民办幼儿园都没有补助，而他们办园不仅解决了流动儿童的早期教育问题，而且还解决了部分人的就业。

四、影响流动儿童早期教育的因素

1. 政府对流动儿童教育认识的偏差

目前各级政府和机构对流动人口和流动儿童基本上秉持的是治理的态度和管理的办法。根本没有意识到城市在享受流动人口为自己留下各种服务的同时，却为他们及其子女提供了一个充满歧视的生存空间。普遍的观念是，如果城市把进城务工子女的教育问题解决了，会造成更多外来务工人员及其子女的涌入，进一步挤占城市里现有的教育、卫生等资源，甚至会带来犯罪等社会乱象。

2. 流动儿童家长对学前教育重视不够

由于流动儿童父母普遍文化程度偏低，信息渠道闭塞，从而影响着他们对幼儿早期教育重要性及相关知识的认知，进而影响到他们的孩子能否正常接受幼儿园的早期教育。部分家长仍然秉持传统的育儿观念，认为只要有老人看着，孩子吃好、玩好，上不上幼儿园无所谓，或大点去上个学前班就可以了。部分家长则因为家里孩子多，从经济的角度出发，通常会送男孩或较小的去上幼儿园，而女孩或较大的孩子留在家里。

3. 流动儿童家庭贫困

流动家庭的贫困严重影响着儿童的早期教育。相比城市家庭，多数流动儿童家庭收入水平都较低，部分家庭的收入甚至游离于低保线边缘。除去日常的必要生活支出，能用于子女教育的花费所剩无几。在家庭收支状况不允许孩子接受学前教育的情况下，大多流动家庭选择让孩子辍学。而在流动人口居住的城中村普遍缺乏公办学前教育资源的情况下，部分民办学前教育的高收费也将部分流动贫困儿童阻挡在学前教育的大门外。

4. 公办学前教育资源短缺

尽管船房社区居住着 6 万～8 万多流动人口，但到目前为止却连一所公办幼儿园都没有。公办学前教育资源短缺。与此相应的是，2011 年昆明市共有 719 家幼儿园，其中只有 141 家公办幼儿园；船房所在的西山区共有 87 家幼儿园，其中只有 10 家公办幼儿园，并且近 10 年来没有新建一所公办幼儿园。

5. 民办幼儿园质量参差不齐

幼儿园质量是决定早期教育的关键。船房社区现有民办幼儿园 8 所，但没有一家具有教育局颁发的正规办园资质，也没有一家能够完全符合国家的相关办园软硬件标准。办园者缺乏专业背景。位置环境差，存在安全隐患。生源多、服务时间长。教师资源不足，招聘难，教师素质有待提高，经常出现教师流失的现象。教学为主，活动、游戏缺乏，有小学化的趋向。优质幼儿园的高收费，让不少流动家庭望而却步。目前缺乏对民办幼儿园的统一标准和管理。

6. 学前教育财政投入不足

政府财政投入少，幼儿园只能自负盈亏。船房社区当前没有公办幼儿园。整个船房社区所在的西山区也只有 10 所公办幼儿园，并且都是 10 多年之前建立的。调查显示，流动儿童早期教育经费总收入来自家长的占 80%，家庭是当前公共幼儿教育经费的主要承担者。而目前船房社区的 8 所民办幼儿园也全部是私人投资兴建的。这些幼儿园在日常的运营和教学中也几乎很少享受相关的财政补助。船房社区的流动儿童学前教育投入有待增加。

7. 面临城中村拆迁的挑战

船房的流动儿童的早期教育正面临着拆迁所带来的严重影响。调查发现，船房社区现有的民办幼儿园多数都有过因城中村拆迁而被迫转移的经历，少的一两次，多的五六次，并且随着近几年昆明城中村改造的加速，这些幼儿园转移和搬迁的频率也在加快。一所幼儿园的建立，不仅需要前期大量的基础设施、教具和师资的投入，而且需要长期的人气积累和品牌建设，而一旦城中村被拆迁，这些几乎都会被重新"归零"。许多规模小的幼儿园因此就倒闭关园了。而那些规模较大、实力较为雄厚的幼儿园往往也会因此遭受不小的损失，在搬到新的城中村时形成"不敢过多投入、开一天算一天"的局面。更为重要的是，这种频繁的拆迁和幼儿园搬迁所导致的流动儿童学前教育连续性和质量的中断，对儿童的智力和心理发育造成不良影响。

第九章

义务阶段教育

义务教育是国民教育的重要组成部分，是奠定未来高等教育和职业发展的重要基础。义务教育既是个人的义务，也是个人的权利。然而当前，流动儿童在公办学校和农民工子女学校就读的比例约为 7：3。一方面，流动儿童进入公办学校依然困难重重。城市流动人口往往聚集在城乡结合部，"就近入学"原则下，生源的"贫富不均"往往让部分公办学校"人满为患"。另一方面，农民工子弟学校目前面临政策壁垒、办学条件门槛等尴尬，更不同程度地存在资金薄弱、设施简陋、师资条件差、教学质量低、人员流动频繁等问题，不能保证教学质量。不理想的学校环境和教学质量，不仅导致农民工子弟学校学生的学习成绩低于公办学校学生，同时造成了他们对自我身份认同的混乱，对未来城市生活和发展的低预期。

一、义务教育的重要性和社会公平

义务教育是依照法律规定对所有适龄儿童、少年统一实施的具有普及性、强制性、免费性的学校教育，是提升国民素质的基础，是实现社会公平的起点。尽管世界各国宣布实行义务教育的时间先后有很大差别，但目的基本相同，即提高本民族的科学文化素质，促进经济社会的发展与进步，增强综合国力。在国家竞争力日益取决于国民人力资本积累的时代，义务教育的成败也日益成为决定一个国家竞争力的重要因素。而在快速城市化进程中，包括流动儿童在内的义务教育质量则影响着各个城市的竞争力。

接受义务教育是公民的基本权利，实施义务教育是政府的重要职责，支持义务教育是全社会的共同任务。义务教育具有强制性、公共性、免费性和普遍性等特点。第一，强制性。义务教育是国家在全体适龄儿童、少年中普及教育的目标，用法律规定保证适龄儿童入学是国家和家长的义务，以便用国家意志来保证全体国民的共同利益和要求。第二，公共性。国家之所以实施义务教育，其原因在于作为国民基础教育，义务教育能够培养国民共同的社会意识和价值观，提高国民素质，增加国家的竞争力，既是提高国民福利的途径，也体现全国人民的利益。义务教育是公益事业，义务教育具有公共性的特点。第三，免费性。世界各国的普遍经验是没有免费的教育就没有义务教育，也就没有普及教育。没有免费作为前提，外在的强制性无论如何强烈，家长由于缺乏起码的生存条件，无力支付教育及相关费用，也是不能奏效的。同样没有免费作为前提，家庭经济困难的儿童就难以入学，普及就很难实现。第四，普遍性。普及教育是国家对全体国民实施的某种程度的普通教育，其"程度"由一国政治、经济和文化发展状况而定，其对象包括成人。新修订的《义务教育法》中第四条规定："凡具有中华人民共和国国籍的适龄儿童、少年，不分性别、民族、种族、家庭财产状况、宗教信仰等，依法享有平等接受义务教育的权利，并履行接受义务教育的义务。"

教育机会均等与社会公平有着极为密切的联系，教育机会均等是社会公平的重要内容。首先，教育机会均等是建立社会公平的重要基础。教育活动是社会活动的组成部分，教育机会均等则是社会公平的构成要素。同时，教育作为社会的基础性事业，关系到每个社会成员，实现教育机会均等就为建立社会公平奠定了广泛而坚定的基础。其次，教育机会均等是推动社会公平的有效途径。人是社会的主体，只有实现了教育机会均等，才有可能使社会弱势群体改变自身的生存状况，以消除社会差距，保证社会的公平。教育是实现代际流动，实现社会公平的重要途径。最后，教育机会均等是检验社会公平的文化标尺。

流动儿童（主要指义务教育阶段儿童）的受教育情况逐渐得到了政府的重视，政策的支持力度在加大。1998年我国颁布了《流动儿童少年就学暂行办法》。2003年国务院办公厅转发了《教育部关于进一步做好进城务工就业农民工子女义务教育工作意见的通知》。2004年规定流动儿童进入公办学校就读免交"借读费"等。明确了实施"两为主"，即流入地和公办学校为主的政策。然而，我国目前约有3500万流动儿童，在教育资源分配不公以及城市对农村排斥的情况下，导致他们的受教育权仍然无法从根本上得到保障。流动儿童或因教育设施落后，或因城市排斥，他们的受教育权不断受到挑战，这与《宪法》所规定的平等接受义务教育的规定背道而驰。在许多城市，流动儿童在当地城市借读，必须提供父母的暂住证、户口簿、就业证明、社会保险证明等"五证"甚至"七证"，才有可能被接收。同时，有限开放的公办学校，还会通过赞助费、捐款等隐性条件抬高农民工子女入学的门槛，想办法将他们拒之门外。在入学后，有些学校又会通过分班、师资配置等方式进行区别对待。一些城市不仅不承担保障农民工子女接受义务教育的职责，还阻止社会力量在公办教育之外寻找出路，致使民办教育和属于自救性质的农民工子弟学校得不到发展，打工子弟的受教育环境极端恶劣。教育权是社会流动与阶层改变的重要途径，也是目前人们改变身份的相对公平的机会，如果连基本的受教育权都得不到保障，流动儿童很有可能无法摆脱贫困的命运。

国家在对义务教育方面的责任是占主要地位的。义务教育是国民教育，是一个国家综合国力的重要体现，义务教育是国家整个教育系统的基础，所以义务教育的普及在世界各个国家都受到充分的重视与关注。国家有义务为本国公民提供免费的义务教育，为公民接受义务教育创造条件。保证义务教育能够实施、为所有人提供受教育的条件，这是政府的责任。

二、教育公平及流动儿童义务教育的研究综述

（一）有关教育公平的研究

国外在对教育机会均等方面的研究中最著名的，当属科尔曼 1966 年撰写的题为《教育机会均等》的报告。在报告中，他剖析了 19 世纪以来教育机会均等观的演变过程，认为在不同的历史时期，教育机会均等表现为不同的教育理念和诉求。在 19 世纪公共教育问世时所形成的教育均等思想，是指向所有的儿童提供相同的普通课程。20 世纪初，人们发现所谓"普通课程"是为少数人升学服务的，真正的教育机会均等，应该是根据每个儿童期望的未来提供相匹配的课程。50 年代，强调教育效果的机会均等观念开始形成。60 年代，人们更强调对教育输入各种资源的机会均等。1964 年科尔曼在美国领导了对各种族教育机会问题的调查。在调查设计中，他提出了衡量教育机会是否均等的 5 种标准：①看社区对学校的投入的差异；②看学校的种族构成；③看学校的各种隐性条件；④看学校对背景相同和能力相同的个体所产生的教育效果；⑤看学校对具有不同背景和能力的个人产生的教育效果。科尔曼的调查显示：差别性校外影响远远大于一致性校内影响；学校非但不能实现教育机会均等，反而会加深种族与阶层之间儿童的差异。由于存在着差别性校外影响，机会均等只可能是一种接近理想的状态，永远也不可能完全实现（Coleman，1966）。

瑞典教育学家胡森分析了教育公平问题。他指出所谓"平等"，首先是指每个人都有不受任何歧视地开展其学习生涯的机会，至少在政府创办的教育体系中应该如此。其次，是指平等地对待每一个人，不管其种族和社会地位如何。最后，

在制定教育政策时，应确保入学机会和学业成就的机会平等。他通过大量的研究证明，在工业化国家造成教育不平等的主要因素是家长的职业与教育程度，在发展中国家影响不平等的因素与学生的社会出身相关（如居住地、家庭收入、性别和种族等）（易红郡，2010）。

美国学者罗尔斯从正义原则出发，指出人们天赋之间的差距是无法真正消除的，但可以为那些天赋和出身较低的人以某些补偿以弥补他们与天赋和出身较高的人之间的差距，为此，教育补偿是实现社会公平的必要条件。遵循教育补偿原则，较多的教育资源应该花费在智力和出身较差的的人身上，至少在早期学校阶段应该如此（易红郡，2010）。

学者列维（Levin）在研究西欧社会教育机会与社会不平等时指出，评价教育机会均等应该有四个方面的标准：具有相同教育需求的人被给予的受教育机会均等；不同社会背景的学生获得教育的机会均等；教育结果均等；教育对生活机会的影响均等（李丽华，2010）。

关于人口迁移变动对教育的影响，学者甘纳·福格斯泰德研究发现，人口的迁移变动会刺激人们受教育的动力和改变地区学龄人口的数量。学者 M 桑德拉·派克对流动儿童学习问题给予了特别关注。他认为，频繁流动对儿童的学习不利，会导致流动儿童辍学率高、成绩较差、留级的比例更大等等。尤其当贫困与流动性结合时会对儿童学习带来更为严重的影响。他还对如何降低和清除人口流动对儿童学习的不利影响进行了对策探讨（李丽华，2010）。

（二）国内对流动儿童教育的研究

国内最早涉及外来务工人员子女教育问题的，是 1995 年 1 月 21 日《中国教育报》刊登的记者李建平的文章《流动的孩子哪上学——流动人口子女教育探讨》。但真正意义上的研究，大致是从 1998 年前后开始的。赵树凯在 1998～1999 年对北京的 114 所打工子弟学校进行了大规模的调查，对学校概貌、办学者群体、流动家庭的教育决策进行了描述分析，提出要重视"移民二代"的成长（赵树凯，2000）。张斌贤以 1997～2001 年发表的有关流动人口子女教育问题的研究文献为基础，对该问题的研究进行了梳理（张斌贤，2001）。段成荣等则对流动儿童教育问题的现状及急需解决的问题进行了初步的探讨（段成荣，2001）。

2001 年，农民工子女简易学校成为研究热点。北京社科院韩嘉玲的《北京市流动儿童义务教育状况调查报告》详实而又客观地指出流动儿童义务教市场化的形成机制，以及流动儿童学校的基本状况：流动、边缘和不规范（韩嘉玲，

2001）。而吕绍青、张守礼的《城乡差别下的流动儿童教育——关于北京打工子弟学校的调查》则重点强调儿童权利，把农民工子女看作一个城市化进程中的独立群体来研究（吕绍青、张守礼，2001）。

2001～2007年，众多学者开始探究导致外来务工人员子女教育机会不均等的原因，寻求解决问题的对策。综合来看，社会生产力发展不平衡，国力尚未达到一定高度，是形成农民工子女教育问题的根本原因。而社会制度的变革滞后，城乡二元户籍制度是造成农民工子女教育问题的体制原因。义务教育体制与市场经济不相适应，义务教育户籍管理学籍、义务教育财政体制的过度分权，是造成农民工子女学校教育问题的直接原因。普及义务教育所需的资金由地方负责筹措与分配，流入地与流出地政府之间在现有义务教育体制下，对农民工子女教育的责任不明确，一个地方的学生越多，地方政府的财政压力就越大。此外，城市对农民工及其子女存在歧视与偏见，流动人口的社会管理与服务体系不完善是造成农民工子女社会教育不公平的外部原因。流动人口的家庭经济贫困、自身素质问题以及职业流动性是农民工子女教育问题出现的主观原因（张铁道、赵学琴，2002；孙红玲，2001；史柏年，2002；杨文娟、徐望，2001；袁莲生、张秋凌，2003；刘义程，2004；江立华、鲁小彬，2006）。

国内学者还就外来务工人员子女的义务教育问题进行了多方面的探讨，综合来看，多数人提倡为进城农民工子女的义务教育提供政策保障。实现教育公平首要的是应实现教育机会平等，使公民能够自由平等地分享当时、当地的公共教育资源。政策应主要集中于：①户籍管理制度的创新；②义务教育财政体制的创新；③制定切实可行的政策法规体系，强化流入地政府保障流动人口子女就学的管理责任；④降低民办学校的办学"门槛"，鼓励和支持打工子弟学校的发展；⑤建立流动人口子女教育的监控和研究机制（郭彩琴，2001；张铁道、赵学勤，2002；刘义程，2004；郭建鑫，2007）。

三、船房社区流动学龄儿童的基本状况

1. 基本状况

船房小学阶段的流动学龄儿童中女生略多，约占55%。年龄上，以10岁的最多（占到约28%），其次为11岁（18.21%）和9岁（16.43%）。需要指出的，船房小学流动学龄儿童中大龄学生比重较高，12岁以上的占到31%。这在一定程度反映了流动儿童的教育可及性低和学业易被中断的状况。

船房小学流动学龄儿童主要来自西南省区，其中来自昆明以外的云南省内其他地区的占50%，来自贵州的为16.79%，来自四川的为15.71%，来自重庆的为7.14%。而上述省份也基本上都是农民工输出大省。其中，来了昆明1年以上的学生占90%，来了4年以上的占到61%（图1），甚至不少流动儿童本身就是在昆明出生的。这表明这些流动儿童与他们的父辈不同，他们从小就出生和生活在城市。流动学龄儿童中，过去1年中回过2次及以上老家的为46.1%，1次的为32.1%。而一次都没有回过的有21.8%。这也从一个侧面表明，部分流动儿童与老家"农村"的联系正在变得越来越薄弱，已经在向"城市人"过渡。

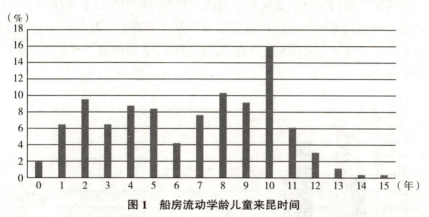

图1　船房流动学龄儿童来昆时间

资料来源：船房社区专项调查。

船房的流动学龄儿童以农村户口为多数，城市户口很少。甚至有18%的学生对自己的户籍情况并不了解（图2），这表明当前"半城市化"的状态已对流动儿童的自我认同产生了严重影响。

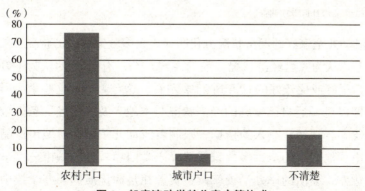

图2　船房流动学龄儿童户籍构成

资料来源：船房社区专项调查。

船房的流动儿童放学后，除了做作业，主要是帮助父母干活，此外就是玩和看电视，这在一定程度上表明他们缺少像城市儿童那样丰富多彩的课外兴趣培养环境和参观学习的机会。

2. 家庭情况

船房流动学龄儿童的家庭规模主要为 4 ~ 5 人，占 63%。38.2% 的流动儿童还有兄弟姐妹留在老家。这表明这些流动儿童家庭不仅面临着流动儿童的问题，而且面对留守儿童的问题。

流动学龄儿童的父母的文化程度偏低，大多为初中及以下文化程度。其中，父亲的文化程度以初中为主，母亲则以小学及以下为主（图 3）。父母的这种低文化水平决定了流动儿童在家庭教育中能获得的学业帮助很少，并且影响着流动儿童的学业成绩。

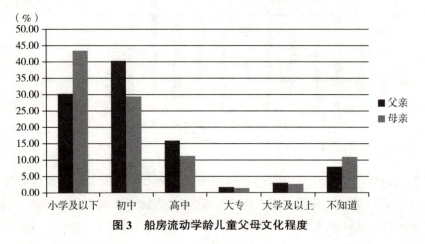

图 3　船房流动学龄儿童父母文化程度

资料来源：船房社区专项调查。

这些流动儿童家庭的经济状况分化明显，大多数家庭经济状况一般。在家庭经济情况上，认为家庭经济状况一般的占到 62%，有 15% 的认为不好或者很不好。而认为很好或比较好的只占到 24% 左右。这是因为，这些学生所做的是横向比较，即以进城后自己家庭的经济状况与本地人及那些经济条件较好的流动家庭相比较。客观经济收入的拮据，限制着流动儿童家庭对城市产品和服务的占有和使用。他们中的绝大多数只能选择入学门槛较低的城市公办学校和收费便宜、收费方式灵活的民办学校就读，资源充足而优质的公办学校中难见流动儿童的身影。

这些流动学龄儿童来昆明以后大多搬过 1 次以上的家。搬过 1 次家的占

24.05%，2 次的占 22.50%，3 次的占 21.76，完全没有搬过家的只占 11.83%（图 4）。这表明多数被调查的流动儿童都有在昆明流动的经历，这种经历应该是和当前昆明的城中村改造密切相关的。对流动儿童而言，搬家意味着与原有伙伴关系的中断，离开熟悉的环境，要熟悉新的环境。这种高频率搬家会降低流动儿童对城市环境适应的热情和主动性，使他们的心灵处于一种漂泊的状态，缺少对所住社区的认同感和责任感，一定程度上阻碍了流动儿童与城市融合的进程。

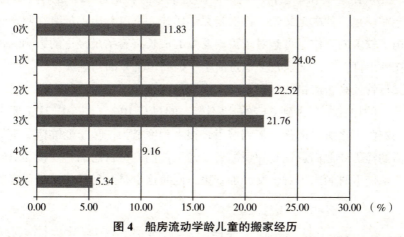

图 4　船房流动学龄儿童的搬家经历

资料来源：船房社区专项调查。

被调查的流动儿童家庭几乎都以租房生活为主。只有 17% 的学生表明自家有自购住房。访谈中发现，在船房社区这样典型的城中村中，经常是十几平方米租来的一间房里住着一家老小，条件较差，空间狭窄，"吃喝拉撒都在一起"。

张 T 的"书房"

张 T，男，12 岁，在船房小学上 5 年级。他和父母还有 1 个妹妹，一家 4 口人租住在一间 12 平方米的房间中。就是这样一间只能放 1 张大床，1 个小方桌、1 个小柜子和 2 把小凳子的房间，现在每月的房租也要 400 多元。房间只有朝西的方向有一扇不大的窗户，一到下午屋里如果不开灯就会黑乎乎的。白天，这间屋子是爸爸上夜班回来后的"卧室"，也是妈妈给别人赶制缝纫活儿的"车间"，同时也是他们的"厨房"。下午放学后，这里就是张 T 的"书房"。房间里东西杂乱，光线也不好，所以张 T 一般放学后都不愿意待在房间里。往往都是在妈妈三番五次的催喊下，他才会不情愿地回到"书房"中做作业。他说，他很羡慕有些城里的孩子不仅有自己宽敞明亮的房间，还有自己的电脑。他说他的梦想就是长大了挣钱给父母和自己买个大房子，但也觉得以自己现在的学习成绩，这个梦想会很遥远。

资料来源：调查访谈。

流动儿童进入城市后，除了在学校学习时间之外，基本都待在自己的家中，家庭这个难以逃避的环境始终在影响着流动儿童价值观和行为模式的形成。

流动儿童在家里和母亲待一起的时间是最多的。超过52%的学生在家最多是和母亲在一起，其次是父亲，再次是兄弟姐妹。可以看出，母亲在照顾子女方面，承担了较多的工作。母亲对于流动儿童的成长有着举足轻重的影响。这主要是因为在外出打工中，父亲较多地扮演了"挣面包者"的角色。

在父母管教是否严格的问题上，大多数被调查学生认为比较严厉，"比较严"和"很严"的加在一起占到64.2%。"不严"的只有10%（图5）。这主要是因为这些流动农民工之所以把孩子带到城市，很大程度是为了孩子能够接受更好的教育。生活的经历让他们意识到知识的重要性，他们希望自己的子女接受更好的教育，因此他们平时倾向于对子女严加管束，同时这也是与父母的文化程度紧密相关的。

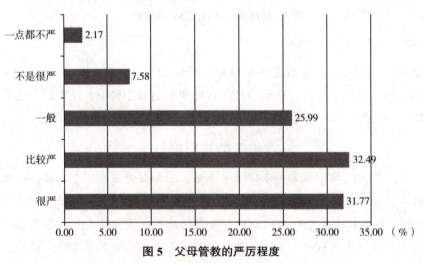

图5 父母管教的严厉程度

资料来源：船房社区专项调查。

在父母过问孩子学习的问题上，70%的家长都是"经常过问"（图6）。这种过问更多的是一些"管束和督促性"的内容，比如"要好好做功课"、"要温习功课"、"最近成绩怎么样"等。由于流动儿童父母的文化水平普遍较低，所以很难对孩子的学习提供专业且有针对性的帮助。

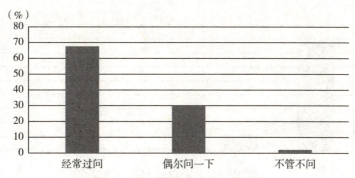

图6 父母对孩子学习过问的程度

资料来源：船房社区专项调查。

被调查的流动学龄儿童父母倾向于教导孩子与城里人多交往。约有 63% 的父母教导孩子要"和他们结成好朋友"或"和他们多交往"。有 19% 的学生称，家长根本没有谈过应该如何和城里人交往（图7）。

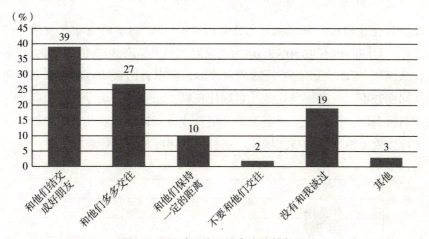

图7 父母对于孩子社会交往的教导

资料来源：船房社区专项调查。

在教育期望上，82% 的流动儿童父母认为"学历越高越好"（图8）。正如绝大多数的中国父母一样，流动儿童的父母将子女看作自己生命的延续，因而对子女抱有很高的期望，有的甚至将自己未能实现的梦想转移到子女身上，"望子成龙、望女成凤"。家长们不只一遍地强调，为了子女上学，他们吃苦受累根本不算什么。这种期望代表一种希望通过子女实现城市化，得以向上流动的愿望。这种教育期望直接影响着家长对子女的教育行为和培养方向，但并不是有期望就一定会有收获。

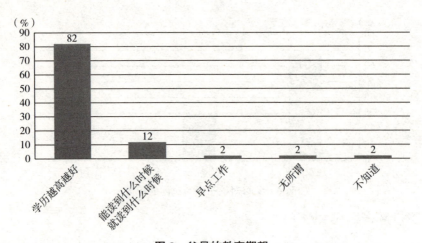

图 8　父母的教育期望

资料来源：船房社区专项调查。

3. 社会认同与社会交往

在对现在住的地方和老家进行比较时，有 43% 的学龄流动儿童认为现在住的地方好，但同时也有近 30% 的认为老家好。另外，有 30% 的人认为"都一样，没有什么区别"（图 9）。如果将后两者相加，可以看出被调查的流动儿童对现住地的认同度并不高。考虑到这些儿童居住在城乡结合部，地方乱、空间小，公共活动参与机会低。他们上学只能上民办学校或指定接收流动儿童的公办学校，再加上父母频繁更换工作和居住场所，这种低认同度是可以理解的。

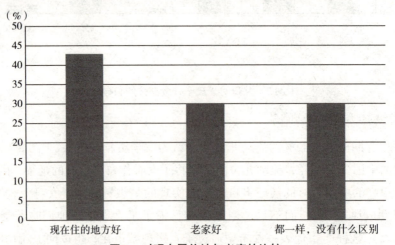

图 9　对现在居住地与老家的比较

资料来源：船房社区专项调查。

　　有 56% 的儿童回答，自己家附近是打工的人多。这与所调查的船房社区典型的城中村性质相符合。这些流动儿童虽身处繁华的都市，但这种繁华似乎与他们没有太多的关系。他们仍旧生活在他们自己的世界中，接触的人多为像其父母一样是从农村到城市来打工的，周围的社区环境相对封闭。

　　有 50% 的流动儿童表示，家人与周围的人"熟悉，经常往来"；40% 的表示"一般熟悉，偶尔往来"（图 10）。有 83% 的学生回答"当家有困难时，会找周围的人帮忙"。90% 的流动儿童回答"当周围人有困难时，会主动地去帮助他们"。这表明这些流动儿童在社区中有着积极开放的社会交往心态。但同时，由于所居住社区周围都是流动人口，同质性高，因而在交往上的距离感和语言、文化障碍较低，易于交往。然而也正是这样的氛围和环境，易于形成城中村独特的亚文化和相对独立封闭的环境。

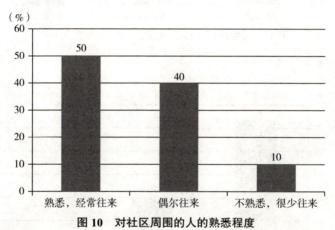

图 10　对社区周围的人的熟悉程度

资料来源：船房社区专项调查。

　　社区环境对孩子日常生活和学习有直接和重要的影响。70% 的流动儿童回答"家周围有免费的健身器材、公园或绿地等"。但回答"经常去"的只占 35%，"偶尔去"的占 42%（图 11）。调查发现，船房社区虽然有健身器材和绿地，但相对于 8 万多的流动人口数量就显得很少，远远无法满足他们的需求。这也是为什么只有 35% 的流动儿童"经常去"，而"偶尔去"和"从来不去"的有 65%。

　　经常去外面参观是开拓孩子视野和形成积极向上人生理想的重要途径。而在被调查的学龄流动儿童中，64% 的表示"去过昆明的一些景点"，30% 的表示"去过很多"（图 12）。而访谈发现，这些去过一些的学生主要是由于参加学校每年组织的一次春游和秋游去的，而真正由父母经常带着去景点参观的并不多。主要是因为家庭经济条件的限制，同时这些流动儿童的父母通常很忙，很难抽出时间带孩子出去。

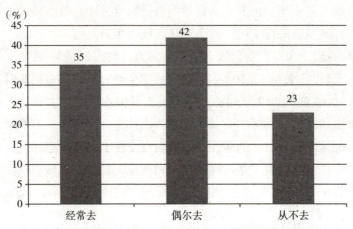

图 11　去社区周围健身场所、公园或绿地的情况

资料来源：船房社区专项调查。

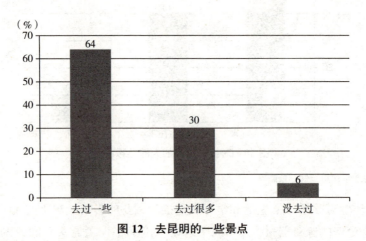

图 12　去昆明的一些景点

资料来源：船房社区专项调查。

4. 学校环境和流动情况

在被调查的流动学龄儿童中，到昆明后 30% 的学生换过 1 次学校，换过 1 次以上的有 37%（图 13）。频繁的转学会对学生学习带来不利影响。由于各个地区教材不一样，教师教学方法和教学进度不一致，孩子在一个学校刚刚适应，又要随父母流动到别处，很容易造成知识结构的断层。

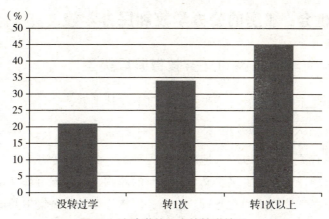

图 13　流动学龄儿童的转学情况

资料来源：船房社区专项调查。

　　对于在现在学校上学的时间，1 年以上的约占 80%，而待了 3 年以上的只占约 41%（表 1）。这表明由于父母职业和居住场所的不断变动，这些孩子的就学也处于一种不断流动的状态。

表 1　　　　　　　　　　　流动学龄儿童在校时间

时间（年）	百分比（%）
0	6.88
1	14.57
2	19.84
3	19.03
4	16.60
5	9.31
6	5.26
7	2.02
8	1.62
9	1.62
10	2.02
12	0.40

资料来源：船房社区专项调查。

四、教育机会：船房的公办学校和民办学校

（一）当前流动儿童的义务教育阶段类型

当前流动儿童的义务教育阶段主要有以下三种类型。

1. 就读于流入地公办学校

按照中央有关"坚持以流入地政府管理为主、全日制公办中小学为主，确保进城务工人员随迁子女平等接受义务教育"的原则，许多城市都开始安排流动儿童进入当地公办学校就读。在北京、上海、广州等流动儿童集中的城市，在公办学校就读的流动儿童比例在 70% 以上。

2. 就读于流动农民工子弟学校

流动农民工子弟学校各地称呼不一样，有正规的，也有不正规的，但是符合国家办学要求的占少数，且以小学为主。这类学校多数设施简陋，缺少必要的办学条件，教学不规范，教学质量不高。流动人口子女的简易学校最早出现于 20 世纪 90 年代初，进入 90 年代后期发展非常快。流动农民工子弟学校是农村流动人口子女面临教育困难得不到解决后产生的。流动农民工子弟学校一直没有被正式制度所接纳和承认，一直在非法状态下生存和发展，经常受到各种清理、整顿、强拆和取缔。

3. 就读于私立学校或寄宿学校

这类学校是来满足那些社会地位较高、经济实力较强的流动人口家庭的要求的。这种学校办学条件比较正规，教学设备也比较齐全，教师配备符合国家规定，教材也按国家统一规定使用，但是由于高额收费，把大量中低层收入的流动人口的家庭的子女拒之门外。

目前，虽然国家要求城市政府要将农民工子女纳入公办义务教育体系，但还有相当多的已经进城的农民工子女没有办法进入公办学校，只能就读于农民工子弟学校。船房所在的西山区有 60% 的学生是外来流动人口子女。在公办和民办就读的比例是 5∶3。2011 年教育局扩招了 1800 名流动儿童，许多公办学校把实验室、音乐室都改为了教室。即便如此，要解决所有流动子女到公办学校就读的问题也要到 5 年之后。解决农民工子女入学经费的有中央、省、市和区，但其中区负责大头。建一所 48 个班的公办学校，除去由政府划拨的土地，另需要 4800

万元。

目前船房社区有 1 所公办的船房小学和 3 所民办小学①，分别是竞秀文武学校、民德学校和明智学校。在公办学校和民办学校就读的流动儿童比例约为1：2。这种差异导致了严重的教育不公平。一方面，船房的流动儿童进入公办学校困难重重。由于船房位于城乡结合部且只有 1 所公办学校，即使在"就近入学"原则下，出现的也是公办小学"人满为患"的景象，更多的流动儿童只能去读民办学校。而民办学校小学一学期的学费约为 600 多元，初中则需1100 ～ 1400 元。

另一方面，船房的民办学校同样面临着多数民办学校所面临的政策壁垒、办学条件门槛等尴尬，更不同程度地存在资金薄弱、设施简陋、师资条件差、教学质量低、人员流动频繁等问题，不能保证教育质量，不利于儿童成长。

（二）船房的公办学校

船房有 1 所民建公办学校——船房小学。它采取的是社区建设、区教育局管理和教学的模式。

船房之歌

美丽的滇池岸边
有我们和谐温馨的校园
崇德诚信严谨开拓是我们成长的信念
文明创新勤学争优是我们坚强的磨练

船房，成功的风帆
船房，人才的摇篮

我们是追逐梦想的少年
用理想托起明天的太阳
中华民族的伟大复兴
我们敢于担当

---

① 本书所有民办学校如无特殊说明皆指农民工子弟学校。

这首船房之歌是为了庆祝船房小学 100 周年校庆时创作的，是船房小学校歌。船房小学建于清宣统元年（1909 年），校址在船房村海慧寺东殿内，当时只有一个复式班，有 47 个学生。船房小学是昆明为数不多的走过百年历程的小学之一。学校现在的校舍是在 1999 年，由船房社区出资 947 万修建的。学校占地 16 亩，有一栋 5 层的高标准教学楼，建筑面积 3946 平方米，配有标准篮球场 2 块，小足球场 1 块和 200 米碳渣跑道。

船房小学现隶属于杨家中心小学，是由西山区教育局财政拨款、教师有正式编制的公办学校，学生上学免学杂费。学校现有 22 个班级，1026 多名学生。90% 的学生都是外来流动儿童。本地子女大部分在船房小学上学，但也有 10% 到其他学校上学。由于每年名额有限而来报名的流动儿童很多，学校招生遵循"先来先到"的原则。

昆明小学入学周六报名，船房小学已有家长连夜排队 [①]

因担心 8 月 1 日的一年级新生入学报名排不上队，7 月 29 日晚上，船房小学门口便挤满了前来报名的家长。家长们挤在学校门口不宽的空地上，而学校旁宽约 2 米多的道路，也被前来排队的家长占据了大半。仔细一看，有些家长是一个人来，但更多的是夫妻两人都来了，有的家连要上学的孩子也跟着带来了。一些家长手里还抱着羽绒服、毛线衣、大衣、毛毯等保暖用具；有家长还搬来小凳子，坐在学校门口。家长们聚在一起谈论，自己家是否符合条件，而跟着父母的孩子则跑到一旁玩耍。"我们家的临时居住证是今年 5 月份才办理的，但我看通知上，要求临时居住证是今年 2 月 28 号以前办理的才符合，担心报不上名才来排队的。"

晚上 9 点 40 分，门口聚集的家长越来越多，粗略一数有近 40 人，还有不少家长在陆陆续续地赶来。学校门口的家长越来越多，不仅将小学的门给堵住了，还将学校旁的道路也占据了一大半，过往车辆通行很是不便。在学校老师做出解释后，大部分家长离开了。

校方坦承，外来学生和本地学生有显著差别，体现在服装、营养和心理等方面。外来学生的家长大多太忙，有些学生一天都见不到家长一面。从成绩上讲，外地学生成绩更好，主要因为外地学生比例高，同时也因为外地学生更能吃苦。

---

① 资料来源：曲鸣飞，"昆明小学入学周六报名，船房小学已有家长连夜排队"，http://www.dbsxnw.com/a/zonghexinwen/2015/0813/43419.html。

但有些外地学生在学校时间长了也慢慢被本地学生同化了。在学校里，本地学生与外来学生交往没有问题。

学校一般下午 3：30 放学，因为教育局明文规定小学生在校时间不能超过 6 个小时。放学后，一小部分学生会留下来搞卫生，一部分回家，另一部分参与射箭等课外活动（学校之所以选择射箭是因为它是冷门，容易出成绩）。放学后这段时间是真空期，打游戏的学生居多。社区有两三个游戏厅。目前学校已到达饱和状态，每学期大概有 40 ~ 50 个学生流动。学生毕业后一部分会考到福海中心（公办学校）去读初中，一部分则会回老家去读。社区没有自己的公办初中。户籍对外来学生的中考所造成的上学影响还是很大的。

目前学校最大的问题是师资。学校现有大约 37 名教职员工，师生比约为 1：19。教师都是从社会公开招考的，多为大专和本科学历。从学校的需求看还差 20 个老师。但目前没有编制，财政局和教育局对教师编制是几年核一次。学校的另一个大问题的是缺乏资金，老师的培训以及学生的科技活动、社会活动都无法开展。

学校的前任校长 ZH 是本地人，36 岁，已在船房小学任教 16 年，其中包括在老校的 5 年。他最早是在昆明体育运动学校读的体育教育，获得了中专文凭，后来又到云南师范大学读了大专和本科，读的是汉语言专业。毕业后，分配到船房小学任教。他刚到船房小学的时候，老校区还是在一所老庙的旧址上，只有 6 个班，300 多学生（如今学校已发展到 1000 多人的规模）。他多次恳切地说，这些流动孩子应该得到大家更多的关怀，并热情地谈了他的一些想法。比如，针对外地学生多、家长没时间照看的情况，学校和社会各界要多开展一些课外辅导活动，内容包括礼仪、科技和体育等。形式可采用志愿者加学校老师的模式。通过丰富的课外活动来填补放学后的真空期，让孩子们学到更多知识，开阔眼界，培养积极向上的人生理想。同时，要加强流动儿童和城里孩子的交往，可开展一些"手拉手"的学校结对联谊活动。此外，如有可能，还可定期利用远程教育系统对孩子们进行培训。

（三）船房的民办学校

船房有 3 所民办小学分别是后秀文武学校、明德学校和明智学校。与船房小学是由社区出资修建的不同，这 3 所都是由私人出资兴办的，并且后两所是同一个老板。经过调查我们还曲折地了解到，这两位老板都是看到办学校"有利可图"后半路出家办教育的。这之前他们都有着灰色的"资本积累"过程，其中也包括使用打打杀杀的"江湖手段"。逐利的目的也就决定了他们不会以"流动儿童"为本位，更多关注如何以最低的投入获取丰厚的回报。他们往往会将学校通过收取学费所获得的利润用于个人消费和其他投资，而非用于改善学校基础设施和教学质量。

后秀文武学校

后秀文武学校的校舍是一座4层的陈旧楼房，学校一年的房租约为17万～18万元，租的是船房社区集体的房子。学校大门正对着船房社区的市场摊位，放学时人群熙熙攘攘，真的是"门庭若市"。与其他学校不同，文武学校的学生除了规定的课程之外，还要学习武术，大概是要秉承"文武兼修"的传统育人理念。

学校是2000年开办的，当年的招生总数是300多人，如今的学生总数已经达到1100多人。学校每年都有300个左右孩子的流动。学校设有初中部，学生小学毕业后可直升初中。初中的收费为1800元/年。毕业的学生中50%～60%都回了老家，其他40%留在本校读初中。部分学生没读完初中就离开了。初中毕了业的学生中，有些找到了工作，有些在社会上混。学校的ZH校长非常焦虑的一个大问题就是——流动儿童初中毕业后该何去何从？

学校的老师大部分不是本地人，多是退休教师，在附近租房子住。学校老师都没有社保。学校的90%的老师有教师资格，小学老师工资为1300元/月，中学老师为1400元/月，老师有定期培训。相比公办学校，青年教师的流动性较大，一个学期约有7～8名老师流失。ZH校长说，学校的学生都是流动儿童，家长都比较忙没时间，也没办法辅导学生的课业。由于都是打工子女在一起，因而习惯的养成大大不如城里的孩子，其中最突出的是卫生习惯。学校每学期开学时都要进行2个星期的常规教育和安全教育。学生中有些和外面的小混混在一起。学生放学后，有部分学生会去网吧和游戏厅。学校每天都安排7节课，目的就是让学生在学校多待一会。教育局曾经安排过跟城里学校的联谊，但出于民办学校的"自卑"他们没有开展。

ZH校长认为学校现在的最大问题是投入不足、设施陈旧。文武学校是连锁的，除了船房社区，在西坝和呈贡还各有一所。西坝的下学期马上就要面临拆迁，办不下去了。但船房的学校说只要流动儿童在，学校就要办。

ZH校长还反映，学生家长对公办学校和私立学校老师的态度很不一样，公办学校的老师受尊敬，私立学校的老师被歧视。但就教师自身来说，她觉得私立学校的老师比公办学校的老师更负责一些。

明智学校和明德学校

明智、明德学校是由一个老板办的两所民办学校。两所学校只有一个校长，姓 H，河南人，今年 40 岁。明智总共有 1100 个学生，当初向教育局申办的就是初中学制，因而年级设置从学前班一直到初三。明德有学生 1048 人，当初向教育局申办的是小学学制，但学校的年级设置是从学前班到初二。H 校长承认有点不严谨，但教育局对此也默认了。

学校 95% 的学生都是外来流动人口子女。H 校长说，当前对于流动儿童最大的教育阻碍就是外地户口不能参加本地中考，学校去年初三有 50 多个学生毕业，参加本地中考的只有 20 多个。尽管当前地方政府也出台了有关流动人口子女参加本地中考的措施，但还是不太明确，真正实行起来很难。

明智学校是民办性质的，是需要收费的。具体的学费是，学前班是每人每学期 500 元，一年级 600 元，二年级 610 元，三年级 620 元，四年级 630 元，五年级 640 元，六年级 650 元，初一 800 元，初二 900 元，初三 1000 元。我们问 H 校长，为什么流动人口子女不上船房小学这样的公办学校而来上明德、明智这样的民办学校？他回答，船房小学名额有限只能满足一部分流动人口子女的入学需求，此外他们自己学校的教学质量高也是一个原因。

明德、明智两校总共有 60 多个老师，本地和外地的各占一半。学校的老师都是社会公开招聘的，都有大专以上学历，招聘时要看毕业证，要试讲、试用，并进行综合考评。学校给老师提供住宿。老师的工资水平，最高的为 1500 元 / 月，搞行政管理的为 1800 元左右。学校给老师买社保，还定期组织教师参加由教育局组织的培训和学习。

学校学生的流动性较大。学生的基础差，老师需要花费较大的精力进行补习。学校定期组织课外活动，包括春游、秋游、运动会和歌咏比赛等。春游和秋游，每个学生会收取 30 ~ 40 元的费用，包括午餐、饮水、门票和车费等，一般 70% 的学生会去，30% 的因家庭经济原因而不去。

五、教育质量：公办学校优于民办学校

在船房社区，流动儿童的义务教育方面公办学校要明显优于民办学校，这主要表现在学校环境、教学质量、收费、教师稳定性、学习收获等诸多方面。

公办和民办学校的学生，在对自己家庭情况的评价时，存在比较大的差异。比较明显的是，认为家庭情况非常好或比较好的占到了公办学校学生的 36.27%，而在民办学校的学生中，这类学生仅占 10.3%；在家庭条件很不好的学生中，公办学校的人数为 0，而民办学校占到 6.2%（表 2）。

表 2　　　　　**家庭经济情况与学校类型**　　　　　（单位：%）

学校类型	你家的经济情况怎么样				
	非常好	比较好	一般	不好	很不好
公办学校	9.67	26.60	60.48	3.20	0
民办学校	2.10	8.20	64.10	19.30	6.20

资料来源：船房社区专项调查。

在被调查的流动儿童中，51.4% 的学生表示学校的教学质量很好，42.3% 表示一般，表示比较差和很差的只有 6.5%。而从公办学校和民办学校的对比看，公办学校对教学质量的认同远远高于民办学校。公办学校有 82.68% 的学生觉得学校教学质量很好，而民办学校则只有 24.83%（表 3）。这从一个侧面表明，由于公办学校的资金和师资要优于民办学校，因而其教学质量也要远远优于民办学校。

表 3　　　　　**对学校教学质量的评价**　　　　　（单位：%）

学校类型	你觉得你们学校的教学质量怎么样			
	很好	一般	比较差	很差
公办学校	82.68	16.54	0.79	0.00
民办学校	24.83	63.76	8.72	2.68

资料来源：船房社区专项调查。

民办学校老师的流动性（85.52%）要大于公办学校的流动性（61.11%）。民办学校私人办学的性质以及营利性的目标使他们不会花费更多资金聘请更多老师，有的学校甚至缺乏"主科"老师，更不会聘请"副科"老师。

表 4　　　　　**教师的稳定性**　　　　　（单位：%）

学校类型	给你上课的老师经常换吗		
	没换过	偶尔换	经常换
公办学校	38.89	53.97	7.14
民办学校	14.48	77.93	7.59

资料来源：船房社区专项调查。

在对学校的环境（如教室、操场等）满意度方面，76% 的被调查的流动儿童表示了"比较满意"、"满意"和"很满意"，有着较高的正向肯定。这表明，与他们在老家农村的学校相比，他们认为城市的学校在环境方面要优于原来的学校。同时，对学校环境的满意度，公办学校的满意度远高于民办学校。100% 的公办学校流动儿童都表示正向的肯定，民办学校则只有 56.38%（表 5）。这在一定程度上表明，船房小学在校园环境方面要远远优于文武学校、明德、明智等民办学校。

表 5	对学校环境的满意度				（单位：%）
学校类型	对学校的环境（如教室、操场等）满意吗				
	很满意	满意	比较满意	不太满意	不满意
公办学校	61.60	34.40	4.00	0.00	0.00
民办学校	8.05	26.85	21.48	27.52	16.11

资料来源：船房社区专项调查。

对于在学校的收获，排在首位的是"能真正学到知识"，排在第三的是"学到以前不曾开设的课程"，这表明这些流动儿童还是认可自己所上学校的教学，使他们获得了知识。但同时，也有 19.76% 和 9.37% 的学生分别表示最大的收获是"能结识很多和自己一样的外地同学"和"结识很多本地同学"，这表明学校是这些儿童实现社会交往和社会融合的重要场所，学校的环境和氛围影响着他们社会交往的模式和社会融合的程度。此外，还有 4.28% 的学生表示最大的收获是"和本地学生一样不用交学费"（图 14）。这部分学生都是在公办学校的学生。这表明免除学费对许多流动儿童和家庭有着重要的意义。

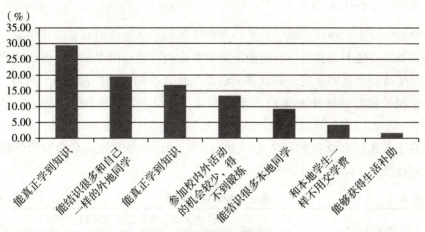

图 14　在学校的收获

资料来源：船房社区专项调查。

而对现在学校不满意的地方，有 34.92% 的学生回答"参加校内外活动的机会较少，得不到锻炼"，排在首位。其次，24.07% 的回答"在这里上学交的钱太多"。这部分主要是在民办学校上学的流动儿童，在与公办学校学生不交学费的对比中，学费成为他们不满的原因之一。而排在第三位的是，7.12% 的回答"本地同学瞧不起，我不愿意跟他们在一起"。在这里显现出存在着本地学生对外来学生的歧视，而这也是影响这些流动儿童社会融合的重要因素。排在第四的是，5.08% 的回答"老师经常换，不负责任"（图 15）。这表明有些学校的师资流动性大和教学质量不是很高。

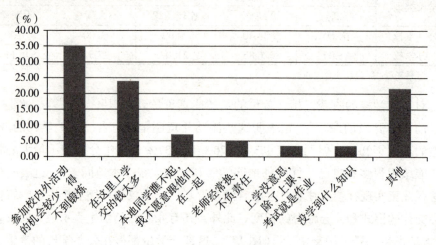

图 15　　对学校不满意的地方

资料来源：船房社区专项调查。

学校的资金和硬件基础设施是各类教学活动和其他活动的基础和保障，资金缺乏和基础设施不完善对学校所能开展的教育内容会有很大影响，也会对学生的成长产生或隐或显的影响。在回答"这学期是否参加了课外辅导班？"时，63%的儿童回答没有，只有 26% 的儿童回答有。每周课外辅导班的时间，大部分回答在 2 个小时以内。被调查的公办学校儿童参加课外辅导班的比例（41.2%）要远远高于其他民办学校的儿童（17.3%）（表 6）。公办学校儿童参加课外辅导班的时间也要多于民办学校的学生。

表 6　　　　　　　　是否参加课外辅导班　　　　　　　　（单位：%）

学校类型	你这学期是否参加了课外辅导班？	
	是	否
公办学校	41.2	58.8
民办学校	17.3	82.7

资料来源：船房社区专项调查。

对公办学校和民办学校流动儿童进行对比，两者在社会交往方面的差异非常明显。父母教导和城里人交往结成好朋友的比例，公办学校的学生明显多于民办学校，特别是在"没有和我交谈过"这个选项上，公办学校（8.66%）的比例明显低于民办学校（28.57%）（表7）。可见，在公办学校父母对孩子的正向教育更为明显。

表7　　　　　　　　　父母怎么教导与城里人交往　　　　　　　（单位：%）

学校类型	和他们结交成好朋友	和他们多多交往	和他们保持一定距离	不要和他们交往	没有和我交谈过	其他
公办学校	51.18	34.65	3.15	0	8.66	2.36
民办学校	28.57	19.73	15.65	3.40	28.57	4.08

资料来源：船房社区专项调查。

六、未来期望、社会交往和身份认同

（一）未来期望

对于未来希望获取的学历，有55%的被调查学龄儿童回答为"大学以上"，25%的人回答为"研究生"（图16）。这表明流动儿童对于教育在生活和未来发展中的重要性有充分的认识，并且也在主观上期望能获取一个高学历。

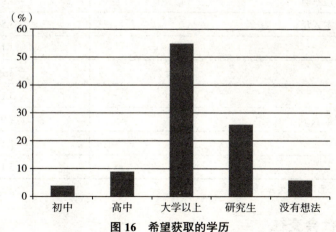

图16　希望获取的学历

资料来源：船房社区专项调查。

对于未来的职业选择，选择最多的是从事演员、歌手、运动员，这些职业在新闻媒体上的曝光率很高。对于上小学的流动儿童来说，日常接触对以后的理想影响很大。排在第二位的是军人和警察，这可能是因为在船房这样的城中村，军人和警察象征了一种秩序维护者的光辉形象，代表着一种权威和力量。在所有的比例中，农民的是最低的，孩子们都不愿成为农民，从另一个方面体现了农民在职业体系中的较低位置。排在后几位的还有工人、公司职员、厨师和餐饮服务人员等（表8）。这些通常都是流动儿童父母所从事的职业。对这些职业较低的排名表明了流动儿童的一种向上社会流动的愿望，希望能超越他们的父辈获取更大的职业成就。

表8　　　　　　　　**你希望自己以后能做什么样的人**

以后想从事的职业	百分比（%）
演员、歌手、运动员	16.21
军人、警察	13.83
教师、培训师	13.04
医生、护士	9.09
播音员、主持人、电影电视编导	6.72
企事业单位负责人	5.93
个体、私营企业主	5.53
公务员	4.35
律师、法官、检察官	3.95
研究人员、技术人员	3.56
工人	3.16
公司职员	3.16
其他	3.16
厨师、餐饮服务人员	1.98
农民	1.19
没想过	5.14

资料来源：船房社区专项调查。

（二）社会交往

朋友数量有限。对于在城市生活的好朋友数目，被调查的流动儿童都表示有1个以上的好朋友。38%的儿童表示有1～5个，31%的表示有6～10人，两者相加为69%，表明大多数船房流动儿童结交的城里的好朋友在10个以下（图17）。

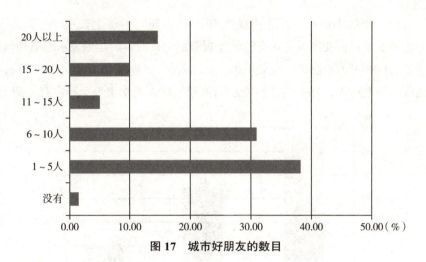

图 17　城市好朋友的数目

资料来源：船房社区专项调查。

以玩为主。经常和朋友在一起从事的活动，排序依次为：一起玩（38%）、一起学习（29%）、一起聊各自心事（22%）、其他（8%）、在一起就不会被别人欺负了（3%）（图 18）。可见这些流动儿童和好朋友在一起主要是玩，但也有少数是出于保护自己不被别人欺负而和朋友在一起的。

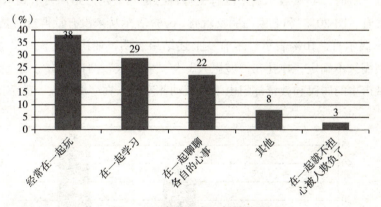

图 18　经常和朋友一起做什么

资料来源：船房社区专项调查。

交往渠道单一。对于"朋友中有城里人吗？"，95% 的被调查流动学龄儿童表示有，只有 5% 的儿童表示没有。对于"怎么认识这些城市好朋友的？"42% 的学生表示曾经是同学，另有 37% 的学生表示是偶然认识的。这表明这些流动儿童和城里本地孩子的交往渠道主要是通过学校，交往渠道较为单一。65% 的学生回答和这些城市里的朋友经常玩，28% 的学生回答偶尔。此外，62% 的学生表示"会把心里的小秘密告诉这些城里的朋友"，38% 的学生表示"不会"。

愿意和城里孩子交朋友。在交往的主观意愿上，87% 的学生表示愿意和城里孩子交朋友，13% 表示不愿意。与城里孩子玩的时候，54% 的学生表示从来没有没有感觉到自己是农村人，35% 的学生表示偶尔有，11% 的学生表示经常有（图 19）。

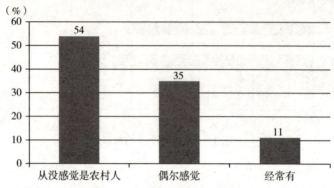

图19　有没有感觉到自己是农村人

资料来源：船房社区专项调查。

身份认同模糊。儿童的身份认同对其社会交往有着直接的影响。调查中，和城里的孩子玩时，45% 表示从来没有觉得自己是城里人，36% 表示偶尔有，19% 表示经常有（图 20）。和老家的朋友玩时，67% 表示从来没有觉得自己是城里人，23% 表示偶尔有，10% 表示经常有。上述结果表明，船房社区流动儿童对自身的认同模糊、不确定，挣扎在"城里人"与"农村人"两种身份之间。而从现实来看，城市里的居民和教育部门也未将流动儿童纳入在"城市人"的范围之内。

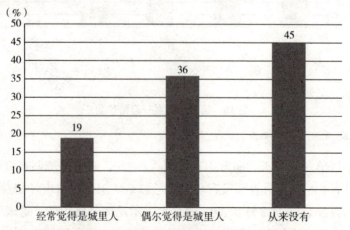

图20　和城里孩子玩时，有没有感觉到自己是城里人

资料来源：船房社区专项调查。

社会关系呈现差序化格局。当有心事时，流动儿童倾诉对象依次为妈妈（28%）、爸爸（19%）、同学（15%）、兄弟姐妹（10%）、老师（10%）、其他小伙伴（10%）、没人说（7%）、其他亲人（2%）（表9）。

表9 　　　　　　　　　　　**有心事时，你会告诉谁**

倾诉对象	百分比（%）
妈妈	28
爸爸	19
同学	15
兄弟姐妹	10
老师	10
其他小伙伴	10
没人说	7
其他亲人	2

资料来源：船房社区专项调查。

被调查流动儿童在对周围的人信任度上，呈现典型的"差序格局"，对家人的信任度是最高的，其次是老师和亲密朋友。而对城市中其他人的信任度，不确定和不信任的比例很高。从中可以看出，流动儿童对城市生活信任关系的确立，是以周围生活的环境的熟悉程度而定，并且有很强的强关系倾向，家人和老师仍是他们最为相信的群体。这两个群体对儿童的影响程度是很大的。从儿童发展和社会融合的角度出发，提高这两个群体的教育方法和水平是非常重要的（表10）。

表10 　　　　　　　　　　**对周围的人信任度** 　　　　　　　　　（单位：%）

	信任	不确定	不信任
家人	92.06	6.86	1.08
老师	79.54	17.76	2.70
亲密朋友	65.89	29.84	4.26
同学	47.22	46.83	5.95
直系亲属	41.83	52.59	5.58
城里的老乡	36.29	49.19	14.52
其他亲属	33.20	55.06	11.74
城里的邻居	20.40	63.20	16.40
一般朋友	20.24	65.48	14.29
城市中其他人	8.57	46.53	44.90

资料来源：船房社区专项调查。

勇于交往，但同时不自信。通过下面的调查发现，被调查学生中开朗的是大多数，如更同意"在学校交新朋友，对我来说很容易""我跟别的孩子在一起相处很融洽"。但同时，这些孩子也存在不自信的方面，如对于"班上的同学喜欢我""我觉得自己是一个有价值的人""我感到我有许多优点"，回答最多的是说不清（55.12%、47.69%、51.72%）（表11）。这说明这些流动儿童本身正处于社会融合的过渡期，需要更多的关爱和引导，以实现积极的社会交往和身份认同。

表11	社会交往量表		（单位：%）
	同意	说不清	不同意
在学校交新朋友，对我来说很容易	52.77	32.47	14.76
在学校没人跟我说话	5.79	16.60	77.61
我跟别的孩子在一块时相处很融洽	60.98	30.68	8.33
我感到孤独	10.89	16.73	72.37
需要时，我可以找到朋友	72.08	20.75	7.17
没有人跟我一块玩	4.33	16.14	79.53
班上的同学很喜欢我	32.28	55.12	12.60
我觉得自己是一个有价值的人	34.23	47.69	18.08
我感到我有许多优点	32.18	51.72	16.09
我时常感到毫无用处	11.29	27.82	60.89
我害怕在别的孩子面前做没做过的事情	19.44	36.51	44.05
当周围都是不认识的小朋友时，我觉得害羞	32.30	29.18	38.52
我担心其他孩子在背后说我	20.78	29.02	50.20
我担心别的小朋友会不喜欢我	25.29	35.02	39.69

资料来源：船房社区专项调查。

（三）身份认同

身份认同对流动儿童的社会认知和行为有着重要的影响。而早期的生活经历则直接影响着儿童身份认同的形成。

调查中，在对"我是____"的主观填答中，出现最多的依次是："祖国的花朵或树苗""一个农村人""一个活泼、开朗或懂事、听话的孩子""成绩差和孤独的人"。对"农村人"的形容用的最多的三个词是"勤劳""诚实""贫穷"；对于"农村"是"美丽""空气好""青山绿水"；对于城里人是"有钱""瞧不起人""狡猾奸诈"；对于"城市"是"壮观美丽""高楼喧闹""环境和空气不好"；对于"来城里务工经商的人"是"找钱""辛苦勤奋""狡诈"。这些回答表明，流动儿童对自身主观认同很积极，认为自己是祖国未来的希望。他们对农村人的形象高度肯定，同时对农村环境高度美化。这一方面是因为他们对父母身份和老家的肯定和认同，另一方面则是因为他们自身出生在城市或很小就被带到城市中来生活，缺少对农村的真实认知和感受。相形之下，由于居住、生活和社会福利的差别，他们对城市人的形象认同比较消极，但对城市物质和环境却比较肯定。这也从一个侧面反映了，他们希望生活在城市，但希望得到的是和城市人无差别或差别较小的生活。

流动儿童对自己的身份认同十分模糊。调查中，49%的学生回答自己是农村人，43%的学生回答不是。而对"你觉得自己是城里人吗？ 48%的学生回答"不是"，38%的学生回答"说不清"和"没考虑过"，14%的学生回答"是"（图21）。

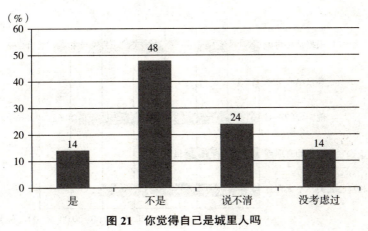

图21　你觉得自己是城里人吗

资料来源：船房社区专项调查。

流动儿童在日常生活中还是存在一定的被歧视经历，对别人对自己所属群体的看法比较敏感。在城市生活，66%的流动儿童表示"没有"被城里人瞧不起的经历，34%的流动儿童表示"有"。当听到有人说外地人或打工的人很坏时，50.93%的流动儿童表示"他们说得不对，是在歧视外地人"，26.77%表示"根据情况再说"，9.29%表示"和自己有关系，因为自己就是外地人"等等（图22）。

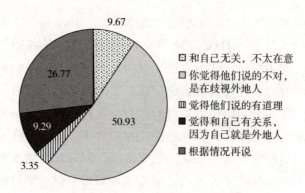

图 22　当听到有人说外地人不好时怎么想的

资料来源：船房社区专项调查。

当听到有人说城里人不好时，32.71% 的流动儿童表示"根据情况再说"，28.625 的表示"他们说的不对"，25.65% 的学生表示"和自己无关，不太在意"（图 23）。

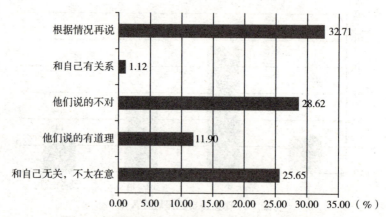

图 23　当你听到有人说城里人不好时，你会觉得怎样

资料来源：船房社区专项调查。

留城预期对流动儿童的成长和向上流动有着重要影响。被调查的流动儿童对"一直待在昆明"的预期不确定。49.06% 的学生表示"不一定会一直待在昆明，要看父母的工作情况"，26.97% 的表示"随时可能回老家，要看父母的安排"，15.73% 表示"会的，因为已在昆明生活很长时间"，8.24% 表示"会的，因为我们已在昆明买房"（图 24）。从中可以看出，只有很少一部分流动儿童对留城有着清晰而肯定的预期。这是需要我们重点关注和改善的。

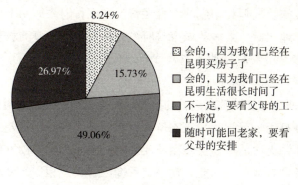

图 24　留在昆明的预期

资料来源：船房社区专项调查。

七、影响流动儿童义务教育融合的因素

流动儿童的义务教育融合主要体现在教育机会公平和教育质量两个方面。从具体问题看，主要是：流动儿童是在流入地继续上学还是被迫辍学；流动儿童在流入地公立学校就学还是去学习条件较差的农民工子弟学校就学；在公立学校就学的流动儿童能否受到公平对待等。剖析流动儿童社会的教育公平与融合问题，主要影响因素有如下几个。

首先，现有户籍制度使流动儿童成为弱势群体，他们的受教育权利无法得到保障。流动人口主要来自经济不发达、就业谋生条件较差的地区。进城后，他们主要从事苦、脏、险、累的工作，技术含量较低，工资收入低，就业的稳定性差。即使流动儿童和他们的父辈在城市生活再长的年限，为所处城市建设作出再大贡献，他们仍然是"外地人""流动人口"。这就决定了流动儿童基本属于弱势群体的子女。现行户籍制度的严格限制，使他们不能像城市儿童那样享有城市里的种种权益。上公办学校要多证齐全；而上民办学校要交高学费，并且面临随时关闭无学可上的局面。频繁的流动常常使流动儿童半途中断学业，使他们无法获得城里孩子一样稳定的教育机会和教育过程。家庭经济环境恶劣，父母文化水平低，使流动儿童很难获得有力的教育支持。地方城市政府许多时候将流动儿童教育视为一种公共服务"负担"，缺乏教育投入和建设的积极性。

其次，城市公办教育资源不足。我国的义务教育实行的是地方负责、分级管理的制度，学校的分布、办学的规模等是按照所在地常住人口的分布情况来设置和确定的。大量流动儿童的涌入使得城市公办学校资源出现不足，尤其是缺乏足够的教育基础设施、教师和相应的教育经费。在现行财政体制下，义务教育经费拨付的依据是本地户籍，大多数城市政府没有针对流动儿童的教育经费。在包括昆明在内的许多城市，对流动儿童就读当地公办学校都设置了严格的准入标准，要求"三证"（务工证、居住证和身份证）或"五证"（暂住证、居住证明、务工就业证明、户口所在地乡镇政府出具的在当地没有监护条件的证明、户口簿）齐全。

第三，民办打工子弟学校缺乏支持和有效监管、教学质量差。民办学校的出现是现行教育体制无法适应社会转型及变迁的结果。这类学校发挥了对现行教育体制"补充"及"自救"的功能，在一定程度内解决了相当部分低收入流动儿童的义务教育问题。但大多数民办学校十分简陋，教师的工资较低，生活条件艰苦，教学负担重，得不到社会的认同和尊重，安全和教学质量都无法得到保障。特别是由于学校身份的不合法，无法得到政府部门和社会的资金支持，教学质量和水平无法提高，并且时常面临被迫关闭的局面。民办学校在一种"自生自灭"的状态下生存着。"自生自灭"的状态制约了这类学校的进一步发展；而无法进一步发展又加大了其提高教学质量的难度。靠民办学校自身是无法破解这个难题的。

第四，异地中考、高考政策缺失。目前，很多城市都还没有出台异地中考和高考政策，这使得流动儿童面临在流入地无法就读高中和参加高考的问题，严重影响到他们的教育预期和城市融合预期。部分流动儿童家长出于将来升学的考虑，在孩子读完小学的时候就将他们送回老家就读，让孩子由流动儿童变为留守儿童。部分初中阶段的流动儿童由于预期破灭，对学习失去兴趣和信心，很多人在初二就转学或放弃学业进入打工者行列，甚至"混社会"，导致无法完成九年义务教育。

第五，政策执行不到位。虽然国务院办公厅制定了《教育部关于进一步做好进城务工就业农民工子女义务教育工作意见的通知》，对于流动人口子女受教育问题做出了原则性的规定，还规定了以流入地政府为主和以公立学校为主的解决办法，但是由于政策执行不力，所以效果不够理想，甚至出现好的政策在落实过程中"走了样"的情况。在执行通过公立学校解决流动人口子女上学问题这一政策的过程中，出现公立学校不愿意接收的情况，对此政府缺少相应的应对措施。加强政府政策执行力，是解决流动儿童义务教育公平和质量问题的一个很重要的方面。

第十章
义务阶段后教育

当前，在政府和社会的广泛关注和努力下，流动儿童的义务教育状况开始得到逐步改善。但是，随着中国未来经济社会发展对劳动者素质要求的提高，义务教育已不能满足需求。有相当一部分流动儿童家长希望孩子初中毕业后能够继续接受更高阶段的教育，高中阶段教育或中等职业教育需求逐步成为大多数流动人口家庭的教育选择底线。但当前异地中考政策的缺失或不完善，在一定程度上让流动儿童在城市接受初中后教育的希望落空，在给流动家庭和流动儿童的城市化和社会融合造成阻碍的同时，也影响着国家普及高中阶段教育和人力资本提升目标的实现。

一、昆明市流动儿童异地中考政策现状

据 2011 年第六次人口普查，昆明市共有常住人口 643 万人，其中流动人口 198 万，保守估计约有 20 万 0 ~ 14 岁流动儿童跟随他们的父母进城学习和生活。近年来，昆明市政府制定了一系列相关政策来解决流动儿童的义务教育问题。2005 年通过的《昆明市流动人口管理条例》第十五条规定，教育行政部门应当将流动人口子女的学龄前教育和九年义务教育纳入统一规划和管理。但与此同时，这些流动儿童的初中后教育却面临挑战。2009 年发布的《昆明市高中阶段学校招生实施方案》明确指出，初中学籍在昆学生都应参加初中学生学业水平考试，其中，昆明市户籍的学生，考试科目成绩作为高中阶段学校录取新生的依据；非昆明市户籍的学生，考试科目成绩只作为颁发义务教育阶段证书的依据，不参加昆明市普通高中学校统一招生录取。异地中考政策的缺位使得这些流动儿童初中毕业后不得不面临着以下 4 种出路选择：在昆明读民办高中，在昆明读职业高

中，回老家读高中和不读书或直接去打工。

到目前为止，昆明市都没有出台有关流动儿童异地中考的相关政策，由此对流动儿童的成长和社会融合造成了以下几个方面的影响。

1. "城市化"进程中断，进而转变为留守儿童

首先，由于异地中考政策的缺失，在昆明的那部分学习成绩较好的流动儿童无法在昆明继续义务阶段后教育，只能回到户籍所在地的老家读高中。他们中许多人很早就随父母来到了昆明，有的甚至已在昆明完整地接受了9年的义务教育，部分地融入到昆明当地教育体系和城市生活之中。而一旦回到老家，这种好不容易积累的"城市化"过程也随之中断了。其次，由于大部分的流动儿童家长已在昆明多年，他们需要继续在昆明工作并支持全家的生活，所以很多家长并不会因孩子回老家上高中而回去，而更多的是委托孩子的爷爷奶奶和其他亲戚照顾孩子。由此，这部分流动儿童又由"流动儿童"转变为了"留守儿童"。许多事例表明，由于不适应老家的教学内容和学校环境，加之又失去了父母的照顾，很多返回老家的孩子极易产生学习成绩下降、沉溺于网吧甚至斗殴偷窃等消极行为。

2. 削弱人力资本积累，影响地方产业升级

由于无法在昆明继续读高中，许多流动儿童在初中毕业后就选择了直接就业，这直接削弱了他们的人力资本积累。由于受教育程度和职业技能的限制，他们大多只能在建筑装修、服务餐饮这样的行业中就业，劳动时间长、收入低。从长远来看，这种低人力资本势必将影响到昆明的产业升级和经济发展。昆明市第六次人口普查表明，同2000年第五次全国人口普查相比，昆明市0～14岁人口的比重下降了3.57个百分点，15～59岁人口的比重上升了1.26个百分点，60岁及以上人口的比重上升了2.31个百分点，65岁及以上人口的比重上升了1.81个百分点。这表明昆明在老龄化加速的同时，青少年人口却在减少。因此，未来能成功实现社会融合的流动儿童势必将成为昆明的主要劳动力构成，有利于促进昆明的产业升级和经济社会发展。反之，如保持目前这种流动儿童低人力资本积累的状态势必将对昆明未来发展造成制约。

3. 过早流入社会，导致青少年犯罪频发

由于无法继续在昆明读高中，加之又只有初中文化程度，也没有什么职业技

能，许多昆明的流动儿童在初中毕业后就流向了社会，成为"失学、失业、失管"青少年，甚至部分还走上了违法犯罪的道路，对社会安全造成直接影响。

二、船房流动儿童的初中后阶段教育 ①

（一）基本状况

1. 初中阶段的流动儿童 ② 中省内和省外各占一半

初中阶段，船房流动儿童的户籍省内和省外各占一半。其中，来自云南省外的占 49.4%，主要来自四川、贵州和重庆，云南省内户口的占 50.6%（图 1）。省内流动占到半数，客观上减少了中考政策的设计难度，便于教育资源的调配。但是，仍有一半的流动儿童为跨省流动。如何保障这些跨省流动儿童顺利接受高中阶段教育成为异地中考无法避免的问题。

分学校看，在民办初中就学的流动儿童主要来自云南省外（58.9%），其次为云南省内（41.1%）。而在公办学校就读的，85.7% 来自云南省昆明市内区县，14.3% 来自云南省昆明市外，没有来自云南省外的（图 1）。这种结果和流动儿童小学阶段的教育不公有直接关系，进而出现教育不同阶段不公平的叠加。

---

① 本节的研究对象与方法：

1）研究工具。课题组结合现有关于社会融合问题、流动儿童城市现状等方面的相关研究成果，编制了《进城务工人员子女初中后阶段教育政策问题调查问卷（学生卷）》和《进城务工人员子女初中后阶段教育政策问题调查问卷（家长卷）》。根据"教育融合"的基本含义，课题组尝试将其划分为3个领域（个人、家庭、学校）4个维度（家庭背景、教育现状、政策与教育选择）共计20个子项目进行系统考察。

2）研究样本。本次调查选取昆明西山区福海中学（公办）、竞秀文武学校（民办）、明德学校（民办）学校190名初三流动儿童毕业生进行整群调查，并让其将文件带回家让家长填答。本次调查，共发放学生问卷190份，回收有效问卷187份，回收率99%。发放家长问卷190份，回收有效问卷187份，回收率为99%。调查兼顾到了学校性质。样本在性别比例上女性略多于男性（女生占53.5%，男生占46.5%）。被调查者基本都来自昆明市外的省内其他地区或外省，其中外省以贵州、四川和重庆为主。

3）研究方法。在把握样本基本情况的基础上，本研究针对3个领域4维度20个项目进行描述和频数统计与分析。统计与分析采用SPSS10.0进行处理。

② 此节中的流动儿童均为初中阶段的儿童。

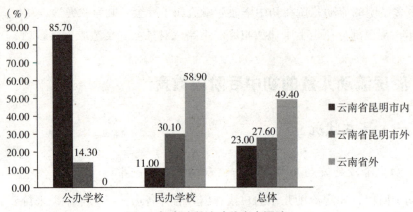

图1 初中阶段流动儿童来源地

资料来源：船房专项调查。

2. 父母教育程度大多都在初中以下，公办学校流动儿童父母的文化程度要高于民办学校的

流动儿童父母的受教育程度在一定程度上影响着其对子女受教育的认知，影响着子女对未来学业的选择。调查发现，55.2%的船房初中阶段流动儿童选择"父亲是对其教育影响最大的人"，其次27.6%的人认为是"母亲"。而所调查流动儿童的父亲中，43.7%的人为初中文化程度，41.4%的为小学及以下文化程度（图2）；所调查儿童的母亲中，32.9%的人为初中文化程度，61.2%的人为小学及以下文化程度（图3）。

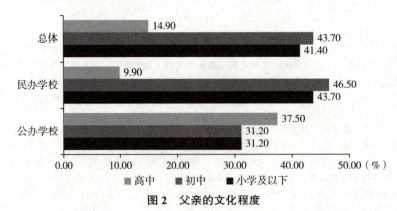

图2 父亲的文化程度

资料来源：船房专项调查。

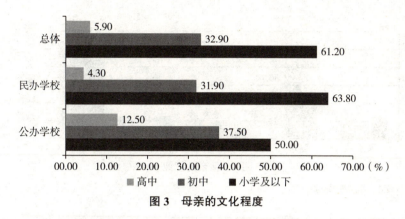

图 3 母亲的文化程度

资料来源：船房专项调查。

在公办学校上学的学生父亲文化程度明显高于在民办学校升学的学生父亲。在公办学校上学的流动儿童父亲、母亲文化程度为高中的分别为 37.5% 和 12.5%，而在民办学校上学的则分别为 9.9% 和 4.3%；在公办学校上学的流动儿童父亲、母亲文化程度为小学的分别为 31.2% 和 50%，而在民办学校上学的则分别为 43.7% 和 63.8%（图 2 和图 3）。

3. 父母多以社会底层职业为主，家庭收入以中等偏下为主

父母的职业和家庭收入对流动儿童的学业选择有重要的影响，较低的社会职业和家庭收入决定了他们对中考政策的话语权和"选择自由"有限。调查发现，初中阶段流动儿童的家长多从事的是建筑业、交通运输、商业服务等一些较为底层的职业，甚至有相当一部分母亲处于无业状态。较低阶层的职业也决定了他们的收入处于中等偏下水平。所调查流动儿童父亲的收入多在 2000 元以下（64.8%），母亲的收入多在 1500 元以下（88%）。

民办学校流动儿童的父母的职业更具不稳定性。父亲职业方面，民办学校"在其他"（工业企业、建筑业、交通运输业、商业服务业之外）的占 50%，公办的为 43.8%；母亲职业方面，民办学校的"在其他"的占 73.1%，公办的为 50%（图 4 和图 5）。

在公办学校上学的流动儿童其家庭收入水平并不比民办学校的家庭更富裕。从父母的月收入来看，公办学校学生的父母在 1500 元以下要稍微高于民办学校学生的父母，在 1500 元以上的则大大低于民办学校的。

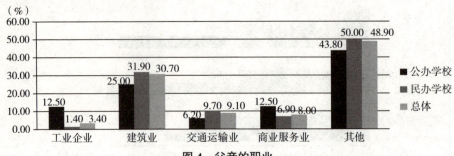

图 4　父亲的职业

资料来源：船房专项调查。

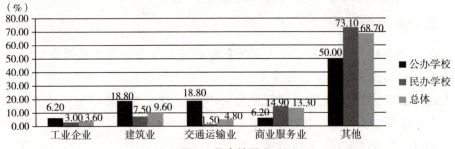

图 5　母亲的职业

资料来源：船房专项调查。

4. 多数流动儿童及其家庭已来昆多年，已成为事实上的市民。多数在公办学校就读初中的儿童是在昆明完成的 9 年制义务教育

调查发现，船房初中阶段流动儿童的家庭来昆明在 5 年以上的占 87.1%，其中来了 10 年以上的有 50.6%（图 6）。而流动儿童方面，来了昆明 6 年以上的占到 64.7%，其中来了 9 年以上的有 36.5%（图 7）。这表明，多数的流动儿童及其家庭已在昆明居住和学习多年，已成为事实上的昆明市民。

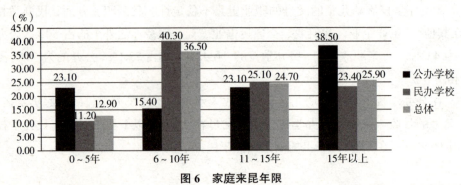

图 6　家庭来昆年限

资料来源：船房专项调查。

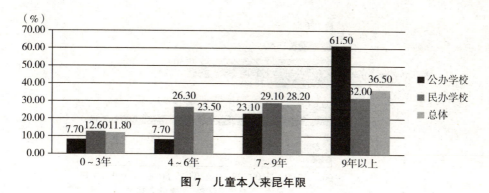

图 7 儿童本人来昆年限

资料来源：船房专项调查。

在家庭来昆明的年限上，公共学校和民办学校没有太大的差异。在流动儿童来昆的年限上，公办学校的流动儿童要长于民办学校的儿童。61.5% 的公办学校流动儿童来昆时间超过 9 年，而民办学校的只有 32%（图 7）。这表明多数在公办初中就读的儿童是在昆明完成 9 年义务教育的。完成义务教育一方面为流动儿童未来的教育和职业发展奠定了基础，另一方面也有助于提升他们留城的预期，并为之努力奋斗。同时，从另一个侧面，这也反映了孩子教育问题是影响流动家庭来昆早晚和停留时间的重要因素。

5. 有近一半的流动儿童是在昆明接受的义务教育

义务教育是流动儿童教育融合的重要组成部分。随着国家有关流动儿童义务教育政策的不断实施，流动儿童的义务教育融合有了很大的进步。调查发现，船房初三流动儿童中，有 42.9% 的人是在昆明市接受的小学教育，这意味这这部分人在昆明完成了其义务教育阶段的教育。如果没有中考制度的限制，相信这部分人中有相当比例会在昆明完成高中阶段教育，但现实是当前流动儿童在昆明高中的入学率非常低。

公办学校的学生更多是在昆明接受的小学教育，更长时间居住在昆明，流动性相对较小。公办学校的流动儿童大多数是在昆明接受的小学教育（62.5%），要远高于民办学校的儿童（38.7%），民办学校的儿童更多是"一半在老家一半在昆明"接受的小学教育（42.7%）（图 8）。民办学校中途转学的更多，导致教育质量的提升和融合难度再次加大。

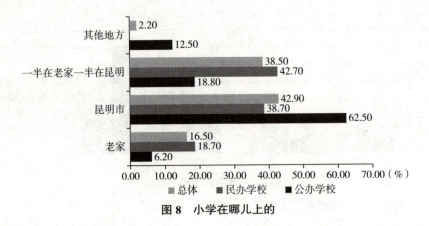

图 8　小学在哪儿上的

资料来源：船房专项调查。

6. 学习成绩方面公办优于民办

学业成绩直接决定未来的学业选择。调查发现，有 67.0% 的初中阶段流动儿童认为自己现在的学业成绩一般，认为良好和优秀的只占到 26.4%。之所以出现这种状况，很大程度上是由于所调查流动儿童中多数在民办学校接受的教育。按公办和民办学校加以区分后，结果有很大改变。公办学校的学生对自己的成绩总体上更多正面的评价。公办学校流动儿童对自己学业成绩评价为"良好"和"优秀"的合计为 62.4%，民办学校则为 18.6%。有 74.7% 的民办学校流动儿童认为自己学习成绩一般（图 9）。

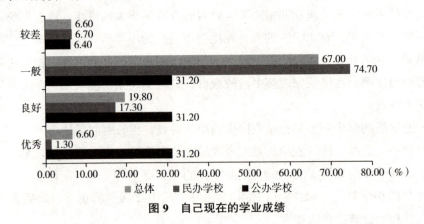

图 9　自己现在的学业成绩

资料来源：船房专项调查。

7. 进城读书的目的

　　流动儿童由于其儿童的属性，因而教育选择主要受父母选择的影响。另外，城市由于拥有更多的教育资源这一现实也影响了流动儿童的教育选择。调查发现，流动儿童选择进城读书的目的依次是"父母决定"32.8%、"接受更好的教育"23.4%和"完成现阶段的教育"21.9%（图10）。公办学校学生和民办学校学生在进城读书的目的方面差别不大。

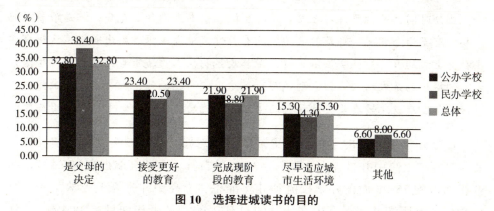

图 10　选择进城读书的目的

资料来源：船房专项调查。

（二）船房流动儿童义务教育阶段后升学意愿的状况

1. 流动儿童初中毕业后的主要选择

　　当前，流动儿童初中毕业后的出路主要有4种：①上高中并打算上大学；②上职业高中并取得高中文凭；③上技校或职业学校学技术；④不上学直接去打工或回乡务农。

　　调查发现，有65.6%的流动儿童选择初中毕业后"上职业高中取得高中文凭"和"上技校或职业学校"，这已成为他们毕业后的主要选择。但现实中，流动儿童想在所生活城市中参加中考并上职校仍然受到相当程度的限制。同时，当前职校的课程设置与就业机会与流动儿童的期望之间也有不小的差距。只有21.1%的流动儿童选择毕业后"上高中并打算上大学"，这在流动儿童的数量不断增加和国家强调人力资源强国的背景下是让人忧虑的问题。而有13.3%的流动儿童选择"不上学、直接去打工或回乡务农"，这样既阻碍了流动儿童健康成长，也存在青少年犯罪和社会不稳定的隐患（图11）。

开家理发店

瞿 JL，女，15 岁，刚刚初中毕业，现在在舅妈的理发店学理发。老家是大理南涧的，家里还有爸爸妈妈。她是 2012 年 7 月份来到昆明的，为的是跟舅妈学习理发。目前自己还什么都不会，只是会洗头，有时间自己就拿着一个模特的假头来练习。

父母在家务农。初中毕业就不上了是因为自己不想上了。家里的居住条件还好。业余时间就是自己练习理发。平时生活上基本上没什么花费，都是跟着舅妈一起。有五六个朋友，都是外来的。没有打过架也没有进过派出所，不认识那些在社会上混的人。对昆明虽不了解，但喜欢昆明，喜欢城市青年人的时尚生活方式。觉得自己是农村人，但来到昆明后还是感觉自己的地位上升了，未来想自己开一家理发店。比较喜欢关注目前的生活，对流动所产生的变化持积极的态度。

在公办学校上学的学生具有更强的升学意愿。有 31.2% 的公办学校流动儿童打算"上高中并打算上大学"，43.8% 的打算"上职高取得高中文凭"，两者相加占到 75%；而民办学校流动儿童准备"上高中并打算上大学"的只有 18.9%，"上职高并获得高中文凭"的只有 9.5%，两者相加只有 28.4%，此外还有 16.2% 的民办学校流动儿童选择"不上学、直接去打工或回乡务农"（图 11）。这在一定程度上表明，公办学校更有助于教育公平，更能确保流动儿童的向上流动。

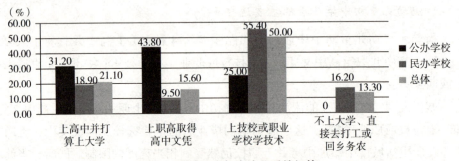

图 11　流动儿童初中毕业后的打算

资料来源：船房专项调查。

2. 希望能在城里参加中考并能接受更高层次的教育

尽管有现实制度和政策的阻碍，但流动儿童仍然希望能在城里参加中考，继续接受更高层次的教育。调查发现，有 38.4% 的流动儿童明确表示希望"继续留城参加中考并接受更高层次的教育"，只有 17.4% 的希望"回乡"，有 36.0% 的表示"都可以"（图 12）。

　　公办学校上学的学生更愿意继续留在城市。有 62.5% 的公办学校学生表示愿意继续留在城里接受高层次的教育，民办学校则只有 32.9%；有 18.6% 的民办学校学生表示愿意"回乡"接受更高层次的教育，而公办学校的这一比例是 12.5%（图 12）。

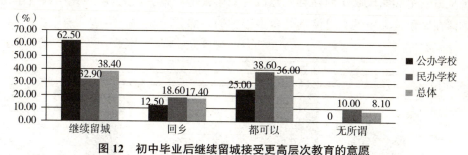

图 12　初中毕业后继续留城接受更高层次教育的意愿

资料来源：船房专项调查。

3. 自身的发展是影响流动儿童是否留城的主要因素

　　学习是流动儿童目前所面临的主要任务，但从长远考虑他们更渴望在城市里获得自身的充分发展。调查发现，有 38.0% 的流动儿童选择继续留城的理由是"除读书之外，其他方面也能得到锻炼"。此外，有 32.9% 的流动儿童选择"城里学习条件好，对自己学习帮助大"（图 13）。上述数据说明，在流动儿童看来，在城市能比在农村获得更好的教育和发展机会。

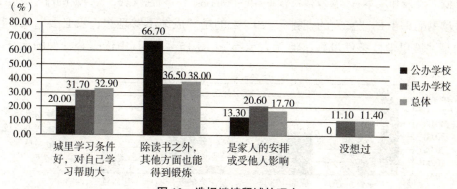

图 13　选择继续留城的理由

资料来源：船房专项调查。

4. 如留城上高中，主要选择以需交赞助费的公办学校和普通民办学校为主

由于现行的中考政策和地方教育政策，流动儿童面临着如上公办高中不但要成绩好而且要赞助费，或上普通民办高中不需要很好的成绩但同样要交不菲的学费的困境。调查发现，如果选择继续留在城里读高中，37.8%的流动儿童会选择上"公办学校，但要交赞助费"，23%的选择上"普通民办高中"（图14）。这再次从另一个侧面反映了对流动儿童教育的不公平。就目前而言，初中毕业后能继续留在城里读高中的只是流动儿童中很少的一部分。

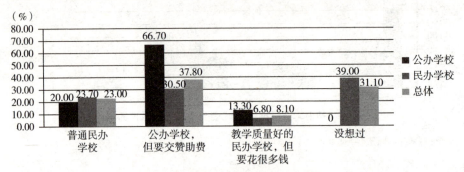

图14　如果选择留城会上什么高中？

资料来源：船房专项调查。

5. 流动儿童选择回老家读高中的主要原因

由于现行的中考制度的制约，回老家读书成为许多流动儿童的选择。而在教育是一项经济、时间和精力等综合投资的背景下，让孩子回老家读书成为许多家长降低"投入和成本"，以与教育预期相匹配的选择。调查发现，35.4%的流动儿童回乡读书的理由是"家人的安排"，29.2%的是"成绩不够理想，没必要"，27.7%的是"城里学校条件虽好，但无力承受"（图15）。这其中透露着种种的无奈。

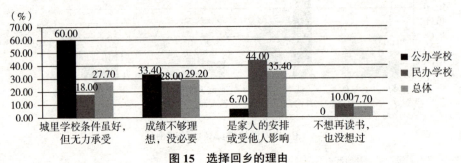

图15　选择回乡的理由

资料来源：船房专项调查。

公办学校的流动儿童选择回乡的主要理由是"城里学校条件虽好，但无力承受"（60%）；民办学校的流动儿童的主要理由是"是家人的安排或受他人的影响"（44%）（图15）。无论何种原因，在城市里接受了义务教育的流动儿童又返回老家就读，无疑是一种城市化和社会融合过程的中断。

6. 由流动儿童变为留守儿童

流动儿童如无法继续在城市接受教育回老家读书，在中断其城市融合过程的同时，有形成新的留守儿童群体的可能。调查发现，如回老家读书，36.2%的儿童明确表明将会是"自己照顾自己"，34.8%的表明将会是"爷爷奶奶照顾自己"。上述两项合计占到71%，意味着他们将得不到自己父母的照顾，从而由流动儿童转变为留守儿童。

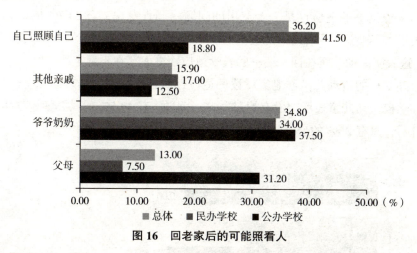

图16　回老家后的可能照看人

资料来源：船房专项调查。

张DT，男，16岁，云南郑雄人。父母1996年的时候来昆明务工。父亲在建筑工地当小工，母亲则做点服装小生意。在张DT 6岁的时候，父母把他从郑雄老家接到了昆明来读书。由于没有昆明户口和其他原因，他当时只好进入了民办的明德学校上学。虽然上的是民办学校，但这并没有影响张DT的学习积极性，他从不逃课，上课专注听讲，放学后会第一时间完成作业，也很少去其他孩子热衷的黑网吧。由于学习成绩好和懂事听话，让父母放心和高兴之余，也一度被学校的老师认为是考学的"好苗子"。

但原本普通的升学却让这一切发生了改变。由于外来户籍人口无法在昆明参加中考和继续读高中，而他的父母又觉得孩子学习好，去读个职校可惜了，于是，经过多方考虑，他们只好把他送回老家读高中。因为父母还要继续在昆明工作养家，张 DT 被托给大姨照管。回到老家后，由于环境陌生、朋友少、学习氛围差，张 DT 对学习的态度发生了变化，不那么专注和积极了。后来，慢慢地也开始和一些同学一样逃课，长时间地在网吧打游戏。开始时，张的大姨还说过几次，但因为不是父母，张也不怎么听。后来大姨也就不怎么管，觉得只要还去学校就好。这样以来，张的成绩很快就落了下来，并且成了班里的"问题生"。假期时，张来城里跟父母度假，在街上偶遇以前学校的老师，老师了解到他的境况后，颇为惋惜："可惜了！当初要是能继续在城市读就好了！"

7. 回老家读书，在适应老家教学方面存在不确定性

由于城乡之间学校条件、教师素质和教材等因素存在巨大差异，因而流动儿童转回老家读书的适应性是一个突出的问题。调查发现，有 24.7% 的流动儿童明确表示"不会适应"老家的教学，有 35.3% 的表示"没想过"，二者合计占到60%，这表明流动儿童在回家读书的教学适应性方面存在不确定性。

公办学校的流动儿童回老家就读的适应性明显小于民办学校的儿童。62.5%的公办学校流动儿童表示"没有想过"这一问题；有 43.5% 的民办学校学生表示"会适应"，只有 25% 的公办学校流动儿童表示"会适应"（图 17）。

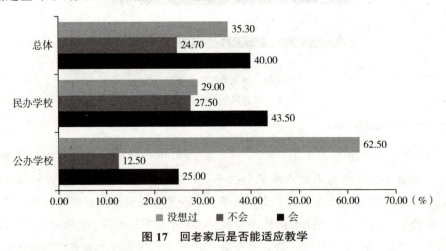

图 17　回老家后是否能适应教学

资料来源：船房专项调查。

8. 对所在城镇的中考政策的认识

所在城市的中考政策直接影响流动儿童初中毕业后的学业甚至生活轨迹。调查发现，有超过一半（52.3%）的流动儿童表示了解"所在的城市有对流动儿童

在当地参加中考的政策支持"，但也明确表示"不够"（图 18）。这表明流动儿童对于自身的教育发展权利的意识越来越强烈，十分关注与之相关的政策措施，同时也存在希望现有中考政策继续完善的要求。

　　民办学校流动儿童对城镇中考政策的了解要优于公办学校的学生。有 59.7% 的民办学校流动儿童表示，了解所在城镇对农民工子女参加中考升学"有政策支持，但支持不够"。而公办学校的这一比例仅为 18.8%。另有 31.2% 的公办学校学生表示"有，与城镇居民子女差不多"（图 18）。这表明民办学校流动儿童对初中后的出路和相关政策更敏感，对于改变自身"边缘地位"的需求也更迫切。

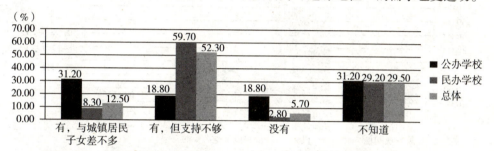

图 18　对"所在城镇对农民工子女在当地参加中考是否有政策支持"的了解程度

资料来源：船房专项调查。

9. 流动儿童对现行农民工子女教育政策的满意程度

　　近年来，国家对有关流动儿童教育的政策支持力度不断加大，流动儿童的教育状况有了很大的改善。调查发现，有 57.3% 的流动儿童表示对现行的农民工子女教育政策表示"满意"，但同时也表示"仍需改进"。

　　与公办学校相比，民办学校的学生对教育政策的满意度相对较低。有 25% 的公办学校流动儿童表示"满意"，民办则只有"1.4%"；有 35.6% 的民办学校流动儿童表示"一般，希望继续加强"，而公办学校的这一比例是 12.5%（图 19）。

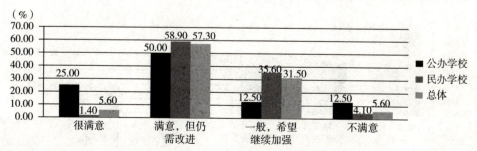

图 19　对现行的农民工子女教育政策是否满意

资料来源：船房专项调查。

10.流动儿童不仅希望中高考政策能统一公平，而且希望能全面融入城市生活

从社会融合的角度看，教育是流动儿童社会融合的关键但不是全部。流动儿童还希望在受教育的基础上能全面融入城市生活。调查发现，15.7%的流动儿童希望中考和高考政策能够一视同仁，而有67.4%的流动儿童希望"城市能提供更多的其他就学和就业机会"（图20）。

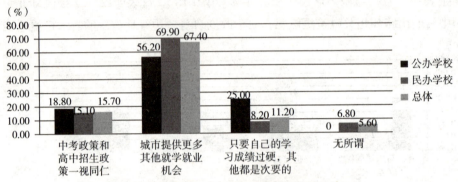

图 20 在城镇参加中考升学最希望的是什么

资料来源：船房专项调查。

11.户籍、住房、经济条件是流动儿童参加中考和在城里进一步接受教育的三大障碍

影响流动儿童中考和在城里进一步接受教育的因素既有制度和客观方面的，也有儿童主观方面的。调查发现（图21），排在首位的障碍是"城乡户籍限制"（28.5%），其次是"无城镇住房"（18%），第三位的是"经济条件难承受"（16.4%）。而"自己学业条件跟不上"仅仅排名第四位（13.7%）。这表明外部的制度因素及客观条件是制约流动儿童在城镇继续接受教育的首要因素。

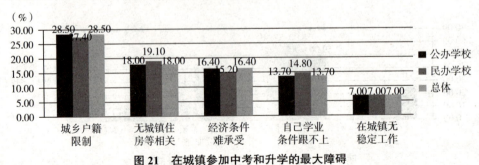

图 21 在城镇参加中考和升学的最大障碍

资料来源：船房专项调查。

12. 流动儿童希望在中考和升学方面得到的政策支持

调查发现，在参加中考和升学需要的政策支持方面，34.3% 的流动儿童将"入学条件"（即户籍所带来的入学限制和规定）排在首位，其次是"学费"（30.4%），第三位是"学校办学"（25.6%）（图 22）。改革户籍、推进流动儿童的中高考政策改革已成为刻不容缓的教育公平需求。

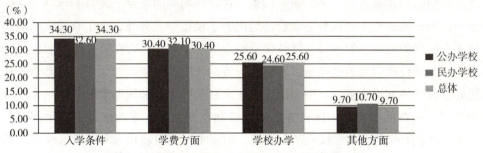

图 22 参加所在城市中考及升学所需的政策支持

资料来源：船房专项调查。

13. 绝大多数家长支持流动儿童在城市中考和升学

调查发现，有 46.1% 的流动儿童家长表示"支持"流动儿童在城市中考和升学，有 40.4% 的家长表示"非常支持"，两者合计占到 86.5%（图 23）。这表明流动儿童家长迫切希望能改革现行的中考及升学制度。

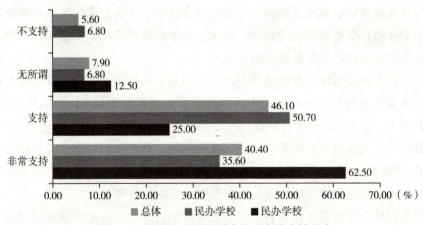

图 23 父母和家人对进城参加中考的支持程度

资料来源：船房专项调查。

三、影响流动儿童义务阶段后教育融合的因素

影响流动儿童的中考及升学意愿的主要有以下几个方面。

一是户籍制度。流动儿童的户籍与流动儿童升学意愿有着很强的相关关系，云南省内的流动儿童更倾向初中毕业后在昆明接受更高层次的教育。户籍制度仍然是影响流动儿童教育公平的重要因素。在我国当前的城乡二元分割体制下，户籍不仅影响流动儿童是在公办学校还是民办学校接受义务教育，也直接影响他们能否在所在的城市参加中考并继续接受高中教育，以及能否在流入地参加高考。

二是学校性质及教育质量。当前我国流动儿童的义务教育主要以公办学校和民办学校两种方式为主。目前全国流动儿童在公办学校和民办学校就读的比例约为 7∶3，而在昆明市西山区这样流动人口和儿童大量集聚的地方上述比例则为 4∶6。公办学校和民办学校在基础设施、师资水平、财政投入和教育接续等方面的巨大差异，直接决定了两类学校在义务教育阶段教育质量和教育机会公平方面的差异，由此直接或间接影响到在两类学校就读的流动儿童的升学意愿。这种影响集中体现在 3 个方面。首先，学校的性质与流动儿童升学意愿有着很强的相关关系，公办学校的流动儿童比民办学校的有更强的升学意愿。其次，流动儿童在学校受重视的程度与其升学意愿有着较强的相关关系。在学校越受学校和老师重视的流动儿童越倾向于初中毕业后接受更高层次的教育。而在公办学校就读的流动儿童在学校所受重视程度往往高于民办学校。最后，流动儿童对其自身学业的评价与其升学意愿有着很强的相关关系。对自身学业评价越高的流动儿童越倾向于初中毕业后接受更高层次的教育。而在公办学校就读的流动儿童对自身的学业评价也通常高于在民办学校就读的儿童。

三是社会融合程度。社会融合程度对流动儿童的初中后的升学意愿有着重要影响。流动儿童越早融入所在城市的生活则其获得教育和向上流动的机会越大，反之则越小。而流动儿童的社会融合程度突出表现在"到流入地城市的居住时间"和"是否在流入地城市接受小学教育"两个方面。来流入城市居住时间越长的流动儿童越倾向于初中毕业后接受更高层次的教育。在流入城市接受小学教育的流动儿童更倾向于初中毕业后在流入地接受更高层次的教育。

四是异地中考政策。作为教育融合政策典型代表的异地中考政策对流动儿童的初中后升学意愿有着重要影响。首先，流动儿童对异地中考政策的了解与其升学意愿有着很强的相关关系。对流入地有关异地中考政策越了解的流动儿童越倾向于初中毕业后在流入地接受更高层次的教育。其次，流动儿童对国家或所在地

有关农民工子女教育政策的满意度与其升学意愿有着很强的相关关系。对当前国家或所在地有关农民工子女教育政策满意度越高的流动儿童越倾向于初中毕业后在流入地接受更高层次的教育。最后，流动儿童对异地中考政策改革的预期及在城市发展的预期与其升学意愿有着较强的相关关系。对流入地未来异地中考政策改革和自身在流入地的未来发展有较强预期的流动儿童越倾向于初中毕业后在流入地接受更高层次的教育。

五是家庭条件。流动儿童的家庭条件也是影响流动儿童初中毕业后升学意愿的重要影响。首先，在所居住城市有住房，有强烈留城意愿的流动儿童越倾向于初中毕业后继续接受教育。其次，父母工作较为稳定，家庭收入相对较高的流动儿童越倾向于初中毕业后继续接受教育。这从另外一个方面也反映了大量家庭经济条件不好的流动儿童在义务阶段后教育中处于弱势地位，在改革户籍制度、保障教育公平的同时，要加大对这部分儿童的政策关怀和支持。

第十一章
职业发展

从生命周期的角度来看，17 ~ 25 岁是 0 ~ 14 岁儿童期的延续，也是流动儿童所接受教育与生活经历开始显现影响的阶段。17 ~ 25 岁的流动青少年受过一定程度的教育，接受了多元化的价值观，追求城市人的生活。置身于权利觉醒的时代大潮中，他们更懂得争取个人的尊严和利益。他们大多由学校直接进入社会，并没有像父辈那样对赖以生存的土地有着难以割舍的感情。一方面他们主动"抛弃"了农村；另一方面，因为制度的障碍和自身素质的原因，他们又被城市所"拒绝"，面临就业与生存、梦想与现实的巨大挑战。他们时时承受城乡落差压力的同时，他们的职业发展和生活也徘徊在苦力和暴力之间。

一、职业与社会流动

改革开放以来，农村人口大量涌入城市务工经商，产生了一次大的职业流动，对我国社会结构产生巨大影响，具体表现为社会流动。世界上很少有国家像中国这样有着庞大的农民工群体，他们在城市就业却享受不到社会流动的平等机会，也没有明显的向上流动迹象。

社会流动（Social Mobility），指一个社会成员或社会群体从一个社会阶级或阶层转到另一个社会阶级或阶层，从一种社会地位向另一种社会地位、从一种职业向另一种职业的转变过程。社会流动被人们看作是社会变迁的指示器，是社会选择的一种途径。一个社会能够创造更多的向上流动的机会，是社会充满活力的象征，是社会进步的表现。对农村流动人口尤其是青少年而言，稳定、体面和公正的就业是他们实现城市化和社会流动的先决条件，也是他们实现城市融合的必要条件。就业问题在很大程度上反映出成本与机会、公正与效率的关系，很明显地体现出一个社会的国民待遇、机会均等和社会公正的状况。

根据社会流动的方向、参照基点和原因，社会流动首先可划分为垂直流动[①]和水平流动[②]。垂直流动无论对个人还是对社会都极为重要，直接影响社会的阶级、阶层和产业结构。如果一个时期内向上流动的频率超过向下流动，说明社会在进步，反之，说明社会在倒退。每个人都希望向上流动而不希望向下流动。但每个社会向上流动的机会分布是不均匀的，只有那些具备一定条件的人才有可能上升，这个条件就是知识、才能和机会。对社会来说，关键是要有各种合理的流动渠道，要有一套选优的标准和实施办法。这些渠道、标准和办法是在社会流动的实践中形成的，是一种社会选择而不是人的主观设计。

根据学者王春光的研究（王春光，2006），工业社会在社会流动上有着一致的逻辑：社会流动率高，并且向上流动多于向下流动；社会流动机会较为平等，也就是说家庭出身并不十分影响他们参与竞争的机会；随着工业化发展，流动率会趋于提高，流动机会更趋平等（Robert. E，1992）。但中国农村流动人口在社会流动上有着明显的特殊性。从职业和社会流动的角度来看，当前中国城市就业制度对农村流动人口生存和发展的消极影响主要表现为：第一，职业的变动并没有带来社会地位的变迁，农村流动人口难以实现稳定向上的社会流动；第二，农村流动人口在城市的就业市场上，不但被技术壁垒分割在边远地带，更主要的还是被现行的就业制度排斥在城市的主流就业市场之外；第三，由于就业的非正规化进一步削弱了现行就业制度对农村流动人口权益的保护，使农村流动人口不能通过在城市的就业实现在城市的社会融合，无法实现向市民的转变。现行的城市就业制度还不具有和谐社会所要求的公平和公正的特性，仍然有巨大的改革空间。

社会流动还可以划分为个人一生的流动[③]和代际流动[④]。社会学尤其重视代际流动的调查研究，因为代际流动更能反映社会变迁的方向，改变着社会乃至家庭的职业结构。在封闭的传统社会里，一个人一出生就注定要在他父辈所属的阶级或阶层里终其一生，子继父业，代际流动很少。在开放的现代社会，每个阶级和

[①] 垂直流动是指一个人从下层地位和职业向上层地位和职业的流动，或者从上层地位和职业向下层地位和职业的流动。垂直流动可以伴随地区间流动，也可是原地升降。

[②] 水平流动是指一个人在同一社会职业阶层内的横向流动。它多半是地区间的流动，也包含在同一地区的不同工作群体或组织之间的流动。

[③] 个人一生中的流动，指个人在职业和地位方面的水平的或垂直的流动。在现代工业社会，尤其是在城市，这种流动也是一种普遍的现象。

[④] 代际流动是两代人之间的职业和社会地位的流动，具体操作是通过测量儿子的职业与父亲职业的异同表示出来的。

阶层的大门都是敞开的，代际流动是必然的。但代际之间向上流动的机会，并非对所有的人都一律平等，而是受到许多个人条件和环境因素的影响。美国社会学家的研究表明，家庭的代际流动是受到上一代人的职业和教育水平限制的，即家庭内部条件对代际流动起着制约作用，这是不以他们个人的意志为转移的。若把社会环境的变化因素加以考虑，尤其是在现代社会变迁速度加快的情况下，则有许多外力促进社会的代际流动。美国芝加哥大学教授詹姆斯·赫克曼（James Heckman）的最新研究表明，在包括中国和美国在内的许多国家，家庭条件优越和处境不利的弱势儿童在早期家庭环境质量方面存在明显差距。与条件优越的儿童相比，家庭环境较差的儿童接受早期启蒙刺激较少，儿童发展资源和健康医疗服务相对缺乏，这造成了持续的代际不平等现象。以收入不平等为例，在丹麦、美国和中国，父亲与儿子两代人之间的收入一致性系数分别为 0.15、0.47 和 0.6，中国这一系数远高于其他两国而且近年来还在不断扩大差距。根据 2005 年中国人口 1% 抽样调查数据，中国有 4500 万 0～6 岁儿童处于贫困状况（刘蓓，2012）。

二、船房流动青少年的就业

（一）流动青少年就业研究综述

对流动人口职业教育的现有研究大多是将该群体作为整体进行研究，没有基于流动人口群体的年龄结构，将其分化为不同亚群体进行的进一步分析。然而，有限的实证研究表明，青年流动人口有其独特的就业特征，因而也有着特殊的职业教育的需求。

由于跟随父母流动到城市，再加上农民工作为社会底层的处境以及一些制度性的障碍，流动青少年不能受到良好的教育，辍学现象愈演愈烈。在完成九年制义务教育后，流动青少年在没有做好准备的情况下提前进入劳动力市场。他们缺乏职业概念，求职能力低，就业机会少，缺乏城市融入感和社会归属感，安全意识不强，这使得流动青少年在学习、生活、就业等方面面临着诸多困难。即使是已经找到工作的流动青少年，也往往因缺乏知识、技能和心态等方面的准备，很难在职业生涯中有较好的发展。全国 7 个城镇的调查资料表明，目前城镇中青年流动人口的就业状况并不十分乐观，只有 71% 的青年流动人口拥有固定的职业，28.8% 的青年流动人口处于不稳定的职业状态之中，其中户籍为农村的青年中，只有 68.9% 获得了固定职业，他们的工作时间更长，但收入更低且不稳定。

2012 年，上海中华职业教育温暖工程基金会和英国救助儿童会合作进行的"上海流动青少年职业教育国际合作项目"，对在沪流动青少年进行了深度调研。调查显示，由于学历不高，流动青少年迫切希望提高职业技能。他们认为，在影响找工作的各种因素中，最重要的是职业技能证书和学历。专业技能培训和继续教育成为流动青少年的普遍需求。92.0% 的流动青少年希望得到培训或接受进一步教育，其中 74.1% 希望获得劳动技能方面的培训，67.7% 希望进行专业技能学习，提高现有工作能力，65.5% 希望提高学历水平，获得更高的文凭，43.7% 希望获得法律知识方面的培训，28.6% 希望得到求职培训（图 1）。在关于学历方面的培训中，流动青少年多倾向于英语能力和电脑能力的学习。但 40.6% 的人因为收入少而不愿参加培训，37.5% 由于工作辛苦而不愿参加培训，37.4% 由于没有多余时间而不愿参加培训。

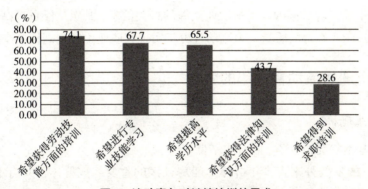

图 1　流动青年对继续培训的需求

数据来源：上海中华职业教育温暖工程基金会和英国救助儿童会，"上海流动青少年职业教育国际合作项目"，2012 年。

有学者对北京、湖南、陕西、天津、河北 5 省市的农村青少年流动人员进行调研时发现，目前，职业技能是农村青少年流动人员就业前培训最主要的内容，而职业道德、文化知识、日常生活技能和求职方法等方面的培训很少，而后者是农村青少年流动人员在异乡生活中所需要的基本知识和技能。调研对象中曾获得职业技能以外各方面内容培训的比例均在 20% 以下，其中尤以获得"求职方法"培训的最少，各年龄段均在 10% 以下。职业技能培训中有很大一部分是在企业中获得的，而那些尚未获得就业岗位或未能被企业录用的农村青少年流动人员则难以得到这样的学习机会。培训经历往往和工作经历结合在一起，工作经历越长，获得培训的可能性越大。没有工作经历或工作经历较短的农村青少年流动人员，有机会获得的培训很少，甚至不能得到岗前就业培训。

随着我国产业结构调整，对技术人才，尤其是在一线工作的技术工人的需求不断增加，国家近年来不断加大对职业教育的投入力度。而受家庭经济实力所限，进城务工家庭供子女读普高、上大学力有不济，改而让孩子读职高，希望他们早点工作减轻家庭经济负担。加强职业教育和培养技能，塑造新的技术人员，相信从中又会成长出新一代的城市建设者。在当前阶段，把流动青少年个人发展、职业发展的需要与国家对高素质劳动者的需求结合起来，是一条帮助流动青少年健康成长的有效途径。然而在流动青少年进入职业教育的过程中，还有很多问题与困难，例如：流动青少年及其家长缺乏对职业发展、生涯规划等相关信息的了解，对职业教育存在偏见；许多城市已经在一定程度上具备了向流动青少年提供职业教育服务的能力，但有些城市已有的职业学校尚未满额招生；职业教育体系中，很多学校专业课程设置落后，不能跟上市场发展。要解决这些问题，首先需要让流动青少年及其家长接触、了解职业生涯的相关信息；其次是注重提高初中后教育，尤其是职业教育的质量，为流动青少年实现其职业生涯规划提供支持。

（二）船房流动青少年的就业

1. 就业现状

（1）基本状况：年轻、教育水平低

17～25岁的外来青少年群体是船房社区的重要组成群体，共有13087人，占社区总人口的22.24%。这部分人的平均年龄为21.60岁，女性比例稍多，占到51.72%。他们的平均受教育年限为8.29年，相当于初中二年级水平。本地人口中有43.74%接受过高中及以上教育，而外来人口中仅有19.04%。特别是在大学和普通高中教育方面，外来人口都远远落后于本地人口。他们主要来自云南省内及相邻的四川、贵州和重庆。该群体大部分人未婚。

朱 YY 的故事

女，16岁，文化程度为初一，辍学快半年了。住在船房新村，和三个朋友一起租房住。现在在KTV上班。家里有爸爸、妈妈和弟弟。爸爸妈妈也住在船房，但自己不想跟他们住在一起。老家是贵州的，从小生长在昆明，所以不了解老家。父母因为打工来到昆明的，曾经住过白马、关上、船房、杨家地等地方，但她并不想跟着父母四处搬。船房跟她以前住的那些地方相比环境太差。

　　她现在有工作，不想通过职业培训学技能。初中没上完，不想上了。业余时间就是逛街和上网。认识的朋友很多，城里的、外来的都有。许多朋友都是打架认识的。因为打架进过派出所。认识在社会上混的人，觉得他们还行。

　　现在工作有收入，但不固定，对收入还算满意（2000～3000元／月）。手头的钱通常都用来交房租（每人每月交300元左右），日常的花费就是买衣服和溜冰。喜欢城市青年人的时尚生活方式。城里的朋友很多，一天到晚都见面，但与老家的亲友基本上没有联系了，跟邻居之间是他走他的我走我的。没有碰到过偏见或歧视的情况。觉得城市没有农村好，虽然她没去过农村，但是别人老在她面前夸农村好。来到城市后家庭关系和社会关系都受到影响，但具体说不出是什么影响。船房有时候会让她觉得反感，没有参与过船房的社区活动。不关心昆明的发展，昆明也没有家的感觉。现在不知道自己是城市人还是农村人。对未来没有打算。更多的是关注目前的生活。最大的愿望就是自己开一家KTV。

　　（2）职业分布：主要在非正式经济部门工作

　　从职业分布来看，船房17～25岁外来人口中虽然从事服务业的人口比例也比较高（36.47%），但就业情况较为复杂，且相当多的人从事"不便分类的其他工作"（37.65%），这表明流动青少年的就业情况比较复杂，主要在非正规经济部门工作，从事一些低技术含量或者重体力相关职业，如装修、理发、餐饮和娱乐服务等（表1）。

表1　　　　　　　　　　　　船房流动青年的职业构成

职业分类	本地人口	外来人口
工厂/矿区工人	0	560
	0	4.54%
商业/服务业职工	309	4494
	81.53%	36.47%
机关/企事业单位职员	0	174
	0	1.41%
农业	0	1066
	0	8.65%
个体经营/自由职业	0	269
	0	2.18%

续表

职业分类	本地人口	外来人口
离退休	0	6
	0	0.05%
无业/待业	0	54
	0	0.44%
儿童/学生	3	1061
	0.79%	8.61%
其他	67	4640
	17.68%	37.65%
合计	379	12324
	100	100

资料来源：船房"六普"数据。

（3）雇主类型：私营企业和个体企业

从雇主的类型来看，船房 18 ~ 25 岁流动青年绝大多数在私营企业和个体企业等城市非正规部门就业（表 2）。很少有人在国有企事业单位和集体单位就业。从就业渠道来看，他们中 60% 的人通过亲朋好友的关系找到现在的工作，35% 的人靠自己一家家地跑企业找到工作，而经由正规的人才市场、政府组织找到工作的人只有 17.9%。

表 2   雇主类型   （单位：%）

雇主类型	合计	国有	集体	私营	个体	外资	合资	股份制
比例（%）	100	0	3.25	53.25	42	0	0	1.36

资料来源：船房"六普"数据。

（4）工作时间与工资收入：时间长，收入低

调查发现，船房 18 ~ 25 岁流动青年的工作时间明显地高于平均水平。他们每个月的平均休息天数为 3.5 天，甚至有 15% 的人休息天数只有 1.5 天。每天工作 8 ~ 10 小时的占 46.1%，10 ~ 12 小时的占 22.2%，12 小时以上的约占 10%。这大大超出《劳动法》规定的每日工作时间不超过 8 小时、每周工作时间不超过 44 小时的法定工时。

同时，这些流动青年的收入偏低。他们中 62% 的人工资低于 2000 元，高于 2000 元的仅占 15%，月平均收入为 1426 元，低于昆明市 2010 年每月人均可支配收入的 1573 元。

（5）工作的安全感与稳定性：安全感低，不稳定

船房 18 ~ 25 岁流动青年对现有工作的安全感也不强，有 51.6.% 的受访者认为自己的工作毫无保障。而在职业满意度方面，对现有职业感到不满意的占 43%，感到一般的占 55%（图 2）。这也导致了他们不断地变换工作，在企业间的流动十分频繁。

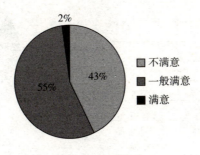

图 2　职业满意度

资料来源：船房专项调查。

（6）支出状况：生活必需品及娱乐支出高，学习和教育支出少

调查表明，船房 18 ~ 25 岁流动青年中 83.5% 的人每月支出在 500 元以上，1000 元以上的有 32.3%，甚至一部分人每月的收入基本花光。支出结构上，排在首位的是房租，约占个人收入的 25% ~ 30%；其次，上网与手机话费，约占个人收入的 15% ~ 20%；第三，吃饭与购物，占 10% ~ 20%。从中可以看出，他们用于生活必需品及娱乐的支出比例较高，而用于学习和教育的支出则非常少。

（7）居住状况：租房居住

从居住情况来看，60% 左右的人自己租房住，40% 的住在家里或亲友家里。平均同住人数为 2 人，人均居住面积为 10 平方米左右。有 30% 的人认为现有居住条件"很拥挤，很不方便"，50% 的人认为"比较拥挤，但还过得去"，20% 的人认为"不拥挤，但也谈不上宽敞"。从中可以看出，有超过一半的船房流动青年已经开始通过独立租房的方式拥有自己的生活场所，为他们进一步适应城市生活，乃至最终留在城市定居打下了基础。

（8）社保状况：缺乏养老、医疗、失业和住房公积金保障

社会保障方面，绝大多数都没有诸如养老、医疗、失业和住房公积金之类的社会保险。其中，回答有"医疗保险"的只有 12%，有失业保险的只有 2%，有住房补贴或公积金的只有 3%（图 3）。在工伤、失业、医疗、养老保险和住房公积金五项保险中，最受关注的是医疗保险。45.8% 的被访者回答生病时去"正规

医院就诊"；28.08% 的回答去私人诊所看病；28.08% 的表示根据病情到药店买药吃。而对于现在没有养老保险的原因：63% 的表示"不了解情况"，14% 表示"企业不愿办"，23% 表示"本人不愿办"（图4）。

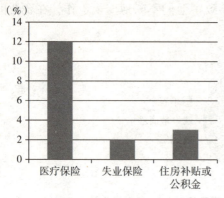

图3 社会保障状况

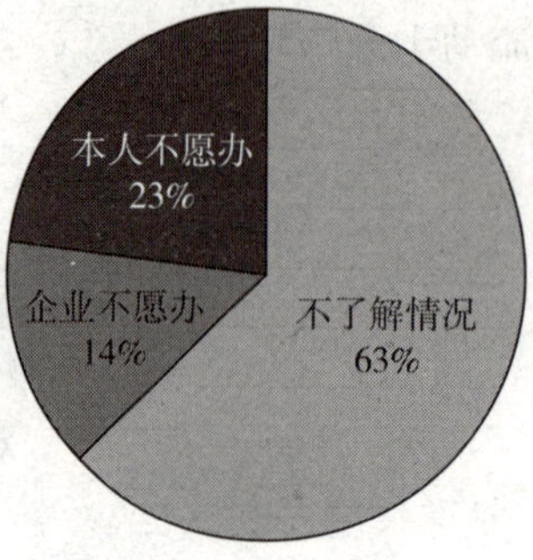

图4 没有养老保险的原因

资料来源：船房专项调查。

（9）社会交往状况：比较积极，但有很强的同质性和封闭性

与他们的父辈不同，船房 17 ~ 25 岁的流动青年社会交往比较积极。尽管交往程度还不算太高，但他们已经开始和本地居民有所交往，对象主要以城市同龄青年为主。与之相对照的是，流动青年之间的社会交往更为活跃，许多人都有30 位以上的朋友，并且很多人都有在社会上混的朋友。在交往方式上，既有日常通过工作和社会活动结识的朋友，也有许多通过网络结识的朋友。在交往内容上，主要以吃饭、去酒吧和唱卡拉 ok 为主，同时不可忽略的是，有少部分人经常聚在一起打架。上述情况表明，流动青年已经在积极进入城市居民的社会关系之中，但由于地域、制度和文化的限制，这种进入还不够广泛和深入。他们的社会交往还带有很强的同质性和封闭性。

王 K 的故事

王 K，16 岁，小学毕业，无业，住杨家地老村 12 号，老家在昭通镇雄。现在父母、哥哥、姐姐都在船房，哥哥、姐姐都已经结婚，不跟父母同住。全家到昆明 10 年了，流动原因是挣钱养家。王 K 虽是自愿跟父母过来的，但觉得昆明没有老家有意思。进城来的主要目标不清楚，目前没有工作，但有找工作的意愿。想学习美术、体育方面的技能。父母的工作都在工地。王 K 小学六年级就辍学在家了，据说跟老师动手打架是真正离校的原因。

王K现在没有固定收入，只有父母给的零用钱。业余时间通常是跟朋友闲逛和打篮球。主要花费就是吃饭和零食。处得好的朋友有十多个，都是外来的，是在一起的同学介绍的。王K曾经进过一次派出所，被怀疑偷电动车，后来没事了。认识很多社会上混的人。喜欢城市青年的时尚生活，比如化妆等。对城市人最难忘的印象是觉得城里的人比较文明，但也小气。王K对自己的定位是农村人，地位没什么改变。王K称对未来没什么打算，是什么样就什么样吧，想多了没意思，很怀念以前的生活。

（10）留城意愿：强烈

与他们的父辈不同，船房17～25岁的青年中许多人本身是在船房出生或在很小的时候被带到城市中来生活的，因而他们表现出了强烈的留城意愿。超过8成的人表示想通过各种途径努力争取留在昆明或其他城市工作生活。他们已潜在地将自己认同为所居住城市的一分子。他们中多数人都不愿回到老家和农村去生活。但现实生活中，大多数人的收入水平普遍较低，不足以支付在城市生活的高昂成本，就业、住房、社会保障以及将来的子女教育等，无一不成为他们在城市定居的严重阻碍。

2.职业培训

各种职业培训能够增强流动人口尤其是流动青少年的职业技能，强化他们的职业竞争力，使得他们真正从劳动力资源转化为人力资本，为其在劳动力市场地位的稳步提升创造条件，使其能够尽快融入城市经济建设发展进程。但由于当前制度障碍和自身素质所限，当前船房流动青少年的职业培训状况并不理想。

第一，船房社区的职业培训存在"培训歧视"的问题。船房社区居委会每年都会拨付5万～10万元的经费用于职业培训，但这些培训仅仅针对社区的本地人口，并不包括社区众多的外来流动人口。而事实上，社区本地人由于有租房收入及社区提供的就业机会，收入不错且稳定，真正急需职业培训的是这些技能低、缺乏资本和就业机会的外来流动人口。

第二，职业培训需求和供给不匹配，存在"学校招不到学生，学生找不到学校"的现象。一方面，船房所在的西山区有一所省级的师范职业学校。学校占地40亩，建筑面积1.8万余平方米。建设有各类教学实验室近20间。学校有教职工52名。学校学生就业率95%以上。目前，按照国家政策，对高一、高二年级在校生给予每人每年1500元生活补助。即便如此，学校每年的招生都很困难，需要到昆明各地的学校和社区进行大量的宣传。2012年之前，西山职校1444名学生中没有 1 名船房的流动青少年。与此相对照的是，在社区对流动青年的访谈中，多人表达了上职校的兴趣和意愿。

李 Y 的故事

李 Y，女，19 岁，上学上到高二，这学期刚辍学，从老家镇雄来到昆明才 20 多天，在亲戚的介绍下现在在船房的一个游戏室上班。她和亲戚一起住在船房老村。爸爸妈妈在家务农，家里还有个小弟上 3 年级，两个哥哥已经结婚。她来到昆明之后觉得昆明比想象中的好太多了。被问到来昆明的目标，她笑了笑说："当然是赚钱喽。"

她现在在游戏室上班，但对上职校很感兴趣，想学美容美发。游戏室是她辍学之后的第一份工作，是让亲戚帮忙介绍的。问她为什么都上到高二了还不接着上完高中，她犹豫了一下，回答道："家庭困难，我还是很喜欢上学很想读书的，读书的时候成绩很好，成绩在班级前五呢！"她现在有工资，对收入还满意（一个月 1000 元）。觉得自己的收入和消费与周围的人相比是有差别的，明显比周围的朋友少。现在有几个城里的朋友，经常联系。她认为"昆明这么好过，怎么不喜欢啊"。喜欢城市青年的时尚生活方式。对未来并没有什么打算。

第三，"学习"与"工作"之间的矛盾。目前多数船房流动青年都是初中毕业甚至初中未毕业就开始找工作的。他们中的许多人都存在不同程度的"厌学情绪"，但同时他们又想通过工作获得经济收入，从而满足自身的生活和消费需求。而正规职业教育一般需要 2 ~ 3 年的时间，学习时间长，且期间没有任何收入还要出生活费。许多人认为机会成本太高。此外，许多流动青少年家长对职业教育的重要性认识不充分。他们大多认为孩子读个初中，然后就可以找个工作补贴家用了。上职业学校不但要花钱，而且毕业了也不一定能找到更好的工作。

第四，家长对职校的"误解"。很多流动儿童家长认为读职校是"堕落"，只有没有出路、学习不好的才去读职校。只要孩子的成绩达到高中录取分数线，首选上高中；只有学习成绩不好、未被高中录取的学生，才会选择职业学校。大部分家长还认为，孩子上完中职、中专后，就必须直接走向社会参加工作，而如果上了高中则可能会考上一所大学，可能有更好的发展。在他们看来，上中职、中专是考不上大学的"无奈之举"。

第五，学费和生活费。公办职校学费可减免，但生活费要 600 ~ 800 元。

民办职校不但要缴高达 6000 ～ 10000 元的学费，同时还要支出一笔不小的生活费。

第六，缺乏用工单位的培训。船房的流动青年大多在船房的私营和个体企业中工作。这些单位往往只追求经济效益，尽力压缩成本，用工制度不规范，基本没有针对员工的职业培训。

3. 阻碍流动青少年职业融合的因素

（1）人力资本低，缺乏竞争力

船房 17 ～ 25 岁流动青年的受教育程度、技术能力、法律意识、市场竞争意识较他们的父辈更高，思想更活跃，观念也更新，但这并不意味着他们就能够适应、满足现代产业发展对劳动者素质的要求。这主要表现为他们的人力资本结构与用工单位乃至城市发展所要求的还存在着很大的差距。

从企业招聘人才的工种结构看，目前紧缺的是技术工种，熟练操作工与技能人才需求量大。这些岗位要求具备一定实践技能，而并非所有人都能胜任。如电子装配工、缝纫工、印刷工、喷漆工、丝印工、焊接工、机械操作工等，都需要具备一定的专业技能和工作经验，不经过一定时间的培训很难从事该项工作。然而，这些流动青年缺乏相应的技术能力，现有的教育程度、技术水平均滞后于当前的社会需要。同时，微薄的收入、繁重的工作加上不稳定的职业，使他们在工作中难以真正提升自身的职业素质，极易陷入"低素质—低收入—低人力资本投入"的恶性循环之中。

（2）社会资本缺乏

船房 17 ～ 25 岁的流动青年在结构和质量上较他们的父辈有所改善，但他们的社会资本网络还是远远低于城市居民，且社会网络资本的异质性较差。虽然他们当前的工作和社会交往处于市民化和社会融合的初始阶段，但并没有从根本上改变他们的社会网络的边界，社会关系结构的基础仍然是以血缘和地缘关系为核心的初级关系，存量社会资本的质量较低，业缘关系虽在发展，但并没有成形。

（3）户籍制度

户籍制度阻碍着船房流动青年的城市化和社会融合。首先是城市就业保护。当前，城乡二元就业体制依然存在，包括昆明在内的大中城市，政府对外来人口，特别是农民工，都在一定程度上采取排斥态度。这种实质上的地方保护主义，间接阻碍了包括流动青年在内的流动人口的市民化和社会融合进程。其次是社会保障的排他性质。流动人口在城市务工，不论是永久性的定居还是暂时性的流动，都涉及社会保障问题。但在目前的二元户籍制度和就业体制下，社会保障也存在明显的二元特征，这对于流动人口的市民化是一道巨大的障碍。

（4）劳动力市场就业制度

当前，由于城乡二元体制的存在，由此也形成了劳动力就业市场的二元甚至是三元分割（李健民，2002；李春玲，2006），呈现出城乡分割、部门分割与制度分割的劳动力市场状态。

表 3　　　　　　　　　　正规劳动力市场分割状态

户籍划分	劳动力市场	公有部门（体制内）	非公有部门（体制外）
本地户籍劳动力	一级劳动力市场	①国有部门或集体所有制单位	②较多人力资本，私营或三资企业
	二级劳动力市场	—	③较少人力资本，私营或三资企业
非本地户籍劳动力	一级劳动力市场	④较多人力资本，国有部门或集体制单位	⑥较多人力资本，私营或三资企业
	二级劳动力市场	⑤较少人力资本，国有部门或集体所有制单位	⑦较少人力资本，私营或三资企业

资料来源：李春玲，"流动人口地位获得的非制度途径——流动劳动力与非流动劳动力之比较"，《社会学研究》2006 年第 5 期，第 87 页。

在表 3 的劳动力市场结构中，船房的流动青年大多数处于体制外、二级劳动力市场中，即表中的第⑦类，在此类劳动力市场中，劳动者收入较低、工作不稳定、职业上升机会少。即使是拥有较多人力资本的流动青年，他们大多数也属于第⑥类，徘徊于一级劳动力市场与二级劳动力市场之间，常因户口问题而遭受就业歧视（表 3）（李春玲，2006）。

此外，他们经常还会遭遇劳动力市场的人为行政分割。此类分割的通常做法是，城市管理部门采取一定的措施，在招工程序、招工比例、务工领域、行业工种等方面设置门槛和壁垒，坚持"职业保留制度"。这种对就业工种、专业、使用期限等方面进行的制度安排，使得对外来务工人员的歧视系统化、彻底化、公开化与制度化。

船房的流动青年大多只能在非正规经济部门就业。研究表明，非正规就业存在如下的问题：①劳动契约松散；②缺乏社会保障且无法接续；③劳动报酬低，甚至达不到法定的最低工资标准；④职业层次低，工作不稳定；⑤组织化程度低，劳动权益容易受到侵害。

（5）社会保障

首先是社会保障覆盖面过低。由于养老保险缴费门槛高，而流动青少年流动频繁，因此流动青少年参加养老保险的比例很低。养老保险制度在省市甚至县市层次统筹管理运行，各地区之间制度不同、政策不统一，难以互联互通，养老保险关系难以转移接续，这也是影响包括流动青少年在内的农民工参加养老保险的因素之一。

其次是不能平等享受公共卫生和基本医疗服务。流动青少年没有被纳入城市医疗救助（大病救助）范围，无法享受与城市居民相同的医疗救助待遇。城市居民看病难，包括流动青少年在内的农民工看病更难（中国发展研究基金会，2007）。

（6）住房

当前，包括流动青少年在内的外来务工人口普遍存在住房狭小、居住环境差等问题。一方面，城市的经济适用房、廉租房等还没有对流动人口开放，各地政府对他们在城市的住房问题实际上是放任自流，他们的住房仍游离于城市住房保障体系之外。另一方面，许多城市当前都在进行城市改造，许多像船房社区这样的外来流动人口所赖以居住的城中村正在被大规模拆迁，他们不得不面临房租上涨和无房可住的局面。住房问题严重影响着流动青少年的生活质量，并成为他们社会融合的最大障碍之一，也是目前解决城市住房问题的难点之一。

三、流动青少年的犯罪

（一）流动青少年犯罪的相关研究

目前，全国范围内流动青少年犯罪情况尚缺乏详实数据，但是散见于各地的数据表明流动人口青少年犯罪已成为不容忽视的社会问题。邹泓等人的调查显示，流动青少年违法犯罪逐渐替代了常住人口中无业闲散青少年违法犯罪而成为了当今违法犯罪的主流（邹泓、屈智勇、张秋凌，2004）。

根据有关统计资料显示，云南省公安机关抓获的未成年犯罪嫌疑人（14～17岁）2005年比1998年增加了30.7%，从6287人上升到8220人，各级人民法院审判的未成年案犯也从1215人上升到3125人，占同期判处犯罪总人数的比例也从4.5%上升到10.45%。从2001年到2005年，云南省未成年犯管教所收押的未成年犯从 1026 人增加到 1253 人，增加了 22.1%。这些数据说明了云南省未成年人犯罪总体呈上升趋势，绝对人数和相对比例都在不断增加，对社会的危害也在不断加深。其中，农村籍未成年人犯罪增多，流动人口犯罪增多，失学生、在校生犯罪日渐增加，外省籍、外籍犯罪人员增多（张宏文、李志雷，2009）。2008 年 12 月北京市海淀区检察院公布的一组统计数字显示，2007 年起诉部门受理的未成年刑事案件中，外地籍未成年犯罪嫌疑人共 171 人，占总人数的 75%，比上年 68% 的比例又有所上升（《中国青年报》，2008）。有数据统计，上海市 2000～2005 年度在押未成年犯中，外省市户籍比例由 38.3% 上升到 68.49%，2000 年上海市与外省市户籍的未成年人犯人数比大致在 6∶4，但是从 2003 年开始，这个比例开始倒置为 4∶6，2005 年这一比例变为 3∶7，在短短的 5 年里，在押未成年犯的户籍结构出现了明显倒置（肖春飞、苑坚，2006）。珠三角地区的外来未成年人犯罪占了未成年犯罪的绝大多数。在深圳未成年犯中 85% 是外省市人员，14% 是广东省内非深圳市户籍人员，只有 1% 是深圳市户籍人员（赵胜营，2006）。当然，在外来未成年人中，不仅有户籍在外地、随父母长期生活在某地的青少年，还包括短期的流窜青少年、闲散与流浪未成年人。

2006～2008 年，流动儿童犯罪的数量呈井喷状态，流动少年犯罪占未成年人犯罪总数的比例一直稳定在 85% 以上，占总犯罪人数的比例也在 10% 左右（马晓，2009）。基于 2011 年广州市中学生生活调查的数据，流动儿童的越轨行为显著高于城市本地的青少年，尤其是就读于农民工子弟学校的学生，其越轨行为更加严重（高云娇、余艳萍，2012）。2006 年下半年浙江省少年管教所中，1582 名在押未成年犯有 48.84% 来自农民工家庭（曹文慧，2008）。上海市宝山区检察院未成年人案件刑事检察科 2004～2008 年第一季度共受理审查起诉未成年人案件 316 起、662 人，其中外来未成年人有 454 人，占 68.6%，农民工子女 226 人，占外来青少年人数的 49.8%（奚山青、胡巧绒，2009）。综合以上数据可以看出，流动青少年犯罪现象可谓触目惊心。

面对流动儿童的高犯罪率，学者们从不同学术视角提供了解释。尽管现有研究缺乏统一的理论框架，但学界存在以下共识——流动儿童（与本地儿童相比）在城市中处于弱势地位，这是导致其犯罪行为频发的主要原因。

流动儿童家庭普遍较为贫困、具有高流动性且面临文化适应等问题。由于户籍制度的存在，流动人口作为城市的"外来人"无法享受同城市居民同等的社会福利和保障，城市生活中的排斥和歧视使得流动儿童并不能真正融入城市，成为城市的"边缘人",缺乏对城市的认同(尹书强、马润生,2008)。在与其他同龄孩子的社会比较中,他们觉察到自己与城市孩子在家庭背景、生活习惯方面的差别,也感受到自己社会地位的相对低下,因而产生自卑感和被歧视感(郭理蓉,2009)。北京市一所公办学校的调查发现,有一半以上的流动儿童(58.3%)不喜欢甚至讨厌北京的孩子,理由主要是他们"欺负人"(26.2%)、"看不起人"(37.1%)。同在一个城市中,有些孩子甚至从来没有和北京的孩子接触过(占3.1%)(韩嘉玲,2001)。心理学研究表明,受歧视的儿童往往有更多的退缩行为,也更容易出现越轨犯罪问题。

学者也注意到,由于城镇住房制度的限制,外来务工人员通常租住在混乱的"城中村"或偏远的郊区(Wu, M. 2002),这些区域人员流动性大、成分复杂、治安状况不理想,黄、赌、毒、制假贩假等违法犯罪活动时有发生。外来未成年人正处于单纯幼稚、缺乏社会阅历、好奇心旺盛的年龄,生活在这样嘈杂混乱、鱼龙混杂的环境里,再加上父母疏于管教,他们极易受到不法分子的欺骗、引诱、唆使,或者受到"黑网吧"、色情发廊等不良因素的侵扰。

其次,社会化机制的缺失也是造成流动儿童犯罪的重要原因,主要表现为家庭教育和学校教育的缺失。一项调查发现,外来未成年人的父母多是从事服务性行业的人员,基本无暇顾及子女的教育,而且大多数家庭生活非常不稳定,36%的孩子从小学到初中换过4所以上的学校(《法制日报》,2006年1月4日)。即使这些父母有时间陪孩子,也因为父母自身文化水平较低,缺乏科学教育的观念,难以实施科学的、有效的家庭教育。学校教育方面,2003年11月发布的《中国流动儿童状况调查研究报告》显示,我国流动儿童的失学率较高。一直未上学者占6.85%,失学者占2.45%。另外,随着年龄的增大,流动儿童失学者的比例逐渐升高。从8岁到14岁,流动儿童未上学比例由0.8%增长到15.4%,中途辍学的现象也比较突出。即便打工子弟学校的出现缓解了上学难问题,但打工子弟学校在硬件设施、教学质量上仍无法与公办学校相比。由于缺乏父母、老师、行为良好的同伴等重要他人的"社会支持",流动儿童犯罪的可能性相对较高(中国妇女活动中心,2003)。

除了客观社会环境的影响,许多实证研究同样关注流动儿童的心理状况。有学者指出,农民工子女中未成年犯的自我意识低于城市居民和其他农民工未成年子女,他们在行为、与人交往、幸福与满足感等方面表现出更多问题,拥有更低的心理健康水平(邱鸿钟、韩小燕,2010)。还有研究发现少管所流动儿童比城市儿童有更多的品行障碍,不适当的归因方式、低主观幸福感和集体主义文化价值观可预测少管所流动儿童的品行障碍（向娥英、黄任之，2008）。流动儿童在城市被"边缘化"的经历会使之产生漂泊感、心理疲惫甚至心理变态，进而出现大量的短期行为、颓废行为、反社会行为，以及享乐主义或极端个人主义等种种非理性行为（严从根，2009）。

（二）船房的流动青少年犯罪分类及现象

船房的流动青少年犯罪可以分为两类，一类是未被收容教养的犯罪，另一类是被收容教养的犯罪。根据我国《刑法》，未成年人只有在犯盗窃、诈骗、抢夺他人财物，为窝藏赃物、抗拒抓捕或者毁灭罪证，当场使用暴力，故意伤害致人重伤或者死亡，或者故意杀人、强奸等重罪时，才会被判刑和收容教养。而数额较小的盗窃和财物抢劫犯罪，一般都不会以犯罪论处，而是以教育为主。

1. 未被收容教养的犯罪

在船房流动青少年中，大量发生的是数额较小的盗窃、财物抢劫和打架斗殴等犯罪。有些青少年养成了好逸恶劳的习惯，生活中的重要内容就是上网和请客吃饭、娱乐。他们通常都是在校的学生或刚出学校不久的人，家庭一般又都不富裕，因此缺乏稳定的经济来源。当自身的消费欲望得不得满足时，往往就起了偷盗电动单车或抢劫其他学生财物的念头。此外，这些青少年通常视打架为勇敢，崇尚以暴制暴，将不良习惯当做时髦，将称王称霸、恃强凌弱看作有本事，视朴素为穷酸，追求外表的奢华，讲"名牌"，将对抗社会、以身试法的人当作"好汉"等等。不过，由于他们是未成年人且犯罪程度较轻，因此派出所在抓到他们后一般都是"教育教育"就放回去了。久而久之，他们就形成了"犯罪成本低，没啥大不了"的惯性心理，由此逐渐成为"屡教不改"的惯犯。

"拔毛"的马 W

陈 ZH，男，汉族，外号马 W，1997 年 8 月 10 日生，户籍为重庆市长寿区葛兰镇，小学文化。于 2010 年会同其堂哥胡 Q（男，汉族，初中文化，重庆市忠县乌杨镇墨子村人）从重庆离家出走到昆明。到昆明后，两人一直居住在船房一些小旅社内，并先后认识秦 F（男，汉族，当时 15 岁）等人。在秦 F 等人带领下，自 2011 年 4 月初开始，一直在昆明市一重点学校附近对在校学生进行"拔毛"（以言语威胁抢劫少量财物）为生。先后组织和参与了六次"拔毛"，于 2011 年 4 月 22 日被西华派出所抓获。同日因犯罪时年龄小，被公安机关送至昆明市救助站，并被遣送回重庆。

2. 被判刑收容教养的犯罪

根据对昆明少管所的调查，流动青少年犯罪的存在以下特点。

①犯罪人数增长较快，占比逐渐攀升。船房社区地处昆明市的城乡交界处，外来人口数量较大，人口的流动较频繁。近年来流动未成年犯的比率呈明显上升趋势。

②呈现出低龄化、突发性、动机单一、团伙性、报复残忍性的特点。在流动青少年犯罪的特点上，排在第一位的是低龄化（33%），排在第二位的是突发性（26%），第三位的是动机单一（17%），第四位的是团伙性（13%），第五位是暴力残忍性（11%）。

自首的阎 F

阎 Q，又名阎 F，男，汉族，文化程度为初中，现年 19 岁，户籍为重庆市忠县乌杨镇青岭村。2006 年 9 月初中二年级时，随其父母到昆明。到昆明后一直在家闲居。2009 年 17 岁时，因其女友张 XY（时年 15 岁）同人发生口角，伙同朋友陈 X（时年 17 岁）用砍刀将对方两人砍成重伤，于同年被法院以故意伤害罪判处有期徒刑两年缓期两年执行。其女朋友在刑拘 30 日后被释放。陈 X 案发后逃逸，于 2010 年在大理被抓获。

阎 Q 出狱后，先后跟随父母做装修，做缝纫。后因同父母吵架后离家出走。其女友张 XY 在其坐牢期间以"坐台"为生，阎 Q 出狱后，张 XY 将"坐台"所得的一万余元留给阎 Q 后，到重庆卖淫为生。2011 年 3 月，在朋友聚会时，阎 F 经朋友劝说，开始吸食毒品"小马"，至今已经十余次。2011 年 4 月 25 日，为筹集毒资，将其朋友电动自行车骗走，卖给路人，筹集 600 元用于吸毒。2011 年 4 月 27 日，到派出所自首。

③犯罪类型以盗窃罪、故意伤害罪、抢劫罪为主。在流动青少年犯罪中，所涉及的罪名主要涉及财产型犯罪、侵犯公民人身权利、妨害社会管理秩序等 3 类犯罪中的共 6 种罪名。其中，财产型犯罪比率最高，主要案由为盗窃、抢劫和贩毒（85%）；侵犯公民人身权利的犯罪位居第二，主要案由为故意伤害（9%）；妨碍社会管理秩序的犯罪居第三位，主要案由为聚众斗殴（6%）；排在最后一位的是黑社会犯罪（2%）。

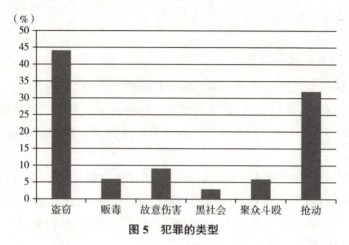

图 5　犯罪的类型

资料来源：船房专项调查。

④一半来自"温饱 + 空巢"型家庭，一半来自"贫困 + 空巢"型家庭，家庭完整情况堪忧。所谓"温饱 + 空巢"型家庭，是指具备如下两个特征的家庭：一是基本解决温饱问题；二是父母在外奔波，无暇监管照顾子女的日常生活。在所调查的流动未成年犯中，有 56% 来自这种"温饱 + 空巢"型家庭，有 44% 来自"贫困 + 空巢"型家庭，没有来自"富裕"型家庭的。90% 的未成年人家长所从事的职业为清洁工、车管员、服务员、废品回收员、建筑工、厨师、包工头、小商贩、装修、餐饮、文印等行业。此外，从家庭完整状况看，有 26% 来自单亲或夫妻分居家庭，这个数字足以引起人们的忧虑。

⑤文化程度低，多数有过辍学经历。调查显示，在流动未成年犯中，文化程度为初中及以下的占 91%，文化程度为高中（包括高中未毕业的）的只占 9%。调查者中 65% 的人有过辍学经历。而辍学的原因中，排在首位的是家庭原因，其次是打架。

⑥绝大多数有吸烟、酗酒、赌博、夜不归宿等不良行为，沉迷网吧情况严重，因涉及网络而实施犯罪者增多。调查显示，约有 90% 的流动未成年犯有吸烟、酗酒、赌博、夜不归宿等不良行为，有 80% 的流动未成年犯曾沉迷网吧。此外，因涉及网络而实施犯罪者逐渐增多，约占全部流动未成年犯的 40%，主要包括以下三类人员：一是为获取进网吧的费用而实施犯罪的，约占全部流动未成年犯的 25%；二是因浏览网络色情、暴力信息而引发犯罪的，约占全部流动未成年犯的 11%；三是通过上网"聊天"相约争斗或预谋作案而引发犯罪的，约占全部流动未成年犯的 4%。

⑦人生观和价值观扭曲。调查显示，流动未成年犯中近50%的人的梦想是"成为有钱人"，具体的表述为"洋房、跑车、美女"，此外有20%的人没有明确的人生理想，表述为"不清楚"。而明确表示"想当警察"的只有1人，而同样明确表示"想当杀手"的也有1人。

（三）影响船房流动青少年犯罪的因素

1. 对城市生活的高期望与被排斥的现实生活之间的巨大落差

多数流动儿童都来自农村，面临着贫困、教育差、生活艰苦等生存性挑战，流动到城市后往往有了很高的社会期望，但现实是他们不得不面临着新的生存风险与环境风险，处于一种甚至比他们在农村更艰辛的生活状态。这种巨大的落差，在缺乏合法、合理的政策和社会支持的条件下，必然会引发犯罪。

流动青少年的内心对获得认同和归属的期望值较高，但在现实中又常常落空，进而产生自卑、逆反、仇视和报复等消极情绪，直至爆发攻击的欲望或超越常规的行为。流动青少年最初往往都是怀着较为积极的愿望从家乡来到城市，而那些从小就出生在父母所务工城市的未成年人，更在潜意识里已将自己看作是这个城市的"原住人口"。然而，当他们逐渐意识到因"外来人口"这一特殊身份所带来的求学、就业等方面的诸多差别待遇时，便会形成巨大的心理反差，随之衍生出自卑、逆反、仇视和报复等不良情绪。

2. 教育的缺失和能力欠缺

缺乏教育，是造成流动未成年人违法犯罪的主要原因。许多流动儿童只能上民办农民工子弟学校，不能参与所在城市升学，由此造成期望破灭，学习兴趣低，提前失学，或初中毕业后就流入社会，形成教育的缺失或空白。这些未成年人由于年龄较小，未经劳动技能培训，无法从事能维持生活的工作，只好混社会。俗话说，"近朱者赤，近墨者黑"，社会上的不良因素极易诱惑他们走上犯罪道路，结伴作案、团体作案较为普遍。

3. 家庭养育功能的缺失

由于城市化进程加剧所导致的家庭规模和功能重组，导致出现大量的"残缺型"流动家庭和功能受损的流动"空巢"家庭。这些家庭的家长忙于生计，缺乏时间和精力去照看孩子，导致部分流动儿童缺乏关爱，出现"家庭养育真空"。当这些流动儿童无法从家庭得到必要的支持和关爱时，他们就会从社会同辈群体中去寻求认同和关注，由此形成"亚群体"和"团伙"，在畸形的"消费"和"娱乐"观念影响下，诱发违法犯罪行为。

4. 社会保障和社会支持的缺失

流动未成年人缺少必要的社会保障，他们在教育、医疗、就业、社会保障等方面难以享受与"原住人口"平等的"同城待遇"，当权利受到侵害时也因司法救济成本高、成效不大等原因而难以得到有效解决，许多"原住人口"对他们持排斥、歧视的态度，他们很难真正融入主流社会。城市社会的支持体系的缺失使得社会资源匮乏的城市流动青少年无法等到更多的机会去改变自己的现实境遇，从而引发生存性危机的爆发。

5. 生存环境恶劣

流动青少年大多随父母生活在城市的旧城区或城乡结合部的简陋房屋内，居住条件较为恶劣、治安状况较为严峻，缺乏青少年社会公共服务设施，导致他们极易受到不良环境的干扰。例如被社会各界所深恶痛绝的"黑网吧"，近年来虽然在城市的中心区域已基本绝迹，但在那些稍微偏远些的城乡结合部地区仍然较为猖獗，成为治安力量相对薄弱的"空白地带"，加之流动未成年人对这类场所的抗诱惑能力偏低，那些"黑网吧"的经营者们便更加有恃无恐地向这些未成年人招揽生意。

6. 亚文化同辈群体的不良影响

由于流动青少年心智与是非观念尚未成熟，极易受到亚文化群体的影响而价值观扭曲：如梦想"成为有钱人，有洋房、跑车、美女"；崇拜能打能杀的"英雄"。从而在兄弟团伙"混社会"的亚文化影响下，不合法地追求物质和"时髦"生活，最终导致其参与到越轨犯罪行为当中去。

第十二章
流动儿童治理

　　包括大量流动儿童在内的流动人口正在促使快速城市化下的中国发生公共治理的变革。谁是流动儿童的"看护者"？家庭、国家与市场的角色和关系的重新调整和定位是关键。城市化流动日益加剧、原有公共服务供给体制解体、家庭结构小型化、婚姻结构不稳定、教育医疗普遍商业化的背景，导致现在的儿童得不到有效的抚育，重新划定家庭与国家、市场在抚育儿童中的角色和责任就变得日益急迫。从儿童优先、确保公平的原则出发，国家应在保障流动儿童的基本权利和社会福利的过程中扮演主要角色，发挥主导作用。在此基础上，合理利用市场手段进行积极探索，实现一种家庭、国家与市场合作互动的关系。

一、流动儿童的"看护人"：家庭

　　个人生活需要维持较为完整的社会结构，家庭则是生育、供养的核心结构。中国家庭是典型的双系抚育制度，父母是抚养孩子的中心人物。但是，由于城市化进程加剧所导致的家庭规模和功能重组，导致出现大量的"残缺型"流动家庭和功能受损的流动"空巢"家庭，并由此严重影响到城市化进程中流动儿童的健康成长。

（一）"残缺型"流动家庭

　　快速的城市化所导致的人口流动产生了许多"残缺型"流动家庭。所谓的"残缺型"家庭是指相对于完整的核心家庭，存在家庭成员缺失或分离的家庭类型。"残缺型"流动家庭可以分为三类。

　　第一类是父母一方单独携带子女外出的家庭。这种家庭的产生是由于一方面想让子女到城市里接受更好的教育，另一方面老家又有老人需要赡养，只好由父母一方携带子女到城里。父母中一方的缺失，对子女教育和成长的影响是显而易见的。在船房社区，这类家庭所占的比例在 10% 左右。

第二类是父母携带部分子女外出的家庭。这类家庭所携带外出的子女通常以男孩为主。这种家庭的出现一定程度上既有中国传统"重男轻女"观念的影响，也有生活成本等经济方面的考虑。这种家庭结构对随迁的子女的教育和生活更为有利，但实际上由于家庭分离所造成的心理和情感问题却对孩子的成长有长期的影响。在船房社区，这类家庭所占的比例约在 20% ~ 30% 之间。

第三类是由于离婚或事实上的"家庭破裂"所产生的"单亲家庭"。这类家庭通常都是单亲母亲带着孩子生活。由此而引发了单身父母的心理、生理和生活问题，以及单亲家庭子女的心理成长及教育等一系列问题。在船房社区，这类家庭所占的比例约在 6%。

残缺家庭对儿童的健康成长有许多消极影响。有研究表明，残缺家庭的孩子中途退学的人数要高于平常儿童的 2 倍以上，学业成绩明显差于完整家庭的孩子，他们在学校旷课以及受罚比率也更高。单亲家庭的女孩过早出现性行为、早婚、早孕、未婚先孕和离婚问题的，比完整家庭的女孩多得多；男孩则更容易沾染暴力行为。

（二）"空巢"的流动家庭

无论是暂时的还是长时间的，相对于留守儿童家庭，流动儿童家庭表面上似乎更完整、更具有充分发挥家庭功能的条件。但调查发现，事实上许多流动儿童家庭本质上仍是一个"空巢"家庭，家庭教育功能依然薄弱。流动儿童的家长通常从事的都是高强度、工作时间长和收入低的工作，许多人往往要从早上八点工作到晚上八九点钟才下班，根本没有时间在孩子放学后照看孩子和进行学业辅导。同时，流动儿童家长的平均受教育程度为初中以下，多数家长没有能力为孩子提供学业等方面的帮助。调查发现，多数的流动儿童家长都是从事体力劳动和小生意的，60% 的人每周的工作时间都超过法定的 44 小时，作息不规律，缺乏与孩子相处和交流的时间。30% 的流动儿童家长对自己子女的学习、生活不闻不问。61.5% 的家长对孩子的奖励标准是孩子的考试分数，奖励多以物质奖励为主，考得不好则打骂一通了事。对孩子的心理健康教育和道德情感教育基本上没有。

（三）流动家庭对流动儿童教育的影响

1.流动家庭对孩子教育的积极影响

（1）流动家庭的孩子能享受完整的家庭温馨

单个的劳动者流入城市，往往造成了家庭分离、夫妻分居。而家庭整体流动免除父母和孩子的两地牵挂，消除了精神上的寂寞和空虚，使得一家人能享受家庭和亲情的乐趣。这对于家庭稳定、孩子的人格健康成长是不可缺少的。

（2）流动家庭的孩子比留守孩子能接受更多的亲子教育

流动人口由于忙于务工经商，把子女留在农村由祖辈老人照料很可能由于过分溺爱或放任自流，而使孩子误入歧途。流动人口带着配偶和孩子流入城市则使孩子能获得比留守状态更多的关爱和亲子教育。一方面，流入城市建立核心家庭后，家长与孩子的关系更加紧密，有较高频率的亲子互动，父母有机会亲自管教孩子，比较密切地的关注孩子的成长轨迹。另一方面，家庭结构的核心化导致亲子关系的平等化，有助于流动人口家庭教育的民主化和现代化进程。在核心家庭中，由于没有长辈的牵制、村庄社区的舆论控制以及其他因素的影响，流动人口在孩子家庭教育上有相当强的自主性，可以自主决定教育方式和手段，对孩子更倾向于平等相待，尊重和理解孩子的选择，因而有利于家庭教育的民主化和现代化。

（3）流动儿童从家庭生活中懂得艰苦奋斗的道理

许多流动儿童在日常的家庭生活中，深深感到父母工作的艰辛和忙碌以及自己求学的不易，从而激发努力向上的动力，希望通过学习，以知识改变命运，回报父母的关爱。

2.流动家庭对孩子教育的消极影响

（1）家庭教育资源匮乏

流动儿童的家庭教育资源比较匮乏，主要表现在流动儿童家长的受教育程度偏低、家庭收入偏少和职业类型特殊等方面。

家长职业不稳定，流动性较强，孩子经常需要适应不同的环境。家长用于教育和照顾孩子的时间少。船房的调查发现，有20%的家长因为工作太忙了，没有时间有意识地与孩子在一起；有24%的家长一天中有1～4个小时与孩子有意识地在一起；只有56%的家长每天与孩子在一起的时间在4小时以上。

家长的受教育程度偏低。船房多数流动儿童的父母文化层次较低，86%的父母其受教育程度在初中及初中以下。由此导致的后果是，当流动儿童需要父母提供学业支持时，由于学识水平有限，他们无法为子女提供基本的学业支持。同时较低的家庭收入使提供"间接的"学业支持（如为孩子请家庭教师）也不可能。

流动人口家庭的低水平的物质生活，很难为孩子的健康成长提供一个良好的环境。调查发现，48.6%的家长认为孩子每学期的学杂费是家庭生活的负担。绝大多数家庭没有额外的教育费用支出，如购买课外书、参加各种兴趣班、为增长知识而进行的娱乐活动等。

家庭学习环境不尽人意。流动家庭一般都住在出租的小房间里，一般是矮小的饭桌、窄小的椅子代替写字桌。碰到家里做饭或来客人时，孩子就搬到外面写作业，有时蹲在地上写。这样的学习环境对流动儿童的视力和骨骼的发育将会造成不良的影响。租住房屋大都阴暗潮湿，严重影响儿童的健康。流动儿童家庭饮食不够规律，也不利于流动儿童的健康成长。

（2）教育的过高期望和过低期望

由于大多数流动儿童的家长自身的文化层次不高，掌握的技术又很有限，因此，他们只能从事脏、苦、累且报酬低的工作，这使他们体验到都市生活的艰辛。他们很希望能改变这一现状，却又感到力不从心，于是转而将希望寄托在孩子身上，希望自己的孩子将来不要像自己那样辛苦，要像城市的"体面人"那样轻松地生活。绝大多数流动儿童的家长对子女都抱有很高的教育期望，用他们的话来说，就是"上大学"，"读得越高越好"，由此给孩子的学习和生活产生巨大的压力。

也有部分流动儿童的家长对子女的教育期望值较低，认为不受很高的教育也行，通过其他的途径（如做生意）也能生活。这些家长的观念通常是，"你看我，不也没读到书嘛，但照样混得很好"。由此导致对孩子教育的放任和不重视。

（3）教育能力不足

社会学和教育学的研究早已证明，家长文化水平的高低与家庭教育水平高度相关。一般来讲，文化水平高的家长往往在孩子教育上更为科学、合理和有效。现有流动人口的文化程度多为初中及以下文化程度，这严重影响到他们对孩子的教育观念和方法的质量。许多家长存在重智轻德、分数第一的倾向，只顾孩子的学习上下功夫，缺乏全面发展的教育观念，尤其是不注意培养孩子良好的行为习惯和创新能力。在教育方法的问题上，有的家长管教孩子以打骂为主、说教为辅，有的家长是看别人怎么做就怎么做，甚至还有的家长说学校老师怎样教就怎样做，错误地认为"教育孩子是学校的事，与家长无关"。

（4）家庭文化及学习环境差

有 1/3 的船房流动人口家庭处于城市贫困人口的范围内。这样的物质条件难以保障流动儿童最基本的生活和学习之需，更谈不上休闲和娱乐。由于生活的窘迫，家长不能为孩子提供一个基本的家庭学习环境，很多孩子除教科书外，甚至连课外书籍也没有。家庭中也很少有丰富的娱乐生活，孩子的精神生活相当贫乏，缺乏健康有益的家庭生活及家庭情趣。

二、流动儿童的"看护人"：社区

"城中村"是流动儿童居住的典型城市社区。一般认为社区是指由居住在某一地方的人们结成多种社会关系和社会群体，从事多种社会活动所构成的社会区域生活共同体。社区有责任和义务为本社区所有成员提供公共服务。社区公共服务是指在社区层面的、超出自身利益去理解并考虑他人的利益的、非个体性的、与群体共同生活有关系的服务。公共性是社区公共服务的最终价值观，最终目标是维护社区的公共利益（邱晓里，2007）。社区公共服务要求能满足不同层次社区居民的需要，特别是要满足在社会中处于不利地位的社区居民的需要。市场中提供的服务建立在个人本位主义和自利性本质之上，把追求个人效率或利益最大化作为目标取向。与其迥然不同的是，社区公共服务注重实现社区居民的高度参与，使社会更趋公平，谋求社区公共福利，以实现社会的公平与正义。由于历史和现实等客观因素，目前在我国，实际上是社区居委会代表政府行使了公共权力为社区居民和社区内的单位提供公共服务。

包括流动儿童在内的流动人口作为社区的居民理应获得社区的公共服务和关爱。但现实是，在船房社区这样的典型城中村，社区的治理更多呈现的是社区利益本位，基层组织科层化，公共服务机制不完善，重管理轻服务，"重本地人轻外来人"等现象。

城市社区是为包括流动儿童在内的社区居民提供公共服务的主体，但由于我国当前的户籍体制和快速的城市化发展，使得对流动儿童在内的流动人口进行管理和提供公共服务变得极为复杂。在大量流动人口集中的城中村社区，居民可以分为两大类：一类是原有村民，另一类是大量的外来人口。理论上，社区居委会的权责对象是全社区范围内的居民。居委会作为基层政府在社区内的代表，应该承担居民与基层之间的联系责任。但实际上，居委会对社区的建设和发展从根本上是以社区原住民的利益为出发点的，外来流动人口只是处在决策考虑的边缘地位。在社区，外来人口与居委会的联系只限于"办证"，对于相当多的外来流动居民来说，他们对船房社区并没有特别的认同感和归属感，所谓的社区对于他们而言仅是"居住和生活的空间"。因而这些流动人口居民参与社区生活的积极性不高，导致他们与居委会之间的认同关系十分薄弱。另外，居委会作为一种制度安排的产物，并没有实现"居民自治"的内涵，其权力来源不是居民的认可和对其权威的认同，而是更多的来自上级政府，缺乏居民的广泛认同和积极参与，社区的团结力和凝聚力就大打折扣，再加上居委会过多承揽政府的各种事务而无暇顾及居民的真实需要。

1. 船房社区的治理现状：本地人利益为主、管理为主

船房社区是典型的"城中村"，也是昆明最大的城中村。村里已经没有务农人员，物业和租赁业是村集体及村民的支柱产业。"原住民"主要是由陆、赵、李、曹四姓等家族聚居形成。目前村内的原住民有4000多人，外来人口6万余人，是原住民人口的15倍。船房有出租屋2556栋，出租率在90%以上。

2000年船房村委会翻牌为社区居委会，很长一段时间内由于管理不规范，治安、基础设施投入不够，整个社区的环境脏、乱、差，治安混乱，打架斗殴、两抢一盗等案件居高不下，社区一度被立为全省的"A级"乱点。2003年左右，社区以社会治安和稳定为突破口，大力整治社区的卫生、治安、环境，社区从全省"A级"乱点成为"平安社区"。出租房的档次、租金和入住率不断提高，本地村民从中得到了极大实惠。

作为船房治理主体之一的社区居委会在社区治理中，主要实施了以下的措施。

①打造卫生社区。社区当初抓住建宅基地、建新农村的机遇，对新审批的宅基地统一规划和建设，对社区的外租住宅统一管理，对外租的商铺广告统一设计，扩建道路4条，新建17个绿化小广场，清理占道垃圾，回购土木结构危房，垃圾死角空地改造成绿化带，小游园和电动车停放点，拆临拆违4000多平方米，招聘90名社区保洁员对社区内全部街道实行"一日两扫，全日保洁"。

②打造平安社区。先后投资13万元安装28个消防设施，投资154万元进行灯光亮化工程，投资346万元建设社区视频监视系统，安装200个摄像头，投资40多万元建盖了两个规范治安执勤点。招聘了78名社区治安联防队员，在社区开展24小时不间断监控巡逻防范。社区还建立了禁毒帮教矫正点，对吸毒人员

进行无缝隙管控和帮教措施。

③打造和谐社区。建立老党员和老年人定补金制度和学习奖励制度，帮扶患病人员。社区每月定期发放老年人生活补助金，2009 年共发放补助金额 327360 元。对党龄在 35 年、40 年以上的党员，分别给予每年 600 元、800 元的补助。对考上中专、大专和本科的学生，也分别给予 500 元、1000 元、2000 元的一次性奖励。此外，还通过各种活动丰富了社区的文化生活。

社区另一治理主体是西华派出所。西华派出所是 2005 年进驻船房社区的，管辖船房社区和河北社区。派出所最初只有十几个民警，到 2011 年增加到 43 个，现有警车 16 辆。此外，西华派出所还有协警 60 个，主要负责户籍窗口、打扫卫生和一些日常巡逻等任务。西华派出所的业务、人事由昆明市公安局管理，财政和福利则由西山区负责。面对船房流动人口众多、治安相对复杂的特点，西华派出所在船房社区积极推行"三式管理法"。

①围院式管理法。围院式管理法是以村间主要道路为界限，把相对独立、人口较为集中的船房新村 1 社、5 社、7 社、10 社和 11 社划分出来，依托有形的围墙、治安卡点和无形的视频监控等形式对划定区域进行综合管理的方法。

②循环登记式管理法。循环登记式管理法是西华派出所针对辖区人口基数大、流动性大，实有人口信息难采集、更新难、维护难的现实，设计制作《出租房流动人口循环登记本》，免费发放给房东使用，由民警定期收集、日常管理。

③重点部位动态式管理法。重点部位动态式管理法是西华所针对辖区特种行业、娱乐场所以及部分技防、物防设施差的出租房，有针对性地开展动态式管理的方法。首先是开展平安社区、无盗楼院工作，将辖区内的治安乱点和易发案部位突出出来，进行重点管理和重点防范。其次是进一步延伸治安星级评定工作。把治安星级评定从一个个区域，延伸到每一栋楼、每一栋出租房。第三是加大网吧、旅馆业、洗浴场所检查和清查力度，坚决查处不如实登记和违规上网的情况，强化了重点人员监控力度。

④新"居住证"办法的实行。这是船房西华派出所对流动人口管理的一个重要改变。2011 年 5 月 1 日，《昆明市居住证管理规定》正式实施。居住证不仅登记了流动人口在昆暂住信息，还可以凭居住证到相关部门办理管理服务事项。居住证分为《昆明市临时居住证》和《昆明市居住证》，有效期分别为 1 年和 3 年，有固定住所、稳定工作的可申领居住证，否则应申领临时居住证。《昆明市居住证》的持有人可免费享受国家规定的计划生育基本项目服务，申领机动车驾驶证和办理机动车注册登记手续，办理公共交通乘车优惠手续，享受各类投资创业优惠政

策以及经市政府确定的可以享有的其他公共服务。

2. 船房的社区治理机制：利益驱动、行政驱动

治理主体与社区居民之间的关系。船房社区的居民可以分为两大类，其一是原有村民，其二是大量的外来人口。在社区范围内存在两种类型的循环链，其一是"外来人口—村民—社区公共服务和治安—社区居委会和派出所"形成的利益链，其实质是建立在行政绩效考核基础上的利益循环。城中村作为城市中的村落，以其交通、地租、物价等便利吸引了大量的外来人口。在船房社区，外来人口数量是本地村民的 20 倍以上。外来人口结构复杂、流动性高，给社区居委会和派出所进行人口管理带来了巨大的压力。每年街道向社区居委会以及区公安局向西华派出所下达的任务和指标是以包含流动人口在内的常驻人口为基数的。而基数越大，就要完成的任务和指标越多。而能否完成考核指标直接影响到对社区居委会和派出所的工作评定、奖金和人员升迁。

从 8 万人变 6 万人

在船房社区对外的汇报材料和课题组多次对派出所教导员的访谈中，船房社区外来流动人口数量的口径一直是 8 万人。然而，在第六次人口普查后，西华派出所提供的外来流动人口数变为了 6.1 万人。对 2 万人如此大差距的疑惑，派出所教导员无奈地道出了其中的"秘密"。这 2 万人既没有凭空消失也没有从船房流走，而是他们没有上报。而之所以这样做的原因在于，上级公安局给他们下达的任务和考核都是以市区的人口基数为标准的，但警力和资源的配备却并不是以人口为标准的。这就造成了"事"与"人""财"之间的不匹配。用派出所教导员的话说，这样的结果就是，那些只有几千或万把来人的社区派出所，同样二三十号民警，轻轻松松就可以完成各项任务乃至还被评为先进，而他们没黑没夜地苦干还不一定能完成任务，而且还有可能被批评。比如，最近的辖区人口信息更新，别的社区完成几千份，更新率达 80% ~ 90%，而他们更新几万份但更新率却只有 40% ~ 50%，反而排名靠后。鉴于上述情况，他们无奈也"痛苦"地只能上报 6 万人了。

理论上，社区居委会的权责对象是全社区范围内的居民。居委会作为基层政府在社区内的代表，应该承担居民与基层之间的联系。但实际上，居委会对社区的建设和发展从根本上是以本社区原住民的利益为出发点的，外来流动人口只是处在决策考量的边缘地位。在社区，外来人口与居委会的联系只限于"办证"，

对于相当多的外来流动居民来说，他们对船房社区并没有特别的认同感和归属感，所谓的社区对于他们而言仅是"居住和生活的空间"。因而这些流动人口居民参与社区生活的积极性不高，导致他们与居委会之间的认同关系十分薄弱。另外，居委会作为一种制度安排的产物，并没有实现"居民自治"的内涵，其权力来源不是居民的认可和对其权威的认同，而是更多地来自上级政府，缺乏居民的广泛认同和积极参与，社区的团结力和凝聚力就大打折扣，再加上居委会过多承揽政府的各种事务而无暇顾及居民的真实需要。在这个意义上可以说，城中村社区居委会权力"合法性"和"自治性"在体制运作上是一种制度安排的冲突。

而派出所除了维护社会治安的角色之外，更多地被当地居民认为是"有求必应"的服务组织。一方面这主要是由于治理缺位，大量原本应该由地方政府承担的公共服务及城市管理任务也落在了他们身上；另一方面是因为派出所直接与群众接触，联系紧密，对辖区情况熟悉。船房当地居民的口头禅就是"有事找警察"，像解决一些市场上买卖双方的小纠纷或夫妻吵架等，以及调解一些欠钱不还的事就更是家常便饭。

社区所存在的第二条利益链是由"外来人口—村民—社区经济（尤其是非正式经济）—村集体"形成的社区利益链，其实质是建立在土地资源占有基础上的利益循环。对船房本地居民来说，靠着房屋租赁，他们的收益逐年上升。对于社区的村集体经济来说，社区里非正规的商业网点，密集林立的出租屋都是经济发展依靠的触点，为了保证这些触点利益的顺利实现，城中村的治安、城管、环卫、计生、绿化缺一不可。因此，本地村民与外来流动人口既存在文化和生活上的疏离和排斥，但另一方面又存在着对外来流动人口的经济利益上的依赖。

3. 船房社区流动人口治理面临众多问题

目前，船房社区对包括流动儿童在内的流动人口的治理主要存在以下问题。

一是对流动人口的社会融合认识不足。尽管街道、社区居委会和派出所近年来开展了一些针对社区外来流动人口的项目，但总体来说仍然是管理多于服务，主要为了维持社区的治安和卫生环境，而非着眼于流动人口的社会融合和发展。他们没有认识到流动人口的社会融合本身就是社区发展和整个城市化过程的重要组成部分。所导致的结果就是对流动人口的投入"适可而止"，完成任务就好，甚至更多时候是停留在"文件和宣传的融合上"。

二是对流动人口的详细底数和人口结构认识不清。由于流动人口数量大、流动性强和出租屋数量多，尽管有出租屋的循环登记管理等办法，但目前船房社区流动人口的数量仍只有一个概数，缺乏对准确的人口底数和人口结构的掌握。由此不仅造成社区居委会和派出所各种宣传上报材料中的口径不一致，更重要的是导致许多流动人口的管理和服务措施缺乏针对性。

三是城中村治理组织架构的落后。船房社区居住的流动人口实际在 8 万人以上，这在国外都相当于一个中小城市了。但当前这 8 万多人仅仅靠社区居委会的十几个人和派出所的几十个人来治理，其难度和成效可想而知。这在一定程度上表明在快速城市化的过程中，原来那种村委会转为居委会并由街道指导的基础治理架构已落后，并导致了实际基层治理过程中的许多问题和困难。

四是部门涉及多、管理混乱。尽管居委会和派出所是流动人口集中居住社区的主要治理主体。但实际上，城中村出租屋和流动人口管理涉及公安、消防、国土、房产、劳动保障、民政、工商、城管等众多政府职能部门，如流动人口主要依靠公安机关管理，出租房屋则归国土、房产部门管理。由于各部门之间因自身职权的限制，加上信息不能够形成共享，容易出现"多个部门管理、但谁都不管到底"的局面。

五是公共服务提供机制不完善。在对公共服务的认识上存在着"重经济、轻公共服务"的误区。社区原住民与流动人口之间的公共服务水平差距过大，缺乏统筹和协调。社区的公共服务提供市场化比重过高，在公共服务提供上重投资、轻规划。在规划制定过程中缺乏人均公共服务设施的标准和人均财政支付能力的标准，严重缺乏针对流动儿童的的公共服务设施建设。

六是财政投入不够。由于船房是流动人口大量集中居住的"城中村"，实现的是"村民自治式"管理模式，区政府和街道在船房的社会事业中投入的资金较少。虽然社区经济有一定基础，但由于外来流动人口远超本地居民，本地居民和小组大多不愿出资，长期持续地开展社区社会事业的经费难以为继。

七是缺乏社区居民参与。船房社区的治理更多呈现的是社区居委会和派出所的单方主导和管理，缺乏社区居民的有效参与。一方面，本地的居民相对人数较少，同时收入高，有能力获得较好的公共服务。许多本地居民都将孩子送到市里的其他学校上学，生病了也去市里正规的大医院，甚至许多人都已搬出船房社区居住，因此他们对社区事务的参与更多地局限于一些个人事务或小组选举、居委会选举这样的重要事务。另一方面，由于在社区的选举和决策等方面都没有相应的权利，流动人口对社区事务的参与性也不强，他们与社区居委会的关系仅限于"办证"。这些流动人口和派出所的关系要更为紧密，但更多时候是一种"求助"的关系而非有效的参与。

八是非政府组织的作用有限。非政府组织是社区多元化治理的重要力量，但在当前社区的治理中作用有限。一方面社区居委会有着自己的利益诉求，在与非政府组织的合作过程中更多追求的是资金和资源的投入，但却避免更多的责任和义务承担；另一方面，在当前社区的治理过程中还缺乏社区居委会、派出所、社区居民与非政府组织之间有效互动的平台和机制。

三、流动儿童的"看护人"：政府

对于流动儿童，近年来国家已担负越来越多的责任，如义务教育、职业教育方面，但仍不完善，同时存在空白，如家庭养育、学前教育、义务阶段后教育、健康保险和就业方面。这导致流动儿童缺少家庭的温暖，住在简陋的环境里，教育和健康状况不理想，缺乏有效的向上流动渠道，人力资本积累差。政府作为城市化和社会融合的主导者和动力源，还需更好地履行自己的职责，加强对流动儿童的关爱和政策支持。

（一）政府责任缺失的表现

1. 制度和政策的缺失

政府政策缺失与制度瓶颈是导致流动儿童问题的根本原因，其中最大的制度障碍就是以户籍制度为标志的城乡分割制度。户籍制度的实施导致了城乡居民身份的落差，使得流动儿童在内的流动人口被排斥在城市管理体制之外，与城市居民在社会地位以及享受教育、医疗、社会保障、就业、住房等社会公共服务方面都有差异，难以得到所生活城市的接纳和认同。这些制度性障碍不仅导致城乡之间发展的差异，更是流动儿童社会融合进程的"绊脚石"，使他们徘徊于城市与农村之间，成为城市的边缘群体（卢金慧，2014）。

此外，目前针对流动人口权益的保护的法律体系，缺乏通盘考虑和相互衔接，很多领域是立法的空白地带，造成不少问题处于"无人管"的境地（王静，2011）。

2. 政府职能的错位

政府职能的错位在流动儿童社会融合进程中主要表现为地方的保护主义和政府的不作为。由于我国城市资源的配置是按城市户籍人口进行的，在政府为本地市民提供的公共服务尚且不能得到满足的情况下，要平等对待流动人口更是难上加难。除此之外，有些城市政府为了应对中央提出的促进流动人口市民化的要求，只注重城市户籍人口数量的增加，而忽略了"市民化"之后的心理引导，使流动儿童在心理上无法真正融入城市，造成了市民化假象（卢金慧，2014）。

3. 政府管理的缺责

政府管理在流动儿童及其市民化进程中表现出明显的缺责现象，甚至存在着一定的角色空位现象。政府作为制定公共政策和行使公共权力的主体，在流动儿童社会融合和市民化过程中难免会受到各种经济利益的诱惑，容易产生政策倾向和寻租行为。然而一旦其利益指向发生偏离，就会在政策上有失公正合理，比如对城中村改造上。城中村在一定程度上是流动人口城市化的"栖息地"，在最初阶段有助于他们以较低的成本在城市落脚和生活。2008年，昆明决定对主城建成区249平方公里范围内的336个城中村进行改造。2011年，昆明发布《昆明城中村改造三年计划白皮书（2011—2013年）》，原计划改造的336个城中村范围扩大，新增46个城中村进入未来三年改造计划，昆明市城中村改造总数就达到了382个。同时，政府在履行社会服务职能方面缺乏经验，将管理重点放在维护社会治安和稳定上，缺少对于流动儿童及家长在城市基础设施、劳动就业、住宅建设等方面需求的考虑，而"强政府弱社会"的局面又导致了非政府组织和公民的社会参与度不高，这也在一定程度上影响着流动儿童的市民化和社会融合进程（卢金慧，2014）。

（二）政府责任缺失的原因

1. 政府价值观的偏差

首先，政府对流动儿童社会融合存在思想认识上的错位。很多城市政府能够承认流动人口在城市建设中做出的重大贡献，但是同时也认为他们的大量流入也给城市的交通、治安、住房等方面带来了一定的问题和压力，因而不把他们当作城市的成员，对他们设置了很多政策"门槛"，从而将他们排除在享受城市公共服务的名单之外。其次，政府的角色定位有偏差。部分城市政府认为流动儿童市民化和社会融合也应遵循优胜劣汰原则，有能力在竞争中留下来就成为城市居民，能力不足的就回到农村，这使部分流动家长及子女面临"进不去城、也退不回农村"的尴尬。最后，政府对于公平正义信念有缺失。政府是公共事务的管理者，有义务按照公平正义的原则去分配社会资源和制定公共政策，在行使公共权力的时候，政府虽然追求公共利益，但是"经济人"的自利思想不会消除，在谋取地方利益最大化的时候，容易过度追求个人利益而摒弃维护公平正义的信念，使得作为弱势群体的流动人口及其子女不能够平等享受到社会资源分配中应得的福利。

2. 政府的治理能力有限

首先，政府的财政能力不足。中国发展研究基金会的研究表明，帮助一个农民工成为城市市民，政府要增加支出 10 万元，流动儿童大约有 3500 万，也就是说所有流动儿童成为市民，政府需要增加支出 35000 亿。财政能力的不足使得政府在很多行为上都出现"心有余而力不足"的尴尬。其次，城市自身在发展中存在很多政府难以有效解决的问题。近年来，城市在不断飞速发展的同时，出现了一系列政府难以很好解决的问题，比如城市就业不足，公共基础设施的缺乏等，导致一些城市不同程度地出现失业、污染、犯罪、交通堵塞等"城市病"。为了避免我国经济陷入"拉美陷阱"，政府应该在其可接纳范围内实现农民工的市民化，即政府要进一步加强城市建设的力度，为接纳更多新生代农民工创造条件。

四、流动儿童的"看护人"：市场

对于包括流动儿童在内的流动人口的日常生活来说，市场是重要的影响力量。当国家无法有效发挥作用时，流动人口不得不依靠市场来维持他们在城市的生活。

（一）船房流动儿童公共服务市场化的现状

1. 教育的市场化

解决孩子的教育是流动人口进城后最迫切的需求。船房流动儿童的教育目前主要靠"市场"。船房社区只有公办学校 1 所，民办学校 3 所，没有公办幼儿园，只有民办幼儿园 8 所。对于 8 万多的外来流动人口而言，这些只能使他们获得低水平的教育公共服务。社区的 8 所民办幼儿园均无正规办园资质且教育质量参差不齐，部分外来务工人员家庭困难，理应入托入园的儿童却辍学在家，由此造成儿童丢失甚至拐卖。有近一半的适龄流动儿童在社区的民办小学就学，他们的教育支出明显高于在公办学校就读的孩子。在民办学校上学需缴纳每学年

1200～2400 元不等的学杂费。他们对自己就读学校教学质量和满意度也大大低于公办学校的——有 82.68% 的公办学校流动儿童觉得学校教学质量很好，而民办学校的这一比例则只有 24.83%。

2. 医疗卫生的市场化

在社会保障方面，流动人口中有"医疗保险"的只有 11.5%，有养老保险的只有 12%，有失业保险的只有 2%。医疗方面，船房的流动人口多来自比较贫困地区，只有新型农村合作医疗保险。生病后多到城中村一些无证小诊所看病，延误病情甚至造成患者因救治不当死亡，或者因重大疾病所导致的家庭致贫的状况时有发生。

3. 居住的市场化

流动人口多，出租房数量大。近年来，昆明的城市化进程不断加速，从 2002 年的 26% 提高到 2010 年的 59%。同期船房的外来流动人口从 2000 年初的 1 万多人发展到 2007 年的 3 万多人，再到 2010 年的 8 万多人。社区的原住民约有 3836 人，外来人口与原住民人口比例达到 20∶1。船房现有出租屋 2556 栋，主要由外来流动人口居住。房屋租赁成为社区原住民的主要收入来源，但也为社区的治安维护和流动人口管理带来极大挑战。船房的外来流动人口大多都居住在租赁屋中，每个家庭的平均居住面积仅为 10 平方米左右，空间狭窄、卫生条件和设施差，流动儿童基本没有自己的私人空间。

4. 娱乐的市场化

无论是公办学校还是民办学校，流动儿童的课后"四点半问题"都很突出。教育部颁布的《教育部关于当前加强中小学管理规范办学行为的指导意见》（以下简称《意见》）规定：要严格控制学生在校学习时间，不得占用学生课间休息时间和放学后的时间。小学生每天在校教学活动时间（含早读）不超过 6 小时。《意见》颁发后迅速在各地得到落实，各地小学学生的放学时间普遍改为下午的 3∶30～4∶30 之间。然而原本为学生减负的措施却导致了新问题的出现，即课后"四点半问题"。这一问题对流动儿童影响尤其严重。流动儿童的家长通常从事的都是高强度、工作时间长和收入低的工作，许多人往往要从早上八点钟工作到晚上八九点钟才下班，根本没有时间在孩子放学后照看孩子和进行学业辅导。这些家庭的流动儿童在放学后基本处于一种"失管"的状态。社区里有黑网吧、黑录像厅、游戏厅、台球厅，却没有青少年活动场所，既无活动中心也无体育设施。由此导致"外来人口第二代"未成年人社会融合和犯罪问题严峻。在船房社区联防队抓获的偷盗电动自行车违反人员中有多名年龄仅为 11 岁的流动儿童，并且已是惯犯。犯罪的动机仅仅是为了"找钱"上网。相比之下，城市儿童的家长由于相对弹性的工作时间，许多时候可以准时接孩子放学。更为重要的是，由于他们所受的教育背景和家庭收入更好，因而他们往往会为孩子安排丰富的课外活动，如上课外辅导班和参加兴趣小组等。据调查，北京市有超过一半、广州有八成的小学生参加了各种各样的辅导班、补习班。

（二）公共服务市场化对流动人口的影响

流动人口尤其是流动儿童常常处于贫困和弱势的地位。靠市场和自身能力是无法解决他们的基本公共服务问题的，政府必须在其中发挥主导作用。《国家基本公共服务体系建设"十二五"规划》明确指出，享有基本公共服务是公民的权利，提供基本公共服务是政府的职责。这就明确了在推进包括流动儿童在内的流动人口的各项基本公共服务均等化建设中，政府是主导者和责任主体。而将本该由政府承担的公共服务完全推向市场，会导致流动儿童及其家长更为贫困和弱势的生活，严重影响社会公平。

首先影响社会公平。最典型的是流动儿童的教育机会不公平问题。公办学校和民办学校是流动儿童接受教育的两种主要方式。即便是目前在北京、上海和广州这样流动儿童入学问题解决得较好的城市，也仍然有 30% 左右的流动儿童在民办学校就读，而在昆明等一些中西部城市这个比例则要更高一些。对这些"民办教育"缺乏有效的监管、财政支持和政策引导，导致它们要么一味野蛮成长，要么被政府简单取缔。相比公办学校，民办的农民工子弟学校大多存在基础设施差、师资水平低、收费多和教育质量低下的问题。有的民办学校的环境和教育质量甚至都低于流动儿童老家的学校。究其原因，在满足基本的硬件办学条件和设施的情况下，公办学校追求的是教育成果最大化，民办学校追求的是教育收益最大化，通俗点讲公办学校无需担心资金、专心教学即可，而民办学校要有得赚才能运转下去。公办校和民办校的区别来源于可以获得的政策支持和可利用的社会资源不同。无论本地居民还是外来流动人口都希望子女通过良好的教育来改善或提高现有的生活质量，得到向上流动的机会。而当前现实表明，流动儿童的受教育权利依旧没有得到充分保证，服务提供机制不够有效、合理（陈晨，2012）。

其次影响生存环境。目前多数流动人口还收入较低，在政府不提供公共服务，需要自己从市场去获得公共服务的情况下，极易陷入贫困。根据国家统计局发布的《2012年我国农民工调查监测报告》，中国农民工总量超过2.6亿，人均月收入仅为2290元。流动人口最主要的收入来源通常是劳动收入，转移性财产性收入非常少，劳动收入占人均收入的95%。同时，他们没有户籍不能享受跟城市居民均等的社会福利和公共服务。一旦生病没法工作，他们就失去了劳动收入，又因为既没有医疗保险也没有失业保险，就会陷入窘迫处境，从而也影响到自己孩子的健康成长。

影响城市化及社会融合。流动儿童是流入城市未来的劳动力和新市民。他们的成长需要教育和健康在内的人力资本投资和积累。在政府回避或仅提供较少公共服务的状况下，流动儿童或缺乏教育和健康卫生服务，或由于家长自身的低收入，只能从市场上获取低质量的教育和健康卫生服务，这势必影响到流动儿童的健康成长和人力资本积累。而在这种状况下成长起来的流动儿童不仅不会促进流入地城市的产业升级和竞争力，还有可能成为极大的"负担"，影响到城市化的持续健康发展和流动人口的社会融合。

五、发展型流动儿童治理机制

在"儿童优先、促进公平"的价值理念导引下，我们需要重新思考流动儿童的治理体系。流动儿童的治理，应以儿童为中心，发展为导向。政府应积极主导，市场、社区和家庭应共同参与、共同合作，促进流动儿童的社会融合。

第一，流动儿童的治理必须要以儿童为中心，以发展为导向。国家和政府对于流动儿童的治理不能仅仅局限于眼前和局部的利益，将他们视为"过客"，而应着眼于未来，以发展为导向，视这些儿童为"新市民"和"未来劳动力"。儿童期是个人成长的关键时期，对儿童进行早期投资是回报率最大的社会投资，有助于提升人力资本，阻断贫困的代际传递，促进社会公平。人的生命周期有不同的阶段，每一阶段的发展都会对下一阶段有非常重要的影响和决定作用。如果缺乏对流动儿童发展的有效投资，任由他们保持当前这种弱势地位和低发展水平，那么其受教育机会、学业表现甚至营养状况等都会受到负面的影响，致使他们进入成年后更易于面临就业困难、失业或者健康问题，从而使他们在工作年限内经常处于贫困或低收入状态，同时他们也不会有足够的经济能力来尽早安排退休养老的事情，从而导致老年时期的生活困境。这样，贫困将贯穿一生，并很可能传递给下一代。

第二，政府在流动儿童的治理中应发挥主导作用。在大多数发达国家，保护儿童、改善儿童的成长环境是政府最早致力的社会福利之一。各种针对儿童的福利计划不仅具有悠久的历史，同时为儿童提供福利也是一个极少受到争议的社会政策。而长期以来，我国政府只是通过资金支持与机构照顾的方式为那些从家庭、社会和市场中都无法获得必要照顾的孤残儿童提供监护服务。在从前，家庭与社区能较好地照顾儿童，这种不作为的政策选择具有一定的可行性。因为，对于儿童来说，即使没有国家的照顾，儿童仍然能够从家庭、亲属体系与社区中获得必要的资源；对于家庭来说，家庭成员充分承担起照顾下一代的责任；对于国家来说，社会福利的成本降低了。但是，随着经济社会的快速发展，这种政策模式已不适应发展需求了。一个重要的原因在于，在当前中国快速城市化的进程中，家庭的结构微型化了、不稳定了，传统的亲属体系与社区在一定程度上消解了，它们无法如从前那样照顾好儿童。诸如流动儿童面对新的社会环境，无法从家庭、社会与市场中获得充分的照顾，急需国家力量的介入，急需儿童社会政策的保护。国家必须承担起为流动儿童提供充足和高质量公共服务的责任。在具体的实现机制上，可在某些服务上采取"政府购买服务"的机制。

第三，以教育和健康卫生为主要内容。对未来劳动力和新公民——流动儿童的治理需要以教育和健康卫生为主要内容。教育和健康卫生是人力资本的重要组成部分。目前的流动人口还存在劳动素质总体不高的事实。劳动力整体素质不高实际上是人力资本投资不足的结果，而劳动力廉价的直接后果是产生庞大的低收入群体。低收入又会影响子女的教育、健康和就业问题。于是形成"人力资本投资不足—贫困—人力资本不足"的恶性循环。

第四，以社区为主要抓手。社区是流动儿童生活和学习的主要场所，是流动儿童实现城市化和社会融合的"主战场"。因此，积极加强对流动儿童集中居住社区的支持和引导，加大对流动儿童社区公共服务的提供，开展各种有益的社区融合活动，提高流动儿童的身心健康发展和社会融合是当前流动儿童治理的重要内容和着力点。为此，要积极制定国家相关政策，激励地方政府将流动儿童集中居住社区的发展纳入地方发展规划；加大公共财政投入和转移支付；形成完整的社区流动儿童治理工作体系。

第五，加强对流动人口家庭的支持。儿童的需要与家庭的需要是不可分割的，帮助家庭就是帮助儿童。广泛的研究证明，如果缺乏学习机会，而且监护者与儿童互动质量差，极易造成儿童发育迟缓。产生贫困、失业、青少年犯罪以及家庭暴力等各种社会问题的根源都在于家庭不能发挥其正常职能。从一种儿童发展型治理视角出发，就是要加大对流动儿童家庭的支持，预防其家庭功能受到影响，而不是在家庭失去正常功能时再进行补救。

第六，推进城市财政改革，加大对流动儿童的投入。政府应在流动儿童的教育和卫生健康方面建立"人钱挂钩"机制。每年按照地方城市所解决的教育和卫生健康问题的流动儿童人数予以专项财政转移支付。教育方面，在加大建立公办学校的办度，提升流动儿童义务教育机会公平的同时，积极向流动儿童的学前教育和高中教育阶段延伸，并将其纳入公共财政。同时，积极投资流动儿童的营养和卫生保健，确保流动儿童的健康和人力资本积累。

第十三章

船房实验

快速的工业化和城市化过程中，流动儿童在所居住的城市社区里大多都面临着健康、教育、贫困和社会边缘化等诸多问题，直接影响着他们的安全、行为、心理和职业技能的发展。流动儿童是未来的新市民和新生劳动力，他们的社会融合不仅关系自身未来发展，更关系到国家和城市未来的经济发展和社会稳定。关爱流动儿童，帮助他们健康成长，顺利地融入城市生活之中是全社会共同的责任。目前已有相当数量关于流动儿童的理论和调查研究，但将理念付诸于社会实验和政策研究的却很少。中国发展研究基金从 2011 年起在云南省昆明市船房社区开展了"关爱流动儿童、促进社会融合"项目，开始了"破冰"实验。

一、理念和缘起

中国发展研究基金会是由国务院发展研究中心发起成立的非盈利法人组织，是全国性的公募基金会。其宗旨是"支持政策研究、促进科学决策、服务中国发展"。儿童优先，以及促进社会公平一直是基金会主要的研究和关注的领域。

2005 年，基金会组织撰写了中国人类发展报告《追求公平的人类发展》。报告阐明社会公平是社会主义价值观的重要组成部分，不仅是人的基本权利，而且是人的发展机会都要实现平等。按照这一宗旨，全社会所有成员的能力发展以及帮助社会弱者改善境遇成为基金会的关注重点。2007 年，基金会组织撰写了《在发展中消除贫困》的报告，分析了中国的儿童贫困问题。对于人的一生来说，儿童时期正是积累人力资本的阶段，儿童阶段能否获得优良的体质，学习到有用的知识，对于将来成人阶段的生存状态起决定性的作用。儿童贫困将导致其人力资本的巨大损失，形成贫困的代际传递。从国家层面来说，儿童贫困将给经济增长和国家长远发展带来不利的影响。因此，从扶贫的长期效果来看，如何使儿童摆脱贫困至关重要（卢迈，2009）。在上述理念和研究指导下，基金会自2006年以来，陆续开展了"农村义务教育学生营养改善研究与评估项目""山村幼儿园""贫困地区儿童早期发展项目"等一批与农村贫困儿童密切相关的项目，进行了儿童早期发展与反贫困的中国模式探索，许多实验建议都转变为国家政策从而得以推广。

与此同时，作为城市化过程中儿童发展的方面之一的流动儿童开始进入基金会的研究关注之中。2010年，基金会组织撰写了《促进人的发展的中国新型城市化战略》，报告指出城市化涉及土地、水、资金和基础设施等诸多物的问题，但归根结底是人的问题，其中最重要的是新进入城市的人——农民工的市民化问题。而在农民工市民化过程中所面临的突出问题就是流动儿童的教育、健康和未来的职业发展和社会流动。而在《中国发展报告（2011—2012）》的《人口形式的变化和人口政策的调整》分报告中，进一步指出随着中国人口结构发生深刻变化，在老龄化不断加快、儿童人口不断减少的情况下，投资包括留守儿童与流动儿童在内的儿童人力资本将成为未来中国经济社会可持续发展的关键。

对流动儿童关注的不断加深，使得基金会十分想寻找一个合适的时机和地方进行流动儿童社会融合的实验探索。2010年，基金会在云南昆明市郊区的寻甸县开展儿童早期发展项目时发现，昆明是当时全国幼儿被拐卖发案率最高的城市之一。在对该问题的探访中，基金会被介绍到具有典型代表意义的昆明市船房社区进行调研。昆明市处于中国西南的地理中心，正处在快速的城市化进程之中，按照昆明市城镇化率"2015年达到70%以上、2020年达到80%以上"的目标要求，未来10年将有近120万农村人口进入城镇。船房社区是昆明第一大"城中村"，面积约1.8平方公里，有2556栋出租房，本地村民4300人，外来流动人口接近7万人，流动儿童约占社区总人口的10%。这些流动儿童有些是在城市出生的，有些很早就被带到城市中生活，与农村的联系已经很薄弱。他们对未来在城市的生活和发展有着很高的期望，但当前的成长和社会融合状况不容乐观，在昆明甚至全西南具有典型性。

通过基金会的前期调研，发现船房社区的流动儿童主要存在以下问题。第一，幼儿父母缺乏科学育儿知识。社区中有大量的流动年轻妈妈，她们都基本有两个及以上的孩子需要抚育，但缺乏科学的育儿知识，这会影响幼儿的早期发育和成长。第二，3～5岁的学前儿童"失教"和"低教"的问题严重。由于家庭经济和观念原因，部分流动幼儿没有进入幼儿园接受学前教育，甚至导致社区前几年经常发生儿童被拐卖的事件。而另一部分流动儿童则只能在一些非正规的民办幼儿园中接受低质量的早期教育。第三，流动儿童缺乏发展自我的机会。学龄阶段的流动儿童普遍缺乏课外活动及兴趣和能力发展机会。部分贫困家庭学生无法负担学校餐，影响营养健康和成长。公办学校和民办学校就读的流动儿童在学习、心理和机会等方面存在较大差异。第四，流动青少年犯罪问题突出。许多流动青少年初中毕业或初中都没毕业，法制观念淡薄，混社会或青少年犯罪问题严重。第五，流动青年缺乏职业技能。一部分人教育水平低，缺乏技能，不愿意就业；另一部分在社区内的小作坊和服务行业中就业，但同样存在教育水平低，急需职业技能与文化素质培训的问题。

针对上述问题，基金会决定在船房社区开展"关爱流动儿童、促进社会融合"项目。项目的目标是通过促进流动儿童的社会融合，来减少社会排斥，促进社会公平；促使政府加大对流动儿童社会融合的关注和政策支持，推动国家政策的制定。通过实验、研究、培训和评估等方法，拓宽流动儿童社会融合研究领域。通过政策评估和媒体报道，推动公众、媒体和非政府组织对流动儿童社会融合问题的关注和参与。

二、实验的开展

1. 初战船房：建立周末公益幼儿园

早期教育对儿童健康成长具有重要意义。船房流动儿童面临突出的学前教育困境。2010 年，中国发展研究基金会在船房社区进行了"城市低收入家庭儿童早期教育"项目的尝试。项目旨在提高学前教育公平，防止拐卖儿童等侵犯儿童人身权利的事件发生。通过提供形式灵活的学前教育，保证这些边缘化儿童能获得早期启蒙教育，公平地享受儿童早期发展机会。

项目是和当地的康贝儿幼教机构下属的苗苗第二幼儿园合作开展的。具体项目设想和办园方案如下。

周末公益幼儿园办园方案

一、办园宗旨和培养目标

1. 办园宗旨

为城市低收入家庭幼儿提供免费的早期教育，为幼儿的一生发展打好基础。

2. 培养目标

在幼儿发展的敏感期，通过教育使幼儿正确认识自己，以及和周围环境的关系，初步养成良好的生活、学习、行为习惯及运用语言交往的基本能力，以及活泼开朗的性格，促使每个幼儿在原有的水平上得到进一步的发展。

二、招生对象

昆明市船房社区低收入流动人口家庭中未就读正规幼儿园的 3～5 岁的幼儿。

三、开办时间

周末公益幼儿园计划从 2010 年 5 月中旬开班，开设周日班，开园时间为 8：30～12：00、14：00～16：30。每年开办 10 个月，即寒假和暑假各休息一个月。

四、班级设置

按年龄分为三个年级：小班年级招收已满 3 岁未满 4 岁的幼儿；中班年级招收已满 4 岁未满 5 岁的幼儿；大班年级招收已满 5 岁未满 6 岁的幼儿。

每班幼儿人数限定在 30 人以内，每班配备两名教师和一名保育员老师，开设的班级数量须根据报名人数来确定。

五、整体教学设想

1. 课程设置

认真贯彻《幼儿园教育指导纲要》，为幼儿提供健康、丰富的生活和活动的环境，满足他们多方面发展的需要，使他们在快乐的生活中获得有益于身心发展的经验。

在健康、语言、社会、科学、艺术五大领域中，以游戏教学体现幼儿年龄发展特点，让幼儿在快乐中得到发展。小班教学将加入亲子课程。

2. 教材选用

建议选用昆明寻甸教学的教材，也可以选用"贫困地区学前教育项目"的学前综合主题课程。

六、师资队伍

1. 师资要求

教师持有教师资格证，保证每班配有两名教师和一名保育员（要求有保育员上岗证）。保健医应具有医师以上资格，并具有幼儿园工作经验，能够独立完成幼儿营养食谱的制定和各项卫生保健工作的执行。厨师须获得健康证和技术等级证。所有在岗人员 100% 持有健康证。

2. 师资来源

部分教职工来自康贝儿幼教机构的下属幼儿园，自愿报名。

剩余的人员可面向社会进行志愿者招聘，教师志愿者可优先选择就读"学前教育"或"幼儿教育"专业的大学生。

资料来源：中国发展研究基金会，"周末公益幼儿园课题组项目方案"。

然而良好的关怀愿望和项目设计，并没有取得预期的效果。项目实施的前几周，每次来周末公益幼儿园的孩子有20～30个，但随后几周就慢慢的变为十几个。初次尝试显然并不成功。从意愿上，大部分没有上幼儿园的流动儿童的家长对周末公益幼儿园都表示肯定，但在实际项目运作中，多数家长觉得公益幼儿园是临时性的，周日大人在家，故可送，也可不送。由于幼儿园无法提供午餐，从而在早上送、下午接的基础上还要增加一次中午接送的"任务"，太麻烦和占用时间。同时项目借用的是苗苗幼儿园的场地，对场地的使用也有着严格的规定，致使一些教学活动无法充分开展。

与此同时，还有约1/4的流动家长不愿意将孩子送到周末公益幼儿园中来（图1）。他们的主要顾虑有："孩子太小，怕不适应，或孩子不愿去幼儿园"，"准备送正规幼儿园"，"经常搬迁，不确定住址"，"家里没人接送"，"只有一天的幼儿园不想送"，"不太相信"。这反映出一方面有些流动儿童家长对早期教育的重要性认识还不充分，另一方面则反映了流动儿童家长对周末公益幼儿园的不信任。对于长期缺乏公共服务的流动人口而言，面对突然出现的"免费"提供的公益服务，存在一个从"不相信"到"不妨试试"，再到"这样的服务再多些"的适应和接受过程。

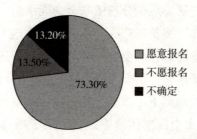

图1　流动儿童家长对周末公益幼儿园的态度

资料来源：船房专项调查。

2. 再战船房：建造公益幼儿园

初次在船房社区进行"周末公益幼儿园"的尝试不成功。原因主要在于：一是仅在周末提供幼教，不够系统和正规；二是场地和教师都是合作伙伴的，在具体开展活动时往往"受制于人"，许多项目的设想无法很好地实施和开展。吸取上述教训，基金会尝试借鉴在贫困农村地区开展"山村幼儿园"的经验，在船房社区建立正式和自主管理运行的"船房公益幼儿园"。对船房因贫困而没有接受早教的流动儿童提供免费的"公益早期教育"，为流动儿童的早期教育探索一条低成本、易实施和可推广的模式。

按基金会的最初设想，船房公益幼儿园的修建和运行是一种多元化合作的模式：由基金会出资和管理，船房社区居委会提供场地，船房派出所进行项目筛选和招生，西山区教育局负责志愿老师的招聘（图2）。项目实施的第一步是和船房社区居委会的"谈判"和"合作"。

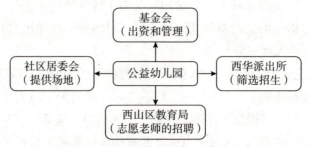

图2 船房社区"公益幼儿园"多元化合作模式

在基金会看来，有人自愿出钱出力，为自己社区的弱势流动儿童免费建园提供早教，这样的事作为"地主"的船房社区居委会没道理不"乐享其成"的。然而，出乎意料，实际的协商过程却是一场丝毫不亚于商业性质的"谈判"。首先，如同地方招商引资一般，居委会十分希望基金会能承诺一个长期的"投资意愿"，对船房社区"公益幼儿园"要长期兜底。在基金会表达了在探索出一种可行模式之前绝不会撒手不管的意愿后，居委会才将信将疑地表达了可以合作的意愿。接着，在商谈具体的办园场所时，居委会先是表示无公房可用。理由是大多数居委会的集体资产都出租了，而剩下不多的几处房屋也都是各村民小组的资产，如果使用需要召开村民小组大会，集体讨论是否可用于项目。即使通过了，也要支付一定的租赁费用。在基金会三番五次解释了项目对流动儿童、船房社区和国家的意义后，居委会终于答应，并领着基金会的工作人员去看了社区的"老人活动中心"。该中心位于一座二层楼的二层，大约有400～500平方米的样子，平时主要是有些社区老人在里面打麻将。中心的背后是船房小学的操场，如果将该中心用于建立"公益幼儿园"，那么可以和船房小学共享操场的一部分，进行课间活动和游戏，既便于管理又安全。在基金会肯定了选址该中心的意向，并准备进行规划设计和拨付首期项目款时，却从居委会传来了"场地不可用"的消息。居委会说，尽管他们进行了积极的协调，但中心所在的房产属于第二村民小组，该村民小组不同意将该房产用于公益幼儿园项目，同时部分社区老人也反对"取消"他们打牌的地方。项目一时陷入了"停止"的僵局之中。不久，又从居委会传来新的消息，他们正在试图收回一处他们出租的"集体房屋"用于项目。居委会再次带基金会的项目人员前去查看。该处房屋同样是一座二层楼的第二层。据居委会的人说，房屋大概是 3 年前出租给一户私人用于开旅馆的。面积大概有 600～700 平方米。考察时，居委会的人说一旦收回，就可以用于项目了。就在再次看到"公益幼儿园"建设的希望时，意想不到的问题又来了。首先，居委会提出由于是提前收回该处房屋的租赁，需要基金会支付给租赁人 1 年 10 万元的营业损失。其次，他们根据房屋的现状和项目的要求，做了一个高达 80 多万的项目建设预算，并由基金会出资。这意味着，要在船房建立一所"公益幼儿园"，基金会光前期的建设费用已然高达近百万元。如果加上后期的项目运行和管理，3 年下来大概需要近 200 万～300 万元的资金。与之相比，基金会在贫困农村地区建立一所"山村幼儿园"的平均费用每年只需 3 万元。显而易见，由于船房居委会的"公司化"运营模式，使得建立公益幼儿园的成本大幅上升，原本理应多元化力量介入的模式逐渐演变为基金会唱"独角戏"的局面，项目合作的前景再次黯淡下来。

　　同时，从船房社区的民办幼儿园方面也传来反对的声音。船房社区没有 1 所公办幼儿园，只有 8 所民办幼儿园，且大多资质缺乏，保教质量参差不齐。尽管如此，由于船房流动儿童众多，虽然各幼儿园之间竞争也十分激烈，但总体上这些幼儿园招生并不太困难。在维持正常的运营之余，也有不错的收益。这些民办幼儿园都是以营利为目的的，因而在收费标准、管理模式方面都有着大体相同的标准。而如果一旦公益幼儿园建成后，虽然公益幼儿园的招生对象是那部分贫困家庭的流动幼儿，但其"公益"的性质和"免费"的收费标准，都势必会对船房社区的民办幼儿园产生巨大冲击。这些民办幼儿园在担心公益幼儿园会分流他们的生源的同时，也担心已入园儿童的家长们会强烈要求他们降低收费标准。此外，公益幼儿园设计中的正规师资和保障标准也可能和他们自身的师资和保障标准形成鲜明对比，从而引发老师们的不满和师资流失。所以不难理解，在他们听到公益幼儿园筹建的消息后，原本相互竞争的几家幼儿园形成了"利益同盟"，并且召开了多次非正式的会议讨论应对办法。在达成一致意见后，他们通过社区居委会、派出所不同的渠道向基金会表达了担忧和反对的意见。这些意见也成为基金会斟酌公益幼儿园项目是否继续可行的重要参考。在大多数流动人口和儿童集聚的社区，民办幼儿园仍然是早教提供的主要力量和机制，在没有成熟和获得国家政策支持的模式出现之前，如何协调并和这些民办幼儿园合作仍然是流动儿童早期教育模式探讨的重要议题。

公益幼儿园模式的无先例可循同样是项目实行的考虑因素之一。作为实验性项目必然存在很大的失败风险，一旦失败就会对基金会在流动儿童社会融合方面的探索造成不良影响。而公益幼儿园的建立，涉及到资金、场地、建设、师资招聘、招生、管理、运营、安全、与各合作方合作以及可持续性等多种因素。在没有先例可循的情况下，上述因素中的任何一项处理不当，都有可能导致项目的失败。由于存在种种的不确定性，因而就项目的可行性在基金会内部也进行了激烈的讨论，许多人也同样存在反对和质疑的声音。

综合上述的多方面原因，基金会的建立公益幼儿园的方案被迫中断。基金会团队认识到在继续探索"关爱流动儿童、促进社会融合"的目标前提下，既有的方案需要调整，需要设计更贴合船房流动儿童需要并且能协调社区各方利益的项目和方案。

3.三战船房：进行生命周期多阶段的干预

吸取前两次项目尝试的教训，基金会一方面对流动儿童的公共服务需求及可能的干预进行了深入探讨和研究，另一方面，基金会加强了和当地社区派出所、居委会、街道和市政府相关部门的合作。同时也积极和关注流动儿童的企业和社会组织、媒体合作，试图借助多元化社会合力的方式来达到"关爱流动儿童、促进社会融合"的目的（图3）。

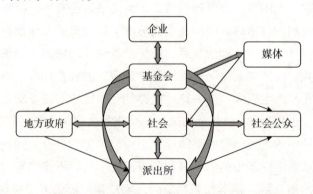

图3　船房社区流动儿童社会融合项目借助多元化社会合力

基金会此次所建立的是对流动儿童全生命周期的干预。内容包括：公益幼儿园（3～6岁）、课外辅导员项目（6～12岁）、青少年工作站（12～18岁）、免费职校（16～24岁）、妈妈学校（18～40岁）（图4）。

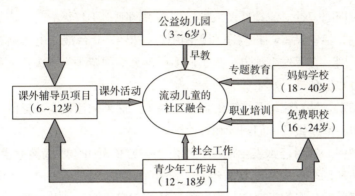

图4　船房社区流动儿童社会融合项目内容

（1）青少年工作站

青少年工作站主要针对流动儿童课后"四点半问题"。流动儿童父母工作繁忙无暇照顾孩子，流动儿童缺乏社区活动场所，存在放学后到家长下班前的"管理真空"，易导致流动儿童安全事故和违法犯罪活动多发。项目建立包括课后学业辅导、绿色网吧、心理咨询、图书阅览、庇护、亲子教育等多功能为一体的社区工作站（图5）。拓展流动儿童的视野，培养能力，促进流动儿童健康的社会交往，让他们快乐健康成长。

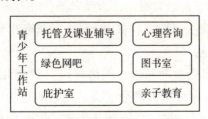

图5　船房社区青少年工作站

①课后托管及课业辅导。针对流动儿童下午4点放学后到家长六七点钟下班这段时间管理上的"真空"，由高校志愿者轮班参与，服务流动儿童。以课后作业辅导为主，以美术、音乐、文化、体育等为辅，重在提高流动儿童的学习成绩，加强他们的素质培养。

②心理咨询服务。流动儿童由于周围环境的变化和学习压力的增大，极易产生学习焦虑、意志力薄弱等不良心理，进而影响健康成长。针对上述问题，工作

站通过聘请专业心理咨询师来担任流动儿童的心理志愿辅导员。通过个案辅导、沙盘游戏等形式，答疑解惑，帮助流动儿童解开心结，释放不良情绪，健康融入学校和社区生活。

③绿色网吧。针对流动儿童放学后多去黑网吧，不仅影响学业还引发盗窃等行为的问题，活动站专门设立了绿色网吧区，提供 10 台液晶电脑供辖区的流动儿童免费上网。有了这个地方，孩子们不用再为筹网费去偷、去抢，可以利用这些电脑学习知识和进行娱乐。

④图书室。针对流动儿童家庭课外书籍少，课外阅读机会缺乏的状况，活动站设置了图书室，供孩子们阅读和讨论。

⑤庇护室。针对经常发生流动儿童由于与家长发生争吵而离家出走的现象，工作站还仿照国外的青少年社工经验，设置了"庇护室"。庇护室里设有高低床和桌椅，服务站免费为需要庇护帮助的流动儿童提供吃住，并接受工作人员的心理辅导。服务站的工作人员也会找到被庇护者的家人做工作，为他们搭起沟通的桥梁，避免极端事件的发生。

⑥亲子教育。利用亲子教育改善流动儿童不良生活及心理习惯，矫正以往的错误认知，改善家庭关系，增强家庭正能量，提升个人素质及能力。

（2）公益幼儿园项目

"公益幼儿园"项目针对船房社区中因贫困而没有上幼儿园的 3～5 岁流动幼童。项目主要是以社区现有民办幼儿园为依托，建立"公益幼儿园"项目机制。为低收入家庭儿童提供学前教育援助，为没有条件进入正规幼儿园的流动儿童提供学前教育，尝试解决部分低收入和贫困流动人口家庭儿童的学前教育问题。

项目的具体内容包括。

①公益幼儿园入园儿童的甄选。船房社区公益幼儿园项目共筛选 50 名幼儿。入园的幼儿必须是来自贫困流动家庭。项目的目的主要在于模式探索和评估，在此基础上形成相关政策建议。幼儿的家长必须定期参与社区的公益劳动及服务。

②公益幼儿园教学点。船房社区现有的 8 所民办幼儿园均为项目合作伙伴，依据自身能力和家长意愿从而承担数目不等的项目儿童的学前教育。项目由基金会组织和管理项目实施。作为项目合作伙伴的各公益幼儿园每周为幼儿开展 5 天全日制教学活动，并建立活动日志，记录活动时间、内容、参加人数等。基金会的项目人员定期对项目园及项目儿童进行走访，并撰写走访报告。基金会的项目人员定期对项目儿童家庭进行回访，并撰写访谈个案。

③公益幼儿园教师的培训和交流。由基金会组织各项目合作园每年到昆明市模范园进行学习和观摩，提高合作园的教学和管理质量。每半年召开一次各项目园与社区派出所、社区居委会和基金会项目人员参加的联席会，交流和讨论项目中存在的问题，并制定解决方案。

④公益幼儿园的管理及技术支持。基金会负责项目的组织、管理和监测、评估；基金会在当地的项目办公室负责公益幼儿园的日常管理；西华派出所和社区负责入园儿童的甄别工作；昆明学院负责提供教学及管理的技术支持。

⑤社区融合。流动人口一般对生活的社区归属感差，对社区公益活动的参与率低，从而导致无法很好地融入社区。而基金会的"公益幼儿园"从一开始就明确要求，加入项目的儿童家长必须定期参与社区的公益活动。项目将流动儿童家长编组，并选出组长，通过座谈会的形式，讨论每次公益活动的主题和内容，并由各组长统一组织安排。通过上述方式，项目把流动儿童家长团结起来，参与到社区的的建设中，为社区发展贡献自己的一份力，一方面回报了社会，另一方面也提升了自身的各方面能力。

（3）妈妈学校

针对船房社区流动人口中育龄妇女多、年轻家长多、孩子多的状况，项目决定和西山区妇联合作定期开设妈妈学校。邀请专家，定期讲授儿童早期教育知识和职业技能培训。邀请家长参与项目的课程设置和内容安排，充分听取他们的意见，改进项目计划。考虑到流动人口的职业特性，项目还开通了短信群，除了可以及时通知学习信息外，家长们也可及时咨询生活中遇到的家庭教育问题。此外，学校还在授课的活动站设置了儿童活动区。由于妈妈学校的成员每次来上课，都会或者不得不带着孩子一起来，所以活动站的儿童区发挥了很重要的作用，在家长们听课的时候，小孩就在电脑区或阅览区玩，一定程度上保证了课堂的秩序。

（4）课外辅导员项目

社区学龄阶段的流动儿童普遍缺乏课外活动及兴趣和能力发展机会，心理也比较脆弱。公办学校和民办学校就读的流动儿童在学习、心理和机会等方面存在较大差异。针对上述问题，"课外辅导员项目"从昆明高校聘请"课外辅导员志愿者"为船房4所学校的流动儿童提供课外辅导服务，建立英语、绘画、书法、音乐、体育等课外兴趣小组，努力让放学后的"失管时间"变为"幸福时间"。项目在为流动儿童提供社会关爱的同时，为他们提供了挖掘潜力、提升自我、构建梦想的平台和机会。

（5）免费职业培训项目

今天的流动儿童就是城市明天的新市民和新生劳动力。针对船房社区流动青少年教育程度低、缺乏职业技能的特点，开办免费职校为其提供职业技能培训。项目既包括3年的长期职业学校学习，也包括30个课时的短期电脑技能培训。3年的长期职业学校学习是由驻地派出所和社区提供信息，基金会提供资金，西山区职校提供教育资源，共同对社区流动青少年长期免费开展的职业技能培训。目前，10名受资助的流动青少年已进入西山职校就读，并在努力完成3年的职业学习。短期培训是在由基金会和微软公司共同在船房设立的"社区学习中心"，免费为流动儿童及家长提供为期30课时的短期电脑培训。

4.四战船房：开展流动儿童家访项目

基金会在船房社区开展项目的过程中发现，与城市户籍儿童相比，流动儿童相对较低的发展水平不仅体现在义务教育阶段、幼儿园教育阶段，同样也体现在婴幼儿养育阶段，如船房社区的0~3岁的流动儿童早期养育水平低。与城市家长相比，流动儿童家长文化水平相对偏低。由于文化水平和经济条件限制，他们无法为0~3岁幼儿提供科学和有质量的儿童早期养育。国内相关研究表明，流动幼儿在语言、动作、认知和记忆方面均落后于同龄的城市幼儿。

近年来，国家和政府对流动和贫困儿童的关注不断加大，出台了一系列政策措施，诸如《教育部关于进一步做好进城务工就业农民工子女义务教育工作意见的通知》、贫困儿童医疗和教育救助等。这些措施的出台有力地促进了流动和贫困儿童发展状况的改善。但依然缺乏对流动儿童早期发展进行干预的政策措施。0~3岁的流动儿童养育还是一个"政策空白"，需要及时填补。针对这个问题并结合船房社区的具体情况，基金会决定在前期已有项目的基础上再实施"城市流动及贫困儿童家访示范项目"。国内外研究和项目经验表明，基于项目和社区的家访制度是提升城市流动和贫困儿童早期发展水平的重要方法和手段。所谓家访就是通过家访员定期走访项目家庭，通过与项目家庭儿童的游戏互动，提升儿童家长的养育水平和质量。国际项目经验表明，1美元家访的投资，约产生9.5美元的回报。系统家访服务可以显著增进父母与儿童的关系，促进儿童的早期发展和健康成长，有助于打破贫困的代际传递，促进社会公平。

基金会开展的"城市流动及贫困儿童家访示范项目"获得了民政部的立项及中央财政资金的支持，国家卫生和计划生育委员会妇幼健康服务司、云南省妇联、妇儿工委提供相关政策和技术支持，云南大学社会学与社会工作系团队负责提供具体服务，船房社区居委会提供社区合作与支持。

项目具有以下一些特色：①针对流动儿童和城市贫困儿童；②首次在国内引进国际先进的儿童家访理念和经验；③以 0～3 岁的儿童早期发展为主；④以社区为基础；⑤以高校社工专业学生为家访员；⑥进行教育、营养健康和社会融合等综合性的政策干预；⑦发挥政府、企业、研究机构、社会组织和国际组织多方面的合力；⑧首次采用视频测试的方式对家访儿童进行评估测试；⑨借助社会试验的方式探索中国式儿童家访制度模式，为大范围的政策制定和实施推广提供有效的研究支持。

项目的主要执行流程可参见图 6。

图 6　城市流动及贫困儿童家访示范项目流程图

项目从 2014 年 4 月开始实施，主要包含组建项目团队、培训与督导、家访服务三个阶段。

（1）组建团队

2014 年 4 月，基金会委托云南大学社会学与社会工作系团队首先组建了项目督导团。督导团由云南大学和滇池学院社会工作系的 7 名社会工作专业的老师组成，其作用是培训家访员、督导及资源链接，为家访项目提供强有力的服务指导。接着，项目组通过自愿报名的方式，挑选了 40 个云南大学社会工作专业的学生和 20 个滇池学院社会工作专业的同学组成家访员团队。项目执行过程中先后共有 89 名家访员参与服务，其中 28 名研究生，61 名本科生，家访员都是社会工作专业的学生，他们学习过社会工作理念和技巧等方面的知识，为项目的顺利开展奠定了良好的基础。

（2）项目培训及督导

项目旨在通过入户家访，提升家长在早期教育方面的意识和能力，促进流动家庭中0～3岁婴幼儿的智力发育和社会性发展。项目对于家访员的知识储备和服务技巧有较高的要求。项目组在基金会的大力支持下，组织了多次大型培训，培训内容包括婴幼儿成长知识、家访理念和方法、亲子游戏等（表1）。

表1　　　　　　　　主要培训及督导情况统计表

时间	主题	培训师/督导	参与者
2014.4.27	家访项目的国际经验	杜智鑫老师	全体项目组成员
2014.4.27	家访理念及入户指导	蔡建华老师	全体项目组成员
2014.6.16	早教知识培训	贺红霞老师	滇池学院家访员
2014.6.17	早教知识培训	贺红霞老师	云南大学家访员
2014.6.25	入户家访指导	高万红老师 滕燕老师 沐伟老师	云南大学家访员
2014.6.26	入户家访指导	丁玉敏老师	云南大学家访员
2014.6.28	入户家访指导	杨树燕老师 朱宝雯老师	滇池学院家访员
2014.9.11	团队建设培训	沐伟老师	云南大学家访员
2014.9.12	团队建设培训	滕燕老师	滇池学院家访员
2014.9.13	婴幼儿疾病知识	马来西亚志愿者老师	所有家访员
2014.11.10	团体督导	高万红老师	云南大学家访员
每周一次	小组督导	各督导老师	各组家访员
每月一次	社区活动督导	各督导老师	各组家访员

（3）实施家访

在家访过程中，来自两所学校的60个家访员被分为6个小组，每个小组配1名督导老师。云南大学40名同学分为4个组，第一、二组负责家访2～3岁幼儿，第三、四组负责家访0～1岁幼儿。滇池学院20名同学分为2个组，负责家访1～2岁幼儿。此外，每个大组中又分成5个2人小组，2人一组合作家访。

家访服务自2014年6月持续到2014年12月底，按照每周1次家访、每月1次社区活动相结合的形式开展。2名家访员为一组，负责10户家访对象，根据孩子的月龄，按照《家访手册》的要求开展个别化的家访服务，每次时间在1～1.5小时。

在家访过程中，家访员进行的主要活动有：①和被访家庭打招呼；②让母亲谈论并示范她上个星期所学到的育儿活动和技巧；③进行玩具游戏，观察孩子，通过展示、解释和描述，让母亲照着做，给予积极的反馈；④进行语言类游戏（图书和游戏）；⑤进行歌谣游戏；⑥将此次家访的玩具和图书等留下，并让母亲在接下来的一周中照着做；⑦记录本次家访的情况。

社区活动则采取家长培训讲座与亲子活动相结合的形式，力争让家长在早期教育的理念和技巧方面都有所收获。截至 2014 年 12 月 27 日，共开展 10 次社区活动，服务 358 户。家访服务及社区活动情况见表 2、表 3。

表 2　　　　　　　　　　　家访服务统计表

年龄段	家访户数
0～1岁	99
1～2岁	150
2～3岁	109
合计	358
每户家访次数	最多23次，最少1次，平均12次

资料来源：项目课题组。

表 3　　　　　　　　　2014 年家访社区活动统计表

活动名称	日期	参与户数
第一期家长培训班	6.15	67
社区招募（2场）	7.13	59
项目启动仪式	7.15	58
0～1岁讲座	8.24	58
1～2岁讲座	8.31	55
2～3岁讲座	9.14	58
迎国庆·亲子欢乐园（3场）	9.27	90
亲子欢乐园（3场）	10.25	97
宝贝计划（3场）	11.29	93
社区家访对象联谊会	12.27	48

资料来源：项目课题组。

三、实验项目的效果

到 2014 年底为止，基金会在船房的实验已经进行了 4 年多的时间，评估发现项目的各项干预措施已初步显现效果。项目在为社区流动儿童提供各项公共服务的同时，促进他们积极融入社区和城市，有效地改善了"城中村"社区基层组织的社区治理水平。

1. 社区青少年工作站的效果

流动儿童享受到了促进社会融合的公共服务。船房"社区青少年工作站"项目开展工作以来，共引入社会资金 200 多万元，社会志愿服务组织 5 支，社会志愿服务 1000 人次，已有包括流动儿童及其家长在内的 12000 多人次接受了相关的服务。通过与社区、社工组织合作，建立"社区活动中心"，为流动儿童创造一个温暖、和睦的学习、生活和成长环境。工作站已逐渐成为社区青少年活动的"中心"，在流动儿童享受到社会服务的同时，很好地体现了社会对流动儿童的关爱，缩小了他们与城市儿童之间的差距。

流动儿童的能力和心理健康水平得到了拓展。项目的实施使得流动儿童的能力和心理健康水平得到了拓展和提升。项目评估表明，项目儿童具有更高的心理韧性（抗逆力）水平，从而更有可能在船房社区这样的"城中村"环境中健康成长。与非项目儿童相比，项目儿童有更强的自我管理能力，在学校内较少犯错误，放学后能更合理利用课余时间，他们更趋于和同学和朋友交往，尝试和家长积极交流沟通，对自我的能力有更积极的肯定，对未来有较高的教育预期，有明确的职业规划，对社区有更高的认同。工作站项目儿童在测试中，抗逆力水平的得分、参加课后活动的得分、参加社交的得分和未来教育预期和职业规划在统计上均显著高于非项目儿童（表 4）。

表 4　　　　　　　　　　　船房社区工作站项目儿童的发展

	参加运动的得分		参加活动的得分		参加社交的得分	
	均值	标准差	均值	标准差	均值	标准差
项目儿童	2.52	1.02	2.34	1.05	1.47	1.45
非项目儿童	1.78	1.08	1.64	1.12	0.84	1.14

资料来源：船房专项调查。

降低流动儿童安全隐患，预防青少年犯罪。无人照管的流动儿童，要么拉帮结派在街上闲逛，要么独自在家玩耍。无论何种情况，都潜藏着伤害的可能。社区青少年工作站可把无人照管的流动儿童聚集起来，共同学习、游戏，既可增强孩子的人际互动能力，又可减少失范风险和意外伤害。同时，工作站起到了良好的预防青少年犯罪作用。船房青少年工作站项目实施以来，放学后去黑网吧的儿童明显减少，而辖区内至今也再未发生儿童被拐卖的案件。辖区青少年违法犯罪案件逐步下降，居民安全感进一步增强，进一步密切了警民关系。一些家长和受益青少年甚至主动向派出所提供违法犯罪线索，帮助公安机关共同维护辖区治安环境。

社区治理水平获得提升。首先，作为社区治理主体的派出所和社区居委会转变了治理理念，从强调对流动人口的管理转化为强调对流动人口的服务。在项目实施过程中，派出所和居委会认真分析流动儿童所面临的困难，结合辖区实际，主动联系相关部门，充分调动社会各界力量，力图从根源上为流动儿童提供社会融合的公共服务。其次，形成了多元化的流动儿童社区治理模式。项目过程中，在昆明市市委和政府、西山区区委和区政府及相关部门的指导和支持下，既有企业为项目提供社会资金，也有昆明省团委、西山公安分局和福海街道为项目提供公共资金，既有中国发展研究基金会这样的 NGO 管理和实施项目，也有中国青年政治学院、中国公安大学、香港理工大学、云南大学、昆明学院这样的高校提供研究支持和志愿者服务。这种在城市政府主导下，政府、企业、公众和非政府组织等多元主体共同促进流动儿童的社会融合的治理模式，有助于实现城市经济、社会、环境的善治，最终达到城市的可持续发展。项目开展以来，流动人口对社区的认同和满意度提升了 20 个百分点，警民关系测评为 95 分。

社区流动人口参与度提高，对社区满意度增加。项目开展以来，社区流动人口对社区活动的参与度不断提高。流动儿童和家长在参与项目本身的同时，开始积极关心和参与社区的其他公共活动。流动人口对基层管理组织——派出所和社区居委会的看法和满意度大为改观。在派出所和居委会的协调下，流动儿童家长成立了 3 支社区志愿者服务队，积极投身于社区的卫生、学校安全和公益宣传等活动之中。受资助家庭有了更多的时间和精力来改善家庭状况，增加家庭收入。项目的开展带动和激发了一些家庭服务社区、建设社区的美好愿望，对社区的认同感和满意度进一步增强。

2. 家访项目的效果

家访的流动儿童家长从质疑到认同家访服务。在招募和服务初期，一些家长对于家访员的到来持观望态度，总担心自己被骗，或者是怀疑大学生们是来"作秀的"。但是，随着关系的建立与稳定，家长看到家访员的真诚付出，看到自己的孩子的进步，她们慢慢打消疑虑，逐渐地接纳并认同项目，参与项目的积极性不断提高。有一个妈妈主动对项目组说："我在这个社区住了 7 年了，认识很多人，明年你们招新家访户，把海报给我，我来替你们宣传！"项目评估表明，参加项目的多数家长均对家访服务表示很满意。

家长对早期养育的重视程度提高。很多家长从"养护"到"养育"转变，能遵循孩子成长的规律，有意识地进行早教。大多数家长在参加项目之前，对待孩子更多的是以"养护"为主，满足孩子的吃穿，让孩子尽情地玩耍，少数有意识的家长会给孩子买几本小人书看一看。项目开展后，在家访员的工作和服务下，她们开始意识到孩子在在不同的月龄中，大动作、精细动作、语言能力、社会交往能力等发展情况都有所不同，发展重点也不同。参与项目的大部分家长遵循孩子成长的规律，有意识地进行教育，能够帮助孩子顺利走过每个阶段。家长普遍反映，自己最大的收获是知道了"孩子不是什么都不懂，很多时候是家长不知道该怎么办"，她们非常感谢家访员对自己的服务，让她们注意到了婴幼儿早期教育的重要性。

项目家长们掌握了一些早期教育的方法和技巧。在项目过程中，家访员按照《家访手册》，根据孩子的月龄，有针对性地与孩子游戏、互动。家访所用的教具虽然简单，但都包含着一定的科学原理。刚开始家访的时候，家长们更多的是好奇，观察家访员们都在干什么。当她们看到自己的孩子有进步的时候，她们便学着家访员的方式与孩子互动。

参加项目的很多妈妈说，看到家访员和孩子做游戏以后，自己也学到了很多，在家访员走了以后，会按照家访员的样子教宝宝做游戏，与宝宝一起玩耍。同时，在亲子活动中与其他家长交流，让自己更有信心应付孩子的成长问题了。"以前不知道怎样对付孩子不吃饭，听了其他家长的建议，让他饿会儿后，他就吃了。"正如一个妈妈说的："参加项目以后感觉孩子比以前好带了，而且孩子也会做更多的动作了，每次你们教完，我平常再教他几遍就学会了，真的很好。"

项目家长变得有耐心和快乐自信了。在项目过程中，多数妈妈自身也有很大变化。"自己变得更有耐心了，看到家访员对孩子很有耐心，慢慢地自己的脾气也变好了。小孩犯错时，以前都是打骂，现在自己也学会慢慢地跟他沟通。"家长们从项目当中看到孩子的进步和成长，都会感到高兴。看到宝宝会"给"这个动作了、会摆手说再见了、能辨别大小了、认识颜色了、会画一个圆形了，家长们总是第一时间和家访员分享。

参加项目的孩子进步明显。家长感受最深的是家访项目对孩子的改变，他们表示自己的孩子有很多改变，首先是"变聪明了"，觉得现在的宝宝能自己玩很多游戏，活跃多了。一位妈妈对家访员说："前段时间我把孩子带回老家，和其他同龄的孩子一比，我家的孩子明显聪明、能干多了。"其次是性格"开朗了"。很多孩子以前都不敢跟同龄的孩子一起玩耍，现在会主动地去找其他小朋友玩。最后，"宝宝脾气好了，虽然宝宝也爱发脾气，但现在好多了"。宝宝会在平时念叨家访员，会经常问："老师什么时候来？"

3. 公益幼儿园的效果

改善了项目儿童的学习、生活和心理状态，促进其人力资本发展，有效防止贫困的代际传递。项目实施 24 个月来，已惠及 96 名贫困家庭子女和 96 户家庭。

家长和学校反映，这些项目儿童明显较未上学前认知、学习能力有很大提高，性格更加开朗，卫生习惯也初步养成。对公益幼儿园项目儿童的早期发展测试（由语言、动作、认知和记忆等模块构成）显示，3 岁组经过半年幼儿教育测试分数增加了 8.58 分（非常显著）；4 岁组增加了 5.62 分（显著）；5 岁组增加了 2.42 分（较为显著）。

帮助减免低收入流动人口家庭的学前教育支出，缓解了贫困的程度。基金会通过资助每名流动儿童每月 260 元，各合作园减免超出此标准之上的保育费的方式，有效降低了项目家庭的教育支出。此项一年合计每个家庭约在 3000 元左右，从而明显缓解了部分贫困家庭的贫困程度。同时，由于孩子通过项目入园接受教育，许多孩子的母亲从带孩子的劳动中解脱出来，受资助家庭有了更多的时间和精力来改善家庭状况，增加家庭收入。

改善亲子关系，提高流动人口家庭的家庭教育质量。通过"妈妈学校"的学习和对幼儿早期教育知识的获取，许多家长都对以往的传统教育方式进行重新认识，开始利用所学到的科学的方式处理孩子的教育问题，亲子关系趋于更和谐和稳定。而家庭教育质量的提升又巩固和加强了流动幼儿在幼儿园接受学前教育所取得的效果。

提升了流动人口对社区事务的参与度和认同度，促进了社区和谐。项目激发了项目家庭服务社区、建设社区的美好愿望。这些项目家庭积极参与社区公益事务，改进社区环境和面貌的同时，也赢得了社区本地人口对他们的重新认同和接纳。项目的实施有力地促进了社区和谐，自"免费公益幼儿园"实施以来，辖区内再也没有发生过儿童被拐卖的案件。

建立了"公益幼儿园"的流动儿童学前教育模式（图 7）。

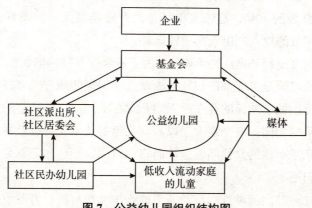

图 7　公益幼儿园组织结构图

4. 课外辅导员项目效果

项目实施以来，已有 4000 多人次从中收益，先后有 600 人次志愿者提供了课外辅导，提供了体育、音乐、外语方面的兴趣培养机会，充分体现了社会对流动儿童的关爱，实现了"大手拉小手"的社会工作机制。

5. 免费职业培训项目效果

目前 10 名受资助的流动青少年已进入西山职校就读，正在努力完成 3 年的职业学习。有约 1000 人次接受了短期计算机技能培训，初步掌握了计算机应用基础知识。

6. 妈妈学校项目

目前，学校已开展 15 期讲座，700 多人次参加。学员普遍反映所学到的知识有助于改善亲子关系，对孩子的学习和家庭生活有积极的影响，有利于孩子的健康成长。

四、实验存在的问题

总体来看，尽管基金会在船房的"破冰"实验取得了一定的成效，但比照基金会所设定的探索可行模式、提供政策建议的目标，远不能称之为成功。具体来看，还存在下述的问题，而这些问题如果不能得到很好的解决，将会影响到项目的可持续性和政策的可操作性。

一是项目受益儿童不够广泛。尽管从受益儿童的人次上看，基金会在船房的实验有 6000 多人次，但固定的受益项目儿童大概在 600 多人左右，这大概只占船房流动儿童总数的 10%，意味着项目并没有覆盖到大多数需要关爱的流动儿童，因而使得项目的投入产出效益比较低。

二是项目的可复制和推广性不确定。由于基金会在船房的实验只是一个"点"上的实验，它的经验是否能推广到其他流动儿童聚集的地方还有待验证。由于当前我国地区差异、城市差异的存在，流动儿童在不同地区和城市的聚集状况和所面对的问题也不尽相同，各个地方予以流动儿童的政策支持也差异很大，如何尽可能解决流动儿童面临的共性问题，从而将项目加以推广和复制是船房实验下一步必须考虑的问题。

三是流动儿童的高流动性。流动儿童的高流动性对项目有着重要的影响。以"公益幼儿园项目"为例，在约两年的项目运营期间，约 30% 的项目家庭发生了流动，使得项目的效果和跟踪研究都大打折扣。同时，这也意味着对流动儿童的社会融合政策支持必须尽快制定和推广，否则就形成在有政策实验和创新的地方，流动儿童可以享受相应的服务和支持，而一旦流动到没有这些实验的地方，他们将再次面临城市化和社会融合的种种艰辛和挑战。

四是国家层面的战略与政策支持不足。尽管目前国家已制定并实施了有关流动儿童的义务教育方面的法规政策，但就整体而言还缺乏对流动儿童健康、教育和权利保护等方面的国家层面的战略。这使得当前流动儿童的关爱和社会融合工作缺乏明确的工作指导和政策支持。这也导致基金会在船房社区的流动儿童社会融合实验阻力重重，缺乏各个方面的首肯和积极配合。

五是地方城市政府的支持不够。就船房所在的昆明市而言，目前仍未意识到流动儿童是昆明在老龄化不断加速过程中的宝贵财富，而更多地还是将其视为城市发展和治理过程中的"问题"和"麻烦"。因而在教育、卫生健康和就业等方面还缺乏有力的政策支持。这也造成基金会在船房社区开展相关活动时很难获得教育、卫生和劳动等相关部门的重视与支持，在实验开展时出现多方推诿责任的现象。即使在船房实验取得不错经验的情况下，由于没有明确的政策指导和支持，其他社区和基层居委会、派出所等也缺乏学习、复制和推广的积极性。从未来城市发展和社会公平的角度出发，地方政府必须在流动儿童的城市化和社会融合中发挥主导作用。

六是社区的支持不确定。由于流动儿童所居住的社区大多都是外来人口远多于本地人口，因而包括社区青少年工作站和公益幼儿园等船房实验项目在获得社区支持方面存在很大的不确定性。在船房这样的社区，由于居委会的主任更多是从本地居民的视角去看待流动儿童，更多将这些儿童视为"问题"，因而在工作站和公益幼儿园等项目的建设和投入上多少有些消极和应付。

七是流动人口的参与度不高。流动人口原本应对自己子女的城市化和社会融合最具发言权。但事实是在船房这样一个流动人口20倍于本地人口的社区，由于本地居民在土地、基层选举和公共事务管理方面的主导权，因而流动人口几乎没有什么"话语权"，对公共事务很少参与，对社区发展漠不关心。从长远来看，流动人口在社区诸如公共预算方面的参与是推动自身及子女城市化和社会融合的重要途径。

八是经费制约。经费问题是"船房实验"的重要制约。由于目前没有来自街道及区相关政府部门的经费，而社区居委会又不用拿钱，因而所有的经费基本要靠基金会向企业和社会组织筹集，这很大程度上影响了项目的可持续性和扩展。

以社区青少年工作站为例，工作站初期的硬件投入在 20 万元左右，而要维持工作站运作每年大约需要 6 万元左右。开支主要用于工作站的房租、水电费、饮用水、图书、活动物料以及少量工作人员的补助。而目前社区青少年工作站没有财政来源，主要资料来自于社会筹募，许多设备和器材无法获得，因此，要办好工作站并非易事。

九是场地不易找及费用高。像社区青少年工作站需要一个宽敞、安全、宁静、方便家长和学生过来的地方，但社区内一般没有专门的场地。如果像船房社区这样租借民房，一方面租金费用较高，另一方面不易找到合适的场地。

十是人员队伍的专业性和稳定性有待提高。包括社区青少年工作站在内的船房实验项目还缺乏相对稳定、专兼职结合的管理人员和教师队伍。从"社区青少年工作站"的运作来看，因人员缺乏和志愿者的非专业性，致使工作站试点效果的可持续性受到影响。借鉴国际经验，流动儿童的城市化和社会融合必须要有社会工作者等专业力量的介入，在此方面政府可考虑政府购买服务的方式。

第十四章

流动儿童的命运与政策选择

在当前城市化不断加速的背景下，数量急剧扩大的流动儿童面临着有可能完全不同的历史命运抉择。这种抉择，既取决于他们自身的努力奋斗，也取决于宏观的制度与政策实施。

流动儿童的社会融合有助于流动儿童自身的健康成长，推动城镇化的持续健康发展，积累人力资本，提升国家和城市竞争力，促进社会和谐。同时，流动儿童的社会融合也是解决当前突出的"留守儿童"问题的根本途径。

流动儿童是在中国城市化过程中产生的群体。到目前为止，无论政府部门、学者和社会公众都更多将其视为一种经济社会问题和发展转型问题，而没有从儿童权利的视角来审视和进行政策引导，没有将流动儿童权利放到优先位置上来。这是中国城市化发展战略上的重大缺失，也是今后经济社会发展中亟待解决的问题。儿童的生存权、受保护权、发展权和参与权是儿童的基本权利，不能因为所生活的城乡差异、城中村\城市社区的差异、户籍制度、父辈身份和地位的差异而被忽视和剥夺。流动儿童权利的保障和实现是社会公平的内在要求，也应是中国未来新型城市化战略的起点和重要内容。儿童权利有助于保证流动儿童的机会公平和健康成长。

另一方面，流动儿童要顺利融入城市生活，意味着要能实现"能力"，获得的人类发展。人类发展的一层含义是人们在自身发展过程中的自由选择。扩展自由既是发展的首要目标，又是发展的主要手段，排除严重的不自由对于发展具有重要的意义（阿玛蒂亚·森，2002）。而实现上述意义上的"自由发展"，需要通过一些具体的社会投资和政策将基本的权利转化为具体实践。就一个人的成长和发展而言，财富的获得和向上的社会流动首先来自于体力（是否健康）与智力（是否拥有知识和技术）因素（除此之外还有家庭背景和社会关系等）。前者与遗传、营养和医疗等条件相连，而后者则主要与教育相关。从这个角度看，营养、医疗和教育等构成了上述那些中介性环节和前提性因素。更进一步讲，一个社会的有效运行取决于社会成员的能力水平。社会成员能力强则会促进社会流动，提高生产力，减少不平等。而社会成员能力水平低则会引起辍学、犯罪、少女怀孕、肥胖、健康状况差等一系列社会问题。而儿童期是能力形成的关键时期，早期家庭生活和经历对成年后的能力具有决定性影响。如果社会及早对儿童生命周期采取连贯一致的干预措施，将促进弱势儿童的认知和社会情感能力发展，并增进他们的健康和幸福。这些社会干预措施的积极效果将通过各种渠道，渗透于生命周期全过程，并在代际间传递。比如，高质量的早期干预项目将减少不平等，促进学校教育效果，减少犯罪和少女怀孕，并促进身体健康和良好行为。这些干预措施同时也提高劳动生产率，具有较高的成本效益和投资回报率。

在城市化加速发展和流动儿童数量不断增加的情况下，实现权利和"能力获得"的人类发展的流动儿童社会融合是大势所趋。而实现这种流动儿童社会融合需要政府、社会、企业和公众的多方参与，需要加大对流动儿童包括健康和教育在内的人力资本投资，进行全生命周期的政策干预。

一、流动儿童的三种命运

一种命运是成为"新劳动力"和"新市民"。各级政府和社会组织本着儿童权利和以人为本的关怀，加大对流动儿童的关爱，改善他们的健康和教育，保障活动母亲孕期健康，提升早期养育和学前教育质量，提高义务教育公平及质量，允许异地中考、高考和上职高，使流动青少年有一技之长，稳定就业，家庭幸福，提高下一代素质。通过促进流动儿童成为"新市民"，实现向上流动，消弭社会两极分化，促进社会向"橄榄型"结构发展。同时，通过使流动儿童成长为"新劳动力"，促进地方城市的产业和经济持续发展，增强竞争力。

与之相反的则是两种完全不同命运。其一，成为"被忽视的一代"。像船房社区流动儿童一样，继续在现有户籍制度及其所附加的各种教育、卫生、社会福利、就业、居住等体制分割下，生活在脏、乱、差的城中村，游戏于"山寨幼儿园"，受教于"农民工子弟学校"，拒弃于"异地中考、高考"之门外，挣扎与"苦力与暴力"的后学校谋生漩涡之中，虽然有梦想、有期望，但却无奈地变成"被忽视的一代"。由此导致的结果就是，流动人口人力资本积累差、就业难、收入低，极易陷入贫困，并进而产生贫困的代际传递。同时，基本的权利无法得到保护，不能实现向上流动和社会公平，社会呈现两极化断裂趋势，在城市内部形成二元化结构。由于低人力资本积累，不仅无法有效促进地方经济和产业发展，反而在地方城市人口老龄化的基础上叠加大量的低保和贫困人口，进一步削弱城市竞争力。此外，由于他们无法获得良好的教育和就业机会缺乏向上流动的渠道，他们就会产生对社会和政府的强烈不满情绪，并会在社会突发事件中放大地宣泄出来。法国、英国的移民青少年骚乱事件就是这方面的典型事例。

其二，重新成为"留守一代"。如果现有户籍制度及其所附加的各种教育、卫生、社会福利、就业、居住等分割状况继续，许多流动儿童会由于家庭经济困难或父母就业难，或无法在城市继续接受高中教育及参加高考，不得不返回农村老家成为"留守儿童"。这样导致的结果就是，他们不仅要遭遇童年作为"流动儿童"在城市里遭遇的教育、医疗、社会融合和身份认同等挑战，而且还要遭遇回到老家作为"留守儿童"面临的亲情缺失、教育质量低下、卫生保健服务差、文化生活贫乏、就业难等问题与挑战，进而人力资本积累差、收入低、对政府和社会不满，影响地方经济和社会稳定的状况。

无论成为"被忽视的一代"还是"留守一代"，流动儿童长大成人后，都存在极大的可能将自身这种"贫困"和"社会不融合"复制和传递给自己的子女，从而形成"贫困"和"社会不融合"的代际恶性循环。

二、流动儿童社会融合的国际经验

国际经验表明，儿童的教育、营养健康是解决社会融合和促进社会公平的有效途径。教育融合和营养健康融合政策成为许多国家的社会政策焦点。一方面，发达国家如美国、英国、法国、德国等面临着老龄化和福利国家危机，需要通过关注移民子女教育和制定营养健康政策等来保证教育公平、积累人力资本和提升社会凝聚力；另一方面，一些新兴发展中国家如巴西、印度和南非等正经历着快速的工业化和城市化，如何使大量的流动儿童和贫困儿童健康成长并顺利融入城市生活，共同分享发展的成果和促进社会公平，成为这些国家政府考虑的重要政策议题。

（一）美国的流动儿童教育

1. 美国移民人口的子女教育

（1）美国公办学校对学区内外来适龄学生一视同仁

美国政府对适龄学生的义务教育承担责任。在学区范围内，公办学校无条件接受适龄孩子入学就读。任何一个州的公办学校无条件接纳来自别州的学生；任何一个州的公办学校无条件接纳暂时生活在美国的外国人的孩子；移民子女也可以享受和当地孩子一样的、同等的公办学校教育待遇。即便是非法移民的子女，也可以享受同等的公办学校教育待遇。条件是他必须有一个属于该学区的居住地址（张航，2010）。

（2）美国的特许学校（Charter School）

美国的特许学校类似我国的农民工子弟学校。特许学校是各个州根据自己的特许学校法建立的。任何个人、教师、团体、公司都可以依法创办学校。依法设立以后，不需要教育局来领导。学校自主聘任校长，雇佣教师，选订教材。但是，特许学校仍然被认为是公办学校，它不收学费，不要求申请者参加考试来筛选学生，不得用任何有选择性的理由拒绝一个该学区的申请者。学校和教育公共管理部门签一个合同，学校对学生承担责任，包括保证学习质量；公共管理部门把本地的生均经费拨给学校。特许学校大多办在美国比较贫困的地区、少数民族地区，比如黑人聚集区（张航，2010）。

2. 美国政府的"流动学生教育计划"

美国的流动儿童主要是指季节性流动的农业工人子女。流动农业工人的子女常常生活在极端贫困的境地，并且越来越多的人连英语都说不流利。更重要的是，由于不断的迁移，他们的教育常常被打断。为解决乡村流动儿童的问题，美国联邦政府在1966年制定了"流动教育计划"，经过40年不懈的努力，为提高美国流动儿童的学习水平和保健服务做出了贡献。

美国联邦政府尽管对美国各州的教育采取分权政策，但对各州流动儿童的教育进行政府干预，美国联邦政府出台了相应的法律，并制定和实施了"流动教育计划"。该计划为流动儿童提供高质量的内容和广泛的资助及服务；确保流动儿童在跨州或跨地区迁移时避免受到诸如学校课程设置、学籍、成绩标准等方面的不公正待遇；以与校方合作的方式确保流动儿童受到相应的正规学校教育；确保流动儿童受到良好教育；克服语言及文化障碍、获得相关医疗及保健服务；给与流动儿童平等的受教育的权利与机会（张航，2010）。

流动学生教育计划的资金来自于联邦政府的拨款，属于美国中小学教育法案的一部分。到2001年，美国联邦政府为实施该法案共拨款296亿美元。各州政府在接受拨款后可以将其转包给当地教育部门或者其他实体，直接为流动儿童提供服务。流动学生教育计划给各州的拨款数额是不相同的，其拨款的依据是各州所拥有的流动学生的数量，而且根据每年各州所拥有的流动儿童的数量而相应做出动态的调整（因为许多流动家庭是跨州迁移）。由于拨款数额与流动儿童的数量相关联，因此激励了各州不断地去寻找流动儿童，从而保证了不使一个孩子掉队计划的实现。

流动学生教育计划在各州的工作人员是公开招聘的，他们的身份可以是兼职，也可以是季节性地参加此项工作，尽管报酬不高但可以获得很高的社会尊重。计划工作人员四处走访农场或社区识别辍学的流动儿童，为流动儿童提供全方位的多功能服务。这些工作人员把各种信息带给流动家庭，也把反馈信息带给学校和社区。他们提供有关流动学生教育计划的信息和其他服务，疏通了学校和家庭之间的联系渠道，关注特殊家庭的需求。受雇者对单个流动学生的家庭环境的了解，可以使政府相关部门掌握人口流动的趋势（张航，2010）。

3. 美国的儿童早期发展项目

（1）开端计划（Head Start Act）

开端计划是美国联邦政府投入最大、历史最悠久的早期儿童项目。运行初期只是一个社区行动方案，1965 年开始成为一项全国性的以贫困学前儿童（3 ~ 5 岁）为对象的补偿性教育政策。此后 30 年，开端计划实现了良好的社会和经济效益。

计划的具体做法是：由联邦财政拨款，将贫困弱势家庭（包括贫穷的黑人、印第安人、爱斯基摩人及外国贫困移民家庭）的幼儿免费收容到公立小学或其他机构特设的学前班，进行为期数月至 1 年的保育。内容包括体检、治病、自由游戏、集体活动、户外锻炼、校外活动、文化活动（包括手工、绘画、听故事、搭积木、欣赏音乐、传授科学知识等）等，以消除他们与其他儿童入学前形成的差异，实现"教育机会均等"。一般对 5 岁儿童进行为期 8 周的短期课程教育，对 4 岁儿童则进行 1 年的长期课程教育。到 2010 年为止，这项计划已经服务了2700 万名儿童。

（2）早期开端计划（Early Head Start）

由于开端计划一般不包括 3 岁以下儿童，1995 年，美国面向 0 ~ 3 岁幼儿尤其是贫困家庭幼儿的"早期开端计划"出台。早期开端计划的目的是改善怀孕妇女的产前健康，加强幼儿的智力开发，营造健康的家庭。项目直接提供的服务有：早教服务的设施；家访，尤其是对新生儿家庭的家访；对父母的教育和亲子活动；全面的身体和心理健康服务，高品质的婴幼儿教育服务，直接或间接与社区合作提供的儿童保健服务；有关儿童发展的信息；全面的身体和心理健康服务，包括戒烟和对滥用药物的治疗；成人教育、文化及工作技能培训；帮助家庭获得收入、住房、应急资金、交通等方面的服务。

早期开端计划的组织形式有三种。第一种是以幼托中心为基础，为儿童提供养育和教育服务。项目家庭必须接受一年至少两次的家访活动。第二种是以家庭为基础，早期开端计划工作人员每周对儿童和看护者进行一次家访。同时，每个家庭每月至少一次参加社交活动。第三种是混合式，有的家庭通过幼托中心或者家庭来接受服务，有的家庭可能接受两种方案相结合的服务。在实施过程中，幼托中心工作人员或者家访者一般要与儿童看护指导者保持密切联系。

（二）法国的移民子女教育

法国是欧洲典型的移民接收大国，19 世纪以来经历了 4 次大的移民输入浪潮。进入 21 世纪，随着全球化进程的日益深入，通过教育促使移民子女有效地融入法国社会，成为法国政府所关注的主要问题。

1. 移民子女教育者培训政策

这项政策的培训对象包括实际参与移民子女教育的教师、校长、教育议员、课程顾问和教育心理学家等。1976 ~ 1984 年间，法国政府在全国的各个学区建立了培训和信息中心，负责对实际参与移民子女教育的教育者进行培训和信息咨询（姜峰、肖聪，2011）。

2. "教育优先发展区" 政策

1981 年 7 月，法国政府颁布了 "教育优先发展区" 政策（The Policy of Priority Education Zones）。"教育优先发展区" 是为了消除由社会地位造成的教育不平等，对被认定的 "学校教育失败" 的地区，给予教育发展的优惠政策，改善移民群体的教育不利处境，让他们获得更好的发展空间。教育 "优先发展区" 的建立基于两个原则：①困难越大的学校将获得更多的资金和资源；②教育政策区域化原则，即在一个区域内通过加强地方教育领域的伙伴关系，促进教育政策的制定，推动学校与当地政府的互动。教育优先发展区的选择依据 5 个标准：① "存在外国孩子或不说法语的孩子" 的学生的比例；②社会指标确定的教育 "落后" 的程度；③班级中准备接受培训学生的比例；④学生辍学率；⑤家庭的社会经济成分（姜峰、肖聪，2011）。

3. 学校及家长合作政策

为了使移民子女的父母更好地了解法国教育，政府在全日制小学实施了三项政策：①为移民学生家长提供政府编写的学校教育信息介绍；②为移民学生父母提供必要的翻译，以帮助其获得相应的学校信息，及时掌握移民子女的学业状况；③为移民家庭提供额外的小型会议，使其能有机会与学校教育者就移民子女的学业进行沟通（姜峰、肖聪，2011）。

4. 为移民子女提供指导帮助及过渡性支持

移民子女在学校内获得的政策支持主要有：①在主流班级中为移民子女提供指导与帮助；②对移民子女采取过渡性支持。过渡性支持政策时间大都在一年以内，目的是帮助移民子女逐渐融入法国主流学校的学习。过渡性支持主要是帮助移民子女解决特殊的学习需求，特别是法语学习方面的困难（姜峰、肖聪，2011）。

5. 反歧视教育政策

进入新世纪，法国移民子女教育的重点转向了反歧视问题。解决移民子女的入学问题是反歧视政策的主要关注点。法国教育部随后出台了一系列的相关政策：《关于在学校教授外籍学生法语的通报》（1986年）、《关于外籍学生和融入学校问题的通报》（1986年）、《关于加强学校教育强制性的法令》（1998年）。2000年的《义务教育法令》规定：移民子女与本国学生一样，移民子女有权进入公办学校学习，不得受到任何歧视。2000年的《关于旅居家庭居住问题的法令》第2000–614号法令规定：处于义务教育年龄段6～16岁的临时居住人口子女，不管他们在法国停留多长时间，都有权享受平等的接受义务教育的机会，可在居住的学区选择学校或教育机构就学，政府应向临时居住人口子女提供正规的学校教育，并于2002年和2006年分别发布了《关于外籍学生在中小学注册和就学问题的通报》《公平机会法》等（姜峰、肖聪，2011）。

（三）德国的移民子女教育

在发达国家的移民教育工作中，德国是比较失败的。2000年经济合作及发展组织（OECD）针对17个工业国家的学校表现进行评估，德国的成绩排名末尾。更糟的是，在德国土生土长的第二代移民，在学业上的表现还不如初到德国的新移民。

德国长期呈现的是一种教育放弃移民后代的现象。在德国，除了能进入大学继续学业的学生外，其他的孩子尤其是移民儿童，都被教育系统放弃了。移民学生的辍学率基本上是本地学生的3倍，柏林的移民辍学率高达30%。此外，移民学生要进入好学校也比较困难，大城市里的"职业预校"（德国三种中学中等级最低的学校）高达 6 成都是移民学生，而上大学必读的普通中学，仅有 1 成是移民。这种教育上的分裂形同社会上民族分裂的缩影，两者相互影响并使问题加剧（候美如，2006）。

德国政府为了促进移民的社会融合，在 2005 年颁布新的《移民法》，同时设立了"联邦移民与难民部"，作为联邦层级上负责移民融合的部门。2007 年，德国政府宣布了"国家融合计划"（National Integration plan），投入 75 亿欧元。该计划提出了进行成功的融合政策所需要遵循的原则和涉及的领域。其中，教育融合被看成是社会、文化及经济融合的关键。德语能力被视为是最重要的前提。为了达到教育上的融合，计划提出了以下的具体对策①。

①联邦政府与各邦、地方共同扩展 3 岁以下幼儿的发展，目标是到 2013 年达到 35% 的儿童有幼儿园可读；

②将因人口减少所"腾"出来的费用用于教育；

③实施针对幼儿早教机构适用的语言计划；

④研究语言标准确立的程序；

⑤实施移民儿童与青少年提升计划；

⑥将中学辍学生重新整合进学校。

各邦与地方的融合计划也基本以此为框架：

①把语言教育视为共同的任务，将之整合于日托机构的概念中；

②发展日托机构及小学的教育计划；

③制定入学前的语言标准检测，并实施促进计划；

④对有高比例移民儿童的机构提供额外的促进措施；

⑤提升教育人员的资质；

⑥在所有类型学校及各层级学校实现语言支持措施；

⑦将语言促进视为所有教师的义务，在 5 年内提供必要的进修培训；

⑧强化移民家长的亲职工作；

⑨未来 5 年降低移民背景青少年的中辍比率；

⑩提高现有学校系统间的流通性；

⑪针对移民学生比例高的学校提供特别资助，如降低班级人数、提高教师人数；

---

① 资料来源：余晓雯，"德国整合与提升移民背景学生语言能力之探讨——学前与初等教育阶段"，国立暨南大学《教育资料集刊》第411辑，2009。

⑫聘用有移民背景的教师及开展持续的进修培训；

⑬注意促进职业相关语言能力；

⑭鼓励在德国求学的移民子女取得高教入学资格及进入大学；

⑮通过德语学习的协助、咨询、照顾，以提高外国学生学习成功的比例。

从联邦与邦的融合重点来看，学前机构及各级教育尤其是初等教育，以及移民学龄儿童的语言提升措施，都是极重要的部分。

此外，联邦与各邦不仅提出移民融合的措施，为了准确掌握各项整合政策的实施成果，联邦在 2008 年还进一步提出"促进融合—结果测量—形塑未来"的融合监控措施，由联邦总理办公室、内政部、劳工及社会秩序部、家庭女性青少年部、健康部、交通建筑城市发展部、联邦教育与研究部、移民难民部、联邦研究所及内政部统计处等单位，共同针对法律地位、教育、训练、工作、收入及社会生活、社会整体参与、居住状况、健康、人口等 14 项议题，构建 100 个衡量融合成效的指标，并根据这些指标定期评定融合政策的成效。

（四）西班牙中小学移民教育

自 1996 年来，西班牙移民学生数量持续上升，2002 年后尤为明显，达到了 45 万人，占学校总人数的 7%。西班牙移民子女的教育引起政府的重视，政府在促进教育政策的民主化和教育融合的具体实施上做出了极大的努力。

1. 理念和思想的支持

首先，学校重视跨文化理念的宣传。强调学校是开放性的学校，儿童之间要彼此学习；不同国家、民族、城市、家庭的儿童可以在同一个学校里共同生活、学习和娱乐。其次，学校树立接纳移民的思想。学校不仅在思想上贯彻民主、平等和包容的教育理念，而且身体力行。这方面尤其体现在给中小学生发放图文并茂的小册子，让学生理解和接纳外国学生，如传播移民的原因和目的；让学生学会理解和学会共存；要求学生学会包容不同的语言、知识、愿望等等（周兰芳，2009）。

2. 学校的支持

西班牙各级各类学校秉承全纳教育的理念。课程和语言的设计呈现出多样化的特点。聘请特殊教师和优秀的专家，对他们进行培训，对有特殊需要的学生提供物质和精神上的支持。课外，学校还确保学生的父母或监护人获知学生在校的相关信息和建议，如权利、义务和融入西班牙教育体制所获得的机会，以及相关的"社会工作"和必要的"心理援助"。同时，教育部还与其他行政管理机构、公办或私立的非盈利机构或协会合作，多方努力以使学生融入学校生活（周兰芳，2009）。

3. 经费投入和信息共享

为了实现儿童平等受教育的权利，国家和各自治区在自己的权力范围内施行补偿措施。补偿措施主要是为处于劣势的群体和地区提供必要的经济和政策资助。为此，国家构建了一个补助金和助学金体制，资金从国家预算中拨付，以保证所有学生享有同等受教育的权利。在实施过程中，政府应该根据申请人的经济情况，协调和补偿各项需求，以努力实现教育公平。同时，不同的教育行政管理部门共同分享信息、协调和合作，确保流程的通畅；建立有效的监管体制，确保资金按时发放（周兰芳，2009）。

4. 家庭的支持

学校与家庭的交流对学生适应目前的学校管理和教学实践起到了决定性作用。当孩子在学习中特别是语言学习上受挫时，父母会抽出时间耐心地辅导他们，必要时也会求助于学校；在学校或日常生活中受挫时，父母会引导他们保持一种乐观的态度，学会保护自己。移民父母还成立了家长协会，经常出席家长会，为学生课程设计和教学活动的开展出谋献策，积极配合教师的工作（周兰芳，2009）。

（五）巴西的教育融合

长期以来，巴西贫困问题突出。2001 ~ 2005 年贫困人口约 6000 万，绝对贫困人口超过 2000 万。城市贫困人口主要居住在贫民窟。贫民窟问题的实质是贫困问题，是贫困和社会两极分化现象在城市中的集中体现。巴西政府清楚地认识到，让更多孩子回到教室里是减贫的有效手段，因此，要缩小贫富差距，就一定要从平等获得受教育机会这一根本抓起。

1. 学校津贴计划

巴西从卡多佐总统任内就开始推行"有条件现金转移"的反贫政策（CCT）。该计划鼓励向人力资本投资，特别是对贫困人群的下一代投资，防止贫困的代际传递。计划主要通过现金转移支付的方式，涉及教育和卫生健康等民生领域。

1995 年，巴西利亚联邦区率先推出"学校津贴"计划。该计划旨在通过现金补贴刺激贫困家庭的孩子入学接受教育。有权享受学校津贴的最低资格限制是：家庭人均月收入不高于联邦区最低工资的一半；在联邦区居住满 5 年，必须送适龄儿童入学且出勤率须达到 90% 以上。到 1997 年，该计划已惠及联邦区 22493 户家庭的 44382 名儿童，总支出计 3200 万雷亚尔。该支出虽不足联邦区预算的 1%，但效果却比较明显。通过"学校津贴"计划，联邦区学生的旷课率从计划实施前的 1994 年的 10% 下降到 1997 年的 0.4%。显著的效果产生了极大的示范效应，巴西全国 100 多个城市相继效仿该计划。

2. 家庭救助计划

2003 年 10 月，卢拉政府推出了"家庭救助计划"。该项计划是世界上最大规模的有条件现金转移项目。项目通过每月向最贫困家庭提供政府补贴，提高儿童的入学率，从而达到减少贫困、减少社会不平等现象和提升社会包容性的目的。计划把贫困家庭分为两种：一是赤贫，指人均月收入低于 50 雷亚尔的家庭；二是贫困家庭，指人均月收入在 50 ~ 100 雷亚尔的家庭。政府按人数不同向他们发放每月 15 ~ 95 雷亚尔的现金补助。要领到补助金，先决条件就是必须保证让家里的孩子上学（6 ~ 15 岁的学生到校率须在 85% 以上），并定期接受健康检查。2007 年巴西已有 1100 万个贫困家庭享受这种政府补贴，惠及 1.83 亿人，将近巴西总人口的 1/4。

3. 保留公办大学名额计划

虽然巴西的公办学校全部是免费的，但贫富差距还是使贫困生的辍学率较高，而进入大学深造的比例较低。为此，一方面，政府向穷困家庭提供助学金，至今已照顾到了 480 多万个家庭的 820 多万学生；另一方面，巴西政府指定巴西利亚大学等 5 所公办大学为贫困生保留一定比例的入学名额。贫困生指的是来自月收入在 300 雷亚尔以下的贫困家庭，1 ~ 8 年级全在公办学校就读，在当地成绩特别优秀的学生，尤其是指黑人和印第安土著人的后代。

（六）南非的教育融合

1948 年南非全面推行种族隔离制度，按种族、地理和意识形态划分为 19 个不同的教育部门，并建立了黑人、白人、有色人和印度人 4 种教育体制，实行"分散管理"和"学校分离"，这造成南非各族，尤其是黑人与白人之间文化教育水准相差极为悬殊。自 1994 年南非结束种族隔离制度以来，教育一直是历届政府关注的问题。南非政府意识到，如果不能逐渐消除这些差距和不平等，就无法实现国家的繁荣和经济发展。

1. 逐步实行免费义务教育

南非首先从法律、政策上消除了种族隔离的学校制度。政府支持的生均经费对所有学生一律平等。1996 年，南非颁布《南非学校法》，开始实施九年制义务教育，规定所有 7 ~ 15 岁儿童必须进入学校学习。为使更多孩子上得起学，南非政府从 2006 年起实施"免费学校计划"，并逐步增加提供免费教育的学校数量。根据南非教育部 2010 年年度报告，60% 以上的学校实现了免费教育，约 800 万学生在近 2 万所免费学校就读。为加快发展教育，南非政府的教育经费投入不断增加，2011 年教育经费达到 1650 亿兰特，比 2010 年增加约 11%（蓝建，2011）。

2. 改善贫困地区办学条件

南非教育体现出鲜明的二元特征。许多身处黑人居住区的儿童仍在延续其父辈的命运，从学龄起步阶段就无法得到质量有保证的基础教育。而历史形成的所谓白人学校，无论是教学水平还是教学成果，都不输于当今世界上许多发达国家。

为改变这样的状况，南非在贫困地区建立一批新学校，同时修缮现有学校，保障电、水、厕所和通讯设施齐全。农村教育司开发了"农村地区学校重建指南"，要求地方教育局与土地所有者签订协议，在私有土地上建立公办学校（蓝建，2011）。

3. 颁布 2014 年行动计划

近年来，在南非政府的努力下，越来越多的儿童进入学校学习，但是低质量的学习却成为导致儿童辍学的新隐患。为此，南非政府在 2010 年推出了全面提高教育质量的"2014 年行动计划"，阐明政府在未来 4 年中发展基础教育的目标。行动计划设立了 27 项国家目标，重点关注入学状况和学习结果的改善，特别是提高 1 ~ 9 年级学生工具性科目的学习结果。包括：提高 1 ~ 9 年级学生的升学率；改善 9 年级毕业生接受继续教育和培训的状况；确保所有儿童能够在学校有效学习至 15 岁；使更多 12 年级学生有资格接受高等教育（蓝建，2011）。

4. 资助师范生充实教师队伍

南非"2014 年行动计划"还提出，要吸引年轻、充满激情和经过适当培训的人加入教师队伍；确保教师数量和配置，避免过多学生的班级的存在；提高教师在其整个职业生涯中的专业发展、教学技能、专业知识和计算机素养；努力提升教师队伍的健康水平及提高其对职业的满意度（蓝建，2011）。

（七）印度的教育融合

印度是一个多族群国家，存在宗教、语言、社会团体、种姓和部落的多样性，以及大面积贫困、文盲和严重的地区间不均衡等现实，教育融合和公平的问题显得尤为突出。印度政府在总体财力有限的条件下，通过各种发展计划和项目，从保证教育的可获得性、扩大教育覆盖面、减少因出身带来的教育不公等方面做出了有成效的努力。

1. 促进教育公平的法律和机构保障

1950 年公布的印度《宪法》规定："国家应努力在自本宪法生效起 10 年内为所有儿童提供免费义务教育，直到他们年满 14 岁为止。" 1992 年后修改的《国家教育政策》提到，在进入 21 世纪前，使所有年满 14 岁之前的儿童受到高质量的免费义务初等教育（荣黎霞，2007）。

2. 免费教育、免费服装、免费午餐及免费教科书计划

印度宪法规定为所有儿童提供直至 14 岁为止的免费义务教育是政府的职责。印度各邦的公办学校都取消了 1 ~ 8 年级（义务教育阶段）的学费。大多数邦还为处境不利群体的学生提供免费服装。

1995 年，由中央政府直接负责的免费午餐计划开始执行。凡是就读于政府、地方团体举办的学校和政府资助的私立学校的儿童，均可享受免费午餐。现在有 14 个邦和中央直辖区（有 3 个邦专门针对部落地区、表列地区和教育落后地区）给学童提供免费午餐。在这个庞大的"免费"计划中，表列群体学生占全部受益者的 26.53%（荣黎霞，2007）。

3. 非正规教育的大规模开展

1991 ~ 1994 年期间印度建立了 27 万个非正规教育中心（93.5% 的中心设在农村地区），共有 675 万学生。非正规教育中心主要由民间机构和村潘查亚特①创办，由各邦自行负责，中央政府在经费上给予帮助。在教育落后的邦内，如果邦

---

① 现代印度农村的一种自治组织。

政府承办男女生非正规教育中心，中央将承担 50% 的经费；若专为女童承办非正规教育中心，中央将赞助 90% 的经费；如果是志愿团体或机构创办这类中心，中央将赞助全部经费（荣黎霞，2007）。

4. 保留政策

保留政策指在中央和地方政府机构、公营企业和教育机构（主要是重点大学和中小学）内，给表列种姓 15%、表列部落 7.5% 和其他落后阶层 27% 的保留配额。中央政府根据宪法成立了提供相关政策咨询和建议的机构，表示所有的保留配额（包括与晋级有关的）都将在一定时期内实现，此外还将出台一部囊括所有保留政策的法案（荣黎霞，2007）。

5. 贫富同校计划

随着印度经济的发展，贫富差距正变得越来越大。为缩小贫富差距，印度开展了一项宏大的试验。2009 年通过的《教育权利法案》（Right to Education Act）要求私立学校划出 25% 的入学名额给来自低收入家庭、生活水准低下的学生及残障学生。在德里，年收入不足 10 万卢比（约合 2500 美元）的家庭即符合这个标准（荣黎霞，2007）。

6. 各种奖助学金计划

为了发展处境不利群体的教育，印度中央和地方政府还制定了许多资助计划，主要包括：农村天才奖学金计划（其中颁发给表列种姓和表列部落的占总数的 1/3 以上）、大学拨款委员会奖学金、国家教育研究和培训委员会（NCERT）奖学金、劳动部颁发的奖学金、中央颁发的奖学金、高中生以下奖学金、国家国外高级研修奖学金及长途旅行费用等。奖助学金的颁发目的，是为弱势群体提供良好的学习环境，使他们能获得平等的教育机会（荣黎霞，2007）。

三、实现权利和人的发展的流动儿童社会融合

无论从现有流动儿童生活状况还是从未来发展着眼，政府都必须对流动儿童的社会融合高度重视，积极制定融合战略和措施。流动儿童的社会融合有助于促进流动儿童的健康成长，提高社会凝聚力，提升国家和城市的经济发展和竞争力水平，同时也有助于政府治理的改善。社会融合如果处理不当将会带来严重的社会后果，不仅会影响到流动儿童的人力资本积累，而且会加剧社会的两极化和城

市贫民窟的形成，从而导致社会矛盾的爆发进而影响到社会的稳定和发展。

1. 制定和颁布《儿童发展和福利法》

作为弱势群体，流动儿童权利的保障和实现是社会公正的内在要求，也应是中国未来新型城市化战略的起点和重要内容。建议国家在已有的《未成年人保护法》《民法》《中国儿童发展纲要》《关于进一步做好进城务工就业农民工子女义务教育工作的意见》的基础上制定和颁布《儿童发展和福利法》，切实贯彻儿童优先原则，使流动儿童的权利维护和健康成长有法可依、有法必依。

2. 制定《国家流动儿童发展规划》

解决流动儿童的问题需要从城市化这一整体出发，整合各种制度、机构和资源进行统筹解决。从战略上，国家必须对城市化过程中儿童发展问题加以高度的重视。可考虑制定《国家流动儿童发展规划》，明确提出流动儿童发展的目标和原则，涉及的重点领域以及相应的保障措施。各地方政府可以此战略为框架，根据各自省份的情况具体制定自己的行动方案。从制度上，需要重点解决围绕户籍制度所形成的各种城乡分割的问题。从机构上，儿童发展涉及教育、卫生、发改委、财政、民政、扶贫等多部门，需要解决多部门相互协调、相互合作的问题。从资源上，需要整合城市资源和农村资源、政府资源和社会资源。

建议将流动儿童的社会融合作为重要议题纳入每年召开的中央城市工作会议，统筹研究城市化发展中的城市化和社会融合问题，制定包括流动儿童在内的流动人口社会融合的大政方针和政策。

3. 改革户籍制度，建立儿童友好型城市

打破户籍制度障碍，在政策上保障农民工与城市市民在国民待遇上的一致性，降低流动儿童在城市接受教育的门槛，创造更多有利于流动儿童向上流动的机会。同时，配套与户籍制度改革直接相关的制度，淡化包括劳动就业、子女入学、住房分配、社会保障等政策规定中对户口的特殊要求，逐步剥离附着于其上的其他各种功能，实现农业人口和非农业人口的主体平等。

在地方城市层面上，建议积极建立"儿童友好型城市"，积极践行"儿童优先""儿童发展"的理念，把儿童的需要和权利放入政策之中，特别是放入城市规划政策的中心地位。儿童友好型城市建设具体包括建设包容、公平健康的城市，建设一个能为儿童提供、安全、幸福、可靠的成长环境的城市，让他们能从这个充满活力的、有凝聚力的社会中获益，能享受城市中有益于身心健康的社会以及

自然环境，在这个城市中关注儿童的呼声，尊重儿童的权益，培养、认同并实现儿童独特的贡献和潜力。

4. 重视并加大流动儿童早期发展投入和政策支持

婴幼儿养育方面。当前0～3岁的流动儿童养育方面还是一个空白，需要及时填补。建议开展儿童早期养育项目，将0～3流动婴幼儿的养育纳入流动儿童发展规划中，建立流动婴幼儿家访制度。系统家访服务可以显著增进父母与儿童的关系，促进儿童的早期发展和健康成长，有助于打破贫困的代际传递，促进社会公平。

学前教育方面。可考虑开展中国自己的"开端计划"（Head Start Act），将流动儿童的学前教育纳入中央和地方教育规划，并构建合理的流动儿童教育经费分担机制。中央政府应设立流动儿童专项转移支付资金，根据各省主要流入地实际接纳的流动儿童数量，对流入地政府在公用经费和办园条件等方面给予一定的财政补助。流入地政府要根据流动儿童的数量、分布状况和变化趋势等，合理规划幼儿园布局和发展，充分保证流动儿童能公平地接受学前教育。在城中村等流动儿童集中居住地区加大正规幼儿园建设，并考虑购买民办幼儿园服务的办法来解决贫困流动儿童的学前教育。

营养卫生方面。为流动妇女孕期提供微量营养素片和叶酸，并加强产检，提供必要的生育健康指导。为0～3岁流动幼儿添加营养包，预防和控制流动儿童的贫血和营养不良状况。

5. 通过教育实现流动儿童的社会融合

义务教育方面。政府应在流动儿童的教育方面建立"人钱挂钩"机制。中央财政和地方财政应建立流动儿童教育专项转移支付，根据各地方城市吸纳农民工子女的规模，每年定向给予财政补助。同时加大对公办教育的投入，通过公办学校的兴建和基础设施升级来缓解流动儿童对公办教育的需求。提升现有民办学校的教学质量，从实际出发制定这类学校的办学质量标准和财物监管制度，帮助他们尽快达到符合国家规定的办学条件，培养出合格的学生，同时在经费、师资、场地、房屋、设备等方面，发挥城市教育资源的优势，给民办学校给予实在的、有力的支持。投资建立全国一体化的电子学籍系统，从而实现适龄儿童的自由转学。学校广泛开展针对流动儿童的社会教育，帮助流动儿童树立正确的人生观和价值观。城市社区开展各类活动，增进市民与流动人口特别是流动儿童的交往，增加相互之间的认识和理解，组织流动人口主动参与城市生活。

异地中高考方面。建立全国一体化的中、高考升学政策。在全国范围内，无论来自城市还是农村，每个学生都有权通过正当渠道报考任何一个城市的任何一所学校。

职业教育方面。加强初中毕业后流动儿童的职业教育。放开户籍限制，让流动儿童也能在城市享受免费的职业教育。在政府加大经费统筹和投入力度的基础上，应加快引入竞争机制，建立市场导向、产学结合的职业培训体系，全面提升初中毕业后流动儿童的素质，大力培养新型产业工人。鼓励社会力量、非营利组织等与学校合作，形成合力，帮助流动青少年树立正确的就业观念与职业生涯意识。政府可采用购买服务等方式引导非盈利组织提供社会服务。

6. 投资流动儿童的健康和卫生保健

增加对流动儿童卫生保健服务的投入，根据实际情况合理分配资源，特别对于城乡结合部，加大儿童保健人员的配备、设备资源等有效保障。将流动儿童体检纳入当地卫生公共服务之中。将流动儿童医保纳入城市医保体系，确保流动儿童能看得起病，减轻流动家庭"因病致贫"状况的发生。

开展农民工子弟学校午餐计划，建设学校食堂，提供安全营养的午餐。加强管理、监督与扶持，保证学生的营养和健康。同时，也要加强对流动儿童父母的儿童卫生健康知识宣传。

7. 建立流动贫困家庭的社会救助机制

可考虑在地方条件允许的情况下，将流动贫困家庭纳入当地的低保救助体系；如条件不成熟，可考虑建立相应的专项救助基金。同时，与国际惯例接轨，对于流动儿童的社会救助应该在基本生活费用之外，还包括一些针对特殊需要的特殊补贴，如对贫困流动儿童提供定期发放的食物券、教育津贴、保育费或早教费减免，根据需要而提供的医疗救助等。

8. 加强城中村社区的公共服务的提供机制

构建覆盖流动人口的社区公共服务体系。社区不仅要为本地居民，而且要为流动人口及其家属提供包括文化娱乐、基础医疗、物业管理、社会治安以及信息等方面的服务，使流动人口尽快融入城市社会。尤其要在上学、医疗卫生、预防接种等方面，要把居住在社区的流动儿童纳入进来。社区卫生服务站要把流动人口儿童的预防免疫作为常规工作的一部分。社区内及周边公办学校要将流动儿童纳入其招生教学体系之中。要完善社区公共服务和文化设施，向流动人口开放。

有条件的社区要设立流动儿童工作站等活动场所和平台，开展多种形式的社区融合活动，帮助流动儿童顺利融入城市社区生活。

创新流动儿童社区服务提供机制。可考虑由民政部引入以流动儿童为重点的社区融合单元，如流动儿童工作站、流动儿童之家等，并有可能实现有条件的现金转移支付，试行以社区为单位为儿童提供综合性福利服务。还可考虑增加对社会工作者的培训，支持以社区为单位进行服务提供。另外，扶贫部门也可考虑试行以社区为单位的贫困儿童服务。在促进流动儿童的社会融合工作中，可以大力采取政府购买社会组织提供公共服务的方式，将政府各职能部门不再行使和可交由社会组织承担的职能事项，转移或委托给社会组织承担。

完善社区公共服务多元化提供机制。在城中村社区公共服务提供主体上，应形成政府、居委会、民间组织、企业共同参与的格局，建立有效的公共服务提供体系，充分满足包括流动人口在内的社区居民的需求。加强政府与社区民间组织合作互动，培育和发展社区服务民间组织，建立政府、市场、社会民间组织之间分工明确、功能互补的社区服务供给模式，充分发挥行政机制、市场机制、志愿和互助机制等各自优势，共同满足社区居民的需求。

9. 通过改造"城中村"和保障房建设来促进流动人口的社会融合

建议将各地的城中村拆迁改造和保障房建设统筹安排，来逐步解决流动人口的住房和社会融合问题。一方面，对以出租房为主容纳外来人口居住的城中村、城郊村地段进行整改，改善环境，保障基本公共服务，加强社区管理，使流动人口能够低成本而稳定地在城市中有立足之地，并能解决子女的就学、就医问题。另一方面，加大保障房建设力度，至少要有30%～50%的保障房用于解决流动人口的住房问题，对完成此项指标的城市要给予税收和财政返还的奖励，对未能完成指标的则要予以罚款和问责。对于租住廉租房，要制定流动人口可承担的房租水平和准入机制。

10. 增加公共开支，普及和完善流动儿童公共服务

城市化进程中儿童的社会融合和发展需要靠学校、医院、青少年交流中心、职业介绍所、图书馆等公共设施和服务的建设和投入，政府必须在这方面加大投入。作为城市化进城中的弱势的留守儿童和流动儿童，他们更应得到适当的政策倾斜。政府应为他们提供包括基础设施、教育、医疗、青少年活动中心、就业在内的公共服务，在保证这些服务可用性的同时，还要保证这些服务的质量和财政可持续性。通过普及和完善公共服务，从而缩小他们与其他社会成员的差距，

保证发展的公平性。欧洲学者雅克波·彭蒂塞利（Jacopo Ponticelli）等发布的一个研究报告显示，在过去的一个世纪里，政府削减开支和社会动荡具有极大的相关性。

11.发挥非政府组织的作用，购买其服务

非政府组织是各国儿童发展和社会融合实践的重要组成部分。在许多社区，儿童青少年对非政府组织的社会发展和融合项目有很高的参与度。非政府组织为儿童青少年的切身权益而工作，且救助方式灵活多样，受到普遍欢迎。在很多地方，非政府组织成为流动人口与政府沟通的桥梁，得到居民的信任。建议加大政府购买非政府组织服务的力度，以促进流动儿童的社会融合。

12.营造利于社会融合的氛围

流动儿童同样是国家的希望、民族的未来。他们父辈对于城市建设与发展所做的贡献是有目共睹的。因此，除了政府在政策制定和制度安排方面提供支持外，媒体应加强对流动儿童在内的流动人口的正面宣传，引导市民正确认识流动人口的整体作用，强化城市居民对流动人口的认同感，消除各种歧视观念，在全社会营造出有利于促进流动人口社会融合的良好氛围。

参考文献

[1] Bailey L B. Interactive Homework：A Tool for ostering Parent—Child Interactions and Improving Learning Outcomes for at-Risk Young Children.Early Childhood ducation Journal, 2006（34）．

[2] Blanden J, Machin S.Educational Inequality and the Expansion of UK higher Education.Scottish Journal of Political Economy, 2004（51）．

[3] Chevalier A, et al.Multi-Country Study of Intergenerational Educational Mobility. ISSC Discussion Paper, 2003.

[4] Coleman J S. Social Capital in the Creation of Human apital. American Journal of Sociology, 1988（94）．

[5] Coleman, J.S., E. Campbell, C. Hobson, J. McPartland, A. Mood, F. Weinfeld, and R. York. Equality of Educational Opportunity. Washington, D.C.：U.S. Government Printing Office, 1966.

[6] Coleman, J.S.Equality of educational opportunity.Washington D C, U S Government Printing Office, 1966.

[7] Coleman, J.S.The Creation and Destruction of Social Capital：Implications for the Law. .Journal of Law, Ethics, and Public Policy, 1988.

[8] Becker, Gary S, Nigel Tomes.An Equilibrium Theoryof Distribution of Income and Intergenerational Mobility. Journal of Politics, 1979.

[9] Dearing, E., Simpkins, S., Kreider, H., Weiss, H. B.Family involvement in school and low-income children's literacy：Longitudinal associations between and within families. Journal of Education, 2006.

[10] DeBaryshe B D, et al.A Performance Model for Academic Achievement in Early Adolescent Boys.Developmental Psychology, 1993（29）．

[11] DiBartolo P M, Helt M.Theoretical Models of Affectionate Versus Affectionless Control in Anxious Families：A Critical Examination Based on Observations of Parent-Child Interactions.Clinical Child and Family Psychology, 2007（10）．

[12] European Council. Joint Report on Social Inclusion. Luxembourg: Office for Official Publications of the European Communities, 2004.

[13] Heineck G, Riphahn R T.Intergenerational Transmission of Educational Attainment in Germany: The last five decades.IZA Discussion Paper, 2007.

[14] Giddens, A., Sociology.Cambridge: Polity Press & Blackwell Publishing Company, 2001.

[15] Gonzalez A, Wolters C A. The Relation Between Perceived Parenting Practices and Achievement Motivation in Mathematics.Journal of Research in Childhood Education, 2006 (21).

[16] Huntsinger C S, et al. Mathematics, Vocabulary, and Reading Development in Chinese American and European American Children Over the Primary School Years. Journal of Educational Psychology, 2000 (92).

[17] ILO.Women and Men in the Informal Economy: A Statistical Picture.2002.

[18] Kao G, utherford L T. Does Social Capital Still Matter? Immigrant Minority Disadvantage in School-Specific Social Capital and its Effects on Academic Achievement.Sociological Perspectives, 2007 (50).

[19] Lenoir, R., Les exclus: Un francais sur dix.Pairs: Seuil.1974.

[20] Eleni Apospori, Jane Millar. The Dynanmics of Social Exclusion in European, CheltenhaM, Glos . Northampton: Edward Elgar, 2003.

[21] John Pierson.Tackling Social Exclusion. New York: Routledge, 2001.

[22] Levin H.Educational Opportunity and Social Inequality in Western Europe .Social Problems, 1976 (2).

[23] Louis Wirth.Urbanism as a Way of Life.The American Journal of Sociology, 1938 (1).

[24] OECD.Doing Better for Children.Organization for Economic Cooperation & Devel, 2009.

[25] ROBERT E, JOHN H G.The Constant Flux.Oxford: ClarendonPress, 1992.

[26] Sullivan A. Cultural Capital and Educational Attainment . The Journal of the British Sociological Association, 2001 (35).

[27] TenenbauM H R, Leaper C. Parent-Child Conversations about Science: The Cocialization of Gender Inequities?.Developmental Psychology, 2003 (39).

[28] Unicef Innocent Research Center.Child Safety Online: Global challenges and strategies, Evaluation for Equitable Development Results, 2012.

[29] Wu, M. Migrant Housing in Urban China：Choice and Constraints.Urban Affairs Review, 2002（38）.

[30] 阿玛蒂亚·森.以自由看待发展.任赜，于真译.北京：中国人民大学出版社，2002.

[31] 布迪厄，华康德.实践与反思.北京：中央编译出版社，1998.

[32] 北京青年报编辑部.未成年犯罪二代"移民"占七成.北京青年报，2008-12-10.

[33] 巴蕾.北京市朝阳区5岁以下流动儿童贫血及相关因素调查.中国儿童保健杂志，2011（4）.

[34] 毕玉，王建平，成吉祥.贫困压力和家庭教养环境对儿童焦虑的影响.心理研究，2008（2）.

[35] 陈晨.教育贫困反思.北京：知识产权出版社，2012.

[36] 陈春明，何武，王玉英，等.青海省乐都县社会公平项目早期儿童营养保障效果评估.见中国发展研究基金会：反贫困与中国儿童发展，北京：中国发展出版社，2013.

[37] 陈春明.婴幼儿辅食喂养营养补充品——"营养包"的生成与应用发展.中国发展研究基金会：反贫困与儿童发展（印刷稿），2013.

[38] 蔡建华.中国发展研究基金会流动儿童家访项目培训PPT.2014.

[39] 陈黎.流动儿童"自我"概念形成中的利弊分析.当代青年研究，2006（11）.

[40] 陈丽，王晓华，屈智勇.流动儿童和留守儿童的生长发育与营养状况分析.中国特色教育，2010（8）.

[41] 池丽萍.亲子沟通的三层次模型：理论、工具及在小学生中的应用.心理发展与教育，2011（2）.

[42] 池丽萍，辛自强.优差生亲子沟通与认知和情绪压力的关系.心理与行为研究，2010（8）.

[43] 曹文慧.对农民工子女违法犯罪问题的思考.武警学院学报，2008（24）.

[44] 陈银娥，高思.社会福利制度反贫困的新模式——基于生命周期理论的视角.福建论坛：人文社会科学版，2011（3）.

[45] 段成荣.要重视流动儿童少年的教育问题.人口学刊，2001（1）.

[46] 段建华，北京市朝阳区和大兴区5岁以下流动人口儿童保健现状调查.北京：中国疾病预防控制中心，2009.

[47] 董泽芳.家庭环境对学业成功的影响.教育研究与实验，1991（2）.

[48] 杜智鑫. 美国、英国的学前教育有效性研究. 中国发展研究基金会：研究参考，2014 年第14号.

[49] 杜智鑫. 牙买加家访项目及其拓展. 中国发展研究基金会：研究参考，2014年第 13号.

[50] 冯帮. 流动儿童教育财政政策框架设计. 河北教育：综合版，2007（1）.

[51] 范丹. 流动儿童教育的社会福利问题探析. 理论与实践，2004.

[52] 冯晓杭，于冬. 城市贫困儿童：问题现状与解决对策. 东北师大学报：哲学社会科学 版，2008（6）.

[53] 方晓义，范兴华，刘杨. 应对方式在流动儿童歧视知觉与孤独情绪关系上的调节作用. 心理发展与教育，2008（4）.

[54] 范先佐. "流动儿童"教育面临的财政问题与对策. 教育与经济，2004（4）.

[55] 储皖中，王晓斌. 云南镇雄青少年犯罪团伙化调查. 法制日报，2008-01-17.

[56] 法制日报编辑部. 关注"外来人员第二代"犯罪. 法制日报，2006-01-04.

[57] 郭彩琴. 城市中"农民工"子女受教育不公平现状透视. 学海，2001（5）.

[58] 郭建鑫. 教育公平、公共财政与农民工子女义务教育的保障机制. 农村经济，2007 （1）.

[59] 国家人口和计划生育委员会流动人口服务管理司编. 中国流动人口发展报告2011. 北 京：中国人口出版社，2011.

[60] 郭开元主编. 预防青少年重新犯罪研究报告. 北京：中国人民公安大学出版社，2013.

[61] 顾莉. 我国贫困儿童社会救助问题研究. 云南大学，2011.

[62] 郭理蓉. 外来人口第二代犯罪问题研究. 青少年犯罪问题，2009（5）.

[63] 高云娇，余艳萍. 我国流动儿童社会支持和罪错行为的状况及关系的研究综述. 青年 探索，2012（3）.

[64] 何惠卿，龙顺莲. 东莞市城区0～3岁流动儿童保健状况调查. 中国医疗前沿，2008 （14）.

[65] 湖南省妇联，湖南农业大学. 湖南省农村留守儿童关爱服务体系建设调研报告（印刷 稿）. 2013-03.

[66] 候美如. 移民教育凸显德国社会问题. 台湾立报，2006-10-10.

[67] 黄宗智. 华北的小农经济与社会变迁. 中华书局，2000.

[68] 黄耿志，薛德升. 中国城市非正规就业研究综述——兼论全球化背景下地理学视角的研究议题. 热带地理，2009（4）.

[69] 黄耿志. 城中村非正规部门的成长机制研究——以广州市下渡村为例. 广州：中山大学，2007.

[70] 黄苇町. 中国的隐形经济. 北京：中国商业出版社，1996.

[71] 韩嘉玲. 北京市流动儿童义务教育状况调查报告. 青年研究，2001（8）.

[72] 韩嘉玲. 北京流动儿童义务教育状况调查报告（续）. 青年研究，2001（9）.

[73] 金灿灿，邹泓，侯珂. 情绪智力和父母社会支持对犯罪青少年社会适应的影响：直接效应还是缓冲效应. 心理科学，2011（6）.

[74] 江初，丁越江，朱淑萍，等. 海淀区5岁以下流动儿童营养与健康状况调查. 现代预防医学，2009（4）.

[75] 姜峰，肖聪. 法国移民子女教育政策述评. 外国教育研究，2011（251）.

[76] 蒋国河，闫广芬. 家庭资本与城乡学业成就差异. 青年研究，2006（6）.

[77] 贾君，徐新永. 进城农民工子女义务教育制度化建设探讨. 现代教育科学，2006（2）.

[78] 江立华，鲁小彬. 农民工子女教育问题研究. 河北大学成人教育学院学报，2006（3）.

[79] 姜卫平. 实现中国梦要畅通社会流动渠道. 学习时报，2013-05-06.

[80] 凯西·西尔瓦，爱德华·梅尔休伊什，帕姆·萨蒙兹，艾拉姆·西拉杰—布拉奇，布伦达·塔加特主编，余珍有、易进翻译. 学前教育的价值—关于学前教育有效性的追踪研究. 教育科学出版社，2011.

[81] 李强，"丁字型"社会结构与"结构紧张"，社会学视野网，2012，http：//www. sociologyol. org/yanjiubankuai/tuijianyuedu/tuijianyueduliebiao/2012-06-13/14584. html.

[82] 刘蓓翻译整理. 詹姆斯·赫克曼关于人类发展战略的新观点. 中国发展研究基金会：研究参考，第149号.

[83] 刘蓓翻译整理，詹姆斯·赫克曼. 关于人类发展战略的新观点. 中国发展研究基金会：研究参考，第149号，2012.

[84] 刘成斌，吴新慧. 留守与流动. 上海：上海交通大学出版社，2008.

[85] 刘继同：《当代中国的儿童福利政策框架与儿童福利服务体系》（上、下），《青少年犯罪研究》2008年（5、6）.

[86] 李春玲. 当代中国社会的声望分层——职业声望与社会经济地位指数测量. 社会学研

究2005（2）.

[87] 李春玲. 流动人口地位获得的非制度途径—流动劳动与非流动劳动力之比较. 社会学研究，2006（5）.

[88] 李春凯. 贫困地区学龄儿童的需要现状与福利满足——以"L"镇分析为例. 南京：南京大学，2013.

[89] 联合国儿童基金会. 2012世界儿童状况报告. 2012年2月.

[90] 联合国. 儿童权利宣言，1959-11-20，http：//baike. baidu. com/view/1175099. htm.

[91] 联合国. 儿童权利公约，1989-11-20，http：//baike. baidu. com/link?url=uhblfkkdk1wu63l2qqh7m2pmlffhbuntmpt_4j5xp14odsnbmllmfw6dhpueus-emgwps4w-ijwncfkext7xn_.

[92] 李路路. 制度转型与阶层化机制的变迁——从"间接再生产"到"间接与直接再生产"并存. 社会学研究，2003（5）.

[93] 蓝建. "推行利民政策、弥补教育鸿沟". 中国教育报，2011-05-17.

[94] 卢金慧. 新生代农民工市民化之政府责任初探. 改革论坛网，2014-05-27，http：//www. chinareform. org. cn/gov/governance/Report/201405/t20140527_198308. html.

[95] 李健民. 中国劳动力市场多重分隔及其对劳动力市场供求的影响. 中国人口科学，2002（2）.

[96] 李丽华. 适龄流动人口教育问题研究综述. 教育科研动态，2010（144）.

[97] 林良明，顾雪，米杰，等. 流动人口妇女儿童健康及卫生保健状况. 中国生育健康杂志，2005（1）.

[98] 刘精明. 高等教育扩展与入学机会差异：1978～2003. 社会，2006（3）.

[99] 刘精明，杨江华. 关注贫困儿童的教育公平问题. 华中师范大学学报：人文社会科学版，2007（2）.

[100] 李建平. 流动的孩子哪上学——流动人口子女教育探讨. 中国教育报，1995-01-21.

[101] 李丽华. 适龄流动人口教育问题研究综述. 辽宁教育研究院：教育科研动态，2010（144）.

[102] 卢迈. 改善农村寄宿制学校儿童营养项目的由来和成效，见王梦奎主编：为了国家的未来. 北京：中国发展出版社，2009.

[103] 李培林. 流动民工的社会网络和社会地位. 社会学研究，1996（4）.

[104] 陆士桢. 简论中国儿童福利. 华中师范大学学报：哲学社会科学版，1997（6）.

[105] 陆世桢. 大爱无疆. 教育与职业，2006（22）.

[106] 吕绍青，张守礼. 城乡差别下的流动儿童教育——关于北京打工子弟学校的调查. 战略与管理，2001（4）.

[107] 李晓明. 我国山区少数民族农民贫困代际传递的基本特征. 内蒙古社会科学：汉文版，2005（6）.

[108] 蔺秀云，兰菁. 流动儿童歧视知觉与心理健康问题的关系及其心理机制. 第十二届全国心理学学术大会论文摘要集，2009年.

[109] 梁晓燕，傅予，张亦勇. 云南学前教育研究：挑战和机遇. 上海：华东师范大学出版社，2014.

[110] 蓝宇蕴，城中村生成与属性、改制与改造逻辑. 人民论坛，2011（24）.

[111] 李永道，林琳. 影响城市流动儿童教育的制度因素及对策探讨. 教育探索，2005（9）.

[112] 李煜. 制度变迁与教育不平等的产生机制. 中国社会科学，2006（4）.

[113] 刘义程. 解决农民工子女受教育难题需要制度创新. 上饶师范学院学报，2004（5）.

[114] [美]埃尔德著，田禾，马春华译. 大萧条的孩子们. 南京：译林出版社，2002.

[115] 马晓. 社会力量参与犯罪控制模式之探索——以流动少年犯罪为视角. 法律适用，2009（8）.

[116] 彭华民，社会排斥与社会融合——一个欧盟社会政策的分析路径. 南开学报：哲社版，2005（1）.

[117] 全国妇联课题组. 全国农村留守儿童、城乡流动儿童状况研究报告，2013年5月.

[118] 秦晖. 容忍贫民窟和贫民权利. 探索，2008（6）.

[119] 邱鸿钟，韩小燕. 农民工未成年子女违法犯罪行为与自我意识健康关系的研究. 中国健康心理学杂志，2010（18）.

[120] 秦睿，乔东平. 儿童贫困问题研究综述. 中国青年政治学院学报：青少年研究，2012（4）.

[121] 曲顺兰，窦峥，陈欣. 中国儿童医疗保险问题研究. 山东经济，2009（3）.

[122] 邱晓里. 试论社区公共服务的公共性. 民政部政策研究中心，2007-12-26，http：//www. Mca. gov. cn/article/Mxht/llyj/200712/20071200009151. shtMl.

[123] 荣黎霞. 发展中国家如何致力于更加公平的教育——以印度和南非为例. 比较教育研究，2007（2）.

[124] 任远. 从人口红利到人力资本. 求是理论网，http：//www. qstheory. cn/lg/xszh/201206/ t20120619_164827. htM，2012-06-19.

[125] 任云霞. 社会排斥与流动儿童的城市适应的研究. 陕西青年干部管理学院学报，2006.

[126] 史柏年. 城市流动儿童少年就学问题政策分析. 中国青年争着学院学报，2002（1）.

[127] 苏黛瑞著，王春光，单丽卿译. 在中国城市中争取公民权. 杭州：浙江人民出版社，2009.

[128] 孙红玲. 浅论转型时期流动人口子女的教育公平问题. 教育科学，2001（2）.

[129] 孙立平：如何规范收入和财富分配. 经济观察报，2006-07-24.

[130] 孙立平. 社会的断裂. 新浪博客，http：//blog. sina. com. cn/s/blog_55b03eb80100mr03. html，http：//sunliping. blog. ifeng. com，2009-05-10.

[131] 世界经济论坛. 全球竞争力报告2009-2010. 2009.

[132] 苏婷，北京"山寨幼儿园"现象调查：两难选择的背后. 中国教育报，2012-03-01，第3版.

[133] 史威琳. 社会保护政策及其对缓解儿童贫困的作用. 新视野，2010（2）.

[134] 史威琳. 城市低保家庭儿童社会保护制度分析. 北京社会科学，2011（1）.

[135] 沈小革，周国强. 流动人口子女教育公平问题研究. 北京：群众出版社，2006.

[136] 史晓浩，王毅杰. 流动儿童社会化后果及其原因探析. 河海大学学报：哲学社会科学版，2007.

[137] 孙莹. 儿童福利政策与措施的探讨. 长沙民政职业技术学院学报，2002（4）.

[138] 沈有禄，谯欣怡. 教育权利：从机会均等到实现权利保障的平等——关于教育公平研究的综述. 教育学术月刊，2010（4）.

[139] 孙远太. 家庭背景、文化资本与教育获得——上海城镇居民调查. 青年研究，2010（2）.

[140] 石中英. 教育公平的主要内涵和社会意义. 中国教育学刊，2008（3）.

[141] 陶红，杨东平. 我国高中学生学业成就与家庭背景关系的实证研究. 清华大学教育研究，2007（1）.

[142] 吴文藻. 现代社区实地研究的意义和功用，社会学视野网，2008年9月4日，http：// www. sociologyol. org/yanjiubankuai/xuejierenwu/wuwenzao/2008-09-04/6022. htMl.

[143] 王铭铭. 社会人类学与中国研究. 北京：生活·读书·新知三联书店，1997b.

[144] 王爱君，肖晓荣. 家庭贫困与增长：基于代际传递的视角. 中南财经政法大学学报，

2009（4）.

[145] 武晓萍. 在京外来人口子女教育问题. 北京社会科学，2001（3）.

[146] 王春光. 我国城市就业制度对进城农村流动人口生存和发展的影响. 浙江大学学报：
    人文社会科学版，2006（5）.

[147] 王静. 儿童福利和权益保护的政府职责. 行政管理改革，2011（5）.

[148] 王伟宜. 不同社会阶层子女高等教育入学机会差异的研究. 民办教育研究，2005
    （4）.

[149] 汪燕敏，金静. 中国劳动力市场代际收入流动研究. 经济经纬，2013（3）.

[150] 王艳霞. 家庭文化资本对子女学业成就的影响. 当代教育评论，2007（8）.

[151] 王振耀. 急起直追 全面强化儿童福利的行政指导 迎头赶上 建立适度超前的儿童福利
    体系. 社会福利，2009（3）.

[152] 王海光. 城乡二元户籍制度的形成. 炎黄春秋，2011年第12期.

[153] 杰克·肖可夫，黛博拉·菲利普斯著，方俊明，李伟亚译. 从神经细胞到社会成员.
    南京师范大学出版社，2007（6）.

[154] 肖林. "社区"研究与社区研究. 社会学研究，2011年第4期.

[155] 肖春飞，苑坚. 农民工子女犯罪率上升，难以融入城市致心理偏差. 瞭望新闻周刊，
    2006–01–16.

[156] 向娥英，黄任之. 少管所农村流动儿童与城市儿童的归因方式、幸福感及其文化价
    值观的对照研究. 中国临床心理学杂志，2008（16）.

[157] 熊猛，叶一舵. 城市农民工子女社会支持与主观幸福感的关系及其心理机制. 增强心
    理学服务社会的意识和功能——中国心理学会成立90周年纪念大会暨第十四届全国
    心理学学术会议论文摘要集. 2011.

[158] 徐望. 聚焦北京流动人口子女教育. 新闻周刊，2001（46）.

[159] 奚山青，胡巧绒. 民工子女犯罪与教育问题专项调研. 法治与社会，2009（10）.

[160] 谢勇. 人力资本与收入不平等的代际间传递. 上海财经大学学报，2006（2）.

[161] 夏怡然，叶文振. 流动儿童的保健状况及其影响因素. 市场与人口分析，2003（5）.

[162] 谢志岿. 村落如何终结?——中国农村城市化的制度研究. 城市发展研究，2005（5）.

[163] 谢志岿. 村落向城市社区的转型. 北京：中国社会科学出版社，2005.

[164] 谢志强，潘嘉. 游走在城乡夹缝中的流动儿童. 精神文明导刊，2008（1）.

[165] 辛自强，池丽萍. 社会变迁中的青少年. 北京：北京师范大学出版社，2008.

[166] 谢作栩. 2003高等教育大众化量的规定性探索. 江苏高教，2003（6）.

[167] 李路路. 制度转型与阶层化机制的变迁——从"间接再生产"到"间接与直接再生产"并存. 社会学研究，2003（5）.

[168] 谢作栩，王伟宜. 大众化视野下我国社会各阶层子女高等教育入学机会差异的研究. 教育学报，2006（2）.

[169] 殷志静，郁奇虹. 中国户籍改革. 中国政法大学出版社，1996年6月.

[170] 严从根. 身份认同的"内卷化"：危险及其消解的策略. 现代教育管理，2009（5）.

[171] 俞国良. 为教育服务的心理学探微. 合肥：安徽教育出版社，2008.

[172] 易红郡. 西方教育公平理论的多元化分析. 湖南师范大学教育科学学报，2010（4）.

[173] 袁连生. 我国义务教育财政不公平探讨. 教育与经济，2001（4）.

[174] 闫淑娟，陈欣欣，段建华等. 北京市5岁以下流动儿童保健状况与需求分析. 中国儿童保健杂志，2008（5）.

[175] 余晓雯. 德国整合与提升移民背景学生语言能力之探讨——学前与初等教育阶段. 国立暨南大学《教育资料集刊》第411辑，2009.

[176] 杨一鸣主编，刁琳琳审校. 从儿童发展到人类发展. 北京：中国发展出版社，2011.

[177] 张鹏著. 袁长庚译. 城市里的陌生人，江苏人民出版社，2014年1月。

[178] 张斌贤. 流动人口子女教育研究的现状与趋势. 清华大学教育研究，2001（4）.

[179] 周大鸣，高崇. 城乡结合部社区的研究——广州南景村50年的变迁. 社会学研究，2001（4）.

[180] 张航. 美国解决流动人口子女教育问题的作法及启示. 怀化学院学报，2010（4）.

[181] 周皓. 流动儿童的心理状况与发展——基于"流动儿童发展状况跟踪调查"的数据分析. 人口研究，2010（2）.

[182] 邹泓，屈智勇，张秋凌. 我国九城市流动儿童生存和受保护状况调查. 青年研究，2004（1）.

[183] 张宏文，李志雷. 云南省未成年人犯罪的新特点新趋势分析. 云南法院网，2009-10-10，http：//www.gy.yn.gov.cn/Article/spyf/lqdsq/dcyj/200910/15781.html.

[184] 中国发展研究基金会. 研究参考：詹姆斯·赫克曼关于人类发展的新观点. 2012-12-28，第27号，总149号.

[185] 邹泓，屈智勇，张秋凌. 我国九城市流动儿童生存和受保护状况调查. 青年研究，2004（1）.

[186] 中国发展研究基金会. 2010 城市化报告人民出版社. 北京：人民出版社，2010年.

[187] 中国发展研究基金会. 人口形势的变化和人口政策的调整. 北京：中国发展出版社，2012.

[188] 中国发展研究基金会. 反贫困与儿童发展. 北京：中国发展出版社，2013.

[189] 中国发展研究基金会. "关爱流动儿童促进社会融合"课题调研. 内部印刷资料，2013.

[190] 周兰芳. 西班牙小学移民教育及其对我国的启示. 外国教育研究，2009（10）.

[191] 章辉美，陈强玲. 农民工子女义务教育公平问题探析. 学术界，2006（6）.

[192] 赵树凯. 边缘化的基础教育——北京外来人口子弟学校的初步调查. 管理世界，2000（5）.

[193] 赵文远. 1958年中国改变户口自由迁移制度的历史原因. 史学月刊，2004年10期。

[194] 曾守锤. 流动儿童的心理适应：困境、问题、优势及建议. 华东理工大学学报：社会科学版，2010（5）.

[195] 张铁道，赵学勤. 建立适应社会人口流动的接纳性教育. 山东教育科研，2002（8）.

[196] 张秋凌等. 流动儿童发展状况调查. 青年研究，2003（9）.

[197] 张时飞，唐均. 中国的贫困儿童：概念与规模. 河海大学学报：哲学社会科学版，2009（4）.

[198] 赵胜营. 进城农民工子女犯罪问题研究. 法治与社会，2006（10）.

[299] 朱晓斌. 流动人口子女义务教育的价值分析. 教育评论，2003（2）.

[200] 政协委员调查：北京"山寨幼儿园"数量超过正规园. 新华网，2009-07-29.

[201] 周序. 流动儿童教育政策中的社会控制理念. 江西教育科研，2007（5）.

[202] 张翼，风笑天. 社会不可忽视的一个新群体——论流动儿童所面临的畸形社会化. 当代青年研究，2003（1）.

[203] 张翼. 中国人社会地位的获得：阶级继承和代内流动. 社会学研究，2004.

[204] 张燕. 城市发展与流动儿童学前教育. 幼儿教育，2011（Z3）.

[205] 朱宗涵. 我国儿童保健和儿童早期发展历程和启示. 载于中国发展研究基金会：贫困地区儿童发展培训会，会议材料，2013-06.

[206] 朱宗涵. 儿童早期营养的重要性和对策. 会议PPT，2009.

附　录

附录 1：船房流动人口调查问卷

1. 目前在现住所与您住在一起的家庭户成员

A1	A2	A3	A4	A5		A6
				出生年月		户口状况
家庭户成员序号	姓名	性别 男 女	与被访人的关系	年	月	农业户口 非农业户口 户口待定
1						
2						
3						
4						
5						
6						
7						
8						

15周岁及以上的人填答						6~14周岁儿童填答
A7	A8	A9	A10	A11	A12	A13
教育程度	婚姻状况	雇主类型	主要工作	行业类型	职业类别	是否本地入学 1.是　2.否

续表

15岁周岁以上的人填答					
A14	A15	A16	A17	A18	A19
如果是流动人口，迁出地何处（否，县）	在迁出地的主要工作	在迁出地的职业	第一次迁移年份	迁入本市年份	迁入本社区年份

2. 住房情况

B1	住所类型	1.自建楼房；2.购买房屋；3.租赁楼房；4.租赁平房；5.自建平房；6.自建窝棚；7.其他
B2	房屋建筑材料	1.钢筋混凝土；2.砖瓦；3.木板；4.其他
B3	如果购房，购房金额	元
B4	如果购房，购房时间	年 月
B5	有几间卧室	间
B6	住房使用面积	平方米
B7	同住的人口数	人
B8	有无自来水	1.室内自用；2.室内共用；3.室外自用；4.室外共用；5.无自来水
B9	厨房设施	1.室内自用2.室内共用；3.室外自用；4.室外共用；5.无厨房
B10	燃料类型	1.燃气；2.燃煤；3.燃柴；4.其他
B11	取暖设施	1.暖气；2.炉子；3.其他；4.无取暖设备
B12	厕所	1.室内自用；2.室内共用；3.室外自用；4.室外共用；5.无洗澡间
B13	洗澡间	1.室内自用；2.室内共用；3.室外自用；4.室外共用；5.无洗澡间
B14	居住区内公共垃圾清理点	1.有定期处理；2.无定期处理；3.自行处理；4.其他
B15	在现住所的居住时间	1.少于半年；2.半年到一年；3.一年到三年；4.三年到五年；5.五年以上
B16	在本市现住所之前的住房类型	1.自建楼房；2.购买房屋；3.租赁楼房；4.租赁平房；5.自建平房；6.自建窝棚；7.其他；8.无

3. 收入与支出

C1	请您估计您家的平均月收入					
C2	估计的每月食品支出					
C3	估计的每月服装支出					
C4	您每月的房租支出是多少					
C5	如果购房，每月的分期付款是多少					
C6	每月大概有多少结余					

4. 家庭基本消费品（1：有；0：无）

D1	电视机		D7	电风扇	
D2	电冰箱或冰柜		D8	洗衣机	
D3	VCD机		D9	电话或手机	
D4	收录机		D10	空调	
D5	照相机		D11	摩托车	
D6	微波炉		D12	电脑	

5. 您现在的文化程度 _____

1）小学　　　　　2）初中　　　　　3）高中（职高）　　4）大专

6. 您为什么要来这个城市 _____

1）务工经商　　　2）工作调动　　　3）分配录用　　　　4）学习培训

5）拆迁搬家　　　6）婚姻迁入　　　7）随迁家属　　　　8）投亲靠友

7. 您现在工作单位 _____

1）事业单位　　　2）国有企业　　　3）集体企业

4）民营企业　　　5）个体企业　　　6）三资企业

7）社区　　　　　8）其他（请填写）_____

8. 您现在工作的行业 _____

1）工业　　　　　2）建筑　　　　　3）运输　　　　　4）商业

5）服务业　　　　6）农业　　　　　7）其他

9. 具体工种是 _____

1）壮工杂工　　　2）技术工、技术员　3）管理

4）保卫　　　　　5）经销　　　　　6）其他

10. 目前的工作是怎样找到的 _____

1）由定居本地的亲属、朋友介绍

2）由同样务工经商的同乡、亲友介绍

3）自荐到用工单位工作

4）招工广告，招聘会，报纸、电视、广播等媒体

5）本地政府组织

6）民间中介、培训机构介绍

7）务工地劳动部门介绍

8）包工头、老板招募，劳务市场

9）其他

11. **对目前的工作满意吗** _____

　　1）满意　　　　　　　　2）不满意

12. **近几年较大的工作地点转变是：由_____城市（地区）到_____城市（地区），时间从_____年/月到_____年/月**

13. **转换的原因是（请详细叙述）_____**

　　1）按时拿不到工资　　2）工作超时、超体力，太累

　　3）工作受人歧视　　　4）工资低工作太危险

　　5）老板太欺负人　　　6）希望多学或新学一门技术

　　7）别人劝我离开　　　8）其他（具体请说明）

14. **近几年的居住地点转变是：由_____到_____，时间从_____年/月到_____年/月.**

15. **居住地改变的原因是_____**

　　1）城中村拆迁　　　2）房租涨了　　　3）工作变动

　　4）子女上学　　　　5）其他_____

16. **您一天有多少休闲时间_____小时，休闲方式主要有:（可以多项选择，请打勾）**

　　1）看电视　　　　2）睡觉　　　　3）看书看报　　　4）聊天或逛街

　　5）棋牌或体育活动　6）听广播　　　7）上网

　　8）看录像　　　　9）电影　　　　10）打电话　　　11）自学

　　12）参加培训　　　13）其他_____

17. **您对城市生活感觉_____**

　　1）已经适应　　　2）比较适应　　　3）不太适应　　　4）根本不适应

18. **您目前最关心的问题（可多选）_____**

　　1）就业，打工挣钱，改善家庭生活条件

　　2）子女上学

　　3）租购住房

　　4）鉴定劳动合同

　　5）劳动报酬及时足额发放

　　6）同工同酬

7）扩大工伤，医疗，养老保险覆盖面

8）法律服务和法律援助

9）尽快制定和实施农民工养老保险关系转移接续办法

10）就业服务和培训

11）改善劳动条件，保障生产安全

12）返乡创业的优惠政策

13）其他

14）无

19. 有无工伤保险_____

有无医疗保险_____；个人每年交_____元，单位每年交_____元

有无养老保险_____；个人每月交_____元，单位每月交_____元

有无失业保险_____；个人每月交_____元，单位每月交_____元

有无住房补贴或公积金_____；每月_____元

20. 生了病如何看病_____

1）根据病情到药店买药吃　　　　　　　　2）去正规医院看病

3）去个体诊所看病

21. 最希望政府给予哪方面帮助（可选3项，按重要性排序）_____

1）住房　　　　　2）养老保险　　　　3）改革交费、收费制度

4）提供劳动技能培训　5）盼望能和本地人享有同样户口

6）加大对农民工外出务工的组织力度

7）解决好子女就学难　8）医疗保障方面

9）提供招工信息、平等就业　　　　　　10）其他_____

22. 您与城市人打交道多吗_____

1）经常打交道　　　2）偶尔打交道　　　3）从来不打交道

23. 您有没有昆明本地的朋友_____

1）有　　　　　　2）没有

24. 你觉得自己是城里人吗_____

1）觉得　　　　2）不觉得　　　3）说不清　　　4）没考虑过

25. 你觉得自己是农村人吗_____

1）觉得　　　　2）不觉的　　　3）说不清　　　4）没考虑过

26. 你想不想今后一直生活在昆明_____

1）想　　　　2）不想，去其他城市　　　3）不想，回老家

4）不知道　　　5）没想过

27. 您对下面所列人员的信任情况怎么样？请在相应的方框中画"√"。

	信任	不确定	不信任
1.家人			
2.直系亲属			
3.其他亲属			
4.亲密朋友			
5.一般朋友			
6.在一起干活的人			
7.单位领导			
8.城市中的邻居			
9.城里的老乡			
10.城市中其他人			

28. 您同意下列说法吗？请在相应的方框中画"√"。

	同意	说不清	不同意
1.在城市交新朋友，对我来说很容易			
2.在城市，我没有说话的对象			
3.我跟干活的人在一块时相处得很融洽			
4.我感到孤独			
5.需要时，我可以在城市找到朋友			
6.我和城市人相处很融洽			
7.我害怕和城市人打交道			
8.我担心城市人瞧不起			
9.我觉得我有许多优点			
10.我觉得自己是一个有价值的人			
11.即使户口迁到城市，也无法改变城里人对我的瞧不起			
12.只要有钱，就能改变城里人对自己的看法			

29. 你觉得，城里人愿意让您做下列事情吗？请在相应的方框中画"√"。

题项	愿意	说不清	不愿意
1.城里人愿意您参与社区管理吗			
2.城里人愿意与您通婚或做亲戚吗			
3.城里人愿意您做他们的亲密朋友吗			
4.城里人愿意做他们的邻居吗			
5.城里人愿意雇佣您们做保姆、钟点工吗			
6.城里人愿意与您一起工作吗			
7.城里人愿意与您聊天吗			

30. 您家中 6 岁以下的儿童_____人，是否在就业地出生_____是否上幼儿园_____；
   如上幼儿园是在_____上

   1）公办幼儿园　　　　2）民办幼儿园

31. 家中_____个 6 ~ 18 岁的孩子在打工地，_____个在读书，读小学_____人，初
   中_____人，高中_____人

32. 孩子在什么学校读书_____

   1）公办学校　　　　2）简易民工学校　　　3）其他学校

33. 小学学费 1 人年平均支出_____元，初中学费 1 人年平均支出_____元，高中学费 1
   人年平均支出_____元

34. 对子女受教育满意度：_____1）很满意2）比较满意3）一般4）不太满意

35. 如对子女受教育不满意的原因_____

   1）收费过高　　　　2）生活费用过高　　　3）教学质量不高

   4）校风差　　　　5）其他

36. 您让孩子上学主要是为了什么_____

   1）多学点文化知识　　　　　　2）今后能赚钱，能自己养活自己

   3）父母应尽的责任和义务　　　4）能考上大学，给家里争气

   5）为了国家的未来，提高下一代的素质　6）将来能成才，有出息

   7）为了孩子不像父母一样受苦受累，脱离土地

   8）成为城市人　　　9）身体健康　　　10）脱离土地　　　11其他

37. 您希望自己的孩子读到什么阶段_____

   1）读得越高越好　　　2）能读到什么时候就读到什么时候

   3）早点工作　　　　4）无所谓　　　　5）不知道

38. 您现在最关心的是孩子的哪几个方面_____

   1）学习成绩　　　2）健康身体　　　3）不跟坏人学坏

   4）孝顺　　　　5）不骗家长　　　6）自信，相信自己

   7）不在学校胡闹　　8）听话　　　9）其他

39. 您过问孩子的学习吗_____

   1）不管不问　　　2）偶尔问一下　　　3）经常过问

40. 您是如何关系孩子学习的？（可多选）_____

   1）过问成绩　　　2）辅导做作业　　　3）买课外辅导书

   4）请家教　　　5）报辅导班

41. 在以下几项中，你最不愿意看到孩子将来有哪些状况（多选）_____

   1）品行差，周围人不喜欢　　　　2）胆小怕事

   3）能力差，不能养活自己　　　　4）学习差，不能顺利升学

5）身体差　　　　　　　　6）其他

42. 您希望您的孩子将来从事什么职业 _____

1）医生　　　　2）中小学教授　　　3）公务员或当官　　4）个体商业户

5）农民　　　　6）普通技工　　　　7）高级技工　　　　8）其他

43. 您会告诉孩子您在城市里不愉快的经历吗 _____

1）会　　　　　2）不会

44. 您认为，教育孩子最好的方式是什么 _____

_____

45. 您认为，孩子今后成长中面临的主要困难是什么 _____

_____

46. 近三年外出期间参加过几次技能培训和学习_____次，共学习多少_____天

47. 在什么单位接受学习培训 _____

1）私人办的　　　2）劳动部门办的　　3）政府其他部门办的

4）公办专业技术学校　5）其他

48. 培训费用自己承担_____元，企业承担_____元；是否得到当地政府的资助_____元

49. 是否颁发过专业技术证书_____（ 初级证书；中级证书；高级证书 ）

50. 如果没有参加过职业技能培训的原因 _____

1）想参加，但没钱　　2）培训费用太高，参加培训不划算

3）没必要参加　　　　4）不知道哪里有职业技能培训

51. 您是否愿意继续学习 _____

1）是　　　　　2）否

52. 您若愿意继续学习，最希望 _____

1）提升学历　　　2）参加短期培训

53. 您若愿意继续学习，最希望的学习方式

1）脱产学习　　　2）业余学习　　　3）完全自学

54. 您若希望参加培训，最适合您的：

（1）学习内容 _____

1）职业技能　　2）人文知识　　　3）心理咨询与社会交往

4）法律知识　　5）兴趣爱好　　　6）其他

（2）想学什么实用技术 _____

1）机械加工与制造　2）电子电器　　3）数控技术　　4）机电技术

5）化工　　　　6）设备安装与维修　7）烹饪　　　8）家电维修

9）建筑　　　　10）市场影响　　11）旅游服务　　12）社区家政服务

13）医疗保健　　14）计算机应用　　15）汽车维修　　16）服务加工

17）交通运输　　　18）工艺美术制作　19）装饰　　　　　20）餐饮服务

21）采掘　　　　　22）美容美发　　　23）其他（请填写）_____

55. 您若希望参加培训，最适合您的学习方式 _____

1）当地政府组织的短期培训　　　　　2）当地社区组织的夜校

3）中专技校组织的培训　　　　　　　4）高等职业技术院校组织的培训

5）电大组织的短期培训　　　　　　　6）个人自学

7）其他成人高校组织

56. 如果当地社区组织职业技能培训 _____

1）免费就愿意参加　　　　　　　　　2）对工作有帮助就愿意参加

3）对生活有帮助就愿意参加　　　　　4）收费低就愿意参加

附录 2：0 ~ 3 岁早期养育问卷

0 ~ 3 岁早期养育问卷

家长 / 女士 / 先生，您好！

我们是中国发展研究基金会的研究人员，想就孩子早期养育的有关方面了解一下您的看法。我们的调查完全是匿名的，其结果只用于研究。希望您为我们提供真实的信息和真实的看法。所有的回答都没有好坏之分，只要能反映您的真实情况和真实想法就可以了。谢谢您的合作！

第一部分　早期养育调查

受访人及家庭基本情况

1. 性别 _____

1）男　　　　　　　　2）女

2. 您的年龄_____岁，您的居住地_____，您的户口所在地_____

3. 您的婚姻状况是 _____

1）初婚　　　　　2）离异再婚　　　3）离异未婚

4）丧偶再婚　　　5）丧偶未婚　　　6）未婚

4. 您家有_____口人

5. 您有 _____个孩子（包括正在怀的孩子、之前早夭的孩子以及流产的孩子）

1）亲生的孩子，包括正在怀的孩子，有_____个

2）非亲生的孩子，有_____个，①配偶带来的_____个，②领养的_____个

6. 您家全年的收入大概是 _____

    1）3 万元以下   2）3 ~ 5 万   3）5 ~ 8 万

    4）8 ~ 13 万   5）13 ~ 16 万   6）16 万以上

    您家的年收入在本地的水平是 _____

    1）低收入   2）中等收入   3）高收入

7. 您家全年的支出大概是 _____

    1）3 万元以下   2）3 ~ 5 万   3）5 ~ 8 万

    4）8 ~ 13 万   5）13 ~ 16 万   6）16 万以上

    您家的年支出在本地的水平是 _____

    1）低   2）中等   3）高

8. 您家的人均居住面积大概是 _____

    1）10 平方米及以下 2）15 平方米及以下 3）20 平方米及以下

    4）25 平方米及以下 5）30 平方米及以下 6）35 平方米以上

    您现在居住的房子是 _____

    1）租房住   2）自己的房子   3）借住亲戚家   4）其他_____

9. 您家最常用的卫生间 / 厕所是什么类型的 _____

    （访员注意：若同时有几处卫生间，则指最常用的）

    1）居室内冲水   2）居室外冲水厕所   3）居室外冲水公厕

    4）居室内非冲水   5）居室外非冲水厕所   6）居室外非冲水公厕

    7）其他（请注明）_____

10. 您家的垃圾倒在哪里 _____

    1）公共垃圾桶 / 箱 2）附近的河沟   3）住房周围

    4）土粪坑   5）随处倒   6）楼房垃圾道

    7）有专人收集   8）其他（请注明）_____

被调查母亲孕期及孩子的基本情况

11. 您这个孩子（指被调查的孩子）的生日是_____年_____月_____日

12. 孩子的体重_____斤，身高_____厘米

13. 这个孩子是 _____

    1）男孩   2）女孩

14. 他 / 她是您亲生的吗 _____

    1）是   2）不是，是配偶带来的   3）不是，是领养的

15. 这个孩子的居住地_____，孩子的户口在_____，孩子的出生地_____

16. 您 / 孩子的母亲在怀这个孩子几个星期之后发现自己怀孕了_____周（1 ~ 20 周）

17. 在您 / 孩子的母亲怀孕期间，是否咨询过医生或其他专家孕期的注意事项_____

    1）是　　　　　　　　2）否

18. 您 / 孩子的母亲怀孕的头三个月，咨询过医生或其他专家_____次（0 ~ 50 次）

19. 您 / 孩子的母亲怀孕的第 4 到第 9 个月，有_____次咨询过医生或其他专家（0–50 次）

20. 您 / 孩子的母亲最常咨询的医生或专家的渠道是_____

    1）家里长辈　　　　　2）个人诊所　　　　　3）卫生院

    4）县城医院　　　　　5）市医院　　　　　　6）省城医院

    7）个人行医　　　　　8）其他有经验的亲朋好友

    9）其他_____　　　　10）以上都没有

21. 您 / 孩子的母亲怀孕期间，有没有人告诉您 / 孩子的母亲如下信息【多选题】_____

    1）怀孕期间应该吃什么

    2）吸烟是不是会影响宝宝

    3）母乳喂养会不会影响宝宝

    4）饮酒会不会影响宝宝

    5）怀孕期间哪些药物会危害宝宝健康，哪些安全

    6）宝宝在您肚子里怎么生长

    7）如果比预产期提前要生了该怎么办

    8）以上都没有

22. 您 / 孩子的母亲发现自己怀孕之后的三个月里，是否吃过维生素或矿物质营养品或营养片，频率至少为一周三次 _____

    1）是　　　　　　　　2）否

23. 您 / 孩子的母亲在孕期是否吸烟 _____

    1）是　　　　　　　　2）否

24.（23 题答案为"是"，则答该题；否则跳过）您 / 孩子的母亲在孕期吸烟的频率大概为 _____包 / 周

    （1–21 包）

25. 您家是否有其他常住家人在您 / 孩子的母亲怀孕期间吸烟 _____

    1）是　　　　　　　　2）否

26. 您 / 孩子的母亲在孕期是否饮过酒 _____

    1）是　　　　　　　　2）否

27. 您 / 孩子的母亲怀孕时是否有过以下情况【可多选】_____

    1）服药　　　　　2）感染　　　　　3）接触有害物质　　　4）妊娠合并症

    5）其他（请注明）_____　　　　　6）以上都没有

28. 您 / 孩子的母亲的分娩方式为 _____

1）顺产 　　　　2）剖腹产 　　　　3）其他

29. 这个孩子出生时以是否发生过以下情况【可多选】_____

1）早产 　　　　2）畸形 　　　　3）窒息

4）正常 　　　　5）其他（请注明）_____

30. 孩子在 _____ 出生的

1）家里 　　　　2）医院 　　　　3）其他地方

31. 孩子是：

1）头胎 　　　　2）第二胎 　　　　3）第三胎及以上

32. 孩子是否足月出生 _____

1）是 　　　　2）否

33. 孩子出生时 _____ 斤

34. 孩子出生后接受过回访吗 _____

1）接受过 　　　　2）没有

35. 孩子母乳喂养到几个月 _____

1）3个月及以下 　　2）6个月及以下 　　3）9个月及以下

4）12个月及以下 　　5）15个月及以下 　　6）18个月以上

36. 这个孩子几个月大的时候开始给他添加辅食_____月

37. 孩子贫血吗 _____

1）贫血 　　　　2）不贫血

38. 孩子定期体检吗 _____

1）无 　　　　2）有，_____月一次

39. 孩子有医疗保险吗（如没有请跳至42题）_____

1）有 　　　　2）没有

40. 如孩子有医疗保险，是 _____

1）新农合 　　2）所在城市的儿童医疗保险 　　　　3）商业保险

41. 孩子是否办了医疗保健卡 _____

1）办了 　　　　2）没办

42. 孩子的疫苗 _____

1）只注射免费的疫苗 2）免费和收费的疫苗都注射 　　　　3）什么疫苗都不注射

43. 孩子是否患过以下疾病 _____

1）乙肝 　　　2）麻疹 　　　3）乙脑 　　　4）小儿黄疸

5）百白破 　　6）水痘 　　　7）甲肝 　　　8）流脑

9）腮腺炎 　　10）中耳炎 　　11）隐睾症

12）疝气 　　13）其他

44. 到目前为止，孩子是否因伤病留下过残疾 _____

1）是　　　　　　　　　2）否

45. 过去两周，孩子是否生过病 _____

1）是　　　　　　　　　2）否

46. 过去两周，孩子生病了 _____ 次

47. 过去两周，孩子因病去医院/医疗场所看病 _____ 次

48. 一般情况下，孩子生小病（如发热、腹泻等）您家是如何处理的 _____

1）立刻找医生看病　　　　　　　2）自己找药/买药

3）民间方法治疗（如刮痧等）　　4）去求神拜佛做法事

5）不采取任何措施，等病慢慢好　6）其他（请注明）_____

孩子父亲的基本情况

49. 孩子父亲的生日是 _____ 年 _____ 月

50. 孩子父亲的最高学历是 _____

1）没上过学　　　　2）小学肄业　　　　3）小学毕业　　　　4）初中肄业

5）初中毕业　　　　6）高中毕业或肄业　7）中专毕业或肄业

8）职业学校毕业或肄业　　　　　9）大学肄业

10）大专、职大毕业　11）本科　　　12）硕士　　　　13）博士

51. 孩子父亲的职业是 _____

1）帮助家里人打理家庭企业

2）蓝领工人、各类体力劳动者、手工劳动者

3）从事管理或文秘工作的白领雇员

4）医生、律师、教师或 IT 行业从业人员

5）个体户

6）自由职业者（如某些作家、摄影师、计算机程序员等）

7）公务员

8）科研人员

9）技术人员

10）全职在家

11）其他_____

52. 孩子的父亲是否打孩子 _____

1）经常　　　　　　　2）偶尔　　　　　　3）从不

53. 孩子父亲是否酗酒 _____

1）是　　　　　　　　2）否

54. 孩子父亲是否吸毒 _____

　　1）是　　　　　　　　2）否

55. 孩子父亲有无犯罪记录 _____

　　1）有　　　　　　　　2）没有

56. 孩子父亲平时最经常说什么语言 _____

　　1）普通话　　　　　　　　　　　2）当地方言

　　3）家乡话　　　　　　　　　　　4）其他（请注明）_____

57. 孩子父亲平时会说其他的什么语言吗 _____

　　1）普通话　　　　　　　　　　　2）当地方言

　　3）家乡话　　　　　　　　　　　4）其他（请注明）_____

58. 孩子父亲觉得自己的普通话说得怎么样 _____

　　1）非常好　　　2）还不错　　　3）不是特别好　　　4）一点都不好

孩子母亲的基本情况

59. 孩子母亲的生日是 _____ 年 _____ 月

60. 孩子母亲的最后学历是 _____

　　1）没上过学　　2）小学肄业　　3）小学毕业　　4）初中肄业

　　5）初中毕业　　6）高中毕业或肄业　　7）中专毕业或肄业

　　8）职业学校毕业或肄业　　　　9）大学肄业

　　10）大专、职大毕业　　11）本科　　12）硕士　　13）博士

61. 孩子母亲的职业是 _____

　　1）帮助家里人打理家庭企业

　　2）蓝领工人、各类体力劳动者、手工劳动者

　　3）从事管理或文秘工作的白领雇员

　　4）个体户

　　5）医生 律师 教师 IT 行业从业人员

　　6）自由职业者（如某些作家、摄影师、计算机程序员等）

　　7）公务员

　　8）科研人员

　　9）技术人员

　　10）全职在家

　　11）其他_____

62. 孩子的母亲是否打孩子 _____

　　1）经常　　　　　　2）偶尔　　　　　3）从不

63. 孩子母亲是否酗酒 _____

　　1）是　　　　　　　　2）否

64. 孩子母亲是否吸毒 _____

　　1）是　　　　　　　　2）否

65. 孩子母亲有无犯罪记录 _____

　　1）是　　　　　　　　2）否

66. 孩子母亲平时最经常说什么语言 _____

　　1）普通话　　　　　　　　　　　2）当地方言

　　3）家乡话　　　　　　　　　　　4）其他（请注明）_____

67. 孩子母亲平时会说其他的什么语言吗 _____

　　1）普通话　　　　　　　　　　　2）当地方言

　　3）家乡话　　　　　　　　　　　4）其他（请注明）_____

68. 孩子母亲觉得自己的普通话说得怎么样 _____

　　1）非常好　　　　2）还不错　　　　3）不是特别好　　　4）一点都不好

孩子母亲的精神健康状况

69. 在过去的 7 天中

1. 我能够大笑并看到事情有趣的一面 □我一直如此 □现在不常这样了 □现在很少这样 □现在完全不这样	6. 很多事情我越来越无法控制 □是的，大多数时间我很难应付过来 □是的，有时候我无法应付 □不是，大多数时间我还是能够处理生活中的事情 □不是，我一直都能够很好地管理我的生活
2. 我愉快的期待着很多事情 □我一直如此 □这样的心情比以前较少 □这样的心情明显少于以前 □现在几乎很少有这样的心情	7. 我非常不开心以至于我很难入睡 □是的，经常如此 □是的，有时如此 □不是经常发生 □没有发生这样的情况
3. 当事情的进展出现错误时我会在没有必要的情况下也责备自己 □是的，经常如此 □是的，有时如此 □不是经常发生 □没有发生这样的情况	8. 我觉得伤心和痛苦 □是的，经常如此 □是的，有时如此 □不是经常发生 □没有发生这样的情况
4. 我会没有理由的焦虑或担忧 □从来没有 □很少 □是的，有时候会 □是的，经常发生	9. 我太难过了以至于我会哭泣 □是的，大部分时间会 □是的，经常会这样 □只会偶尔发生 □没有发生这样的情况

5. 我会没有理由的害怕或恐惧	10. 我曾有过伤害自己的念头
□是的，经常如此	□是的，经常发生
□是的，有时如此	□有时会有
□没有经常发生	□很少
□从来没有发生	□从来没有这样的念头

孩子半岁前的情况

70. 孩子半岁前，和孩子住在一起的有_____人 他们是 _____（可多选）

　　1）妈妈　　　　　2）爸爸　　　　　3）姥姥　　　　　4）姥爷

　　5）奶奶　　　　　6）爷爷　　　　　7）保姆 / 月嫂　　　8）其他人_____

71. 孩子半岁前，是否主要由妈妈带 _____

　　1）是　　　　　　2）否

72. 其他照料者情况

　　孩子半岁前，除妈妈以外，还主要由谁照料孩子 _____

　　1）无其他人　　　2）爸爸　　　　　3）姥姥　　　　　4）姥爷

　　5）奶奶　　　　　6）爷爷　　　　　7）保姆 / 月嫂　　　8）其他人_____

　　照料者带孩子时的年龄是_____岁

　　照料者带孩子时的学历是 _____

　　1）没上过学　　　2）小学肄业　　　3）小学毕业　　　4）初中肄业

　　5）初中毕业　　　6）高中毕业或肄业　7）中专毕业或肄业

　　8）职业学校毕业或肄业　　9）大学肄业

　　10）大专、职大毕业　11）本科　　　12）硕士　　　　13）博士

73. 孩子半岁前，您每周与孩子在一起的时间 _____

　　1）全天候　　　　2）每日半天　　　3）每天下班后

　　4）周末　　　　　5）不在一起

74. 孩子半岁前，您（或孩子的主要照料者）和他在一起的主要活动是 _____（可多选）

　　1）日常照料　　　2）安全看护　　　3）陪孩子玩　　　4）给孩子讲故事

　　5）听音乐　　　　6）唱歌谣　　　　7）看书　　　　　8）教孩子说话

　　9）教孩子认字　　10）教外语　　　11）教孩子数数　　12）教孩子画画

　　13）训练动作能力　14）其他_____

孩子半岁～1岁的情况

75. 孩子半岁～1岁时，和孩子住在一起的有_____人？ 他们是 _____（可多选）

　　1）妈妈　　　　　2）爸爸　　　　　3）姥姥　　　　　4）姥爷

5）奶奶　　　　　6）爷爷　　　　　7）保姆／月嫂　　　8）其他人_____

76. 孩子半岁～1岁时，是否主要由妈妈带 _____

1）是　　　　　　2）否

77. 其他照料者情况

孩子半岁～1岁时，除妈妈以外，还主要由谁照料孩子 _____

1）无其他人　　　2）爸爸　　　　　3）姥姥　　　　　4）姥爷

5）奶奶　　　　　6）爷爷　　　　　7）保姆／月嫂　　　8）其他人_____

照料者带孩子时的年龄是_____岁

照料者带孩子时的学历是 _____

1）没上过学　　　2）小学肄业　　　3）小学毕业　　　4）初中肄业

5）初中毕业　　　6）高中毕业或肄业　7）中专毕业或肄业

8）职业学校毕业或肄业　　　　　9）大学肄业

10）大专、职大毕业　11）本科　　　12）硕士　　　　13）博士

78. 孩子半岁～1岁时，您每周与孩子在一起的时间 _____

1）全天候　　　　2）每日半天　　　3）每天下班后

4）周末　　　　　5）不在一起

79. 孩子半岁～1岁时，您（或孩子的主要带养者）和他在一起的主要活动是 _____（可多选）

1）日常照料　　　2）安全看护　　　3）陪孩子玩　　　4）给孩子讲故事

5）听音乐　　　　6）唱歌谣　　　　7）看书　　　　　8）教孩子说话

9）教孩子认字　　10）教外语　　　11）教孩子数数　　12）教孩子画画

13）训练动作能力　14）其他_____

孩子1岁到上幼儿园前的情况

80. 孩子1岁到上幼儿园前，和孩子住在一起的有_____人，他们是 _____（可多选）

1）妈妈　　　　　2）爸爸　　　　　3）姥姥　　　　　4）姥爷

5）奶奶　　　　　6）爷爷　　　　　7）保姆／月嫂　　　8）其他人_____

81. 孩子1岁到上幼儿园前，是否主要由妈妈带 _____

1）是　　　　　　2）否

82. 其他照料者情况

孩子1岁到上幼儿园前，除妈妈以外，还主要由谁照料孩子 _____

1）无其他人　　　2）爸爸　　　　　3）姥姥　　　　　4）姥爷

5）奶奶　　　　　6）爷爷　　　　　7）保姆／月嫂　　　8）其他人_____

照料者带孩子时的年龄是_____岁

照料者带孩子时的学历是 _____

1）没上过学　　　　2）小学肄业　　　　3）小学毕业　　　　4）初中肄业

5）初中毕业　　　　6）高中毕业或肄业　7）中专毕业或肄业

8）职业学校毕业或肄业　　　　　　　　9）大学肄业

10）大专、职大毕业　11）本科　　　　　12）硕士　　　　　13）博士

83. 孩子 1 岁到上幼儿园前，您每周与孩子在一起的时间 _____

1）全天候　　　　　2）每日半天　　　　3）每天下班后

4）周末　　　　　　5）不在一起

84. 孩子 1 岁到上幼儿园前，您（或孩子的主要照料者）和他在一起的主要活动是 _____（可多选）

1）日常照料　　　　2）安全看护　　　　3）陪孩子玩　　　　4）给孩子讲故事

5）听音乐　　　　　6）唱歌谣　　　　　7）看书　　　　　　8）教孩子说话

9）教孩子认字　　　10）教外语　　　　11）教孩子数数　　12）教孩子画画

13）训练动作能力　14）其他_____

孩子上亲子班的情况

85. 孩子上过亲子班吗（如果没上过亲子班，请选 3）或 4），并跳到 45 题）

1）上过，现在不上了　　　　　　　　　2）正在上

3）没上过，打算上（跳到 45 题）　　　4）没上过，不打算上（跳到 45 题）

86. 孩子上亲子班的时间是从_____年_____月到_____年_____月

87. 亲子班上都有哪些内容（可多选）_____

1）画画　　　　　　2）唱歌　　　　　　3）跳舞　　　　　　4）听音乐

5）讲故事　　　　　6）阅读　　　　　　7）手工　　　　　　8）基本生活技能

9）自由玩耍　　　　10）亲子游戏　　　　11）做操　　　　　12）数数

13）外语　　　　　14）动作训练　　　　15）思维训练　　　16）其他_____

88. 亲子班的教学方式主要是 _____

亲子互动游戏　2）老师带领孩子游戏　3）老师讲课

4）孩子自由活动　5）其他 _____

89. 您觉得，孩子上了亲子班，在以下哪些方面有收获（可多选）_____

1）绘画能力　　　　2）音乐能力　　　　3）运动能力　　　　4）言语能力

5）动手能力　　　　6）基本生活技能　　7）情绪控制　　　　8）人际交往

9）同情心　　　　　10）分享行为　　　　11）亲子关系　　　12）数学能力

13）外语　　　　　14）记忆力　　　　　15）注意力　　　　16）智力

17）创造力　　　　18）其他_____

90. **家长在亲子班有什么收获（可多选）_____**

    1）学会一些和孩子玩的游戏   2）认识一些家长   3）缓解了焦虑

    4）懂得更多养育孩子的方法和理念   5）对孩子有新的认识

    6）增强了养育好孩子的信心   7）其他_____

亲子关系

91. **下面这些说法是否符合孩子2岁前与主要照料者的关系（每个描述后面都有四个数字，1代表完全不符合，2代表基本不符合，3代表基本符合，4代表完全符合）**

    1）照料者如果离开，孩子会舍不得   1 - 2 - 3 - 4

    2）孩子很愿意叫照料者帮他   1 - 2 - 3 - 4

    3）看到照料者，孩子总是很高兴   1 - 2 - 3 - 4

    4）照料者在身边的时候，孩子总能安心玩耍   1 - 2 - 3 - 4

    5）孩子情绪不好时，照料者总能很好地安抚好他   1 - 2 - 3 - 4

    6）孩子总是担心照料者会离开他   1 - 2 - 3 - 4

    7）孩子不太愿意和照料者亲近   1 - 2 - 3 - 4

    8）照料者在不在，孩子并不在乎   1 - 2 - 3 - 4

    9）遇到害怕的事情，孩子总是躲在照料者身边   1 - 2 - 3 - 4

    10）孩子喜欢让照料者带着他玩   1 - 2 - 3 - 4

    11）孩子会千方百计让照料者多陪他玩   1 - 2 - 3 - 4

养育态度和方式

92. **下面这些说法是否符合孩子2岁前孩子的主要照料者对孩子的态度（1代表完全不符合，2代表基本不符合，3代表基本符合，4代表完全符合）**

    1）听到孩子哭，照料者会马上停下手里的活儿去看他 1 - 2 - 3 - 4

    2）孩子叫照料者的时候，照料者会马上到他那里去   1 - 2 - 3 - 4

    3）通常照料者能很快发现孩子为什么哭闹，并且帮他平静下来 1 - 2 - 3 - 4

    4）孩子跟照料者说话时，照料者总是认真听   1 - 2 - 3 - 4

    5）孩子希望照料者陪他玩的时候，照料者总是有求必应的 1 - 2 - 3 - 4

    6）孩子有要求时，照料者不管能不能做到，都会认真听他说，好好回答他

                                              1 - 2 - 3 - 4

    7）一般来说，照料者会尽量满足孩子的要求   1 - 2 - 3 - 4

93. **下面有一些描述，请根据自己的情况，说明这些描述是否符合您对待孩子的方式（1代表完全不符合，2代表基本不符合，3代表基本符合，4代表完全符合）**

    1）我总是好好地跟孩子说话   1 - 2 - 3 - 4

2）我使孩子感到我是可信任的   1 - 2 - 3 - 4

3）我总是告诉孩子怎样做是对的   1 - 2 - 3 - 4

4）我对孩子做的事很感兴趣   1 - 2 - 3 - 4

5）我总是坚持要孩子严格按照我的话去做   1 - 2 - 3 - 4

6）孩子应该得到表扬的时候，我会表扬他/她   1 - 2 - 3 - 4

7）我允许孩子做他/她想做的任何事   1 - 2 - 3 - 4

8）我总是对孩子很和蔼   1 - 2 - 3 - 4

9）我使孩子感到别人接受他/她，需要他/她   1 - 2 - 3 - 4

10）当孩子受伤或生病时，我会尽力关怀他/她，使他/她感觉好一些   1 - 2 - 3 - 4

11）我想控制孩子的一切行动   1 - 2 - 3 - 4

12）我让孩子知道我很爱他/她   1 - 2 - 3 - 4

13）我让孩子感到，他/她做的事情是重要的   1 - 2 - 3 - 4

94. 以下说法是否符合您家孩子对父母管教的态度（1 代表完全不符合，2 代表基本不符合，3 代表基本符合，4 代表完全符合）

1）孩子比较听从父母的话   1 - 2 - 3 - 4

2）有不同于父母的意见时，孩子会说来   1 - 2 - 3 - 4

3）孩子会遵守家里定的规矩   1 - 2 - 3 - 4

4）孩子会相信父母说的话   1 - 2 - 3 - 4

5）孩子有拿不准的事情会问父母的意见   1 - 2 - 3 - 4

6）孩子很愿意和父母待在一起   1 - 2 - 3 - 4

7）父母说话时，孩子总是认真听   1 - 2 - 3 - 4

8）父母有说错话、做错事的时候，孩子发现了会说出来   1 - 2 - 3 - 4

9）孩子会跟父母说出他对人和事物的看法   1 - 2 - 3 - 4

10）在一些事情上，孩子会提醒或督促父母   1 - 2 - 3 - 4

95. 在家里，您有意识地对孩子进行过哪些方面的培养（可多选）_____

1）语言	2）音乐	3）美术	4）数学
5）卫生和健康	6）良好习惯	7）运动能力	8）自然知识
9）动手能力	10）人际交往	11）美德	12）其他_____

96. 您认为以下早教的内容最重要的是哪些？选出最重要的三项 _____

1）语言	2）音乐	3）美术	4）数学
5）卫生和健康	6）良好习惯	7）运动能力	8）自然知识
9）动手能力	10）人际交往	11）美德	12）其他_____

97. 您在家进行早期教育时的最主要方法是 _____

1）有计划地专门教

2）在生活中抓住机会随时教给孩子

3）玩着就教给他了，没有刻意教

98. 以下这些说法是否符合您对待孩子的方式（1 代表完全不符合，2 代表基本不符合，3 代表基本符合，4 代表完全符合）

1）孩子的玩具他爱怎么玩就怎么玩，我们一般不限制他　　　　　　1 - 2 - 3 - 4

2）我们会藏起危险的东西，孩子能接触到的家里的其他东西他都可以动　1 - 2 - 3 - 4

3）孩子跟小朋友玩的时候，我们尽量让他们自己处理问题　　　　　1 - 2 - 3 - 4

4）和孩子一起玩的时候，我们经常会按他的玩法玩　　　　　　　　1 - 2 - 3 - 4

5）孩子提的问题，我们都会认真听，尽量满足他的好奇　　　　　　1 - 2 - 3 - 4

6）孩子发明了"菜谱"，我们会鼓励他做　　　　　　　　　　　　1 - 2 - 3 - 4

7）我们鼓励孩子在外面玩沙土、泥巴和树叶等他感兴趣的东西　　　1 - 2 - 3 - 4

8）孩子从外面捡回来的"宝贝"（比如树叶、石头），我们一般会允许他保存

　　　　　　　　　　　　　　　　　　　　　　　　　　　　　　1 - 2 - 3 - 4

9）孩子想参与家务的时候，我们总是鼓励他　　　　　　　　　　　1 - 2 - 3 - 4

10）孩子自编自演节目，我们会认真看　　　　　　　　　　　　　1 - 2 - 3 - 4

11）即便孩子的想法不对路，我们也不会直接指出来，而是让他先尝试　1 - 2 - 3 - 4

99. 孩子遇到困难时，您通常是怎么做的 _____

孩子够东西够不着的时候，您会 _____

1）把东西递给他　　　　　　　　　　2）帮助他接近要够的东西

3）鼓励他，但不会帮他　　　　　　　4）不管他

当孩子玩玩具多次失败后，您会 _____

1）在一边自己玩这个玩具　　　　　　2）给他提个醒

3）鼓励他接着玩，但不会帮他　　　　4）教他怎么玩　　　5）不管他

孩子学习遇到困难时，您会 _____

1）为他找老师、学习材料等　　　　　2）亲自教他　　　　3）多陪他练习

4）看到他的进步并鼓励他　　　　　　5）不管他

100. 孩子出现以下情绪的时候，通常您第一时间的对待方式是 _____

高兴 _____

1）和他一起高兴　　2）不管他　　　　3）控制一下他　　4）给他泼泼冷水

生气 _____

1）先不做评价，鼓励他说出自己的感受　　2）先了解情况，再告诉他如何应对

3）冷处理，让他自己待到平静下来再说　　4）先批评他，让他压下火气再说

5）和孩子一起生气　　　　　　　　　　　6）不管他

伤心 _____

1）抱抱他，让他感到安慰　　　　2）让他别哭，鼓励他坚强勇敢

3）冷处理，让他先哭够，不哭了再说　4）给他讲道理，让他不再伤心

5）和孩子一起伤心　　　　　　　6）不管他

社区公共服务

101. 孩子居住的社区是否有（可多选）_____

1）健身场所和较大空地　　　　2）年龄相似的玩伴

3）早教场所　　　　　　　　　4）社区活动室

102. 社区卫生站主要提供（可多选）_____

1）看病　　　2）孩子打预防针　3）妇幼健康知识宣传

4）婴幼儿家访　　5）都没有

103. 社区有其他社会组织或机构提供儿童早期养育服务吗 _____

1）有　　　　　　2）没有

养育投入

104. 孩子1岁之前，您每月花在孩子早教上的投入是 _____

1）100元以内　　2）100～500元　　3）500～1000元

4）1000～2000元　5）2000～5000元　6）5000元以上

105. 孩子1～3岁期间，您每月花在孩子早教上的投入是 _____

1）100元以内　　2）100～500元　　3）500～1000元

4）1000～2000元　5）2000～5000元　6）5000元以上

家庭氛围

106. 您业余时间喜欢做的事情是（可多选）_____

1）读书、看杂志　2）上网聊天或游戏　3）在网上随意浏览

4）看电视剧和影碟　5）听音乐　　6）运动健身

7）外出游玩　　8）唱歌　　　　9）逛街购物

10）看报纸、新闻　11）看体育比赛　12）下棋、玩牌

13）看各种展览　14）和朋友聚会　15）打麻将

16）做家务　　17）其他_____

107. 您家里大概有多少图书 _____

1）100册以内　2）100～200册　3）200～500册

4）500～1000册　5）1000册以上

108. 这些图书涵盖哪些方面的内容（可多选）_____

　　1）工具书　　　　2）历史　　　　　3）专业书　　　　4）文学

　　5）艺术　　　　　6）天文地理　　　7）外语　　　　　8）教材教辅

　　9）科普书籍　　　10）生活休闲类　　11）时政　　　　12）体育

　　13）其他_____

109. 您家里大概有_____孩子的图书

　　1）20册以内　　　2）20～50册　　　3）50～100册

　　4）100～200册　　5）200册以上

110. 孩子的图书大概有哪些方面的（可多选）_____

　　1）识字类　　　　2）百科类　　　　3）外语类　　　　4）益智类

　　5）数学类　　　　6）卡通动漫类　　7）文学类　　　　8）道德培养类

　　9）艺术类　　　　10）生活习惯类　　11）其他_____

111. 孩子现在最喜欢看什么书_____

　　1）识字类　　　　2）百科类　　　　3）外语类　　　　4）益智类

　　5）数学类　　　　6）卡通动漫类　　7）文学类　　　　8）道德培养类

　　9）艺术类　　　　10）生活习惯类　　11）其他_____

112. 通常孩子看他喜欢的书每次会持续_____分钟

113. 您家的光碟有多少_____

　　1）20张以内　　　2）20～50张　　　3）50～100张

　　4）100～200张　　5）200～500张　　6）500张以上

114. 您家的光碟主要是哪方面的（可多选）_____

　　1）影视剧　　　　2）音乐　　　　　3）科学技术　　　4）学习类

　　5）游戏　　　　　6）体育　　　　　7）养生保健

115. 您家里给孩子用的光碟有多少_____

　　1）0张　　　　　2）20张以内　　　3）20～50张　　　4）50～100张

　　5）100～200张　　6）200～500张　　7）500张以上

116. 孩子的光碟主要是哪方面的（可多选）_____

　　1）动画片　　　　2）音乐　　　　　3）故事

　　4）歌谣　　　　　5）外语学习　　　6）游戏

117. 孩子现在最喜欢看哪类光碟_____

　　1）动画片　　　　2）音乐　　　　　3）故事

　　4）歌谣　　　　　5）外语学习　　　6）游戏

118. 孩子每次看喜欢的光碟时会持续_____分钟

119. 孩子有多少玩具 _____

1）10个以内	2）10 ~ 20个	3）20 ~ 50个
4）50 ~ 100个	5）100个以上	

120. 孩子有哪些玩具（可多选）_____

1）积木	2）拼图	3）玩偶	4）拼插玩具
5）运动类	6）穿珠类	7）手工类	8）过家家类
9）球	10）音乐类	11）美术类	12）模型类
13）电动玩具	14）益智类	15）其他_____	

121. 孩子现在最喜欢玩什么玩具 _____

1）积木	2）拼图	3）玩偶	4）拼插玩具
5）运动类	6）穿珠类	7）手工类	8）过家家类
9）球	10）音乐类	11）美术类	12）模型类
13）电动玩具	14）益智类	15）其他_____	

122. 孩子每次玩喜欢的玩具时会持续_____分钟

123. 以下哪些词描述您的家最合适（可多选）_____

1）安静	2）热闹	3）温馨	4）冷清
5）冲突	6）快乐	7）紧张	8）混乱
9）秩序	10）暴力	11）其他_____	

124. 以下这些事情在您家经常出现吗 _____

一起聊天 _____

1）经常	2）有时	3）偶尔	4）从不

一起做家务 _____

1）经常	2）有时	3）偶尔	4）从不

一起出去游玩 _____

1）经常	2）有时	3）偶尔	4）从不

互相帮忙、出主意 _____

1）经常	2）有时	3）偶尔	4）从不

互相安慰、鼓励 _____

1）经常	2）有时	3）偶尔	4）从不

各做各的事情互不干扰 _____

1）经常	2）有时	3）偶尔	4）从不

争吵 _____

1）经常	2）有时	3）偶尔	4）从不

打架 _____

1）经常　　　　2）有时　　　　3）偶尔　　　　4）从不

互不理睬 _____

1）经常　　　　2）有时　　　　3）偶尔　　　　4）从不

125. 下面的描述是否符合您的情况（1代表完全不符合，2代表基本不符合，3代表说不清或不确定，4代表基本符合，5代表完全符合）

1）当我需要帮助时，一定会有人来帮助我　　　　1 - 2 - 3 - 4 - 5

2）我希望能够与他人建立亲密无间的关系　　　　1 - 2 - 3 - 4 - 5

3）每当我感到有人与我过于亲近时，我会紧张　　　　1 - 2 - 3 - 4 - 5

4）我经常担心朋友不是真的喜欢我　　　　1 - 2 - 3 - 4 - 5

5）我不能肯定当我需要帮助时，总会有人来帮助我　　　　1 - 2 - 3 - 4 - 5

6）我总希望与人建立亲密无间的友情，但有时别人却因此回避我　　　　1 - 2 - 3 - 4 - 5

7）我发现，虽然我希望与别人亲近，但他们却希望保持一定距离　　　　1 - 2 - 3 - 4 - 5

8）当别人与我接近时，我往往感到难以接受　　　　1 - 2 - 3 - 4 - 5

9）当别人依赖我时，我感觉很好　　　　1 - 2 - 3 - 4 - 5

10）当我需要别人帮助的时候，从来没人来帮助我　　　　1 - 2 - 3 - 4 - 5

11）我经常担心某个对我来说很重要的人会弃我而去　　　　1 - 2 - 3 - 4 - 5

12）我很容易依赖他人　　　　1 - 2 - 3 - 4 - 5

13）与他人接近时，我总有点不自在　　　　1 - 2 - 3 - 4 - 5

14）我的朋友们经常希望我能与他们再亲近点儿，但我更愿意保持一定距离

　　　　1 - 2 - 3 - 4 - 5

15）如果要我依赖他人，我是难以接受的　　　　1 - 2 - 3 - 4 - 5

16）我经常担心有一天朋友们不想再与我做朋友了　　　　1 - 2 - 3 - 4 - 5

17）我发现自己很难完全相信别人　　　　1 - 2 - 3 - 4 - 5

18）一想到有人要与我接近，我就感到紧张　　　　1 - 2 - 3 - 4 - 5

126. 您对生活中下面这些方面的满意程度（1代表非常不满意，2代表不满意，3代表说不清或不确定，4代表满意，5代表非常满意）

1）您和他人的关系　　　　1 - 2 - 3 - 4 - 5

2）您的健康状况　　　　1 - 2 - 3 - 4 - 5

3）您的工作　　　　1 - 2 - 3 - 4 - 5

4）您的家庭　　　　1 - 2 - 3 - 4 - 5

5）您的爱人　　　　1 - 2 - 3 - 4 - 5

6）这段时间您对自己生活的总体感觉　　　　1 - 2 - 3 - 4 - 5

127. 如果没有任何限制，您想要几个孩子？ _____个

128. 您认为一个家庭有几个孩子比较理想？ _____个

129. 如果您只有一个孩子，您希望是_____

    1）男孩　　　　　　2）女孩　　　　　　3）都可以

130. 下面列出了人们要孩子的一些原因。根据您自己的经验，这些原因对您来说重要吗（1代表非常不重要，2代表不太重要，3说不清，4代表比较重要，5代表非常重要）

1）因为孩子能帮助做家务	1 - 2 - 3 - 4 - 5
2）因为增加一个孩子会使家变得对您更重要	1 - 2 - 3 - 4 - 5
3）因为有了孩子会使您的夫妻关系更亲密	1 - 2 - 3 - 4 - 5
4）因为有了孩子会使你们夫妻两人增强争取事业成功的动力	1 - 2 - 3 - 4 - 5
5）因为有了孩子会加强您的责任感，使您更加成熟	1 - 2 - 3 - 4 - 5
6）因为有了孩子会增加您与亲戚的联系与交流	1 - 2 - 3 - 4 - 5
7）因为有个小宝宝能使您感到欢乐	1 - 2 - 3 - 4 - 5
8）因为孩子给家庭生活增加乐趣	1 - 2 - 3 - 4 - 5
9）因为看着孩子一天天长大使父母感到愉快	1 - 2 - 3 - 4 - 5
10）因为父母和孩子之间会产生一种特殊的爱	1 - 2 - 3 - 4 - 5
11）因为做母亲 / 父亲能提高您在家族当中的地位与声望	1 - 2 - 3 - 4 - 5
12）因为有孩子的人在晚年一般不会感到孤独	1 - 2 - 3 - 4 - 5
13）因为通过养育孩子，才可能更深刻地了解生活和您自己	1 - 2 - 3 - 4 - 5
14）因为家族中一些长辈认为您应该多生孩子	1 - 2 - 3 - 4 - 5
15）因为您可以通过孩子结交新朋友	1 - 2 - 3 - 4 - 5
16）因为您想与孩子一起分享您所拥有的一切	1 - 2 - 3 - 4 - 5
17）因为您的生命将在孩子的身上得到延续	1 - 2 - 3 - 4 - 5
18）只有多生孩子，才能保证有足够多的孩子能够活下来，并长大成人	1 - 2 - 3 - 4 - 5
19）生孩子是为了有个女儿（或再有个女儿）	1 - 2 - 3 - 4 - 5
20）生孩子是为了使家族的姓氏得到延续	1 - 2 - 3 - 4 - 5
21）生孩子是为了将来多一个人在经济上帮助家庭	1 - 2 - 3 - 4 - 5
22）生孩子是为了能有一个可以让您去爱和照顾的人	1 - 2 - 3 - 4 - 5
23）再生孩子是为了让现在的孩子有个伴儿	1 - 2 - 3 - 4 - 5
24）生孩子是为了有个儿子（或再有个儿子）	1 - 2 - 3 - 4 - 5
25）根据您的信仰，养育后代是一个人应尽的义务	1 - 2 - 3 - 4 - 5
26）生孩子是因为您爱人想多要孩子	1 - 2 - 3 - 4 - 5
27）生孩子是因为您的孩子在您年老时会照顾您	1 - 2 - 3 - 4 - 5

131. 您希望自己的孩子在多大年龄时应该做到下面这些事情？如果被访者没有这方面的
希望或要求，记为"xx"。

1）保持自己房间的整洁_____岁

2）能够自己搭乘公交车_____岁

3）能够在需要时照顾弟弟妹妹_____岁

4）能够承担起照顾家里其他人的责任（如：当家人生病或需要时）_____岁

5）能够控制自己的脾气_____岁

6）能够自己做饭_____岁

7）能够自己学习_____岁

8）知冷暖，能够自己增减衣服_____岁

9）会自己挑选衣服_____岁

10）能自己吃饭_____岁

11）能自己收拾玩具_____岁

12）会自己洗澡_____岁

13）能自己睡_____岁

14）有自己的主意_____岁

132. 孩子长大成人后，您希望从他那里得到下面这些帮助吗？抱多大期望？（1代表不
抱希望，2代表抱有希望但希望不大，3代表有一定程度的期望，4期望很大，5期
望非常大）

1）一直住得离您很近   1 - 2 - 3 - 4 - 5

2）在经济上帮助弟妹   1 - 2 - 3 - 4 - 5

3）帮您做家务   1 - 2 - 3 - 4 - 5

4）在经济上帮助您   1 - 2 - 3 - 4 - 5

5）帮您照顾更小的孩子   1 - 2 - 3 - 4 - 5

6）当您年老时照顾您   1 - 2 - 3 - 4 - 5

7）给您情感上的支持   1 - 2 - 3 - 4 - 5

8）陪您玩   1 - 2 - 3 - 4 - 5

133. 您为什么会帮助孩子？下面列出了一些人们帮助孩子的原因，您同意这些原因吗？
（1代表完全不同意，2代表基本不同意，3代表说不清或不确定，4代表基本同意，
5代表非常同意）

1）因为我想让孩子心情好些   1 - 2 - 3 - 4 - 5

2）因为这是我做父母的责任   1 - 2 - 3 - 4 - 5

3）因为我知道，如果我这样做，孩子一定会感到高兴   1 - 2 - 3 - 4 - 5

4）因为我的父母就是这样对待我的，所以我也这样对待我的孩子　1 - 2 - 3 - 4 - 5

5）因为他 / 她今后会报答我的　1 - 2 - 3 - 4 - 5

6）因为如果我不帮助他 / 她，别人会感到诧异　1 - 2 - 3 - 4 - 5

7）因为我的孩子十分爱我，因此我也要同样爱他 / 她　1 - 2 - 3 - 4 - 5

8）因为如果我这样做，会帮他 / 她解决一些困难　1 - 2 - 3 - 4 - 5

9）因为我知道这样做会更有利于他 / 她的健康和幸福　1 - 2 - 3 - 4 - 5

10）因为孩子希望我这样做　1 - 2 - 3 - 4 - 5

11）因为如果我不帮助他 / 她，我会感到内疚　1 - 2 - 3 - 4 - 5

12）为了与孩子保持良好的关系　1 - 2 - 3 - 4 - 5

134. 您觉得父母做到下面这些重要吗？从以下条目中选择您认为最重要的 5 项，并按照重要性由大到小进行排序，将相应条目的序号写在下面的横线上。

1）_____　　　2）_____　　　3）_____

4）_____　　　5）_____

A. 教育子女如何为人处世　　　　B. 督促子女学习和上进

C. 在重要事情上为孩子做决策　　D. 指出子女错误，教育好他们

E. 关心孩子的内心感受　　　　　F. 关心子女发育和交往问题

G. 孩子遇到学习困难，鼓励他们　H. 营造良好家庭氛围，利于孩子成长

135. 您觉得孩子做到这些重要吗？从以下条目中选择您认为最重要的 5 项，并按照重要性由大到小进行排序，将相应条目的序号写在下面的横线上。

1）_____　　　2）_____　　　3）_____

4）_____　　　5）_____

A. 好好学习，不让父母操心　　　B. 听从父母的教导

C. 不辜负父母对自己的期望　　　D. 遇到问题请教父母

E. 关心父母的身体健康　　　　　F. 关心父母的心情

G. 和父母一起关心照顾祖辈

136. 您希望孩子是一个什么样的人？从以下条目中选择您认为最重要的 5 项，并按照重要性由大到小进行排序，将相应条目的序号写在下面的横线上。

1）_____　　　2）_____　　　3）_____

4）_____　　　5）_____

A. 很听父母的话　　　　　　　　B. 很独立，自主性强，不依靠他人

C. 人缘很好　　　　　　　　　　D. 在学校表现很好

E. 人品好　　　　　　　　　　　F. 成绩好

G. 身体好

137. 您是否同意下面的说法（1代表完全不同意，2代表基本不同意，3代表说不清或不确定，4代表基本同意，5代表完全同意）

1）孩子将来什么样，很大程度是由遗传基因决定的，别太勉强要求孩子

1 - 2 - 3 - 4 - 5

2）笨鸟先飞，孩子先天不够聪明就要早点让他勤学苦练　1 - 2 - 3 - 4 - 5

3）响鼓不用重锤敲，聪明的孩子不用担心成绩　1 - 2 - 3 - 4 - 5

4）孩子从小学习，打好基础，将来他才能成绩好　1 - 2 - 3 - 4 - 5

5）孩子小的时候就让他学太多东西，不见得有好处，反而可能有负面影响

1 - 2 - 3 - 4 - 5

6）从小让孩子多学些东西可以让他的能力更强　1 - 2 - 3 - 4 - 5

7）不管怎样，学总比不学好　1 - 2 - 3 - 4 - 5

8）如果方法得当，孩子很小就可以学很多东西　1 - 2 - 3 - 4 - 5

9）孩子小时候上兴趣班，不过就是培养个兴趣和学习习惯，真正的学习要等上学

1 - 2 - 3 - 4 - 5

10）小的时候还是让孩子多玩玩好些　1 - 2 - 3 - 4 - 5

11）让孩子自由玩耍就是最好的早教　1 - 2 - 3 - 4 - 5

12）放任孩子玩耍，啥也不学，将来他上学要吃亏的　1 - 2 - 3 - 4 - 5

13）现在让孩子学他不高兴，要是不让他学，又担心他长大了怪罪我们

1 - 2 - 3 - 4 - 5

14）很多早教理念都挺好的，但是环境压力太大，无法实施　1 - 2 - 3 - 4 - 5

15）不管学什么，都要尊重孩子的兴趣　1 - 2 - 3 - 4 - 5

16）孩子自己会成长的，等待孩子自己成长起来就好了，别刻意让他学

1 - 2 - 3 - 4 - 5

138. 培养下面这些方面对孩子将来有多重要（1代表非常不重要，2代表不太重要，3代表不确定，4代表比较重要，5代表非常重要）

1）应试能力　1 - 2 - 3 - 4 - 5

2）情绪控制　1 - 2 - 3 - 4 - 5

3）人际交往　1 - 2 - 3 - 4 - 5

4）道德行为　1 - 2 - 3 - 4 - 5

5）语言表达　1 - 2 - 3 - 4 - 5

6）艺术素养　1 - 2 - 3 - 4 - 5

7）运动能力　1 - 2 - 3 - 4 - 5

8）好习惯　1 - 2 - 3 - 4 - 5

9）好性格　1 - 2 - 3 - 4 - 5

10）注意力　　　　　　　　　　　　　　　　　1 - 2 - 3 - 4 - 5

11）创造力　　　　　　　　　　　　　　　　　1 - 2 - 3 - 4 - 5

12）动手能力　　　　　　　　　　　　　　　　1 - 2 - 3 - 4 - 5

13）自学能力　　　　　　　　　　　　　　　　1 - 2 - 3 - 4 - 5

14）意志力　　　　　　　　　　　　　　　　　1 - 2 - 3 - 4 - 5

15）生活自理能力　　　　　　　　　　　　　　1 - 2 - 3 - 4 - 5

16）规则意识　　　　　　　　　　　　　　　　1 - 2 - 3 - 4 - 5

17）理财能力　　　　　　　　　　　　　　　　1 - 2 - 3 - 4 - 5

18）解决实际问题的能力　　　　　　　　　　　1 - 2 - 3 - 4 - 5

附录3：船房流动儿童的社会融合调查问卷（针对6～18岁在校学生）

A 部分

【A1】　你的性别是_____1）男 2）女

【A2】　年龄_____岁

【A3】　年级_____年级

【A4】　老家是_____省_____县（市）

【A5-1】你到昆明大约多长时间了_____年零_____个月

【A5-2】你到现在的学校大约多长时间了_____年零_____个月

【A6】　你的户口是_____

　　　　1）农村户口　　　2）城市户口　　　　3）不清楚

【A7】　过去一年，你回过几次老家_____

　　　　1）两次及以上　　2）一次　　　　　　3）没有

【C1】　现在住的地方与老家相比，哪一个更好_____

　　　　1）现在住的地方好　　　　2）老家好　　　　3）都一样，没有什么区别

【C2】　你家附近是城里人多还是打工的人多_____

　　　　1）城里人多　　　　　　　　　　　2）打工的人多

　　　　3）城里人和打工的人一样多　　　　4）不知道

【C3】　你家人与周围人的交往怎么样_____

　　　　1）熟悉，经常往来　　2）一般熟悉，偶尔往来　　3）不熟悉，很少往来

【C4】　当你家有困难时，会找周围的人帮忙吗_____

　　　　1）会　　　　2）不会

【C5】 当你周围人有困难时，你会主动地去帮助他们吗_____

1）会　　　　　2）不会

【C6】 你家周围有免费的健身器材、公园、或绿地等_____

1）有，且经常去　2）有，偶尔去　　3）有，但从不去　　4）没有

【C7】 你去昆明的景点玩过吗_____

1）去过很多　　2）去过一些　　3）没有去过

D 部分

【D1】 到昆明后，你换过几次学校?_____次

【D2】 你对学校的环境（如教室、操场等）满意吗_____

1）很满意　　　2）满意　　　　3）比较满意

4）不太满意　　5）不满意

【D3】 你觉得你们学校的教学质量怎么样_____

1）很好　　　　2）一般　　　　3）比较差　　　　4）很差

【D4】 给你上课的老师经常换吗_____

1）没换过　　　2）偶尔换　　　3）经常换

【D5】 你的老师会拿你们和城里的学生比吗_____

1）会，说城里的孩子比我们强　　　2）会，说城里的孩子和我们各有好坏

3）会，说我们比城里的孩子好一些　4）不会，老师没跟我们讲过

【D6】 【多选题】在现在这个学校，你有什么收获_____

1）能真正学到知识

2）学到以前不曾开设的课程（如英语、信息课等）

3）能结识很多本地同学

4）能够结识很多和自己一样的外地同学

5）和本地学生一样不交学费

6）能够获得生活补助

7）参加各项校内外活动，得到锻炼（如课外活动、区 / 市级竞赛等）

8）其他，请写出_____

【D7】 【多选题】对现在学校有哪些不满意的地方_____

1）没学到什么知识

2）上学没意思，除了上课、考试就是作业

3）参加校内外活动的机会较少，得不到锻炼

4）本地同学瞧不起，我不愿意跟他们在一起

5）在这里上学交的钱太多

6）老师经常换，不负责任

7）其他，请写出_____

【D8】 【多选题】在学校里，你更愿意和什么样的人做朋友_____

1）老乡　　　　2）城里的同学　　　3）成绩好的同学

4）谈得来的同学 5）家近的同学

【D9】 你这学期是否参加了课外辅导班_____

①是　　　　　　②没有

【D13-1】每周大约上多长时间课外辅导班_____

1）2个小时以内 2）2～3小时　　3）3～4小时　　4）4～6小时

5）6～8小时　　6）8～10小时　　7）10～12小时　　8）12小时以上

【D10】 你希望你将来取得什么学历_____

1）大学以上　　2）研究生　　　3）高中

4）初中　　　　5）没想法

【D11】 你希望你自己以后能做什么样的人【限选一项】_____

1）工人　　　　　　　　　　2）农民

3）公务员　　　　　　　　　4）企事业单位负责人

5）个体、私营企业主　　　　6）公司职员

7）教师、培训师　　　　　　8）医生、护士

9）研究人员、技术人员　　　10）演员、歌手、运动员

11）军人、警察　　　　　　 12）律师、法官、检察官

13）厨师、餐饮服务人员　　　14）播音员、主持人、电影电视编导

15）其他　　　　　　　　　 16）没想过

E 部分

【E1】　在城市生活，你有多_____个好朋友

【E2】　【多选题】你经常和朋友在一起做什么_____

1）在一起聊聊各自的心事　　　2）我们经常在一起玩

3）在一起学习　　　　　　　　4）在一起就不担心被人欺负了

5）其他，请写出_____

【E3】　这些朋友中有城里人吗_____

1）有（请继续回答 E3-1、E3-2、E3-3）　　2）没有（请跳到 E4）

【E3-1】【多选题】你怎么认识这些城市好朋友的_____

1)（曾是）同学　2)（曾是）邻居　　3)亲戚

4)别人介绍的　5)偶然认识的　　6)其他

【E3-2】你经常和他们一起玩吗_____

1)经常　　　　　　2)偶尔

【E3-3】你会把你的小秘密告诉他（她）吗_____

1)会　　　　　　2)不会

【E4】　愿意和城里孩子交朋友吗_____

1)愿意　　　　2)不愿意　为什么_____

【E5】　与城里孩子玩的时候，有没有感觉到你自己是农村人_____

1)经常有　　　　2)偶尔有　　　　3)从来没有

【E6】　你在老家的朋友多还是这里的朋友多_____

1)这里的　　　　2)老家的　　　　3)差不多

【E7】　你更愿意和哪边的朋友玩_____

1)这里的　　　　2)老家的　　　　3)都愿意　　　　4)说不清

【E8】　和城里的孩子玩时，你觉得自己是城里人吗_____

1)经常有　　　　2)偶尔有　　　　3)从来没有

【E9】　和老家的朋友玩时，你会觉得自己是城里人吗_____

1)经常有　　　　2)偶尔有　　　　3)从来没有

【E10】对下面所列人员，你信任谁？请在符合自己情况的方框中打"√"。

	信任	不确定	不信任
1.家人			
2.直系亲属			
3.其他亲属			
4.亲密朋友			
5.一般朋友			
6.同学			
7.老师			
8.城里的邻居			
9.城里的老乡			
10.城市中其他人			

【E11】表格题，请在符合自己情况的方框中打"√"。

	同意	说不清	不同意
1.在学校交新朋友，对我来说很容易			
2.在学校没人跟我说话			
3.我跟别的孩子在一块时相处很融洽			
4.我感到孤独			
5.需要时，我可以找到朋友			
6.没有人跟我一块玩			
7.班上的同学很喜欢我			
8.我觉得自己是一个有价值的人			
9.我感到我有许多优点			
10.我时常感到毫无用处			
11.我害怕在别的孩子面前做没做过的事情			
12.当周围都是不认识的小朋友是，我觉得害羞			
13.我担心其他孩子在背后说我			
14.我担心别的小朋友会不喜欢我			

【E12】【多选题】有心事时，你会告诉谁_____

　　1）老师　　　　2）同学　　　　3）爸爸　　　　4）妈妈

　　5）兄弟姐妹　　6）其他亲人　　7）其他小伙伴　　8）没人说

【E13】【多选题】放学后，除了做作业，你都做什么_____

　　1）帮父母干活　　2）看电视　　　3）跟朋友玩

　　4）不干什么　　　5）其他_____

F 部分

【F1】　请用4句话回答"我是谁"

　　1）我是_____　　　　　　2）我是_____

　　3）我是_____　　　　　　4）我是_____

【F2】　请分别用三个词来描述下列人或地方

　　1）农村人：_____，_____，_____

　　2）农村：_____，_____，_____

　　3）城里人：_____，_____，_____

　　4）城市：_____，_____，_____

　　5）来城里务工经商的人：_____，_____，_____

【F3-1】你觉得自己是农村人吗_____

　　1）是　　　　　　　2）不是　　　　　　3）说不清　　　　　4）没考虑过

【F3-2】你觉得自己是城里人吗_____

　　1）是　　　　　　　2）不是　　　　　　3）说不清　　　　　4）没考虑过

【F4】　在城市生活，有没有被城里人瞧不起的经历_____

　　1）有　　　　　　　2）没有

【F5】　当你听到有人说城里人不好时，你会觉得_____

　　1）和自己无关，不太在意　　　　　　2）他们说的有道理

　　3）他们说的不对　　　　　　　　　　4）和自己有关系

　　5）根据情况再说

【F6】　当你听到有人说外地人或打工的人很坏时，你会觉得_____

　　1）和自己无关，不太在意

　　2）你觉得他们说的不对，是在歧视外地人

　　3）觉得他们说的有道理

　　4）觉得和自己有关系，因为自己就是外地人

　　5）根据情况再说

【F7】　你觉得，你会一直在昆明生活下去吗_____

　　1）会的，因为我们已经在昆明买房子了

　　2）会的，因为已经在昆明生活很长时间了

　　3）不一定，要看父母的工作情况

　　4）随时可能回老家，要看父母的安排

【F8】表格题，请在与你情况相符的一栏中打"√"。

	同意	说不清	不同意
1.我觉得，城里人和农村人有很大的差别			
2.作为一个农村人，我有很多优点			
3.我不想让别人知道我是农村来的			
4.我比老家的孩子更优秀			
5.城里人比农村人聪明			
6.我不喜欢和那些不愿意承认自己是农村人的人交朋友			
7.在周围都是农村人的环境中，我感到快乐和满足			
8.我更喜欢用普通话和朋友聊天，而不是方言			
9.与其他同样是来自农村的孩子交往对我很重要			
10.我喜欢在周围都是城里人的地方生活			

	同意	说不清	不同意
11.我喜欢变化多端的生活			
12.只要有钱，就能改变城里人对自己的看法			
13.我只喜欢稳定的生活			
14.关于将来，我和其他来自农村的孩子是一样的			
15.我认识的大部分农村人都是失败者			
16.如果重新选择的话，我希望自己是城里人			
17.我并不在意自己是农村人还是城里人			
18.我希望别人把我看做城里人			
19.通过自己的努力，我可以改变自己的命运			
20.即使户口迁到城市，也无法改变城里人对我的瞧不起			

附录4："社区青少年工作站"研究调查表

"社区青少年工作站"研究调查表

　　亲爱的同学，为了全面深入地了解"船房青少年工作站"参加者的发展，包括参加者的心理、课后活动、家庭及人际关系、学习、升学及就业意向等方面信息，我们特邀请您参加此问卷调查。希望您能客观真实地完成此份调查。您的回答对我们非常重要，研究成果将有助我们为学生的成长提供更好的服务。有关您所填写的信息，我们会绝对保密。多谢你的帮忙和合作！

A. 背景资料

1. 您的姓名_____出生日期_____
2. 您父亲的姓名_____
3. 您母亲的姓名_____
4. 您的性别_____ A. 男　 B. 女
5. 您父亲的教育程度_____

　　A.幼儿园或没有接受教育　　　　　　B. 小学

　　C.初中　　　　　　　　　　　　　　D. 高中或职高

　　E.大专或高职　　　　　　　　　　　F. 大学学位或以上

6. 您的户口是否在昆明_____

    A. 不是　　　　　　　　B. 是

7. 您哪一年来昆明生活的_____

    A. 在昆明出生并一直生活

    B. 年份年（填写数字，如 1990 年）_____

8. 您的出生地_____

    A. 昆明　　　　　　　　B. 其他省市（填写文字）_____

9. 您父亲的就业状况_____

    A. 工作　　　　　　B. 学生　　　　　　C. 零时工

    D. 料理家务　　　　E. 退休人士　　　　F. 待业人士

    G. 长期病患而无法工作者　　　　H. 其他：_____

10. 您母亲的就业状况_____

    A. 工作　　　　　　B. 学生　　　　　　C. 零时工

    D. 料理家务　　　　E. 退休人士　　　　F. 待业人士

    G. 长期患病而无法工作者　　　　H. 其他：_____

11. 您父亲的职业_____

    A. 制造业：1）工厂工人 2）后勤 3）管理人员 4）其他：_____

    B. 建筑业：1）建筑工人 2）装修／维修 3）后勤 4）管理人员 5）其他：_____

    C. 服务业：1）保洁／小时工 2）保安 3）运输司机 4）管理人员 5）其他：_____

    D. 饮食业：1）餐馆／饭店服务员 2）餐馆／饭店经营者 3）其他：_____

    E. 零售业：1）售货员 2）小生意经营者（卖商品／食品等）3）管理人员 4）其他：___

    F. 经济贸易业：1）后勤 2）管理人员 3）其他：_____

    G. 废品回收业：1）收集转卖 2）回收站经营者 3）其他：_____

    H. 农业

    I. 无业

    J. 其他

12. 您母亲现时的职位_____

    A. 制造业：1）工厂工人 2）后勤 3）管理人员 4）其他：_____

    B. 建筑业：1）建筑工人 2）装修／维修 3）后勤 4）管理人员 5）其他：_____

    C. 服务业：1）保洁／小时工 2）保安 3）运输司机 4）管理人员 5）其他：_____

    D. 饮食业：1）餐馆／饭店服务员 2）餐馆／饭店经营者 3）其他：_____

    E. 零售业：1）售货员 2）小生意经营者（卖商品／食品等）3）管理人员 4）其他：___

    F. 经济贸易业：1）后勤 2）管理人员 3）其他：_____

    G. 废品回收业：1）收集转卖 2）回收站经营者 3）其他：_____

H. 农业

I. 无业

J. 其他

13. 您在昆明同住的家庭人数是 _____人

14. 您家在昆明的住房大约有_____平方米

B. 青少年心理韧性（抗逆力）

	1.完全不符合	2.比较不符合	3.说不清	4.比较符合	5.完全符合
1.至少有一位老师，非常关心我					
2.至少有一位老师，当我表现良好时能表扬我					
3.至少有一位老师，当我不在学校时能引起他（她）的注意					
4.至少有一位老师，一直希望我尽力做好每件事					
5.至少有一位老师，愿意倾听我的心里话					
6.至少有一位老师，相信我将会是一位成功者					
7.在学校里我参加一些有趣的活动					
8.我参与制定一些班规或者发起一些活动					
9.我做的一些事情能对班级产生影响					
10.我的父母或其他长辈期望我能守规矩					
11.我的父母或其他长辈很关心我的学业					
12.我的父母或其他长辈相信我将会是一位成功者					
13.我的父母或其他长辈会与我共同探讨我的问题并给予指导					
14.我的父母或其他长辈一直希望我尽力做好每件事					
15.我的父母或其他长辈在我遇到困难时能安慰和帮助我，并倾听我的心里话					
16.我做的一些事情能对家庭产生影响					
17.我与父母或其他长辈共同做一些有趣的事情，或去一些好玩的地方					
18.我参与家庭事务的一些讨论和决策					
19.我的朋友非常关心我					
20.我的朋友会与我共同探讨关于我的问题					
21.当我有困难时，我的朋友能够帮助我					
22.我的朋友相信我将来会是一名成功者					
23.我的朋友认为我有能力去面对困难					
24.我的朋友希望我做好每件事					

续表

	1.完全不符合	2.比较不符合	3.说不清	4.比较符合	5.完全符合
25.我有一位成年亲戚，非常关心我					
26.我有一位成年亲戚，当我表现良好时会表扬我					
27.我有一位成年亲戚，会注意到我心烦和不安					
28.我有一位成年亲戚，相信我将会是一名成功者					
29.我有一位成年亲戚，一直希望我尽力做好每件事					
30.我有一位成年亲戚，很值得我信任					
31.我是一些俱乐部、体育队或其他群体组织的成员					
32.我的业余爱好广泛，像音乐、文学、艺术、体育等					
33.我喜欢帮助别人					
34.我有自己的未来目标和计划					
35.我计划能从高中顺利毕业					
36.我毕业后打算继续接受更高等的教育					
37.当我遇到困难时，我知道从哪里获得帮助					
38.我设法通过聊天或写作来找到解决问题的办法					
39.我能够解决自己的问题					
40.如果我努力，几乎所有的事情我都能做					
41.我会跟与我有意见分歧的人和谐相处					
42.我能做好许多事情					
43.当我发现有人感情受到伤害时，我也会难过					
44.我尽力去理解别人的经历或遭遇					
45.当我需要帮助时，我会找人商量					
46.我喜欢与别人一起工作或学习					
47.我在坚持自己的观点时，不会去贬低别人					
48.我尽力去理解别人的所感和所想					
49.我知道自己的生活目标是什么					
50.我理解自己的感情和情绪体验					
51.我理解自己所做事情的原因					

C. 课后活动及行为

在过去一个星期，你平均每天上学前及放学后，在下列活动中花了多少时间？请在答案表 C 部"课后活动及行为"各项活动后的横线上填上时间。

1. 独自在家（_____小时_____分钟）

2. 独自在家没什么事做（＿＿＿＿小时＿＿＿＿分钟）

3. 看电视（＿＿＿＿小时＿＿＿＿分钟）

4. 做功课／温习（＿＿＿＿小时＿＿＿＿分钟）

5. 课余阅读（为兴趣或娱乐）（＿＿＿＿小时＿＿＿＿分钟）

6. 学校活动／社区活动（＿＿＿＿小时＿＿＿＿分钟）

7. 课余体育运动（＿＿＿＿小时＿＿＿＿分钟）

8. 与父母交谈／沟通（＿＿＿＿小时＿＿＿＿分钟）

9. 做家务（＿＿＿＿小时＿＿＿＿分钟）

10. 帮助父母的工作（＿＿＿＿小时＿＿＿＿分钟）

11. 和朋友交谈或在一起（玩游戏机／上网除外）（＿＿＿＿小时＿＿＿＿分钟）

12. 在家中玩游戏机／上网（＿＿＿＿小时＿＿＿＿分钟）

13. 在外面或朋友家中玩游戏机／上网（＿＿＿＿小时＿＿＿＿分钟）

14. 一个人闲逛或到处溜跶（＿＿＿＿小时＿＿＿＿分钟）

15. 和朋友一起闲逛或到处溜跶（＿＿＿＿小时＿＿＿＿分钟）

16. 在你居住的小区有青少年可以参与的活动吗＿＿＿＿

    A. 从没有   B. 很少有   C. 有时有   D. 经常有

17. 在你居住的小区，有可以一同玩耍的同年龄伙伴吗＿＿＿＿

    A. 没有   B. 很少   C. 几个   D. 很多

18. 当你放学回家时，通常有谁在家里＿＿＿＿

    A. 父亲   B. 母亲   C. 亲生兄弟姐妹

    D. 祖父母或外祖父母   E. 其他人   F. 没有人

19. 在这个学期，你有否被批评或记过、欠交作业及因犯错误问题见老师或是被叫家长＿＿＿＿

    A. 没有   B. 一次   C. 两至三次

    D. 四至十次   E. 十次以上

20. 在这个学期，你有否讲过脏话、破坏公物、偷窃或打人＿＿＿＿

    A. 没有   B. 一次   C. 两至三次

    D. 四至十次   E. 十次以上

21. 你有没有吸过烟（试一口也算）＿＿＿＿

    A. 没有   B. 有

22. 在过去 30 天内（一个月），你有没有饮酒（包括啤酒、红酒）＿＿＿＿

    A. 没有   B. 有

D. 学习、升学及就业

1. 你希望能够_____

    A. 可以的话马上不再上学　　　　　　　B. 完成小学课程

    C. 完成初中课程　　　　　　　　　　　D. 完成高中或职高课程

    E. 完成大学课程

2. 你认为你最高可取得什么学历_____

    A. 没有想过　　　B. 小学程度　　　C. 初中程度　　　D. 高中或职高

    E. 大专或高职　　F. 大学本科　　　G. 研究生

3. 你觉得读书对你来说_____

    A. 不是十分重要　　B. 不重要　　　C. 有些重要

    D. 很重要　　　　　E. 不知道

4. 读书对你有多大意义_____

    A. 非常没意义　　　B. 没意义　　　C. 有些意义

    D. 很有意义　　　　E. 不知道

5. 你家长（或监护人）期望你达到什么教育程度_____

    A. 不知道　　　B. 小学程度　　　C. 初中程度　　　D. 高中或职高程度

    E. 大专或高职　F. 大学学位　　　G. 硕士或博士

6. 你觉得你能达到家长（或监护人）对你教育程度的期望吗_____

    A. 不知道　　　B. 比期望低　　　C. 刚达到　　　D. 超出他们的期望

7. 你觉得你自己读大学的机会有多大_____

    A. 不知道　　　B. 完全没机会　　C. 机会很小

    D. 机会中等　　E. 机会很大　　　F. 一定能升读大学

8. 你有没有毕业后的学习或工作计划_____

    A. 没有　　　　B. 有

9. 你家长（或监护人）是否知道你毕业后的计划_____

    A. 没有　　　　B. 有

请指出以下五句对你进行描述的句子是否合适。

10. 我喜欢为将来制定计划_____

    A. 非常合适　　B. 比较合适　　　C. 有点合适　　　D. 完全不合适

11. 我觉得为将来订立目标是有用的_____

    A. 非常合适　　B. 比较合适　　　C. 有点合适　　　D. 完全不合适

12. 我只为今天作打算_____

    A. 非常合适　　B. 比较合适　　　C. 有点合适　　　D. 完全不合适

13. 我每天都有太多事去想，没时间去想将来_____

    A. 非常合适   B. 比较合适   C. 有点合适   D. 完全不合适

14. 我认为计划将来是没意义的，因太多事情在改变_____

    A. 非常合适   B. 比较合适   C. 有点合适   D. 完全不合适

E. 人际关系

以下是一些描述你现在和你的朋友及家人的句子，请你表示你对这些句子的同意程度。

1. 当你有需要的时候，总有一个重要的人在你身边_____

    A. 十分不同意   B. 很不同意   C. 不同意   D. 中立

    E. 同意   F. 很同意   G. 十分同意

2. 你的家人真的十分愿意帮助你_____

    A. 十分不同意   B. 很不同意   C. 不同意   D. 中立

    E. 同意   F. 很同意   G. 十分同意

3. 你的朋友真的愿意尝试帮助你_____

    A. 十分不同意   B. 很不同意   C. 不同意   D. 中立

    E. 同意   F. 很同意   G. 十分同意

4. 你可以和家人诉说你自己的问题_____

    A. 十分不同意   B. 很不同意   C. 不同意   D. 中立

    E. 同意   F. 很同意   G. 十分同意

5. 你可以同你的朋友诉说你自己的问题_____

    A. 十分不同意   B. 很不同意   C. 不同意   D. 中立

    E. 同意   F. 很同意   G. 十分同意

6. 在过去的六个月内，你和家长（或监护人）平均有多少晚一起吃晚饭_____

    A. 每晚   B. 一星期二至六次   C. 一星期一次

    D. 一个月二至三次   E. 一个月一次或更少 F. 从来没有

7. 在过去的六个月内，你和家长（或监护人）平时的沟通有多频繁_____

    A. 每日   B. 一星期二至六次   C. 一星期一次

    D. 一个月二至三次   E. 一个月一次或更少 F. 从来没有

8. 在过去的六个月内，一般来说，你和家长（或监护人）有多亲近_____

    A. 不亲近   B. 比较亲近   C. 非常亲近

9. 在过去的六个月内，你和家长（或监护人）在和你有关的事上看法有多一致_____

    A. 非常不同   B. 比较不同   C. 比较一致   D. 非常一致

10. 在过去的六个月内，你有没有为你的家人提供一些义务的帮忙，例如帮手买东西、照顾别人、修整东西等_____

    A. 没有   B. 很少   C. 有时   D. 经常

11. 在过去的六个月内，你有没有得到家人的帮忙，例如为你买东西、得到照顾、协助你
　　修整东西等_____
　　A. 没有　　　　　　B. 很少　　　　　　C. 有时　　　　　　D. 经常
12. 在过去的六个月内，你有没有得到社区里其他人的帮忙_____
　　A. 没有　　　　　　B. 很少　　　　　　C. 有时　　　　　　D. 经常
13. 在过去的六个月内，你有没有得到过朋友的帮忙_____
　　A. 没有　　　　　　B. 很少　　　　　　C. 有时　　　　　　D. 经常

附录5："流动青少年工作站"项目绩效评估居民调查问卷

"流动青少年工作站"项目绩效评估居民调查问卷

　　您好！我是中国发展研究基金会的访问人员，为了推动流动儿童的教育和社会融合，正在进行一项关于社区"青少年工作站项目"的研究，希望了解社区居民的相关经历和感受，以便为未来更好的为本社区居民及儿童提供服务。谢谢您的配合。

第一部分　过滤题

G1. 请问您在这个社区居住多长时间了？　　　　　　　　　　　　　　　g001/
　　半年及以上··1【继续访问】
　　半年以下··2【终止访问】
G2. 请问您的周岁年龄是_____周岁。【年龄均匀分布】　　　　　　g002/
G3. 请记录受访者的性别：　　　　　　　　　　　　　　　　　　　　g003/
　　男··1
　　女··2
G4. 记录受访者的身份：　　　　　　　　　　　　　　　　　　　　　g004/
　　本地居民··1
　　外来人口··2

第二部分　对社区"青少年工作站"的总体认知与评价

A1. 请问您听说过社区中的"青少年工作站项目"或"社会儿童活动中心"吗？　A001/
　　听说过··1
　　没听说过··2

A2. 这个工作站或中心建成以后对社区中孩子们的生活有什么影响？请用 5 分制打分，
5 分表示有很大改善，4 分表示有较大改善，3 分表示没有明显影响，2 分表示有不
好的影响，1 分表示影响非常不好。【单选】　　　　　　　　　　　　　　　A003/

5. 有很大改善　　　　4. 有较大改善　　　　3. 没有明显影响

2. 有不好的影响　　　1. 影响非常不好　　　0. 说不清

A4. 在您看来，这个项目对于您所在社区和居民的重要性如何？　　　　　　　A004/

是最急需解决的问题···1【跳至 A5 题】

只是急需解决的问题之一···2【继续询问】

不是最急需解决的问题···3

A5. 那么，其他哪些问题是急需解决的？（请将答案直接写在下面的横线上）

A005–A007/

A5. 总体来说，您对这个项目的满意程度如何？请用 5 分制打分，5 分表示非常满意，4
分表示比较满意，2 分表示不太满意，1 分表示很不满意。【单选】　　　A008/

5. 非常满意　　　　　4. 比较满意　　　　　3. 一般

2. 不太满意　　　　　1. 很不满意　　　　　0. 说不清

A6a.【如果评价在 3 分以上】您对项目满意的主要原因是什么？【限选 3 项】

A009–A011/

项目符合多数居民及儿童的需求·······································01

项目照顾了弱势人群的利益··02

项目的内容和服务质量好···03

能给我带来切实利益（孩子的成长、在城市更好生活）··········04

有利于社区的和谐和发展···05

知道政府是在为流动人口做事··06

其他（请注明）＿＿＿＿＿＿

A6b.【如果评价在 3 分及以下】您对项目不满意的原因是什么？【限选 3 项】

A012–A014/

不是最急需解决的问题···01

对我的生活带来了不好的影响··02

流动人口和子女有需求和建议不知如何表达·························03

流动人口的意见没有得到反馈和解决····································04

项目内容和质量不好···05

其他（请注明）＿＿＿＿＿＿

第三部分 对"流动青少年工作站"项目的具体评价

B1. 您和您的孩子以何种方式参与过"流动青少年工作站"项目？   B001-B006/

孩子去过活动站参加活动……………………………………………01

自己进去过活动站………………………………………………………02

自己带孩子去过活动站参加活动……………………………………03

自己只是路过但从来没有进去过……………………………………04

听其他人说起过…………………………………………………………05

没有参与过………………………………………………………………06

其他（请注明）＿＿＿＿＿＿＿

B2. 未来如果有类似"社区青少年工作站"项目开展,您和您的孩子是否愿意参与其中?
请用5分制表示，5分表示非常愿意，4分表示比较愿意，2分表示不太愿意，1分
表示根本没有兴趣。【单选】   B007/

5. 非常愿意   4. 比较愿意   3. 一般

2. 不太愿意   1. 根本没有兴趣   0. 说不清

B3. 未来如果"社区青少年工作站"项目不再开展了，您和您的孩子是什么感觉？请用
5分制表示，5分表示非常愿意，4分表示比较愿意，2分表示不太愿意，1分表示
根本没有兴趣。【单选】   B010/

5. 非常愿意   4. 比较愿意   3. 一般

2. 不太愿意   1. 根本没有兴趣   0. 说不清

B4. 如您的孩子参加过"社区青少年工作站"的活动，他的感觉是什么？【单选】
    B011/

5. 感觉非常好   4. 感觉还好   3. 一般

2. 感觉不好   1. 感觉非常不好   0. 说不清

B5. 如您的孩子参加过"社区青少年工作站"的活动，一般每天都呆多长时间？【单选】
    B012

5. ≤ 0.5 小时   4. 0.5 ~ 1 小时   3. 1 ~ 2 小时

2. 2 ~ 3 小时   1. ≥ 4 小时

B6. 如您的孩子参加过"社区青少年工作站"的活动,您感觉对下面哪些方面有帮助？（最
多选3项）

孩子放学后有地方去…………………………………………………1

对孩子做作业和学习有帮助…………………………………………2

孩子不去黑网吧了………………………………………………………3

孩子学到了不少知识……………………………………………………4

孩子交到了更多的朋友···5

孩子更乐观和自信了···6

家长更放心了···7

社区更和谐了···8

B7. 目前"社区青少年工作站"内设有棋牌游艺区、绿色网吧区、图书室、个人辅导区、庇护所、休息区、心理辅导和法律支援区,您觉得这种设置合理吗?【单选】B022

　　1. 非常合理　　　　　2. 比较合理　　　　　3. 一般

　　4. 不合理　　　　　　5. 非常不合理　　　　6. 不清楚

B8. 目前"社区青少年工作站"的所有服务都是免费的,您觉得这样的方式好吗?【单选】

B023

　　1. 非常好　　　　　　2. 比较好　　　　　　3. 一般

　　4. 不好　　　　　　　5. 非常不好　　　　　6. 不清楚

B9. 对于目前"社区青少年工作站"的场地和设施,您觉得?【单选】　　　　B024

　　1. 足够了　　　　　　2. 还可以　　　　　　3. 一般

　　4. 不够　　　　　　　5. 非常不够　　　　　5. 不清楚

B10. 对于目前"社会青少年工作站"项目人员的服务和管理?【单选】　　　B025

　　1. 非常专业　　　　　2. 比较专业　　　　　3. 一般

　　4. 不专业　　　　　　5. 非常不专业　　　　6. 不清楚

B11. 下面想了解一下您对"社区青少年工作站"项目的具体看法,请您根据自己了解到的情况进行判断,实际情况是否符合下面的描述,请用5分制打分,5分表示非常符合,4分表示比较符合,2分表示不太符合,1分表示很不符合。【单选】　　B026-30

评价指标	非常符合	比较符合	一般	不太符合	很不符合	说不清	
派出所和社区干部对项目做了充分的宣传工作	5	4	3	2	1	0	B026/
采用各种方式鼓励孩子和家长提出意见和建议	5	4	3	2	1	0	B027/
工作站活动组织规范	5	4	3	2	1	0	B028/
政府对这个项目比较关注和支持	5	4	3	2	1	0	B029
资金使用情况公开透明	5	4	3	2	1	0	B030/

B12. 对"社区青少年工作站"项目,您有没有提出过意见或建议?　　　B031

　　提过···1

　　没有提过···2

B5.【针对 B12 中选 1 的询问】您提的意见是否被采纳或给予反馈？　　　　　B032/

1. 被采纳 　　　　　　　　　　　　2. 部分被采纳

3. 没有被采纳，但说明了原因 　　　4. 没有任何反馈

第四部分　对基层管理组织的评价

C1. 在这个项目的组织实施过程中，您认为派出所和社区工作人员的总体表现怎么样？5分
表示非常好，4分表示比较好，2分表示不太好，1分表示很不好。【单选】　　C001/

5. 非常好 　　　　　　4. 比较好 　　　　　　3. 一般

2. 不太好 　　　　　　1. 很不好 　　　　　　0. 说不清

C2. 对于这个"青少年工作站"项目，您觉得派出所和社区工作人员在以下这几个方面
的具体表现如何？5分表示非常好，4分表示比较好，2分表示不太好，1分表示很
不好。【请访员一一读出下面的评价内容，分别请受访者进行评价】【多选】　C002/
评价指标

5. 非常好 　　　　　　4. 比较好 　　　　　　3. 一般

2. 不太好 　　　　　　1. 很不好 　　　　　　0. 说不清

评价指标	非常符合	比较符合	一般	不太符合	很不符合	说不清	
派出所和社区干部对项目做了充分的宣传工作	5	4	3	2	1	0	B026/
采用各种方式鼓励居民提出意见和建议	5	4	3	2	1	0	B027/
工作站活动组织规范	5	4	3	2	1	0	B028/
资金使用情况公开透明	5	4	3	2	1	0	B030/

C3. 您对"青少年工作站"的工作方式如何评价？

5分表示非常满意，4分表示比较满意，2分表示不太满意，1分表示很不满意。【单
选】　　　　　　　　　　　　　　　　　　　　　　　　　　　　　　　C008/

5. 非常满意 　　　　　　4. 比较满意 　　　　　　3. 一般

2. 不太满意 　　　　　　1. 很不满意 　　　　　　0. 说不清

C4. 如果明年您所在的社区继续开展"青少年工作站"类项目，您会在多大程度上表示
支持？5分表示非常支持，4分表示比较支持，3分表示无所谓，2分表示不太支持，
1分表示很不支持。【单选】　　　　　　　　　　　　　　　　　　　　C009/

5. 非常支持 　　　　　　4. 比较支持 　　　　　　3. 无所谓

2. 不太支持 　　　　　　1. 很不支持 　　　　　　0. 说不清

C5.【如果 C4 题选择 2 或者 1，则询问】请您谈谈您不支持的原因是什么？

C010-C012/

C6.【出示卡片】如果请您用一些形容词来评价您目前所在的社区派出所，您会选择哪些词？【限选三项】

勇于创新的	01	倾听百姓意见的	07
保守求稳的	02	例行公事的	08
关注百姓生活的	03	办事效率高的	09
关注经济发展的	04	办事效率低的	10
信息透明的	05	高高在上的	11
信息闭塞的	06	亲民的	12

C7.【出示卡片】如果请您用一些形容词来评价您目前所在的社区居委会，您会选择哪些词？【限选三项】

勇于创新的	01	倾听百姓意见的	07
保守求稳的	02	例行公事的	08
关注百姓生活的	03	办事效率高的	09
关注经济发展的	04	办事效率低的	10
信息透明的	05	高高在上的	11
信息闭塞的	06	亲民的	12

第五部分　受访者背景信息

Z1. 请问您的最高学历是【单选】

初中及以下	1	大本	4
高中、中专、技校等	2	双学位、硕士及以上	5
大专	3		

Z2. 请问您的职业是

机关/社会团体/事业单位的干部	01	个体户、小摊主	07
企业中高层管理人员	02	学生	08
普通办公室职员	03	无业、失业、待业、下岗	09
工人、普通勤杂人员、售货员、服务人员	04	离退休人员	10
科研、教学、文艺、体育、卫生专业人员	05	其他（请注明）＿＿＿＿＿	
自由职业者（如不是为单一企事业单位服务的律师、会计师、记者、自由撰稿人等）	06	拒答	98

Z3. 请问您的家庭月收入是【单选】

800元以下 ················· 01	8001-1.5万元 ················· 06
801-1500元 ················· 02	1.5万元以上 ················· 07
1501-3000元 ················· 03	无固定收入 ················· 08
3001-5000元 ················· 04	拒答 ················· 98
5001-8000元 ················· 05	

附录6：流动的"蒲公英"——船房社区流动儿童学前教育 调查案例

　　3岁的徐秋馨，金太阳幼儿园小班，老家贵州，他们的父母已经来昆明多年了。他现在一所位于昆明西山区船房社区（城中村）的民办幼儿园上学，"幼儿园不太大，没有操场，教室和休息室都挺黑暗。"在船房社区里，类似徐秋馨这样的孩子有两三千个，他们分别来自云南省内和四川、贵州、重庆等相邻省份，有的跟随父母颠沛流离，有的直接是在昆明出生的，有人称他们农民工子女，也有人称其为"流动儿童"。

　　据第五次人口普查结果，我国0～14岁的流动儿童近1410万，占全部流动人口的13.78%。而这些数量庞大的流动儿童群体将在未来5～10年的时间里陆续进入社会。这期间，如果他们能够成功实现社会化和城市化，那无疑将成为推动社会繁荣与发展的重要力量。相反，如果在其成长过程中，因种种社会因素导致社会化的中断和失败，则有可能给社会带来难以估量的负面影响。如何保证这个庞大群体的受教育权得到保障，是摆在中央和地方政府面前的一道难题。

　　当前，流动人口的早期教育育没有与基础教育特别是义务教育同步。多数流动人口家庭停留于传统、落后的育儿经验和方法，0～3岁婴幼儿接受正规早期教育水平很低。政府对幼儿早期教育投入严重不足，幼儿园发展不均衡。像居住在船房这样城中村中的3～6岁的流动幼儿基本都上的是民办幼儿园。这些民办幼儿园由于无法享受财政经费因而收费较高。同时，这些民办幼儿园还存在师资不足、教师水平有限等问题，影响到了流动幼儿教育质量和安全。

　　为更好地探讨流动儿童的早期教育发展模式，中国发展研究基金会选择在昆明西山区的船房社区开展"公益幼儿园项目"。项目分为两种模式。第一种模式，从昆明船房社区挑选50名流动贫困家庭的未入托子女，由基金会提供资金，免费进入当地已有的民办幼儿园就学，其家长必需定期参与社区公益社会活动。第二种模式，由船房社区提供场所，基金会向企业推介募集资金，建立一所全日制公益幼儿园，为社区贫困流动家庭的子女提供免费学前教育，但其家长也必需定期参与社区公益社会活动。

本调查案例就是在第一种模式实施过程中对船房学前教育状况调查的整理汇编，目的在于提供一些有关当前流动儿童学前教育的现状，并希望能由此引发一些改善流动儿童学前教育状况的政策性思考。

上篇 船房幼儿园状况

船房社区现有民办学校3所，民办幼儿园9所。即使如此，社区中的流动人口仍然只能获得低水平的公共服务。部分外来务工人员家庭困难，他们理应入托、入学的儿童却辍学在家，而且因家长忙于打工，只有放任孩子在外玩耍，以致造成儿童丢失甚至拐卖。

金太阳双语幼儿园

还没到放学时间，随着敲门声，一个活泼可爱的小女孩蹦蹦跳跳地过来给我们开门。以为她会叫老师，可没想到她伶俐地攀上半人高的园门给我们开锁。迎面是一个约七八平方米的小院，紧往里则是一间略显昏暗的五六平方米的教室，20多个小班的孩子快乐地在里面喊着、叫着、跳着。抬头望去，楼上挂着大大的"金太阳双语幼儿园"招牌。

金太阳由尹姓的姐妹俩经营，是1年前从其他人手中接手过来的。园里现有幼儿140多个（平常常有150个），全都是船房外来人口的子女，有大班1个、中班2个、小班1个（最小的1岁，最大的3岁半）。幼儿园租有四层楼，一个班占一层。幼儿园每天的作息时间是从早上七点到晚上七点。园里有9个老师，小班老师为初中文化程度，中班老师有1个也是初中文化程度，大班的两个为中专文化程度但并非幼师专业毕业。收费方面，小班250元/月，中班和大班220元/月，费用包括一日三餐。早餐一般为稀饭、米线和面条，中餐为米饭和青菜、肉末等，下午餐为一个荤素搭配的菜和一个汤。有一半的幼儿每天自带牛奶。教学方面，小班以游戏和看电视为主，大班则以数学、语文和英语教学为主，中班处于两者之间。老师的月平均工资为1000多点，以前为800～900元，没有任何社会保险。新来的老师工资为700多元。老师有提成，每个月约为200～300元。主班老师的底薪为900元。老师也没有任何的培训和学习。园长反映目前老师的招聘相当困难，主要是嫌工资低，吃不了苦。幼儿园一年的运营成本约在4万～5万元。园长说，与其他幼儿园相比，他们的优势在于收费低。金太阳有在教育局登记，但由于安全、场地、师资等达不到相关标准，因而没有办园资质证书，属于典型的"无证经营"，处于非法存在的"灰色地带"。

姐妹俩中的妹妹是该园的主要负责人，昆明华夏中专幼师专业毕业。来船房社区办园之前，在昆明明波社区办幼儿园。明波也是昆明的一个城中村。姐姐反映，与船房相比，明波的小孩比较少，房租较为便宜，但老师的水平没这边高。明波那边城中村改造拆迁了，他们只能来这里。

就在我们结束访谈要走的时候，园长忽然说园里有 2 个弱智儿童，并指着一个个子略高在队列中四处环顾的孩子说，他叫 QXM，从小班到中班，都送来 3 年了，总是呆呆的。他家里还有一个哥哥和一个妹妹，妈妈在船房打工，家境不算太好。顺着园长的目光，我们看到小 Q 自顾自地痴痴笑着，不经意地抬头望着天空。也许他是在寻找他的"金太阳"。

希望幼儿园

希望幼儿园的园长叫陈丽华。她原来在马家营办幼儿园，后因该地拆迁来到船房社区。园里现有幼儿 150 个，孩子们的家庭状况比金太阳要好一些。分为 6 个班，其中大班有幼儿 20 个，中班 32 个，学前班 30 个（5 岁半），小班（2 ~ 3 岁）18 个，小中（2）班 28 个，小中（1）班 28 个。小班幼儿主要是读一读简单的字词和 10 以内数字；小中（2）班可简单地写一点点横竖撇；小中（1）一学期学 5 个复杂的汉字；中班学习更多的汉字及 5 以内的加减法；大班学更多的汉字及拼音和 10 以内的加减法；学前班学习 15 以内的加减法及更多的汉字和拼音。陈园长说这些内容不教的话，家长会不愿意，会影响幼儿园的声誉和经营。幼儿的家长多为外地流动人口，每天因工作或生意没有时间照顾、教育小孩，有老人的还好一些，没老人照看的甚至第二天没洗脸就会来园里。

园里现有 12 个老师，其中 5 个幼师毕业，6 个高中毕业，1 个是大专生。每个班都是一保一教，另外有 3 个办公室及做饭的人。老师的平均工资为 1300 元左右，保育员约为 900 元。老师们都没有社会保险，据陈园长所说是他们不愿意上。老师在园里包吃，部分住在园里的宿舍，部分在外面租房住。老师都是从社会上公开招，但不易招到。陈园长说，不知现在是怎么回事，即使农村出来的也不愿吃苦了。

园里从小班一直上到学前班的幼儿连一半都到不了。入园费是 1 个月收一次。在教育局有正式登记，有开办幼儿园的证书，每年教育局也会来年检。

园里每个班最多 35 个学生，有 3 层楼，面积 1000 多平方米，房子是租的村集体的，1 个月要 1 万多元。各个班级依次分布在各楼。园里的院子有二十多平方米，较为宽敞整洁，有滑梯、转椅等游戏器材。

陈园长是去年 9 月才接下这个幼儿园的，刚开始 10、11、12 月的时候都是亏损的，过完年后才好转起来。陈园长原来所在的马家营也是一个城中村。相比船房社区，她认为马家营较好，人气旺，刚开始的时候就有 50 ~ 60 人，1996 年当年就有 100 多人，后来发展到 200 多人。收费最开始是每月 150 元 / 人，后来涨到 300 元。

陈园长自己最早是在公办幼儿园当老师，后来自己开办幼儿园，今年已有 60 岁左右。她认为现在政府对民办幼儿园的政策很宽容，各个方面正在向公办幼儿园方向靠拢。但她同时也强调，那些没有办证的幼儿园在抢他们的生意。因为没有办证各项费用较低，各个方面能凑合就凑合，都是低标准。据她说办证及相关各项费用下来要几千元。

园里会组织老师学习，也有参加教育局组织的参观和学习。陈园长说，希望在家长中的口碑不错。

苗苗第二康贝尔幼儿园

康贝尔是一家幼儿教育企业，共有 8 家幼儿园，其中两家因拆迁而关闭了。一个叫康琪尔，在昆明下马村，刚刚开了一年就被拆迁了，公司损失了六七十万。另一个是苗苗第一康贝尔幼儿园，在严家地，不久前也因拆迁而关闭了。园长现在最担心船房社区拆迁的事。因为一拆迁，公司的投入就打水漂了，而且寻找合适的地点和房子越来越难、越来越贵。

苗苗二幼现有 500 多名幼儿，分为托班（两岁半以上）、小班、中班、大班和学前班，一般每班 30 多人，小班有 40 多人。幼儿园共有 55 位老师，均为社会公开招聘，学历基本为大专，所学为幼教专业。老师以云南本地人为主。

幼儿园的学费刚由原来的 350 元 / 人上涨到 390 元 / 人，主要是因为物价上涨导致成本上升。幼儿园学生的家庭条件都是社区中相对较好的。园长说，船房小学校长对苗苗二幼的小孩比较认可，认为基础好，愿意接受。但与公司其他幼儿园相比，这个幼儿园的盈利状况不太好，仅仅维持正常的运作。

园里的孩子基本上本地的和外来的各占 50%。学校提供一日 4 餐，某周食谱如下表：

星期	早餐	中餐	午点	晚餐
一	番茄鸡蛋面	小米饭、桂花肉、香菇京白菜、腌菜洋芋汤	蒸黄金瓜	小米饭、粉蒸肉、韭菜炒银芽、筒骨茴香汤
二	牛奶 米糕	米饭、木耳炒肉、蒜泥小黄瓜、紫菜鸡蛋汤	鸡蛋玉米羹	米粉、红烧肉、番茄洋芋片、青菜汤
三	焖肉米线	三鲜刀削面	水果	米粉、蒸肉饼、金钩白菜、腌菜豆腐汤
四	小米杂粮西式火腿	双色饭、三色鸡丁、青菜苏红都、筒骨冬瓜汤	牛奶 餐包	双色饭、叉烧肉、甜脆莲花白、笋尖汤
五	粑肉卷粉	高粱饭、芙蓉蒸鸡蛋、翡翠黄瓜、菠菜汤	水果萝卜	海鲜云吞

园长说幼儿家长很认同学校的餐饮，一般进园以后孩子就会长高增重。

幼儿园管理比较规范和人性化。每个小孩过生日，整个幼儿园都会一起庆祝，吃蛋糕、送纪念品和纪念相框。幼儿园对于表现好的幼儿园给予 3 角 / 天的积分奖励，到月底时可以兑换玩具。

特色班的老师工资最高，包括提成在内有 2000 多元，其他老师最低也有 1600~1700 元。目前，幼儿园想招一个有经验、肯安心留下来工作的老师非常不容易。园里对老师经常进行培训和学习，个别突出的还会被集团送到广州甚至是国外去学习，这些老师学成后再培训其他的老师。此外，集团还经常送老师到昆明的师专或集团本部的的培训中心学习。一般来说，送一个老师到外地培训和学习的费用约在1万元。幼儿园目前在开展保育员的培训。

幼儿园目前最大的担心就是城中村改造所导致的拆迁。园长说，苗苗第一康贝尔幼儿园因拆迁闭园时，他们办了一个和孩子的告别活动。当活动一开始音乐响起时，老师和孩子的眼泪马上就流了出来，大家都依依不舍，可是没办法，只能关闭了。幼儿园关闭后，部分老师自己找到了工作，部分老师就安排到了现在的这个幼儿园。园长说，在城中村办幼儿园真是一个良心工程，他们这个幼儿园房子租的是船房社区五社的房子，是从二房东那里租来的，一年光房租就18万，加之最近物价飞涨，他们几乎没什么钱赚。长期以来，教育局对民办幼儿园都没有补助，而他们办园不仅解决了流动儿童的早期教育，还解决了部分人的就业。

小龙人幼儿园

幼儿园在一座二层楼的第二层上，一道半人高的园门锁着。幼儿园的一边是工厂，车间就在教室下面。楼下园子里有一只大狗，不时瞪视着来往的人。

女园长叫郑学红，三十六七岁，电视广播大学幼师专业毕业，接手这个幼儿园已6年。幼儿园现有100多个小孩，分为小班、中班、大班和学前班，每个班约20人。幼儿园的费用第一个月为300元，以后每月250元。园里提供一日两餐。早餐通常有稀饭、面条和米线；午餐通常有两菜一汤，有黄瓜、鸡蛋、洋芋、肉末和萝卜汤。小班的孩子一般为2~3岁，主要教一些汉字、儿歌和卫生常识；中班教1~20的数字、点横竖屏捺、舞蹈和常识；大班主要是认识拼音，教20以内的算术和5以内的减法；学前班是写拼音注字，上音乐、美术、科学、舞蹈、音乐和社会保护课。

幼儿园共有12个老师，其中4个是幼师中专毕业，2个是师范大专毕业。老师中1个本地的，其他的都是外地的。幼儿园对老师包吃包住，工资1500~1700元不等，依是否带好班和工作年限而定。老师有定期的培训，新来的要培训3~4个月。老师都是从社会公开招聘来的。现在招有经验的老师很难，园里去年5次登报才招了一个好老师。好老师通常意味着学历高、有经验、会普通话。老师们有的住在幼儿园里，有的在外面租房住。园里只给老师们买了意外伤害险，没上其他社会保险。目前老师们的稳定性还可以。

园里的孩子大多都是流动人口的孩子。郑园长说，幼儿园难做，主要是风险大、压力大。他们一般要从早上七点忙到晚上八点多。每周五要进行一次大的检查。幼儿园每年都要去教育局登记，接受年检。她们有正规的开办幼儿园的证书。她们之前是在昆明的良家河，后来因为拆迁就来到这里。这个幼儿园一年的费用大概要十几万。目前 100 多个孩子已经趋于饱和了，她们不准备再招了，孩子多了风险大。

她们园中比较困难家庭的小孩占了一小半，那些单亲家庭的更困难。她们对这些小孩也尽量给予照顾，如双胞胎的就少收 40 元，姐妹两个一起来的可以优惠。郑园长还讲了一个典型的例子。有一个月托的孩子，父亲是曲靖的，因为打架被抓了，母亲也因此和父亲离婚了。结果孩子就没人管了，一年多的时间就住在幼儿园里，园里对他不收费，老师们还精心照顾他。直到上个月，通过派出所终于找到了孩子的亲生母亲，把孩子领走了。园里的小孩流动也较大，每个月有 10 个左右。

下篇　流动儿童及其家庭

等待孩子回家

杨金龙，男，28 岁，贵州毕节人，初中未毕业。他和爱人已出来八年了，刚开始住在昆明的明波社区，后来明波拆迁来到船房社区。他们现在租住的房子大约 13 平方米，每月 350 元。在明波时，他们每月房租只需要 100 多元。电费是 1 元 / 度，一个月要用大约 20 度；水费是 10 块 / 吨，一个月要用 40 吨。电费和水费都是直接交给房东。他们夫妻俩现以卖菜为生，租了三个摊位，一个月 1000 元，另外还要交 270 元的卫生费。他们的菜是从昆明的王旗营和关上批发来的。王旗营离船房有 22 公里，他大清早三点多就要去批菜，一次批四五个品种各 5 ~ 6 斤。他们卖菜一个月能挣 3000 多元。他的爱人 30 岁，初中没有读完。他有一辆二手的微型车，花了一万多块钱买的。每天批完菜回来，他就开车去跑运输。他刚来昆明的时候干了两年的搬运工，每个月 1000 多元。后来攒钱买了车。到目前为止他已开了 8 年车，前后换了大小 5 辆车。因为昆明二环路原来可以走 2 吨的车，后来变为只能走 1 吨以下的，如果被抓住每次要罚 200 元。没办法，他只能换个小点的，白天帮别人运点货，晚上进市区帮别人拉废家具。他说由于油费不断上涨，车也比以前多了很多，现在运输生意不好做。运货费近 3 年都没有涨。他现在每个月靠跑运输也能挣 2500 多元，但太累了，也不自由。

他们夫妇现在生活的重心是把走失的孩子找回来。他们有 3 个孩子，2 男 1 女。走失的是老二是个男孩，是在 2009 年 3 月 9 日 2 岁 7 个月时丢的。小孩走失的前后只有十几分钟。他说当时他走错路了，要不正好能碰见那些人。据他所知，船房社区总共有 12 个小孩走失。他以前住的明波社区也走失了不少小孩。小孩走失后找回来的很少。据他所知，2009 年的时候有两个小孩找了回来，一个是在山东，一个是在福建莆田。他们这些走失小孩的人平常有联系，会组织在一起互相帮助。在昆明火车站或长途汽车站见到寻人启示都会收起来，然后搜集信息，互通有无。他们这些人也会去省政府和市政府上访，省政府和市政府的人会接待他们，然后让他们留下电话等信息。他们也去公安局的刑侦大队，但都没什么消息。他说，他的小孩最初走失时是由东方派出所负责的，后来由于拆迁和流动转交给了大关派出所，后来又转交给了西华派出所。这样转来转去，他很担心以后到派出所都找不到人联系了。他说有个网站在寻找走失的小孩方面很出名，叫"宝贝回家"，但发布一个小孩的信息一年要1000多元。同时，这个网站也提供印制走失小孩扑克的服务，扑克印好后向全国发行。认识的人中有通过网站找回小孩的。他说他的小孩还小，如果再过几年还找不到，他也准备印到扑克上。

他们在老家还有一个7岁的女孩和一个1岁多的男孩。女儿在读1年级。两个孩子都由爷爷奶奶带着。爷爷是搞建筑的，奶奶则主要带小孩。两位老人带小孩在县城租房住。他们每个月给老家寄300元钱。与昆明相比，他们觉得老家的学校质量差，一个老师通常要教3个班，孩子学不到太多的东西。但他们还是决定把孩子们留在老家，主要因为昆明人多且杂，小孩要有人看着。

先天性心脏病的孩子

王奥运，一个让人很容易记住的名字。4岁的小姑娘有着大大的眼睛，微卷的头发，无论谁走到面前，她都准备上前去抱抱。谁能想到这个可爱的小姑娘有先天性心脏病，及轻微的智障！奥运的妈妈说，每回孩子发病，她都只能看着嘴唇发紫的孩子无助地哭。有一回把孩子送到医院，她竟忍不住想一走了之。可一看到孩子可怜的样子，她和孩子的爸爸就哭了，后来还是把孩子接回了家。那次发病所伴随的高烧，硬是靠着吃几倍于儿童用量的抗生药勉强治愈了。

小姑娘至今没有上幼儿园，不光是因为她的病，更是因为家里穷。奥运的爸爸是云南昭通人，28岁，小学文化，一年前因为喝酒打架伤人被判刑入狱。奥运还有一个妹妹，3岁。妈妈带着奥运和妹妹，靠晚上在社区集市卖气球为生，一晚上的辛勤努力最多也就赚20元钱。一个妈妈和两个孩子2010年的收入是3000元，欠了亲友20000元的债。

2010年，妈妈没有给孩子买玩具，买衣服花了200元。她们租住一间10平方米的房子，每月租金300元，水电费50元。每个月全家的食品支出是800元，液化气45元，手机话费30元，洗衣服、肥皂30元。全家去年的医疗支出为3000元。一般人很难想象这种生活的艰辛，妈妈说，她有时都会不由自主地拿着菜刀在案板上使劲地剁啊剁。

我们帮助她们联系了一家专门救助先天心脏病儿童的基金会——华侨基金会。基金会的代表来了解情况后，在社区派出所教导员的帮助下，先送奥运去昆明圣约翰医院做了免费检查。检查的结果是孩子可以接受手术治疗。然而，随之而来的问题是，奥运的父母没有结婚证，孩子没有户口，自然也没有新农合。而华侨基金会援助的前提之一是小孩要有新农合，这样他们可以通过新农合报销一部分手术的费用。而按目前的情况，小孩办户口要颇费一些周折，并且只有在户口落实后，他们才可以购买新农合。但回老家购买新农合所要花费的路费又成为孩子妈妈的忧虑。

希望刚刚出现，似乎又变得微弱。唯一的好消息就是孩子的爸爸今年7月份有可能提前出狱。

饥饿的孩子

我们是在乐斯瑞幼儿园见到杨棵兵的。3岁的孩子见到陌生人怯怯的，幼儿园的张园长让他告诉我们自己的名字，孩子没有吭声。

孩子的父母都不在了。父亲是云南昭通人，母亲是贵州人。父亲是去年年底因肺结核去世的。这之后，母亲带着孩子回了贵州老家，但不久也因为癌症去世。孩子妈妈去世后，娘家立刻打电话让婆婆把孩子领走。

孩子父亲生病期间，借了大哥和二哥各一万元钱。现在孩子的父母都不在了，负债子还，他们开始了对小棵兵的"争夺"。大伯父想把孩子要过去，然后卖了偿还自己的钱。二伯父自然不答应，把孩子抢了过来。二伯父已经36岁了，至今未婚，他想如果不行就让小棵兵将来给自己养老。但孩子要过来了，他却无法照顾。他在红河的工地上干活，并不住在船房。几个月前，他把孩子送到乐斯瑞之后，就再也没有来看过。没办法，张园长只好自己把小棵兵带在身边照料。

小棵兵尽管不是很聪明，但是很会照顾人。晚上同样在张园长家的小女孩要上厕所，他会帮着喊老师，有时一晚上能醒来好几次。张院长说，小棵兵最大的特点就是喜欢吃。尽管他的身高和体重都低于平均水平，但吃饭可以吃两碗，吃糖可以不停地吃好几颗。刚来的时候，只要谁给他好吃的，他就和谁好。那天下午，我们在访谈期间给了他好多糖和威化饼干。小棵兵就在那低着头不停地吃，最后把东西都吃完了。当我们结束调查时，小棵兵居然要跟我们走。最终，我们是在小棵兵含泪注视的目光下离开乐斯瑞的。

"单亲"的妈妈

我们是在船房小学放学的路上初次遇上袁ZHY和她的孩子的。再次见到她时则是在做入园儿童测试时。与上次不同的是，她的小儿子现在已经是我们项目的儿童，免费上幼儿园了；相同的是她说着说着家里和孩子的情况就又哭了起来。

袁ZHY，户籍所在地为云南红河，1976年6月10日生，小学，已婚，有一子一女。我们初次遇到她时，她背上背着儿子，女儿在前面领路。她说，孩子从昨天开始就生病发烧，吃了些药，但今天依然很难受。女儿在上小学二年级，儿子在上幼儿园。她现在社区里打扫卫生，一个月收入700多。他们租住的房子约有六七平方米，一个月要300

多房租,100 多水电费。每个月孩子上幼儿园要 300 多。再加上吃喝,一个月要 1000 多元。屋子里光线昏暗,所有的床铺、桌椅、衣物和炊具都拥挤在这个小小的屋子里。在我们初次访谈时,孩子不时地因难受而哼唧。孩子的爸爸在红河包工程,一般隔几个月回来一次,给她们母子一些钱。她和孩子的父亲是在外面打工时认识的,觉得不错就在一起了。

她说,之所以带孩子来船房,一是因城里的教学质量好一些,另外就是孩子在老家上学很苦。她女儿在老家上的学校离家里有几里地,中间隔着一条大河,一下雨就涨水。她女儿有两次掉到了河里,幸亏有好心人搭救,否则就被淹死。

她来自贵州的盘县。同行的邓教介绍,盘县以机动车盗窃和贩毒犯罪闻名。她有兄弟姐妹 5 个,大姐因病故去了,哥哥和弟弟都因为贩毒被判了刑。在她老家的村子里,许多人都走这条路。村里有许多人放高利贷,还不起,就让欠钱人家的小孩去贩毒。所以,她讨厌老家村里的人,这也是她出来的重要原因。

谈着谈着,她和我们逐渐熟了起来。她忽然说,其实他丈夫已经在红河那边又有了女人。她每天都得去工作,周六也不休息,只好由女儿照看儿子了。她说,如果将来社区有培训,时间允许的话她会去参加,学学技术。她希望她的孩子能好好上学,将来有一个好的出路。

受伤的"挣面包者"

张涛,独生子,4 岁,家住船房新村 7 社 42 号。父亲叫张志兵,云南楚雄人,母亲叫自正萍,云南南华人。两人是在外打工认识并结婚的。一家三口住在一个十几平方米的出租房中,一个月房租加水电费要 500 多元。

张志兵现年 33 岁,初中文化程度,本是这个家的顶梁柱,但却不得不痛苦地待在家里。因为他受伤了,在进行外墙清洗工作时,不慎从 2.5 米高的梯子上摔了下来。他的工作本来就不固定,有活就干,没活的时候就闲着。他们名义上在公司里做事,但没有劳动合同,只有口头协议,自然也没有社会保险。这次摔坏了腰椎,公司为其支付了 20 多万的医药费,但自从出院后,就再也没有给过他生活费。他目前想通过劳动工伤仲裁来要求相关赔偿。可高昂的律师费和漫长的仲裁时间成为他不得不面对的困难。他的妻子只有小学文化,没有工作。自从他受伤以来,家里就没了收入,只有靠跟亲戚朋友借钱来艰难度日。

张涛的父母是看到"公益幼儿园项目"的宣传通知后,把孩子送来报名的。他们说,现在把孩子送入幼儿园后,妈妈就可以稍微轻松一点了。此前一段时间,她既要照顾受伤的丈夫又要照看孩子,艰辛可想而知。她说,如果过一段时间丈夫恢复好一些,她还想试着找份工作来补贴家用。

重复光明

瞿培育家有 5 口人。父亲瞿长江和母亲苏家润都是云南昭通人，均为小学文化程度，是在老家结婚的。他们有 3 个孩子。老大瞿培朗 15 岁，男孩，在船房的明智学校读到初二，现辍学在家。他妈说这个孩子非常懂事，平时话不多，也从来不去网吧或与不熟悉的孩子混着玩儿，就是偶尔去同学家玩一下。问到不想读的原因，他说一个是读不进去了，二是老爸一个人挣钱太辛苦，他想自己挣钱养活自己。但目前他仍未找到工作，只好待在家里。问他接下来打算怎么办，他说可能回老家和奶奶在一起，帮他们做一点事。再后来，听他妈妈说他想学厨师或者服装。他有个叔叔开小饭店，他准备去跟着学。老二在明智学校上学，一个学期的学费 600 元左右。老三，也就是瞿培育，现在通过我们的项目进入了幼儿园。

父亲瞿长江，35 岁，有兄弟姐妹 4 个，分家后所分得的地一年只能包 4 个月的吃喝。在老家实在太苦了，他们只好出来打工。他目前在工地上干活，月收入 1400 ~ 1800 元。他是跟着包工队干，所从事的是高空作业，没有劳动合同也没有工伤和意外险。

妈妈没有工作，在家带孩子。她在 4 岁的时候就得了眼病，左眼可视，右眼不行。在老家的医院看过多次，也做过手术，但都没有治好。她和丈夫已经来昆明 6 年了，再也没有看过眼睛，主要因经济困难。他们家有新农合，每人每年交费 30 元，但没用过，具体的申报和使用流程也不知晓。由于眼睛有病和孩子多，她一直呆在家里。

我们问她："为什么要这么多孩子啊？"她说："在农村，干活和养老都要靠小孩，所以一般都要多生两个。现在进城了，就不这样想了。"

了解到苏家润的情况后，我们积极联系了华侨基金会。华侨基金会是长期致力于先天心脏手术、唇腭裂以及白内障手术的支持和救助的一家私人基金会。在他们的努力下，苏家润在昆明延安医院接受了手术治疗，相信不久就可以恢复正常视力了。

在厂子里玩耍的孩子

浦华涛，男孩，3 岁，家住船房老村 533 号。他还有一个哥哥，7 岁，在小龙人上幼儿园，马上要上小学了。他们家 4 口人，住在一间 8 平方米左右的出租房中。房间里摆了两张床后，就几乎不剩什么地方了。由于父母平时上班忙，屋子里也显得有点脏和乱。房租每个月 200 多元。

爸爸浦祖强，25 岁，四川广安人，读过初中。他是家里的独子，很早就出来了，没受过什么职业培训。妈妈卢朝敏，28 岁，贵州新安人，小学没有读完。他们出来了 4 年，一直在船房服装厂做活，并且就是在厂子里认识的。在服装厂几乎要天天上班，实行的是计件工资制，月收入视效益好坏每个月有 1000 ~ 2000 元不等。他们没有劳动合同，也没有任何社会保险。他们一般早上8点多上班，晚上加班到12点。通常，两个孩子从幼儿园放学后就被他们带到厂子里玩耍，直到他们下班。两个孩子的晚饭也是和他们一起在厂子里吃，厂子每个月从他们工资里扣250元的伙食费。考虑到大孩子马上就要上小学了，他不想让妻子继续在厂里干了，想给她找一份不加班的工作，以便能更好地照顾孩子。但目前还没找到合适的。

由于船房小学招生名额有限，他有点担心大孩子会报不上名。他说如果那样，就让孩子在幼儿园再上一年。

大人平常生病了就去社区的私人诊所开点药，而小孩生病了一般会去福海卫生院或市里正规的医院。他说，小的孩子老感冒，一感冒就打针，一打针就好几天甚至一星期，最少都要好几百。他们家大人小孩都有新农合，但一次没用过。

爸爸苦钱去了

袁鹏，三岁半，大大的眼睛，圆圆的脸，一幅中国传统年画中顽童的样子。通过公益幼儿园项目，他现在船房的苗苗幼儿园上学。第一次去看苗苗幼儿园的项目孩子的时候，只有他不太胆怯，认真地回答着我们的问题。

"袁鹏，你妈妈呢？""在家睡觉。""你爸爸呢？""苦钱去了。"

苦钱是云南话，意思就是挣钱去了。袁鹏家住在船房老村725号，一家四口人挤在7平方米的租赁房中，每月房租130元，水电费30元。除此之外，他们一家每个月要花销1000多元。一个月下来，基本不剩什么钱了。

袁鹏的父母已来船房十多年了。父亲袁可学，今年38岁，贵州盘县人，很小的时候父亲就去世了，母亲随即改嫁，因此他连户口都没有。他没上过学，现在在昆明附近的海口镇工地上干活，很少回家。每个月的收入因工作量不同而在1000～2000元间浮动。他跟着包工队，没签劳动合同，也没有各种社会保险。妈妈罗丽芬35岁，云南富源县人，有姐妹10个，她是老九。姐妹10个中有8个都出来打工了，当老板的和打工的都有。她说，她们姐妹是一盘散沙，互相之间不太往来。她本人上过小学，平时在家门口摆个地摊卖衣服，一天能赚个十多元钱。

他们的大女儿9岁半，在公办学校福海小学上3年级，和弟弟袁鹏都是在昆明出生的。以前在私人办的白马小学上学，一个学期要850元。现在在福海小学不交学杂费了，只交每个月160元的午餐费。大女儿的学习成绩还可以，他们想让她在船房上初中，然后回老家中考。他们的儿子袁鹏虽然通过项目刚上幼儿园不久，但由于平时教育的缘故，已能够听懂不少英语单词。

袁鹏的父母去年入的新农合，但小孩没有入。他们说，去年大人没怎么生病，小孩也没怎么生病。问还想再要孩子吗，他们明确地说不想再要了，两个就够了，现在孩子的花销太大了。

自从袁鹏上了公益幼儿园后，他的妈妈腾出手有时间了，想找个工作。但由于只上过小学，又没什么技能，目前还没有找到。

一个月打了三次预防针

唐依寒，3 岁，家在船房老村 5 社 681 号。她和姐姐唐潇寒是双胞胎，都在小龙人幼儿园。不同之处在于，依寒属于公益幼儿园项目，上幼儿园免费，潇寒不在项目内，每月交 330 元。

依寒的父母来自四川，都读了高中，已经来船房 3 年了。在老家他们只有几分地。他们现在在开一家修车铺，主要修理电动自行车，铺子以前是孩子的爷爷奶奶开的。每月大概有 1000 元的收入。一家人租了一个十多平方米的门面，楼上住人，月租 1200 元。

在依寒家，大人生病一般去社区的私人诊所。去年，孩子的爷爷去昆明大医院看皮肤病，花了 2000 多元。他们家都买了新农合，但没有用过。小依寒出生时只有 5 斤，当时奶不够，所以一开始就吃奶粉。小依寒经常生病，现在已经 3 岁了，只有 22 斤，身高 88 厘米。

依寒姐妹生下来后，收费和不收费的疫苗几乎都打了。她们爸爸说，反正每回社区服务站都叫去打，既然人家叫了，敢不打吗？就在我们去调查前的一个月内，两个孩子打了 3 次预防针，交了 840 元的疫苗费。

谈到将来的打算，孩子的爸爸和爷爷都说，以后肯定是要回老家的。孩子如果报不上船房小学的话，就带回老家读书。

找到工作的母亲之一

李肖瑶，男孩，2 岁，9 公斤，60 多公分，家在船房老村 681 号。他们一家来了船房半年多，现住在 9 平方米的出租屋中，月租 200 元，水电费 30 元。

孩子的父亲李启泽，25 岁，云南昭通人，读过初中。现在在打零工，每天能挣 40～50 元。孩子的母亲李怀仙，28 岁，也是云南昭通人，没上过学。她有 6 个兄弟姐妹，其中三个上了学，但也只上到小学。兄弟姐妹中只有她一个人出来打工了。孩子的爷爷在老家，由于得病被摘除了一个肾，现在每天都要喝 4 瓶藿香正气水才行。他们每个月都要寄点钱给老人。

他们来船房半年多了。孩子吃母乳到 1 岁 4 个月，但经常生病，老打针。平常小毛病一般去社区卫生服务站，严重点则去市里的正规大医院。而每回去大医院都要好几百，为此他们经常向亲戚朋友借钱。大人和小孩都有农村新型合作医疗，但由于要回去才能报销，并且只能报住院费，所以他们基本没用过。

他们是从朋友那里听说我们的"公益幼儿园"项目的，正好条件符合，就给孩子报了名，并且孩子真的免费上了幼儿园。由于只有一个孩子，所以妈妈李怀仙在孩子上了幼儿园后就有了时间，在小龙人幼儿园找了一份打扫卫生的工作，每月有300～400元的收入。她很感谢项目能让她的孩子免费上幼儿园，也表示很愿意参加一些项目组织的社区培训和公益活动。

对于将来在昆明的生活，她说"不知道"。但她明确表示，等这个孩子大点后他们会再要一个孩子。

找到工作的母亲之二

徐沙，快6岁了，在小龙人上幼儿园，家在船舫村831号。他还有一个姐姐，10岁，在船房小学上3年级。他们一家四口住在10平方米左右的出租房内，每月房租300多元（包水电）。

爸爸徐大芳，38岁，贵州赤水人，小学文化程度。他有兄弟姐妹两个，哥哥也出来打工了，目前在厦门。妈妈封蕾，35岁，云南思茅人，上过初中。她有兄弟姐妹6个，三个哥哥两个姐姐。三个哥哥中只有一个出来打工，两个姐姐一个出来打工并嫁到了江西。

两人是在打工时认识的，来船房社区已经10年了，两个孩子都是在昆明出生的。徐大芳现在在建筑工地上打零工，烧灰，每天70元。他们是看到项目的公告后，给孩子报了名，从而免费上了小龙人幼儿园。孩子上了幼儿园后，妈妈到小龙人幼儿园应聘当了保育员，月收入500元。但她没接受过任何相关的专业培训。

他们家每月要开支1000多元，主要是日常生活和房租。全年他们全家的收入是一万多元，收入略大于支出，给孩子们买书的花费仅10元，并且没有买过一件新衣服。他们家没有买新型合作医疗保险，大人和小孩看病都去社区的私人小诊所。大女儿在上学前上过半学期的幼儿园。目前在船房小学，学校给买了一年50元的学校意外险。

对于将来的发展，他们说："将来能在外面生活就生活，不能就回去。"

没妈没爸的孩子

张欣，女，5岁，和姑父、姑妈住在船房老乡4社412号。张欣的妈妈在生她的时候因难产死了，爸爸也在前几年病故了。她原来在云南曲靖，由于父母双亡，现在连个户口都没有。

小张欣的姑父沈钢是船房本地人。姑妈张丽芬是从曲靖嫁来的。姑父家有一栋自建的5层楼，约有20间房左右。但由于位置比较偏僻，所以租住率很低。我们去访谈的时候，楼里空荡荡的，看不到什么租房者的影子。他们每个月的房租收入也就五六百元。姑父是本地人，所以年底有800多元的集体股份分红。姑妈由于是外村的，所以这方面什么权益都没有。两人都有城镇基本医疗医疗保险。但姑妈没有养老保险。姑父现在村里当治安联防队员，一个月有1000多元。姑妈原先没有工作，在家带小张欣。现在张欣上了公益幼儿园后，她准备去找份搞卫生的工作。他们有一个儿子，在云南财经大学读书，一年的学费要2万元，每个星期需要给150元的生活费。

有生育保险的妈妈

陈建知，4岁，通过项目进入苗苗幼儿园，家住船房10社42号。

爸爸是云南楚雄人，读过初中。妈妈是云南普洱人，读过小学。他们是在昆明打工时认识的。妈妈来昆明13年了，爸爸来了8年。爸爸现在社区当治安员，每月1500元，没有社会保险。妈妈现在在家带孩子。我们见到她的时候，她正背着一个刚满月的婴儿。她以前在船房附近一家国际学校打扫卫生，每月700～800元。那家学校给她上了保险。这次她生小孩是在昆明的平安医院，整个过程下来花了3000元，由于有国际学校给上的生育险，她报了1800元。

他们来船房之前在昆明的白马小区。据他们反映，船房的房租要比白马贵一些。他们现在租的房子有10多平方米，每月租金300元，另外要交40多元的水电费。他们全家一个月的花销要1500元，基本上当月挣的当月花光。

他们还有一个大女儿，现在在船房的民办学校上学。对于将来的打算，他们说"有一天算一天"。如果将来船房拆了，他们就回去。孩子的爸爸在老家还有大概七八亩的山地，现在是孩子的奶奶在看着。但对于回去，他们又很矛盾。回老家教育质量不行，但待在城里生活成本又太高。孩子的妈妈想等孩子两岁了去找份工作。

5个孩子的家庭

徐秋馨，3岁，男孩，通过项目在金太阳幼儿园上，家住船房新村12号。他们一家7口人，租住一个50多平方米的套间，每月需交600元的房租、150元的水电费。他们一家来船房一年多了，以前在大观楼一带住。

秋馨的父母都是贵州毕节人，是通过亲戚介绍认识的。两个人家里都很穷，所以都只读到了初中。老家还有5亩地，孩子的爷爷奶奶也都在，前年他们回去了一次，去年没回。

爸爸的工作是开车给别人送货。据他说，现在车子越来越多了，油费也不断涨，越来越不好干了。他们夫妇有5个孩子。老大女孩，11岁，现在公办的昆湖小学上5年级。她不是一开始就在这所学校上学，而是从民办的华茵小学考进来的。老二男孩，8岁，在船房的明德小学上2年级。老三女孩,5岁,在金太阳幼儿园上大班。老四也就是秋馨,3岁,通过项目在金太阳幼儿园上。老小是一个只有11个月大的男孩。几个孩子中只有老二是由家里的老人带过两年,其他的都是他们自己带的。孩子们的户口都在贵州。

看到这么多孩子,我们不禁问:"难道不罚款吗?"母亲回答说:"罚啊,我们被罚了5万。到目前为止交了6000元,慢慢交吧,再说我们也没钱。"

她说他们目前最大的困难就是供孩子上学。大女儿刚开始在民办的华茵小学上学时要交钱,现在在公办的昆湖小学上不用交学杂费了,每个月只要交160元的午餐费。老二在船房的明德上,每学期要交360元的学费。老三在金太阳,每个月交200多的入托费。她特地强调说,如果没有你们的公益幼儿园项目,老四是不会现在就送来读幼儿园的。

我们问她:"你认识的人中还有这么多孩子的吗?"她确定地说:"我周围的老乡中有5个小孩的还是很多的,到了3岁没有上幼儿园的也有。"

"爸爸在外面打工"

罗小妹和她的丈夫都是云南元阳人,在老家认识结婚的,都没怎么上过学。孩子的爸爸36岁,自去年3月到现在一直关在看守所里。她也不知道为了什么被关的,差不多2年了也没去看过。孩子问起爸爸,她就说爸爸去到外面打工去了。

他们夫妇有两个子女,现在就靠她一个人带着。女儿11岁,在船房的明德学校上3年级,每学期要交800元的学费,每个月还要交100多元的午餐费。孩子的学习还可以。小儿子在上幼儿园。她们娘仨租住在一个八九平方米的出租屋里,每月房租300元、水电费50元。她现在在社区饭馆里洗碗,每个月有800元,但几乎每月都要跟姐妹们借三四百元。她说如果她每月能挣一千二三就好了。大人和孩子平常病了就去社区的私人诊所。对于将来,她说"没有办法,但小孩的书是要一定读下去的"。她还说,如果将来我们组织有关培训的话,她会去的,争取先学点文化。

离婚的父母

李春海,男,4岁,此前在金太阳已经上了一年了,家住船房老村87号。

孩子的父母已离婚,爸爸叫李学良,妈妈叫蒋彩平。小孩判给了爸爸,但现在跟妈妈过,住在新村。爸爸说,他们之所以离婚主要是因为性格不合。他准备每个月给孩子300元的抚养费。

孩子的爸爸是湖南隆回县人,小学文化程度。妈妈是云南思茅人,中学文化程度。孩子的爸爸在思茅打工时认识孩子的妈妈并结婚的。小孩的户口也在思茅。孩子的爸爸在一次事故中被火烧伤了脚,现在走路还有点一瘸一拐的。他现在主要是做衣服,通常是把货拿到家里来加工。一个月的收入有 1000 多。他现在住在一个十多平方米的出租房中，每月租金 200 多元、水电费几十元。他们来船房已经 4 年多了，没有新农合。他想过几年买份保险。

孩子的妈妈现在主要是给别人做保姆，每月收入 800 元。她现在和孩子租住在一间八九平方米的出租房中，每月房租 200 多、水电费 40 元。她每个月的收入不太够用，但用孩子爸爸的话说"她很倔强"，坚决不要他给的抚养费。我们项目启动后，她领孩子来参加了项目，由此也给她减轻了一些负担。

问到将来，孩子的爸爸说："能维持生存就待在昆明，不能就回老家去。"

借　债

郑志宏，男孩，5 岁，现在乐思瑞幼儿园上，家住船房新村 10 社 27 号。

志宏的父亲郑玉峨，35 岁，云南会泽人，高中毕业。母亲马绍飞，37 岁，云南昭通镇雄县人，读过小学。他们是在打工的过程中认识的。他们来船房已经三四年了。孩子的爸爸在建筑工地上工作，每月有 3000 多元，有社会保险。孩子的妈妈现在开小卖铺。他们家现住在一个十多平方米的铺面中，每个月房租 1000 多元、水电费 180 元。爸爸每月要花销 1000 多，给家里 1000 多。他们家日常主要开支是子女教育、医疗和住房。

妈妈和孩子都有新型农村合作医疗。前年小孩摔伤后去了儿童医院，前后花费了 2 万多元，由于有新农合报销了 30%。这 2 万多都是和亲友们借的，到现在都没有还请。

另外，孩子妈妈的小卖部是从老家惠泽信用社贷了 3 万元开的，贷款期限 2 年，利息是 8 厘。目前，小卖部的生意一般。

除了志宏，他们还有两个孩子。老大 12 岁，女孩，现在在船房小学上 5 年级，学习一般。老二 9 岁，也是女孩，在船房小学上 2 年级。老大并不是一开始就在船房小学上的，而是二年级的时候托关系转进去的。老二是通过报名一开始就在船房上的。她们两个都上过幼儿园。

对于未来，孩子的父母说："船房拆了就回老家。"

"自己有主意"的孩子

胡玉莲，女孩，4 岁，现在贝贝幼儿园上（非项目儿童），家住船房老村。孩子的爸爸去了缅甸做工程。从今年 3 月到现在都没有来看过她，只是在临上飞机时给幼儿园的王园长打过一个电话。至于孩子的妈妈，据孩子的爷爷她说经常喝酒、发脾气和吵架，今年年初的时候跑了，到现在都没有找到。

孩子现在在贝贝幼儿园全托（贝贝已无全托，只是这个孩子情况特殊才收留），由园长王老师带着。王老师说，孩子刚到他家的时候，什么事都不知道自己做，比如走在最后的时候都不知道关门。有什么需求也不说，自己有主意。有一次，王老师给她巧克力吃，她吃了觉得好，但不跟王老师要，而是晚上在大人睡着的时候自己偷偷去翻找。一个晚上起来4次。并且会将吃剩的东西偷偷藏在床底下。还有几次，她在课上举手，告诉老师说要去解手。结果去了很长时间才回来，后来老师发现，原来她以解手为借口，去储物间翻其他小朋友的好吃的东西，装了满满两裤兜。

王老师觉得这样下去不行，把这些情况打电话告诉了她爸爸。她爸爸听完后就说："不行，就打！"端午节的时候，孩子的爷爷从王老师家把孩子接了回去。结果，时间不长又送了回来，连一个梨或苹果都没带。

孩子的爸爸在外干工程，每个月有3000多元。孩子的奶奶有心脏病，爷爷在帮人看车，每个月有1000多元。他们一家租住了一间30多平方米的房子，每月房租五六百元。

差点被送走的孩子

王力宏和王育育是龙凤胎，2岁零2个月，都在贝贝幼儿园上，家住船房新村5社70号。他们还有一个才5个半月的弟弟。他们一家6口人住在一间30平方米左右的出租屋内。每月房租400元、水电费五六十元。

爸爸王华和妈妈都是贵州新义人。他们是在老家认识并结婚的。爸爸只读过小学，目前在昆明的建筑工地上干活，每月1600元左右，没有保险。妈妈读过中专，目前在家里带孩子。访谈中，她不止一次地略带自嘲地说："读过中专又怎么样？还不是在家里带孩子！"他们一家人的生活就靠孩子爸爸每月的1600元钱，一旦孩子或大人生病就不够花。不知是否是龙凤胎的缘故，力宏和育育动不动就两个人一起病。领两个孩子去趟福海卫生院基本都要花费400多元。最近孩子的父亲做了次阑尾手术，花了好些钱。因此，尽管他们家去年的总收入有2万多元，但一年下来还欠了1000多元的债。家里的大人有新农合，孩子没有，准备明年给孩子买。去年一年，他们没有给孩子买过一本书，也没买过什么玩具。

孩子的妈妈受的教育比爸爸多，所以有时候觉得爸爸的思想有点落后。她很坚决地说，无论如何将来要让孩子多学点东西。她自己贫血，身体不是很好。生了这个最小的后，她曾想过把孩子送人算了，一是因家庭经济条件有限，另外她也想找个事做做，来补贴家用。但孩子的爸爸非常舍不得，所以最终还是作罢了。现在，妈妈每天在家带孩子。

3500元的"入学费"

龙杰，男孩，3岁半，以前没上过幼儿园，现在船房的贝贝幼儿园上，家住李家地老村 121 号。他们一家住在 10 平方米的出租屋里,屋顶是石棉瓦的,漏雨。每个月房租 250 元,水电 90 元。

孩子的爸爸龙阳才,43 岁,云南昭通人。妈妈宁桂兰,33 岁,云南大理人。他们是在打工时认识并结婚的。孩子的妈妈读过小学,而爸爸没有读过书。孩子的爷爷奶奶在龙阳才 8 岁的时候就因病双亡。这之后,是孩子爸爸的外婆带着龙阳才、龙的姐姐和弟弟三个孩子艰难度日。3 个孩子都没上过学。姐姐现在老家务农。龙和他的弟弟现在昆明打工。目前,龙在船房拉摩托,一个月有 1500 元左右。孩子的妈妈有残疾,在 17 岁的时候被火烧伤了右手,目前没有工作,在家带孩子。

他们没有上过多少学,所以想让孩子们多受些教育。他们的大女儿 10 岁半,现在福海小学(公办)读 4 年级。二女儿 7 岁半,在杨家中心小学(公办)读 2 年级。当初,为了让这两个孩子进现在读的这两所学校,他们找关系共花了 3500 元。好在两个孩子的学习都还可以。大女儿中午在学校吃饭,每个月交 160 元。二女儿中午回家吃饭,主要是家里负担不起。

一家人就靠孩子爸爸每月 1500 元的收入生活。孩子不生病还好,一生病就不够用了。他们一家人都没有新农合。去年孩子的爸爸先后得了肠梗阻和阑尾炎,为此花费了 16000 元,最后是靠孩子的姑姑和叔叔凑的。孩子的妈妈有个哥哥,但不怎么理她们,嫌妹妹找的男人太穷。

贫穷的自尊

对王蓉(非项目)妈妈的访谈是伴着困惑和好奇进行的。因为她和她的 2 个孩子是贝贝幼儿园园长认为最应该被公益幼儿园资助的。然而她在收到项目申报表以后,竟然坚决地拒绝了。

她有两个孩子,目前都在贝贝幼儿园上,一个月在园方提供优惠的情况下仍要交 400 多元的托儿费。孩子的爸爸没有工作。她现在在贝贝幼儿园做饭,月收入大概 1000 多点。去年他们全家总收入只有一万多点,不够花,从亲戚朋友那里借了 5000 多元的债。去年他们既没给孩子买过书也没买过玩具。四五十元的衣服买了一两套。小孩子也很少喝牛奶。

访谈时,每当我们问到有关收入和支出方面的问题时,她总是先不太确定地说,继而说完讪讪地笑了。

问到她为什么不接受我们项目的资助,她说:"也许是观念比较传统吧,我更愿意自己努力。"

附录7: 船房公益幼儿园走访报告

船房公益幼儿园第一期报告（2011年6～8月）

苗苗幼儿园

第一校区:（7名）

第二校区:（应有8名，当天实到6名，一名回老家一周后再返回，另外一名就回老家了）

有变动的儿童如下。

（1）谭俊友: 家长带回老家不来了。

（2）覃爽: 据老师反馈，他原先就在读苗苗幼儿园，而且家庭不是非常贫困，经电话与家长沟通后，家长将名额让给更为贫困的家庭了。

（3）李昊: 据幼儿园反应，母亲可能喜欢打麻将，经电话沟通（打电话给父亲），没有否认，我们劝说将更多的钱用于孩子教育，最后家长也没有明显反对。

其他儿童的整体情况: 据老师反映，小班的儿童已经能数到10了。去组织拍照的时候，发现这些孩子已经明显地"很干净"，衣物整齐，看到老师也懂礼貌，会打招呼。家长也都很满意，说幼儿园管理很规范、很好。

小龙人幼儿园

（应有 11 名，实到 8 名，李肖瑶得了肺炎，回家打吊针，要打 7 天）

有变动的儿童：

到 9 月份，浦华冬和夏文狄满 7 岁，读小学了。名额换成聂云涛和肖祥宇。聂云涛是聂锦杰的堂弟，原来在补充名额中申报过，老师也多次反映其家庭情况不好。肖祥宇是老师推荐进来读的，父亲在工地上做工，一天收入 50 元，母亲没有工作，在家照看孩子。

吴灵龙：老师反映，让他们家长来幼儿园打扫卫生，他们不是很配合，老师就说要收他们费。家长打过电话给我们，说幼儿园有一点仗势压人，所以他们不愿意，希望能换幼儿园。经与乐思瑞幼儿园协商，已经转过去。所以现在小龙人变成 10 名儿童。

乐思瑞幼儿园

（应到 5 名，实到 4 名，吴灵龙当天有点感冒，第二天就去了）

原先名单上的张良源，父母是回族，也反映饮食有些不方便，就不读了，换成张语昕。

贝贝幼儿园

（应到 6 名，当天实到 4 名，王育育、王力宏两姐弟当天由母亲接去带到父亲工地，第二天就返回了）

没有变动，3 名原先不满 3 岁的孩子（翟培育、王育育、王力宏），现在也比较听话了。

希望幼儿园

（应到 6 名，实到 4 名，王莉回老家了，还要回来；罗宇迪不回来了）

变动情况：

8 月初的时候，赵启夏的姑妈给我们打过一次电话，说赵启夏由于年龄小，有一次课堂上老师教写字不跟着写，这位老师比较急躁（加上可能家里有一点事），就打了小朋友的屁股。后来回家以后，家长发现有淤青，就到幼儿园和园长交涉。由于幼儿园方面认错态度比较诚恳，并且责成李老师公开做了检查，家长也就没有再和幼儿园方面继续理论。事后赵启夏的姑妈给我打电话也说明，他们还是要将赵启夏转走，因为可以负担其学费。事后我们也找陈园长了解了情况，就是以上的过程。家长和园方比较顺利地解决了矛盾，所以当时就没有上报基金会。名额已经转给原先补充名额中的杜洪馨。罗宇迪家长经电话联系我们，说他们在老家不回来了，名额可以让出来。

金太阳幼儿园

（应到 7 名，实到 6 名，陈泗帆 4 天前回老家了，王朴是 8 月中旬就回老家不来了，当时老师就打电话说了，推荐了白志文，我们说等来走访的时候决定怎么换）

变动情况：

据老师反映，白志文爸爸去了深圳，母亲跑了，只有奶奶在照顾。奶奶帮人煮饭，一人带着孩子。老师在王朴走了以后就将白志文申请入学了。

老师还推荐了一个马好，已经就读金太阳。他父亲是残疾人，只有一只手，靠开一辆三轮电动摩托拉货为生，母亲没有工作，所以老师建议将名额补给他。

综上所述，需要替换的名额，现在还有苗苗的 3 个，希望的 1 个，金太阳的 1 个，共 5 个。建议将补充名额上的 5 名儿童：詹朋相、詹梅、王奥运、韦易辰、张蕊补充进去（李春海回了老家，聂云涛和杜洪馨已经入学）。

船房公益幼儿园第二期走访报告（2011 年 9 ~ 11 月）

苗苗幼儿园

第一校区：（6 名）

第二校区：（7 名）

  上次报告之后，替换的两名儿童詹梅、詹朋相和原先比较，明显整洁了很多（原先是跟着母亲在废品店里，一直都是衣服脏脏的，今天见到，明显得到改善了，并且两个孩子气色都很好，脸很红润，老师带着做游戏也很开心、很主动）；另外一名王奥运，长胖了一些，小脸也红红的。家长说她有点淘，但在幼儿园有老师管着还是乖很多。

  原先苗苗幼儿园有 15 名儿童，10 月份的时候，彭多多和肖雨就没有来了。经电话了解，彭多多的家长是因为他们夫妻俩工作的工地比较远，下班也晚，一般没有办法接孩子，所以就将孩子带在身边管了。尽管我们表示接送问题可以和园方协调，并且问及他们在工地带孩子是否方便，但是这位父亲没有显示出愿意想办法的意思，不愿多谈。我们只能尊重他们自己的选择了。肖雨是因为父母搬到呈贡去打工了，所以转走了。这两个名额就给了小龙人一直在申请的两名儿童。

到处跑了。经过一段时间的幼托，老师也反映这孩子还是很好管的，喜欢音乐、唱歌、跳舞，积极主动帮小朋友拿碗、拿小凳子，老师也很喜欢她。

另外9月份补进来的闵金言（最右边这个小男孩），我们也对其家长进行了走访。他们家有4个孩子，两个在老家贵州，两个在这里由母亲带着。父亲在市场里搬物品、拉货，月收入2000元左右。全家住在10平方米左右的出租屋里。奶奶和外公外婆还在老家贵州毕节，需要定期汇钱回去。这位母亲也是多次申请公益幼儿园，9月份就入托了。

金太阳幼儿园

（应到7名，实到5名。）白志文扁桃体发炎，请假一天。李籽鲜被家长带回老家，幼儿园老师打电话问是否还回来，说还要回来的，但因为时间比较长了，幼儿园老师就推荐了陆荣邦，是一级听力障碍，即下面第二张相片中最左边的小男孩。老师说先将名额给他家，李籽鲜回来以后再另外协调。其他儿童一切正常。

附录8：船房社区流动人口青少年采访问卷实录（2011年9月）

1. 没留姓名，男，21岁，大专毕业，目前在做宽带销售，未婚。住在西山区车家壁，住处有20平方米。老家在曲靖师宗，2009年自愿到云南新华电脑学院读书。到新地方以后，觉得与流动前的设想有差别，理想很好，现实很残酷。进城追求的目标是能有更好的成就。目前已经有工作，也通过了职业学校的培训。找工作一般是通过朋友介绍。认为父母务农很苦很累。在老家的居住条件还可以，房子有200多平方米。业余时间跟朋友到处逛，爬山，公园里转转。从来不打游戏，花钱大头在旅游上。偶尔抽烟。有女友。朋友很多，都是通过同学、同事、网友认识的。没有进过派出所，也不认识社会上混的人。

目前有固定收入。对于收入比较满意，认为是自己努力挣来的。手头的钱大多存着结婚用。自己的收入和消费同周围的人相比较，还是有差别。城里人朋友挺多，有的是知己，与老家亲友会时不时地打电话问候一下，也能与邻里友好相处。有碰到过偏见或歧视的情况。在昆明三年了，有的地方没去过，有的地方挺熟的。认为哪的城市都一样。城市比农村好的地方是经济发达，不好的地方是缺乏朴实，还有气候、环境不好。不喜欢城市青年人的时尚与生活方式，时尚是用钱买的，没钱买不来。流动后，家庭关系、社会关系没太多影响。城里有好多人都看不起农村人，但农村人的朴实是城里人找不来的。认为朴实是中华民族的美德，要知道城里人也是由农村人变来的。没有参加过社区活动。还是关心所在城市的发展的，有可能哪天机会就到自己头上了。说不清自己是城里人还是农村人。感觉自己的地位是上升了。对未来的打算还不知道，社会变化太快了，有打算未必就有成就。更多地关注目前和未来。流动后，对所产生的变化持积极的态度，但也有消沉的时候。

（访谈时间：9月3日10：40。被访者由于接受过正规教育，目前又有工作，所以相对来说要成熟和稳重一些。有关于未来的现实打算，访谈过程中很配合，能够真诚回答。）

2. 白TJ，男，18岁，高中毕业，宽带销售员，住在滇池路，但对船房很了解，在船房上班。老家是曲靖的。去年来到昆明，进城的主要目标是为了赚钱。现在有工作，上过高中，对上职校不感兴趣。高中毕业没有继续上学是因为觉得没意思、没前途。业余时间一般睡觉，偶尔上网。平时在抽烟喝酒上花费较多，偶尔去夜店逛逛。朋友很多，城里的外来的都有。跟这些朋友都是工作时认识的，也有通过朋友介绍认识的。进过派出所，打过架，那时候不懂事觉得好玩。认识一些在社会上混的人，觉得他们有些方面还是挺好的。

现在的收入暂时不固定，都是底薪加提成。对收入还满意。手头上的钱通常都用来吃饭，因为上班的地方不管吃。自己的收入和消费同周围的人相较更少。在学校的时候，与同学和老师相处还好。与老家曲靖的亲友联系密切。在城里与邻里相处还可以。没有碰到过偏见或歧视的情况。对昆明了解很多，因为老家离昆明很近。很喜欢昆明，认为城市环保和建筑都比农村好，只是风景不如农村。有点喜欢城市青年人的时尚与生活方式。流动后，家庭关系、社会关系受到一定的影响，跟家人的沟通少了。没有参与过当地社区的活动，关心昆明的城市发展。在昆明有一种"家"的感觉。现在觉得自己既不是城里人也不是农村人（中间状态）。感觉自己地位下降了，没有在老家混得那么好了。对未来的打算是要有车有房。更多地关注目前的生活，认为只要现在过得好就行。

（访谈时间：9月4日11：00，被访者挺配合，只是态度有点不太重视，半开玩笑半配合，但有些问题还是回答得很好，可信度还行。）

3. 瞿JL，女，15岁，未婚。刚刚初中毕业，现在在舅妈的理发店学理发（派出所旁边）。住在船房新村，和舅妈住一间20多平方米的屋子。老家是大理南涧的，家里还有爸爸妈妈。今年7月份来到昆明，就是为了跟舅妈学习理发，目前自己还只是会洗头，有时间自己就拿着一个模特的假头来练习。

现在算是有工作，不想通过职业培训学习一些技能，觉得自己现在就是在学技能。父母在家务农。初中毕业就不上了因为自己不想上了。业余时间就是自己练习理发。平时基本上没什么花费。有五六个朋友，都是外来的，都是跟舅妈们在一起时认识的。没有打过架也没有进过派出所，不认识那些在社会上混的人。

现在还没有固定的收入，手头的钱通常用来买吃的。没有城里的朋友，与老家的亲友联系密切，与邻里相处还好，没有碰到过偏见或歧视的情况。对昆明不了解，喜欢昆明，觉得城市的交通比农村好，农村的空气和风景比城市好。喜欢城市青年人的时尚和生活方式。流动后她的家庭关系和社会关系没有受到影响，没有参与过船房社区的活动，毕竟才到昆明不久。现在觉得自己是农村人，但来到昆明还是感觉自己的地位上升了。未来自己也想开一家理发店。对流动所产生的变化持积极的态度。她的心理状况也没有因为流动而产生变化。

（访谈时间：9月3日13：20，被访者刚刚初中毕业进入社会，还没有太多的社会经验，回答问题也有点提防心理，但可信度还行。）

4. 李YL，女，15岁，高一在读学生。现和爸爸妈妈、哥哥住在船房老村 860 号。老家是重庆的。2004年同爸妈一起来到昆明挣钱和生活，其实自己并不乐意，但是没有办法。流动之前没怎么想过新的生活是什么样子，好像跟以前的生活差不多。进城来最大的愿望是长大了挣钱买套大房子给爸妈，让爸妈过上幸福生活。

现在只想好好念书，考上大学。即使身边好多同龄人都上技校、找工作，自己也坚持要考大学。不想像爸妈一样生活。爸爸是搞装修的，妈妈到工地上帮忙做饭。现在住着两间房，还算过得去；但总觉得人多房小，不满意。业余时间几乎都是和朋友去玩，逛街、溜冰、上网、看书……日常花费主要是买衣服、网费及和朋友出去吃东西。自己应该算是比较开朗的人，玩得好的朋友有七八个，都是外地的，大部分是自己的同学，或者通过同学认识的。从来没打过架，身边的朋友也没有打架的。

在学校跟同学相处得很好，只是跟老师没那么亲密。有几个昆明本地的朋友，但处得不是很好，因为和他们在一起不好玩、不舒服。跟老家的亲朋好友一直保持联系，尤其是好朋友。与邻里关系一般，自己不太会讲话。有碰到过被邻居持有偏见的状况，因为跟朋友玩闹，被本地的阿姨斥责"重庆娃娃吵死了"。目前对昆明的风俗习惯都有基本的了解。

喜欢昆明的季节和天气。来到城市以后，觉得购物方便了。喜欢年轻人的时尚和生活方式，市民的素质也很好，但是空气比农村差远了。对于流动前后的生活转变是比较满意的，无论是上学还是吃穿都比在老家好，但是流动后与亲戚联系少了，对社会关系造成了影响。对船房的印象是太乱、环境不好。与城里的人交往，最明显的是观念不一样。不清楚昆明的发展，这没有家的感觉。认为自己现在依然是农村人，来到这以后地位反而下降了。希望未来能当上服装设计师。由于流动，刚开始给自己带来一些心理上的变化，觉得自己与这里格格不入。总体来说，对流动产生的变化持积极态度。

流动过程中，最大的障碍是心理上难适应，上学要交学费，还得找关系。流动前后的生活是有变化的，以前种地为生，现在是做生意，生活变得有规律了。总体上，对昆明很满意。至于周围人或者政府怎样看待流动人口，不知道。只是希望政府以后能帮助这类人群，房租低一点，儿童上学可以不要那么多的关系。

（访谈感言：这个小女孩多次提到要挣钱养爸妈，很懂事乖巧。目前她最苦恼的是家里没人陪自己，爸妈又得工作，没办法改变。）

5. 张 TL，女，16 岁，初中毕业就进了服装厂工作。老家是昆明沙朗乡的，现在跟爸爸、妈妈、弟弟在船房老村。2009 年搬到这来，当时自己还在读书。爸妈过来做生意，自己很乐意跟着过来。目前没想过进城来的目标是什么。在服装厂上班半年了。开始是自己去找工作，不过最后还是去了妈妈在的那个厂。当时没读书是觉得读书虽然好玩但是学不进去。全家人租了两间房，觉得还算满意。业余时间经常看电视、睡觉、打羽毛球。日常花费最大的是买衣服。处得好的朋友有两三个，都是老家的。不认识社会上的那些人，自己比较宅。

收入不固定，约 1500 元 / 月，还算满意，通常会用来给弟弟买衣服。与他人相比，收入不固定是最大的差别，消费没太大区别。没有城里的朋友，跟周围的人基本都能融洽相处。对昆明各个方面都有个大概的了解，对昆明市领导人不太清楚，不太关心这些事。这里没有"家"的感觉，没老家好玩。自己定位是农村人，地位跟以前差不多，对未来暂时没做打算。经常怀念以前，不过对流动后的生活持积极态度。流动过程中也没什么困难，爸妈都在身边，感觉一切都还好。流动前后最大的变化是，自己现在是有工作的人而不是学生，妈妈有了工作，弟弟转学。对于现在的生活基本满意，没怎么想过未来。

（访谈感言：印象最深刻的是这个女孩子时常微笑和低头，很温和。整个过程中看得出所说的和实际情况应该比较一致，属于知足常乐型。那天是被在餐厅工作的男友约出来玩的。男友很开朗，是男友同意访谈，她才过来。）

6. 没留姓名，男，18 岁，农学中专，船房老村 87 号，本地人。独生子，爸妈都没有工作，以出租房屋为生。目前还没有工作，也完全没有想工作的意愿。对现在的生活很满意，过段时间要去当兵，还得去体检。业余时间上网、游泳、篮球，只要是体育运动都喜欢，上网是每天的必修课（访谈过程中他提到，今天还没去上网）。生活中花费最大的是 K 歌、去夜总会。只有一个真心处的朋友（说"只有他最老实很不错，其他都是酒肉朋友"）。这朋友是出去玩时认识的，外地人。打过架，都是上学时的事了，原因不记得了。

他称自己也算是个有固定收入的人，每天 20 元的零用钱，不够再要，妈妈不会说他的。钱都是用来上网抽烟的。在学校的时候跟同学相处很好，但是跟老师打过三次架，因为老师经常讲难听的话。问他跟本地城里的人有处得好的吗？他说："现在的人有几个处得好啊？"认为与邻里的关系也就是"租客—租户"的关系。从小生活在这，对昆明的文化风俗、特产街道都很熟了。至于喜不喜欢昆明，说不上喜欢吧。论气候肯定城市不好，论经济肯定农村不好，这些不好比较。城市里的时尚生活不喜欢，都是要钱的东西。

（访谈感言：被访者性格开朗、健谈。虽然年纪小，但见解老道，对人际、做事方面比较看得开，显得比较自信。）

7. 张某，女，14岁，初中辍学，家住船房新村，跟姐姐们住。老家在昭通巧家，父母和妹妹在老家。今年跟着舅舅来到昆明，来这玩一阵子不知道什么时候回去。到这以后觉得什么都好，各方面都还满意。

目前没有工作意愿。父母的工作很辛苦，不过身体还算好。家里的居住条件还是好的。主要的休闲就是逛逛街，中午上会儿网。一个月300元左右的零用钱，买零食和其他用品。在这边朋友不多，外来的人要多一些，都是通过朋友介绍认识的。不认识社会上混的人。

来的时间很短，对于昆明的街道文化等都还不了解，但是很喜欢昆明。喜欢年轻人的时尚生活方式。至于农村与城市相比的优劣，认为不好说。觉得船房还是很好的，治安好。这里能给自己"家"的感觉。没想过未来的生活，会怀念过去的生活，现在生活也不错。对现在的生活状况还算满意，最难忘的是第一次进昆明的感觉，觉得很不错。

（采访时间：9月3日10：30。被访者由于年龄小对许多问题都不太理解，回答也很勉强，所以答案很简单。整体印象就是，可能由于家庭及教育背景的贫乏，这个女孩儿的认知里，几乎没有任何思想和内容，尽管我们已经将几乎所有的问题简化以及具体化了，和她交谈还是非常困难，觉得她对所有东西都是很空洞的样子，加上又辍学踏入社会，这样的情况的确令人担忧。）

8. 刘T，男，24岁，高中学历，从事酒店餐饮，未婚。老家在云南曲靖茨营。2003年和父母哥哥姐姐到船房新村，现在租房5间。是自愿流动来读书的，在昆三中上的初中，滇池学院也呆过，不过读不进去。流动后有差距，但是不高兴，没有原因。

参加过官方的酒店管理方面的培训，主要是餐饮管理和销售方面的。当初是海口财经管理学院的人来招生，就去了。工作是学校分的。对家里面现在的居住条件还算满意。业余时间通常是爬山、打篮球；周末去喝酒、唱歌、蹦迪。目前花费在喝酒抽烟上的钱很多。朋友大多是城里的，上班、喝酒时认识的。黑社会的人认识两个，不太熟。

现在有固定收入，但是不满意，不过可以随时写申请加工资。与周围人相比收入有差别，希望多一些。有城里的朋友，相处得非常好。与老家的亲朋好友回去的时候会联系。与邻居也能很好地相处。对偏见或歧视的状况见得多了，不过自己没碰到过（问他什么样的歧视，没有说）。对昆明的风俗、街道等都太熟了。被问及是否喜欢昆明，他答："一般般，消费太高。"觉得城市与农村相比，吃的比农村贵，没农村味道好，云南山泉还没有他们那里的自来水好。昆明人素质不好，尤其是上了年纪坐公交车的。城市年轻人的时尚与生活方式谈不上喜欢，每个人的兴趣不一样。流动后没有给家庭关系带来影响。对船房的感觉：治安太差，被打了报警警方没有反应。参加过社区组织的公益活动，到养老院照顾老人、做饭等。关心城市的发展，但是认为还是太差劲了。

到昆明后，觉得自己属于这个地方。实习的时候觉得自己地位是上升了，未来打算到别的公司发展。喜欢小时候无忧无虑的生活。流动后没有心理或精神上的变化。

（采访时间：9月3日15：40，被访者性格很开朗，但回答一些问题时带些开玩笑的色彩，不过总体还是很配合。）

9. 杨 L，女，21 岁，高一辍学，老家是云南师宗的，不过从小跟外婆长大，（2005年）才回来上初中。爸妈在昆明东川从事房屋建筑工作，大姐在广东打工，二姐嫁在昆明，弟弟还在上学。今年二月份自己来到昆明，现在跟朋友一起在船房新村租房。之前在一家动漫城工作（1400 元 / 月），动漫城老板工资结算不清，所以不想去了。那儿的经理觉得自己平时干得不错，就把她安排到一家餐厅做职员领班，过几天就去工作了。流动的原因是自愿和跟爸妈一起走。来到船房与原来的设想有一定的区别，这边工资太低，而消费跟外省差不多，比预期的高。进城来最大的愿望是能在自己喜欢的服务行业做到高层主管。

目前这几天还没有工作，想学习管理与口才方面的技能。一般找工作都是自己找，看招聘等。当初不想上学的主要原因是，觉得自己学习不上不下，弟弟在读书，经济上有压力，想独立养活自己。现在家里的居住环境一般，不是很满意，但全家人通过努力肯定会有美好的一天。业余时间跟朋友聚会聊天、上网，也常逛街。花费较多的是买衣服。可能是因自己性格外向，所以朋友挺多的，处得也很好，什么年龄都有，一般都是外地人，打工认识的。对自己的收入不是很满意，1400 ～ 1500 元 / 月，自己没有学历没有技能，想通过不断地学习追求上进。通常把自己的钱存起来。与别人相比消费上没大区别，但是收入没别人高。自己现在没有城里的朋友。与四川老家的朋友亲戚保持联系。来的时间不是很长，所以对昆明不是很了解，但基本的街道是认识的。喜欢昆明的天气，别的没什么好留恋的。说到城市与农村的对比，她笑了，歪着头想了好一会儿，说购物与交通比农村便捷，农村还存在乱扔垃圾的行为。对于城市青年人的时尚生活感觉一般。流动前觉得工作会好，来了才发现工作不稳定，学不到东西，浪费青春。流动后给自己的社交圈造成了影响，朋友圈子不稳定，工作跳槽，朋友看不起。觉得船房管理乱、不好。到这以后最难忘的事是朋友过生日，特别开心。自己很少了解所在城市的发展与社区活动。四川才是真正的家。认为自己现在是城里人，尽管在打工。希望未来多学一点知识和技能。更多的是关注未来，明年想去广东开服装店。生活态度挺积极的。由于流动心里有一些变化，比如挣不到钱，压力挺大的，也觉得累。

流动过程遇到的障碍和困难：个人安全问题，有一次差点被打劫。流动前后的生活变化很大，以前是学生，现在是独立的社会人，而且生活的城市也大了，对昆明总体上是满意的。

（时间：9月6日18：08，被访者很配合，热情开朗，很上进，有自己的想法，现在要去餐厅打工，主要是因为自己以后会从事这个行业，想跟着有经验者学习经营管理。）

10. 李GP，男，24岁，中专学历（在曲靖念计算机专业），现在在船房超市做导购，住船房老村。老家是宣威人，今年和妹妹一起到昆明。2009年由学校分配工作，到苏州工作，从事计算机配件组装，2011年3月份来到昆明就在这家超市上班。每天工作10小时左右，1100元/月。来昆明是自愿流动，主要动机是赚钱。流动前后最大的区别是现实的压力要比想象中更大，进城来最大的愿望是有自己的事业。

这份工作是自己找的，觉得船房虽然是小地方，但是好发展。父母在家务农。一般业余时间都是朋友吃饭什么的。一般花费就是房租、请朋友吃饭。处得好的朋友两三个，都是老乡。以前上学的时候打过架，因为有矛盾，具体的就不说了。

对于现在的收入不满意，希望超过2500元/月。手头大部分的钱都是用于生活开销。与朋友相比，消费差不多，但收入太少了。大部分朋友都是老乡或者外地人，几乎没有城里朋友。有碰到过被歧视的状况，但一时说不清楚。对于昆明的风俗、街道等有个大体的了解；喜欢昆明，因为天气适宜。喜欢年轻人的时尚生活。流动后与预期相比，不满意，特别是工资和单位的管理制度。这里没有家的感觉，自己是农村人、打工者，未来希望有自己的事业，不管是干什么，不要给人打工就好。经常回忆在校生活，但更多的是对未来的打算；目前没有遇到很明显的困难；也没有让自己不舒服的地方，觉得一切还好吧。新的城市生活主要是对自己的生活方面产生影响，一切作息时间都要随着单位作息改变（由于超市人多了，老板催促，访谈不得不结束）。

（访谈时间：9月6日16：10。被访者性格内向温和，很多问题可以看出他是有想法的，但最后却没说出来，只是说"这个不好说"。因为老板催促，所以访谈也无法深入进行。）

11. 李YJ，女，14岁，初二在读，现在跟爸妈、姐住在船房老村，老家是云南寻甸的。2004年来到船房，流动的原因是父母要工作挣钱，自愿跟爸妈来。与流动前的设想有区别，这里的房子很高，每天街上都很热闹。进城来最大的目标是好好学习，考上喜欢的大学。

对于现在的居住条件还算满意。业余时间跟同学逛街，主要花费是请同学吃饭。好朋友有5个，都是外地的同学。有认识社会上混的朋友，觉得这些人行为不好，乱逗女生。在学校能适应环境，跟同学关系好，跟老师不好意思讲话。与老家的亲朋好友也还保持联系。在学校，被同班的男同学歧视过。现在对昆明的现状不太了解，经常待在船房，很少跑到外面去，但是很喜欢昆明，觉得这的生活比较安逸舒适。城市与农村的比较，当然城市要好很多，没有鸡鸭这些小动物，街上买东西也比较方便。不好的地方是，房子不太好，漏雨。喜欢城市青年人的时尚生活。对船房的印象不太好，街上没有秩序。难忘的事，好像没有，每天都是一样的生活——跟朋友出去溜达。这里有"家"的感觉，但是自己定位是农村人。来到这以后觉得地位上升了，因为在家要干农活，在这里不用。对未来的打算是 好好读书，将来考上好的大学。经常怀念以前的生活，但是不想干农活。计划未来的多一点，流动后仍然持积极的心态。

流动中遇到的困难，爷爷奶奶到这以后就相继生病了，医药费和看病的费用太高了。生活中让自己很不舒服的地方是在学校被男生欺负，五年级的时候还被社会上的女生打过。流动前后全家人的生活变化——生活比原来宽裕了，以前是以务农为生，现在爸爸做手工（打磨石桌），妈妈卖小菜，全家生活经济上比以前好一点。对昆明，总体上是满意的。最大的愿望是考上大学，挣钱养爸妈。

（采访时间：9 月 5 日，15：45，这个女孩年龄太小，对事物的认知尚浅，追逐城市的外在，如果接触的社会人员混杂，引导不好的话，容易上当受骗，被城市的物质所迷惑。）

12. 没留姓名，男，22 岁，中专文化，学电脑技术，在船房小区跟家人住一起。老家在云南昭通市昭阳区。2009 年来昆明发展，是自愿来的。工作方面，以前在昭通市都是3500 元 / 月（推销），现在在昆明要找 3000 元以上的工作很难。现在没有工作，因为没有找到合适的。有想工作的意愿，但不想进职校学习了，觉得有的东西学了也没用。找工作一般是通过贤士网、报纸等。

业余时间跟朋友去 K 歌，自己嫌太吵，会在酒吧里坐着，喜欢比较安静的地方。消费方面，不喜欢吃零食，现在也很少上网了，但抽烟。有很多朋友，有城里的，也有外来的，一般都是朋友介绍认识的。没有进过派出所，没有打过架。认识一些社会上的人，觉得有的还是讲义气、讲原则的。他认识的人里面很少有做违背良心的事的，最多是赌场里面混一混。平常有没有固定的收入，现在的钱都是以前积攒下来的，手头的钱主要用作生活费。现在几乎没有什么社交了，来昆明的原因就是不想跟原来的人来往了。

有五六个城里的朋友，还比较亲密，和原先的亲友不怎么联系了。能与邻里友好相处。没有遇到歧视或偏见的情况，对昆明的风俗习惯、主要街道、主要特产、市领导人也不太了解，（回答说要了解的话就发大财了），还算比较喜欢昆明。农村跟城市比较：在农村早上都比较安静，在城市半夜都很吵；在农村，不用做夜猫子，在城市都要做夜猫子。对于城市青年人的时尚与生活方式有时候喜欢，有时候不喜欢。流动前后产生的变化，觉得好工作难找，除非兼两份职才可以有 3000 以上的工资。对于生活的社区，感觉和 20世纪 90 年代的没什么区别，治安比较差，每天晚上都会发生砍砍杀杀，希望治安能好点。与城里人交往中最难忘的事情是，在 KTV 里，老家从来没发生过有人指着脑袋让他把话筒拿过去的情况，在昆明就有过。没有参与过社区的活动。关心城市的发展的，每发展一步都有商机在里面。有没有"家"的感觉？"对于我这种人，在不在家都是一样的。"来到昆明后，觉得地位下降了，比在昭通差远了，但在这里如果混得没原来好，就觉得没脸回去。只关注未来，不怀念过去。对流动所产生的变化所持的态度比较乐观，就算天塌下来有大个子顶着。精神心理状况方面，有时候身体虽然不累，但心特别累，倒下去就会睡很长时间。

在流动过程中遇到的障碍及困难主要还是找工作，觉得一个人如果没有固定收入的话，又不是富二代，只能流浪漂泊，违法的事也有可能做得出来。

（访谈时间：9月3日10：30，被访者很配合，具有可信度，最大的印象就是他希望找一个收入比以前在昭通高的工作，但始终觉得在昆明不好找，于是就干脆不工作。在心理上，还没有调适过来。他最后说了一句话，觉得除了跟父母在一起之外，自己都是孤立的，找不到什么可以谈心的人。）

13. 王K，16岁，小学毕业，无业，住杨家地老村12号，老家在昭通镇雄。现在父母、哥哥、姐姐都在船房。哥哥姐姐都已经结婚不跟父母同住。全家到昆明十年了。流动原因是挣钱养家，自愿跟父母过来的。流动前后的区别是，觉得这没有老家有意思。进城来的主要目标不清楚。目前没有工作。有找工作的意愿。想学习美术、体育方面的技能。父母的工作状况自己觉得不好，都在工地。小学六年级就辍学在家，跟同学关系不是太好，跟老师动手打架是离校的真正原因。业余时间通常是跟朋友逛、游荡、打篮球。主要花费是零食。处得好的朋友有十多个，都是外来的，是在一起的同学介绍的。曾经进过一次派出所，因为被怀疑是偷电动车的小偷，后来没事了。认识很多社会上混的人，不过极少有来往，觉得社会上混的人挺好的，很照顾他人，讲义气。

现在没有固定收入，只有父母给的零用钱，用来跟朋友吃饭的。与城里人有交往，但因为现在搬了家，就没以前那么亲密了。与老家人也不常联系，因为出来的时候自己还很小，没什么记忆。不过现在从来不跟邻居讲话打招呼，因为不习惯。有过被歧视或有偏见的经历，那是在学校的时候，觉得老师对自己有偏见。对昆明的大街小巷基本都了解，文化风俗也有所了解，对昆明的发展就不是太清楚了。喜欢昆明，好玩的地方多，与农村相比，城市的街道规划要好很多，但是城市里没有农村的美丽夜空。喜欢城市青年的时尚生活，比如化妆。自己也有纹身。流动前后对于这种变化还是挺满意的，家庭关系并没有因为流动而产生影响。觉得船房社区还好。这里有"家"的感觉，因为家人全在这。自己的定位是农村人。对未来没什么打算，是什么样就什么样吧，想多了没意思。怀念以前的生活，对流动的态度是消极的，因为讨厌搬家。由于流动，给自己带来的变化是，觉得自己比以前沉默寡言了。

（访谈时间：9月5日15：05，被访者是跟一群朋友一起路过的，访谈过程中带有玩笑性质，回答笼统，属于比较调皮的小青年，经常无事可干，最大的愿望是不离开朋友。性格开朗，但也害怕孤独。）

14. 龙 L，女，14 岁，民智学校六年级。去年全家一起来到船房村，老家在昭通巧家。父母来昆明，自己要上学就跟着过来了。觉得在这边蛮好的，进城来主要的目的是能跟父母住在一起。父母的工作是放光缆的，早出晚归，很辛苦。对家里的居住条件还算满意。业余时间和朋友逛逛。穿的都是父母买的。玩得好的朋友有两个，都是外来人口，因为住同一栋楼就认识了。

在学校里，同学处得还可以，和老师不行，"我是新生，很多人不认识。"学校的氛围还是基本能适应的。与老家人的联系不是太多，奶奶外婆会联系，过年会回家。在城里与邻居相处还好。没有被歧视的状况。对昆明还不太了解。喜欢昆明，但是空气没有老家好。最难忘的事还没有，关心所在城市的发展。觉得这里就是自己的家，对未来的打算是想继续念高中。经常会怀念以前的生活，觉得老家好玩，小伙伴多。现在没遇到什么困难，不好说总体上对昆明的满意程度。最大的愿望是当一名空姐。对政府的流动人口政策意见：对外来人口应多给予关注和帮助。

（访谈时间：9 月 3 日 11：00，被访者年龄太小，但写名字时与回答的不一样，说明还是有一定的提防心理。）

15. 王 H，男，19 岁，高中毕业（鲁甸职业高中），在船房村租房住。家里还有父母、哥哥、姐姐。老家在鲁甸，今年来到昆明的。自己一个人来，想来就来了。深圳东莞都去过，当时在 ATL 打工，因为工作而流动。五年前来过昆明，与想象中没什么区别，进城主要的目标是工作。

目前还没有工作，不想去，也没心思学什么技能。一般找工作的方式是，先联系好，直接去上班。父母的工作状况一般，收入 2000 元／月。业余生活就是吃饭、睡觉、玩、上网、去 KTV、迪厅，偶尔会玩赌机。日常花费在玩、恋爱、抽烟、喝酒、迪厅。朋友大概有几百个，都是上网、上班认识的。打过架，因为女孩子，发生口角，也被拔过毛。不认识社会上混的人。收入不固定，除收入外还有兄弟姐姐给的。自己的收入与周围人相比不算多。有几个城里朋友，相处得还可以，有好也有坏。与老家的亲朋好友偶尔电话联系。与邻居相处一般。从来没有过被歧视的现象。对昆明的各方面还算熟悉。跑的省多了，觉得昆明好，各方面都好。城市与农村相比：城市晚上睡觉太吵了，空气质量不好。喜欢年轻人的时尚生活。（流动前后的满意程度？）原先期望是苦到钱，现在苦不到钱，所以不太满意。（流动后对自己的家庭关系有没有造成影响？）有，但一时说不清。对船房的感觉，相当满意，人多热闹，上班的厂多。关心所在城市的发展，目前还没参与过社区的活动。这里有归属感，有"家"的感觉。觉得自己是城里人。对未来的打算，不太确定。流动产生的变化是消极和积极都有，上班时积极，好像没有消极（对消极不太理解）。

（访谈时间：9 月 5 日 17：30，被访者染着黄发，看着很"社会"，但人还是很真诚，上过职校，现在最大的愿望就是能赚钱。）

16. 吴 G，男，17 岁，初三毕业，在职业学校学过理发。住船房老村，房间 30 平方米左右。老家在昭通巧家。十年前来过昆明一次，学过挖掘机。学理发 3 个月，现在没本钱，所以没开店。爸妈都在老家。自己和哥哥一起住。以前想去广东，但那边没熟人。流动前后的感受，觉得这比老家的环境好，人也好相处。进城的主要目标是挣钱，收入过得去。

目前自己没有工作。父母做生意。当时不上学是因为成绩不好，大部分同学都去了职高，自己亲戚在教学，怕被管。业余时间通常去 KTV、金马坊、买东西、溜冰，花费就是在娱乐方面，其余没什么了。朋友有很多，大部分是混社会的，昭通镇雄的人多，是玩的时候认识的。进过派出所，打架是常有的事，一天打六次（不知道是开玩笑还是真的，可能开玩笑成分多一些）。

自己的收入来源比较丰富，从事装修 3000～4000 元／月，自己挣的自己花。因为朋友多，消费与他人相比更高。现在与亲戚联系较多。习惯了在昆明的生活，对昆明很了解，喜欢昆明，能适应年轻人的时尚生活。但觉得自己还是农村人，地位跟以前差不多。对流动产生的变化是积极的态度。目前觉得最不舒服的地方就是讨厌昆明人，大部分都觉得自己高高在上。城市生活对自己及家人的生活有影响，农村的朋友都会羡慕自己。总体上对昆明的满意程度一般。

（访谈感言：被访者对于金钱的追求欲望很强烈，自尊心也很强，周围的朋友圈子比较混杂，有过进派出所的经历，现在又处于无业状态，很容易变成边缘群体中的一分子。）

17. 李 Y，女，19 岁，上到高二，这学期刚辍学。从老家镇雄才来到昆明 20 多天，现在在亲戚的介绍下在船房的一个游戏室上班。住在船房老村，和亲戚住一起。爸爸妈妈在家务农，家里还有个小弟上 3 年级，2 个哥哥已经结婚，并且有 3 个小孩。她是自愿来到昆明让亲戚帮忙工作的。来到昆明之后觉得昆明比想象中的好太多了。问到来昆明的目标，她笑了笑说："当然是赚钱喽。"

她现在在游戏室上班，对上职校很感兴趣，想学美容美发。这是她辍学之后的第一份工作，所以只能让亲戚帮忙介绍（"刚上来我也不知道，我上高中也是在我们那的乡下上的，来城里面也是什么都不懂。"）父母在家务农，她个人认为父母的工作还好。在问到都上到高二了为什么不接着上完高中呢，她犹豫了一下，回答："家庭困难，我还是很喜欢上学很想读书的，我读书的时候成绩很好，成绩在班级前五呢！"现在业余时间就在外面游玩。她还从来没去过网吧，只是在手机上玩过 QQ。日常的消费也只是交话费，其他就没有了。认识的朋友还蛮多的，城里的外来的都有，都是同学，还有上班认识的。没有进过派出所也没有打过架，也不认识那些在社会上混的人。

她现在已经有工资收入，对这些收入还满意（1000 元／月）。手头的钱通常都用来交话费。觉得自己的收入跟消费与周围的人相比，明显要少。在学校与老师和同学相处得很好，辍学后老师还给她打过五六次电话让她回去上学，同学也打过好多次电话让她回去。现在有几个城里的朋友，经常联系。也经常给老家镇雄的亲友们打电话，尤其是老家的同学们，经常联系。跟邻里相处得很好。没有遇到过偏见和歧视的情况。刚来昆明20多天，对昆明不太了解，只是听亲戚讲了让她晚上不要出来逛之类的。喜欢昆明（"昆明这么好过，怎么不喜欢啊。"）觉得在城市里面买菜比农村方便多了，反正城市好的地方挺多的。喜欢城市青年人的时尚生活方式。来昆明前觉得昆明应该挺好的，来到昆明之后也觉得挺好的，感到很满意。流动后，家庭关系和社会关系都没有受到影响。觉得船房挺乱的，治安不好。与城里人交往没有什么最难忘的事情。没有参与过当地社区的活动。昆明有给她一种"家"的感觉。现在她觉得自己是城里人了，来到昆明后感觉自己地位也上升了，因为知道的东西比以前多了。对未来并没有什么打算。流动后，对流动所产生的变化持积极态度。

（访谈时间：9月6日18：30，被访者刚到昆明不久，对城市不熟悉，以前都生活在乡下，很单纯，很配合，很想上职校，可信度高。在和她聊了之后，我劝她还是回去上学，她说说不定过几天我就真回去了。她非常懂事，看到家庭困难，父母并没有让她辍学，但她也知道父母的难处，尽管很喜欢上学还是辍学了。辍学后一个人来到昆明，在一家游戏室上班，外面复杂的环境难以保证那么单纯的小女生以后会变成什么样子。刚来到昆明，交友范围仅限于在游戏室一起上班的同事，总之个人觉得她的处境还是有一定的危险的。）

18. 奉 RZH，男，17岁，文化程度为小学一年级。现在在一个餐厅做服务员，在船房老村和父母住在一起。住的是出租房，20多平方米。爸爸妈妈在昆明，奶奶和两个姐姐在老家四川南充，姐姐们都在上学。1997年来到昆明，曾经住过大观楼、和平村、西坝等地方。来到昆明是跟着父母过来的，当时还小，谈不上自愿不自愿，流动到船房以后，觉得船房特别好。有工作，不想通过职业培训学一些技能，一点也不感兴趣，跟他讲了半天，描述了半天他还是不想。一般找工作都是自己去找，看到人家的招聘信息就去应聘。认为父母的工作状况很好，爸爸在卖衣服。辍学是因为学不进去就不上了。家里的居住条件不好，不满意。业余时间就在外面随便逛逛。通常从事的活动很少，偶尔去上上网。平时的花费主要是用在充电话费上，其他就没什么了。有五六个朋友，城里的、外来的都有。没有进过派出所，没有打过架，也不认识在社会上混的人。

平常有固定的收入来源。觉得这些收入还可以。手头的钱通常都存起来。自己的收入和消费同周围的人相比较，没有差别。在学校的时候，与同学和老师相处很好。学校的条件和氛围可以适应。没有城里人朋友，与原属地亲友只是偶尔联系。能与邻里相处很好。没有碰到过偏见或歧视的情况。对昆明不了解，喜欢昆明，觉得城市玩的地方比农村多，城市的风景比农村好。喜欢城市青年人的时尚与生活方式。没到昆明之前觉得昆明是比较落后的，对流动导致的变化并不满意，但就是不说原因。流动后，他的家庭关系、社会关系没有受到影响，只是很少回老家了。觉得船房社区的治安不好。没有参与船房社区的活动。还是关心昆明的城市发展的。昆明有给他一个有"家"的感觉。现在他觉得自己是城里人，自己感觉地位上升了。未来想办一个养殖场。他经常怀念以前的生活，也关注目前的生活，也会计划未来的生活。对流动所产生的变化持积极态度。由于流动，被访者觉得自己变得成熟多了。

（访谈时间：9月6日15：20，被访者才上到小学一年级就辍学了，让他给我写个名字他也不愿意，说不会写，对上学也不感兴趣。由于他的上班时间就快到了，所以整个访谈都很赶，问题根本不能深入。但他本人看上去很懂事，很配合，直到离上班只有一分钟了才跑着去上班。至于辍学原因，有父母对教育的不重视，也有他自己的想法。问他后不后悔，他还是回答当初的选择没有错。）

19. 黎CHQ，女，20岁，初中毕业。现在在一个超市工作，住在船房老村，和父母一起租房住。2007年来到昆明，以前住过福德村。来昆明是因为想来和爸妈团聚，顺便在这边找工作。觉得昆明挺好的，跟设想的没有区别。

现在有工作，对上职校不太感兴趣，但是她自己还是想培训一些电脑技能。一般找工作都是自己找的。爸妈都卖水果，认为父母的工作状况还行。读完初中了，没有继续上是因为读不进去，觉得自己不是读书的料。业余时间都是在家里休息、上网、玩手机。日常的花费就是买衣服和交话费。在昆明没有多少朋友，这些朋友既有城里的也有外来的。没有进过派出所，没有打过架。

对收入不满意，900块钱一个月，供住不供吃，但是比以前在印刷厂上班轻松多了。觉得自己的收入、消费和周围的人相比较，没有差别。有七八个城里人朋友，偶尔联系，关系不怎么样。与贵州安顺的亲友已经不怎么联系了。对昆明并不了解。觉得城市人多，很热闹，唯一不好的就是没有山。喜欢城市青年人的时尚与生活方式。流动后，家庭关系、社会关系没有受到影响。对船房社区的感受是船房人太抠了，都舍不得买东西吃。没有参与船房社区的活动，不怎么关心昆明的发展。在昆明没有"家"的感觉，不知道为什么。觉得自己"当然是农村人了"。来到昆明后感觉自己地位上升了。会经常怀念以前的生活。对流动所产生的变化持消极的态度。目前觉得最不舒服的就是工资太低，想要努力工作来改善这种状态。现在的生活方式与在老家的时候是有变化的，但她表述不出来是怎样的一种变化。自己觉得对昆明总体上还是满意的，觉得居民有些歧视民工，就好像人家付不起房租一样。最大的愿望是当个有钱人。

（访谈时间：9月6日17：00，由于下雨，我们只有走进超市去找年龄相符的小青年访谈。在跟老板交涉后才同意我们的访谈。被访者很配合，但有些事不知道怎么表达，有点害羞。她来了昆明这么多年，交友范围还是以前在老家上学的那些同学，可信度还可以。）

20. 李 ZHB，男，19 岁，上到初一就辍学了，已经辍学好几年了，现在在海狮酒店当服务员，还没结婚，住的是员工宿舍。今年三月份来的昆明，所以住的是老村还是新村也不清楚。老家是红河的，来昆明是为了生活，自愿来的。当我们问"来到昆明以后，与原来流动前的设想有没有区别？区别在哪里？"的时候不会回答，只在笑。

有工作，对上职校感兴趣，想学厨师、美容美发都可以。一般找工作都是自己找。父母都在老家务农。没有读完初中，因为当时家里条件不好。业余时间喜欢上网。平时的花费都是买衣服、交话费和买一些日常用品。有好多朋友，既有城里的也有外来的。跟这些朋友都是上班认识的，还有一些是以前的同学。没有进过派出所，没有打过架。认识在社会上混的人，觉得他们跟其他人不太一样（没有解释具体什么不一样）。

对收入不满意。手头的钱通常都存起来。自己的收入和消费与周围的人相比有差别，差别在于别人抽烟他不抽，别人赌钱他不赌（这是旁边的朋友说的）。有好几个城里人朋友，和他们只是偶尔联系。与红河老家的亲友还联系。与邻里相处还可以。碰到过偏见或歧视的情况，但就是不愿具体说。

对昆明了解一点，觉得城市交通方便，但空气没有农村好。有点喜欢城市青年的时尚与生活方式。流动后的家庭关系、社会关系没有受到影响，还是过得挺好的。不喜欢船房的吃的和住的地方。没有参与过船房社区的活动。关心昆明的城市发展。昆明还是有一点"家"的感觉的。觉得自己是农村人，自己感觉地位上升了。未来想做一个美发师，喜欢计划未来的生活。对流动所产生的变化持积极的态度。目前的困难就是没钱，只有努力赚钱了。

（访谈时间：9 月 4 日 15：00，被访者很配合，但理解能力有限，解释了也不清楚，很想专业学习美容美发或厨师，可信度高。）

21. 张 W，女，17 岁，读到初一就辍学了，没有工作，未婚。住在船房新村，和父母一起租房住。老家是贵州的。2008 年来到昆明，跟着爸爸妈妈过来，顺便找工作。并不是很自愿。来后觉得昆明并没有想象中那样好。来昆明的主要目标是赚钱和玩，觉得玩更重要。现在没有工作，暂时没有想工作的意愿，也不想通过职业培训学一些技能，对这些都不感兴趣。认为父母的工作不好，"反正都是帮人打工嘛。"没读完初中，觉得不好玩不想上了。平时喜欢睡觉和逛街，喜欢跟朋友在一起玩。平时的花费就是买衣服和交话费。有好多朋友，都是外来的，是通过朋友介绍认识的。没有进过派出所，没有打过架。平常没有固定的收入，手头的钱都通常用来买衣服和吃零食。自己的收入和消费和周围的人相比较有差别，知道自己没有收入却还在一直花钱。在学校的时候，与同学和老师相处还行。学校的条件和氛围能适应。有好几个城里人朋友，只是偶尔联系。与贵州老家的亲友不爱联系。与邻里相处还行。没有碰到过偏见或歧视的情况。

对昆明不了解，觉得城市交通比农村好，但空气不如农村。很喜欢城市青年人的时尚与生活方式。流动前的期望是来到这里可能会过得更好，但现实却并不是这样，现在她对这种变化不满意但也不想回老家。没有参与过船房社区的活动，关心所在昆明的发展，希望发展得更好。昆明还是有一点"家"的感觉的。现在感觉自己属于中间人，不是城里人也不是农村人。自己感觉地位下降了。没有想过未来。更多的关注目前的生活，觉得现在活得好就行。对流动所产生的变化持消极的态度，由于流动，觉得有点适应不了现在的生活，又不知道怎么去改善。对昆明总体上是满意的。觉得居住地政府和居民对民工的态度很不公平。最大的愿望是玩好、过好。

（访谈时间：9月4日11：40，被访者很配合，但不愿留电话，有些话是欲言又止的，还是有一定的防备心理。可信度还行。）

22. 朱YY：女，16岁，未婚。只上到初一，辍学快半年了。住在船房新村，和三个朋友一起合租的。现在在KTV上班。家里有爸爸妈妈和弟弟（弟弟现在上六年级）。爸爸妈妈现在也住在船房，但自己不想跟他们住在一起。老家是贵州的，从小出生在昆明，所以不了解老家。父母是因为打工来到昆明的，曾经住过白马、关上、杨家地等地方。她并不想跟着父母四处搬。船房跟她以前住的那些地方还是有区别的，船房的环境太差，在城里面并没有什么追求目标。

现在有工作，不想通过职业培训学一些技能（之前访问的时候对音乐和幼师特别感兴趣，但现在很反感）。一般找工作都是朋友帮忙带进去。认为父母工作状况还可以。初中没上完，不想上了。家里面的居住条件还行，就是不愿和父母住一起。业余时间就是逛街和上网。日常的一些花费就是买衣服和溜冰。认识的朋友很多，这些朋友城里的外来的都有，都是打架认识的。因为打架进过派出所，打架的原因是女生无缘无故招惹她，一般都是打群架，多个打一个。认识在社会上混的人，觉得他们还行。

现在有收入，但不固定，对这些收入还满意（2000~3000元/月）。手头的钱通常都用来交房租（每人每月交300元左右）。城里的朋友很多，一天到晚都见面，与老家的亲友基本上没有联系了。跟邻居之间是"他走他的我走我"的。没有碰到过偏见或歧视的情况。对昆明还了解但不太清楚，觉得城市没有农村好，因为她没去过农村，别人老在她面前夸农村好。喜欢城市青年的时尚生活方式。他们家流动后家庭关系和社会关系有受到影响，但具体说不出什么影响。觉得船房有时候会让她觉得反感，没有参与过船房的社区活动，不关心昆明的发展，昆明也没有"家"的感觉。现在不知道自己是城市人还是农村人，感觉自己的地位还是上升了点。对未来没有打算，更多的关注目前的生活。对昆明总体上还满意。昆明给她留下印象最深的就是船房这边的朋友还够哥们儿。最大的愿望就是自己开一家KTV。

（访谈时间：9月5日11：00，这个女生在之前一次的访谈中接触过，但以后每次见到都是匆匆地打个招呼，不愿多交谈。这次也是，本来不想再做访谈，后来是志愿者夸赞了她，她才停下接受采访。并且告诉我们，之前那位家庭很糟糕、经常离家出走的朋友李 HY 已经被送回老家了，现在她们也联系不上，觉得她可能回不来了。）

23. 杜 YC，男，18 岁，初中毕业，在餐馆当配菜师，住在船房新村的员工宿舍。老家是昭通永善的，老家还有爸爸、妈妈、弟弟、妹妹（弟弟妹妹都在上学）。今年 2 月份来到昆明，以前去过浙江、成都、上海等地方打工，都是做配菜师。流动的原因就是为了打工赚钱，是自愿的。来到昆明之后觉得昆明与原来想的有差别，昆明的天气没有预想中那样好，太热了。他的追求目标就是做一名厨师。

有工作，很想去新东方学厨师，就是没钱。一般找工作都是直接去餐馆应聘，一直就很喜欢厨师职业，几年来也一直从事这个职业。父母都在家务农。初中毕业后成绩不好就没有再继续上学。业余时间都是逛逛街，去公园走走，看一些关于厨师的书。一般手头上的钱都是用来买一些书看，都是关于厨师、川菜、粤菜的相关书籍。朋友很多，来自各个地方，基本上都是在餐馆里认识的。没有进过派出所，但打过架，都缘于餐馆里面的小纠纷，以及老板的压力和自己的一种对抗心理。

现在算是有了固定的收入，觉得收入还可以。手头上的钱一般都是寄回家，留一点自己用。自己的收入和消费与周围的人相比差别大了，只要看到大一点的厨师就觉得自己的工资比别人少很多，心理很不平衡。在餐馆里面有几个城里的朋友，相处得还可以。与老家的亲友联系很密切，每隔两天就会打一个电话回去。与邻里相处还好，碰到过歧视的情况，但不愿说。在昆明 2 年了，对昆明很了解（但就是不知道我们问的领导、风俗习惯、特产、街道等）。觉得昆明还可以，喜欢这里的气候，虽然有点热。觉得城市的一切都差不多，没有什么不如农村的地方，但农村吃的比城市好，环境比城市好。喜欢城市青年的时尚与生活方式。觉得船房还好。与城里人交往最难忘的就是觉得城里人比农村人条件好，更大方。没有参与过船房的社区活动，很关心昆明的城市发展，希望自己将来也可以在昆明落脚。昆明有家的感觉。现在觉得自己是农村人，因为自己的好多生活方式都跟城里人不一样。来到城市感觉自己的地位比以前下降了，因为在家里很自由，来到昆明打工很多地方都要受老板的约束和管教。未来的打算就是当一名厨师，开一个属于自己的餐馆。对流动所产生的变化持积极的态度。目前的困难就是工资太低，就是想通过自己的努力当上厨师。新的城市生活让他感觉长大了很多，家里很少操心了。对昆明总体上还是满意的。

（访谈时间是 9 月 4 日 15：50，被访者很配合，也很健谈，对厨师特别感兴趣，自己也好学，可信度高。）

24. 刘 M，男，23 岁，高中毕业，在制衣店做加工。未婚，住在船房新村，是公司提供的员工宿舍。老家是曲靖罗平的，家里面还有爸爸、妈妈、哥哥和妹妹。今年刚从广东过来，从广东回昆明是因为离家比较近，而且昆明的气候好。来到昆明后觉得昆明和设想的有很大差别，福利待遇和生活方面都没有原来好。来昆明的目标是想在昆明好好发展。

现在有工作，但他说"这样的工作没有也罢"。想通过职业培训学一些技能，什么都可以。一般找工作都是自己去找的。父母都在家务农，上学上到高中，觉得可以了，就没再上了。业余时间都是跟朋友一起玩一下，顺便谈谈以后的发展之类的。平时觉得有些有必要的就花费，没必要就不花费。朋友很多，都是来自五湖四海的，有些是经过朋友介绍认识的，还有在工作上认识的。进过派出所，打过架，打架是因为别人先动手的（"有过这样的记录，但我不说是没人知道的。"）不认识在社会上混的人。

现在有收入，但不算固定，对这些收入很不满意。我们问"手头上的钱通常都用来做什么"时，他回答说："我好像就没赚过什么钱。"他觉得自己的收入和消费跟周围的人相比是有差别的，"可能因为自己太年轻，一些花费是没必要的，但还是花了，跟周围的人是很有差别的。"有城里的朋友，但联系不多。与老家的亲友联系密切。与邻里相处得很好。有碰到过歧视的情况，在找工作的时候。自己不太了解昆明，但是很喜欢昆明，觉得城市的经济比农村发达，但在日常生活这些方面城市是不如农村的。蛮喜欢城市青年的时尚与生活方式的，但自己还没跟上，有时候也觉得时尚过了头就会很讨厌。流动后，他的家庭关系和社会关系还是受到了一定的影响。对船房社区，觉得整个社区还好，但就是对公司员工宿舍面积太小很不满意。与城里人交往没有什么事是令他难忘的。没有参与过船房社区的活动。

还是关心昆明的发展的，觉得昆明还是有家的感觉的，正因如此才从广东回来的。现在觉得自己还是农村人，来到昆明感觉自己地位下降了。未来打算在昆明开一家自己的服装店。对流动所产生的变化是持积极态度的。觉得由于流动，自己的精神和心理状况都有变化，但不知道是怎样一种变化。现在的生活最不舒服的是自己对公司各方面都很不满意，改进的方法就是跟大家一起努力改变现状。

（访谈时间：9月3日17：45，被访者有丰富的社会经验，很健谈，但就是不正面回答问题，可信度一般。）

25. 黄M，男，22岁，高一读完后辍学，在服装厂上班。准备结婚，住船房新村，员工宿舍，上下铺。家里还有奶奶、爸爸、妈妈、弟弟（上小学）。老家在四川广安。2006年来到昆明，中途去了几个月广州，其他时间就都在昆明了。流动一开始是为了玩，后来就上班了。流动不是自愿的，是别人请过来的。问他进城的追求目标是什么的时候，回答没有目标，到现在也没有目标。

现在有工作，问他想不想通过职业培训学一些技能的时候，他说"我本来就是技术工嘛"。一般找工作都是别人找他的。爸爸在成都上班，妈妈在家务农。上学到高一，因为调皮没有再继续上学了。业余时间就是吃、喝、赌。平常的花费就是抽烟、KTV和麻将。朋友很多，城里的外来的都有，都是朋友介绍认识的。进过派出所，经常打架，看人不顺眼就打。混社会的人认识的不太多，觉得这些人对人还是比较好的。

现在自己有收入但不固定。手头上的钱就是用来吃、喝、赌。觉得自己的收入和消费跟周围人有差别，经常感觉钱不够用，觉得工资低，没有达到技术工的工资水平。有城里的朋友，但基本上都是他们联系自己。与邻里相处和谐。没有遇到过偏见和歧视的情况。不太了解昆明，喜欢昆明的天气。觉得城市不如农村，人太多，污染也太大。不喜欢城市青年的时尚与生活方式。对船房社区没有什么感受和想法。与城里人交往最难忘的就是城里人讲究太多。没有参与船房社区的活动。问他关不关心昆明的发展，回答"有钱就关心"。在昆明没有家的感觉，没有亲戚朋友。现在觉得自己属于中间人，既不是城市人也不是农村人，感觉自己的地位下降了。对未来没有打算，自己走一步看一步。希望以后的日子更好，对流动所产生的变化态度既不积极也不消极。

对昆明有些不满意，昆明太乱了，治安和交通太乱了，不了解居住地政府和居民对民工的评价态度。在昆明印象最深的事就是进派出所，因为自己打了联防的，后面就被打了。最大的愿望就是买彩票中大奖。觉得现在政府对流动人口没有限制，所以没意见。

（访谈时间：2011年9月3日17：18，被访者很配合，回答问题很真诚。）

26. 没留名字，男，20岁，本科毕业，销售员，未婚，家住康宏小区，是套房，120多平方米。爸爸是在职工人，妈妈是在职教师，姐姐在上大学，家里还有爷爷。老家是浙江台州的，1999年来到昆明，流动的原因是母亲搬到昆明来找爸爸，就跟着妈妈搬过来了，是自愿来的（"那时候还小，只有自愿了"）。觉得云南与设想中的有差别，云南有点落后。现在的追求目标是高工资。现在有工作。父母的工作状况还行。家里居住条件很好，自己很满意。业余时间自己经常去夜店，娱乐活动比较多，平时除了娱乐基本没什么消费。朋友100多个，都是城里人，多半都是同学，还有就是去夜店认识的。没有打过架，没有进过派出所，不认识在社会上混的人。

现在有固定的收入，对收入还满意。手头的钱一部分用来积蓄，一部分用来娱乐、抽烟、喝酒。觉得自己的收入和消费跟周围的人是有差别的，工资比别人高，消费也比别人多。交往比较密切的城里朋友有50多个，与老家的亲友联系还算密切。邻居几乎不认识。没有遇见过偏见或歧视的情况。不太了解昆明，也不喜欢昆明，因为紫外线太强了。觉得城市环境比农村好。流动后，家庭关系和社会关系都没有受到影响。对生活的社区的感受是环境差。参与过社区的人口普查活动。不怎么关心昆明的发展，也没有家的感觉。现在觉得自己是城里人。对未来没什么打算，比较喜欢怀念以前的生活。对于流动所产生的变化所持的态度既不积极有不消极。现在生活中觉得最不舒服的就是工资有点低，改进方法就是努力工作。觉得居住地政府和居民对民工的评价态度很差。

（访谈时间：2011年9月3日9：45，被访者很配合，回答问题很积极。）

27. 陈YD，男，20岁，文化程度为高中，未婚，服务员，住在西山区横衡路海狮酒店，员工宿舍，条件挺好。老家在红河州，2009年8月份来到昆明，是自愿来的。昆明与他设想中的基本没区别，进城的主要目标就是创业。

有工作，对上职校不感兴趣。一般找工作都是自己找。认为父母的工作状况一般。上到高中后想找一个自由职业就没上了。业余时间就是和女朋友逛街、上网、运动（喜欢打球）。平常没什么花销。朋友很多，城里的也有，外来的也有，这些朋友都是工作和喝酒认识的。进过派出所（照身份证照），没有打过架。认识在社会上混的人，觉得他们对朋友很讲义气。

现在有固定的收入，但对收入不满意。手头上的钱都用来买衣服和喝酒。觉得自己的收入和消费与周围的人有差别，"别人抽烟我不抽，别人赌钱我不赌"。有一两个城里的朋友，联系密切。与邻居不能较好地相处。有碰到过歧视的情况。对昆明不了解，但喜欢昆明。觉得城市的交通比农村好，但农村的空气比城市清新。喜欢城市青年的时尚与生活方式。觉得所生活的社区比农村条件好一点。与城里人相处最难忘的事情是：城里人可以接受农村人的风俗习惯。没有参与过船房社区的活动。关心昆明的城市发展。觉得昆明有一点家的感觉。现在觉得自己是城里人，感觉自己地位上升了。喜欢怀念过去，但注重未来。对流动所产生的变化所持的态度是积极的。目前的生活存在困难，就是经济困难，想找一份稳定的工作。流动之后，自己从一个农村人变成了城里人，工作压力减小了。对昆明总体上不满意，治安和卫生都不好。最大的愿望是开一家自己的理发店。不清楚一些具体的政府对流动人口的政策。

（访谈时间：2011 年 9 月 4 日 15：30，被访者一开始很抗拒，不想回答任何问题，在同伴的劝说下才配合，可信度适中。）

28. 翟 PL，男，16 岁，初二辍学，现在在餐厅做服务员，住在船房新村出租房。家里还有爸爸妈妈和 2 个弟弟，全家都住在一个房间里。老家在昭通彝良。2007 年来到昆明（那时候他上小学 5 年级），一开始是为了来上学，全家都在昆明比较方便，但后来就没上了。他是被爸爸叫来的。觉得昆明与设想中的还是有区别的，昆明的环境比设想中的好一些。

现在有工作，爸爸帮他找的，在一个老乡家的饭店里帮忙，离家很近。想通过上职校学习一门技术，最想学的是厨师，对厨师特别感兴趣。目前他找工作都是通过亲戚帮忙找的。弟弟在一个民办小学里面上学，每学期学费就是 900 多，家里的支出很大。他的初中没有上完，是因为不想上了，从他爸爸妈妈的口中可以听出他是个非常听话的孩子。家里的居住条件有点挤，全家 5 口就挤在一间出租房里，做饭在外面，他觉得这样的居住条件他还是满意的。业余时间就是在家里面帮忙做家务。平常的花费就是话费和零花钱。朋友很多，城里的外来的都有，都是上学和上班认识的。没有进过派出所，没有打过架。不认识那些在社会上混的人。出去玩都是和朋友一起，觉得那些在社会上混的人有点不务正业。

现在有收入，但暂时不固定，对收入还满意。平常手头的钱都用来买衣服。与老家的亲友不经常联系。没有碰到过偏见或歧视的情况。对船房倒是很了解，昆明就不了解了。还是喜欢昆明的，觉得农村风景比城市好，但城市买东西这些就比农村方便。不太喜欢城市青年人的这种时尚与生活方式。觉得船房挺好的。最难忘的事情还没遇到，也没有参与过船房社区的活动。很关心昆明的城市发展，觉得一个城市的发展关系到一个国家的发展。昆明有家的感觉。现在觉得自己是属于半个城里人半个农村人，感觉地位上升了（这是爸爸回答的）。对未来的打算就是学学厨师出来帮人家炒菜。对流动所产生的变化持积极的态度，他感觉在这种流动中，自己长大了很多。对昆明总体上还是满意的。

（访谈时间9月4日8：30，被访者很配合，由于是之前联系好的，父母也很用心地在旁边陪着，时不时地参与回答，一家5口很温馨。可信度高。）

29. 王S，女，17岁，初中毕业一年。现在没有工作，未婚，住在船房新村的出租房。老家在大理邓川，家里还有爸爸妈妈和哥哥。2010年8月份来到昆明，以前也去过怒江南平。流动的原因是想玩，是自愿来的。觉得昆明跟想象中的没什么区别。

现在没有工作，也不想找，觉得有没有工作无所谓的。问她想不想通过职业培训学习一些技能的时候，她回答："有点想，什么都可以，只要有这个机会。"她还没找过工作。父母在家务农，哥哥在四川打工。初中毕业时想过去上一下技校的，父母觉得没必要，就没去。平时又不上班，整天就看电视、逛逛街。平时的花费就是买菜和房租（房租有时自己交有时是朋友帮忙交），还有话费。朋友还挺多的，城里的外来的都有，都是去朋友家玩认识的。没有打过架，没有进过派出所，也不认识在社会上混的人。

现在没有收入，手头上的钱主要是用在日常生活的开支上。问到她没工作没收入这些开支从哪来？她只是笑笑不回答，又问她"父母给的吗？"她点点头。但问"具体每个月给你多少？"她不回答。觉得自己的收入和开支跟周围的朋友没什么差别。没有城里的朋友，与老家的亲友联系密切。能与邻居友好相处。没有碰到过偏见或歧视的情况。不了解昆明。觉得昆明"差不多"。喜欢城市青年的时尚与生活方式。对船房社区没有什么感受和想法，与城里人交往没有留下什么印象深刻的事。没有参与过船房社区的活动，也没有家的感觉。现在觉得自己是一个农村人，问她："来到昆明觉得自己地位上升了还是下降了？"一开始回答下降了，接着又赶紧改正说没有什么变化。对未来的打算是找一份工作，什么都可以。

（访谈时间9月3日14：20，谈了半个多小时，被访者性格内向，有些问题不会回答，还在刻意回避一些问题。她没工作、没收入，却又没有找工作的意愿，对出来这么长时间了父母还会给她零花钱这点存疑，她的回答前后有一些矛盾。可信度较低。）

30. 张XC，男，16岁，苗族，未婚。于初一辍学，现居住在船房新村的集体宿舍，宿舍有10多平方米，分上下床，一间宿舍有12个人居住。目前的工作是在一家火锅店里当服务员。家中现有务农的爸爸妈妈，还有奶奶和大哥、二哥，其中二哥也是火锅店的服务员。张原居住地为贵州省的织金县，今年刚来到船房。

他到昆明是因为工作的原因，他说自己也是"没办法"。进城的主要目标是挣钱养家。现在的工作是他自己找的。想通过职业培训学一些技能，比如电脑培训。还未初中毕业他就辍学了，因为自己学不进去，而家庭也比较困难。现在他居住的是集体宿舍，对于现在的居住条件他表示不满意。

业余时间多数都在睡觉，他说除了睡觉就没什么活动了，所以基本也没什么花费，电话费也花得不多。拿到第一个月的工资，他打算自己花费 300 元，存 500 元。他有 10 多个朋友都是外来的，是在上班时候认识的。没有进过派出所，曾经打过架，和个别人发生过冲突，发生冲突的具体原因忘了。他表示不认识社会上的人，觉得这些在社会上混的人挺拽的。平时有固定的收入，但来昆明快两个月了却还没有领到工资，自己手上基本没钱，都是靠哥哥。他认为自己的收入和消费跟周围的人相比差别太大了，自己工资低，而周围的人却钱太多了。由于刚到昆明两个月，还没有认识的城里朋友。来昆明后，他与老家亲友还是有联系的。以前与邻里的相处也还可以。他说他碰到过偏见的情况，他认为火锅店的经理对他有偏见。他现在对昆明还不了解，但还是比较喜欢。他认为城市看上去比农村好看一些，而农村有树有草环境好。觉得流动后对这种变化不满意，因为工资太低。对船房社区的感受和想法认为"不好"，但没讲什么不好。与城里人交往没有留下什么印象深刻的事。没有参与过船房社区的活动。还是关心昆明的发展，认为现在是又一个新"家"。现在觉得自己是一个农村人，认为来到昆明感觉自己地位上升了。对未来的打算是想学电脑，找一份更好的工作。

（访谈时间：9 月 3 日 10：30，谈了半个多小时。被访者刚辍学两个多月，不太喜欢讲话，但回答问题还是很配合。当我们提到可以资助他上职校时，他问："还有那么好的事情？"有些不相信，但留了哥哥的电话号码。）

31. 孙 DF，男，14 岁，上到初二，辍学才半个月，说现在在卖衣服，也正在"跳家"中。找到他的时候手上提着一袋衣服，跳家一个月了。之前家住船房老村，跳家后住朋友家。爸爸在上班，"具体上什么班我也不知道，他又没告诉我，我也不管。"妈妈在看店，开了一个五金店。家里还有一个哥哥。老家在贵州织金县。来昆明六七年了。问他知不知道来昆明的原因，他说："那时候还小，不知道，就跟着父母一起来。"觉得昆明跟贵州不太一样，贵州山太多了。不知道进城的追求目标是什么。

现在有工作了（但我们每次到船房都能看见他和小伙伴们一起在闲逛）。不想上职校，一般找工作都是去朋友那里找。没有上完初中，就是因为不想上了。业余时间就是上网、闲逛。平时花费在上网的钱比较多。有很多朋友，不清楚他们是城里的还是外来的，这些朋友大多是同学。因为打架进过派出所，是因为看其他同学不顺眼就打了，都是群架，几个人打一个。（被访者嫌问卷太长，朋友又在旁边催促，就不配合，跑了。后来过了两天，我们在船房的小河边继续做调查时又见到他,本来想找他继续完成那天的谈话,但他还是拒绝了。后来我们接着访谈了几个青少年,其中一个还算有点号召力,就打电话把他叫过来继续了那天的访谈。)

现在有固定的收入,对这些收入还满意。手头上的钱都用来上网、买东西吃、抽烟。觉得自己的收入和消费和周围人相比没有差别。有好多城里的朋友,与他们的交往还好,偶尔联系。与老家的亲友现在没联系了。与邻里相处得很好。在昆明没有遇见过偏见或歧视的情况。了解昆明,什么云南十八怪还有昆明的那些十字路口都知道。喜欢昆明,喜欢城市。觉得城市的环境比农村好,但劳动力没有农村多。喜欢城市青年的时尚与生活方式。没来之前,觉得昆明是个好城市,来了之后觉的确是个好城市。对这种变化是满意的。对船房社区的感受就是"几乎是从小在这里长大了,如果真有一天离开这里了,还真舍不得"。没有参与过这里的社区活动。还是关心昆明的发展的,觉得昆明有家的感觉。现在还没想过自己到底是城里人还是农村人,不过来到昆明之后还是感觉自己地位上升了("以前那些不良的、乡里乡巴的习惯都改了")。对未来没有打算。比较关注现在的生活,对流动所产生的变化持是积极地态度。总体上对昆明很满意。

(访谈时间:9月3日13:00,第一次访谈做了一半,9月5日17:00继续做了后面的。被访者现在正在"跳家"中,一开始回答问题很赶,很勉强,一直在催我们,嫌问卷太长,回答了几个就走了。第二次也是"被逼"的,很不耐烦,有些问题很难深入。不过处于他这个年龄段和他现在的处境,真的很危险,经常"跳家"、打架,看到谁不顺眼就打,的确对社会的稳定有一定的威胁。但是从与他的交谈中可以看出他的本性是并不坏的。)

32. 吴S,男,16岁,初二,辍学半年了,现在没有工作,未婚,住在杨家地119号,出租房。老家在重庆垫江,家里还有爸爸妈妈和姐姐。2004年来到昆明,流动的原因是跟随爸爸妈妈一起来的。觉得昆明跟想象中的没什么区别,进城的主要目标还没有,但是有理想。现在没有工作,也不想找工作。问他想不想通过职业培训学习一些技能的时候,他回答说:"想,特别想学电脑,想上电脑方面的学校。"父母的工作一般,爸爸是做建筑的。初中还没有读完,原因是在学校里跟同学发生了一些事情,所以不想读书。业余时间就是上网、跟朋友玩、聚聚会,偶尔打群架。平时的花费就是买衣服、抽烟(朋友反映,他们不抽烟会死的)。社会交往的朋友很多,这些朋友城里的外来的都有,都是在学校里或经过朋友介绍认识的。没有进过派出所,但是打过架,原因是因为忍不下去了。认识一些在社会上混的人,觉得这些人有的好有的坏。

现在没有收入,只有父母每月给的零用钱五六百元,主要用在抽烟、电子游戏上。觉得自己的消费跟周围的朋友有差别,有时候觉得钱不够用。与邻居的相处还可以。没有碰到过偏见或歧视的情况。了解昆明,知道昆明的一些街道,如广福路、北京路、环城东路、二环路。对昆明的喜欢程度一般，觉得城市条件比农村好，但是空气不如农村。对于城市青年人的时尚与生活方式喜欢程度一般。他流动前的期望是"希望来了还可以回去"。对现在所生活的社区没有什么感受和想法。与城里人交往没有留下什么印象深刻的事。没有参与过社区里的活动，也没有家的感觉。对昆明的发展关心，关心拆迁问题。现在觉得自己是一个城里人。我们问他："来到昆明感觉自己地位上升了还是下降了？"他说："上升了，认识的人多了，社会交际也就多了。"对未来的打算是有一个好的家庭。对流动所产生的变化是持中间态度。

在现在的生活中，他觉得最不舒服的就是爸妈因为工作四处奔波，自己也要跟着奔波。问及"有什么改进办法吗？"他说了一句"跳家"。

（访谈时间：9 月 5 日 13：15。）

33. 肖Y，男，16 岁，外号"嫖哥"，初三毕业，辍学三年了，未婚，住船房老村（"不可以随便乱去找啊"）。家里面住的是出租房，140 多平方米。家里还有爸爸妈妈和爷爷奶奶，他是家里的独子。老家在重庆垫江，3 岁的时候就来昆明了，是跟着爸爸妈妈一起来的，那时还小，但也是自愿的。觉得昆明和老家有很大的不同，在老家认识的都是亲戚，来到昆明都是陌生人。现在的目标是"抓大钱"。

现在没有工作，说是因为年龄关系找不到工作。有找工作的意愿，想通过职业培训学习一门技能，只要能赚钱，做什么都可以。对上职校很感兴趣。初中上完了，问他为什么不继续上高中，他回答："现在想上都没地方上了，以前脑子是豆腐块做的，整天想些不着边际的事，也受学校风气的影响（黑帮影响，但说了又不让我写），现在是后悔莫及。"业余时间就下象棋、看棋谱。此外，还经常上网、玩游戏（旁边的朋友说有一次为了和爸爸抢着玩 CF，还动手打了爸爸。）平时的花费就是打电子游戏。朋友很多，数不胜数，城里的外来的都有。跟这些朋友是偶然相遇认识的，有些是通过朋友介绍认识的。没有进过派出所，但打过架，是因为口头上的争执，对方太小不懂事。认识社会上混的人，觉得他们耿直、有钱。

现在没有固定的收入，平时就是父母给一点，自己打游戏赢一点。手头的钱都用来唱歌、开房（访问结束时间他是不是真的开，他又说怎么可能。）觉得自己收入太低。有数不清的城里的朋友，与他们的交往密切。与老家的亲友经常联系。与邻里相处的一般。在昆明没有遇见过偏见或歧视的情况。了解昆明，知道昆明有云南民族村、环城东路、拓东路、昆洛路、成昆铁路、昆玉高速公路等。说是不喜欢昆明，觉得城市什么都方便，但是没有农村空气好。不太喜欢城市青年人的时尚与生活方式，喜欢自由自在的生活。觉得来到昆明之后，认识的人没有在老家认识的多了，但是对这种变化还是满意的。他说船房这个地方太闹了，人太多了，鱼龙混杂的。问到与城里人交往最难忘的事是什么时，回答"嫖客"，继续问他又不愿意回答。参与过船房社区的放电影活动，还有扫大街。关心昆明的城市发展，还说发展好一点居住就好一点。现在觉得自己是个农民。觉得来到昆明后地位没上升也没下降。未来的打算就是传宗接代、结婚生子。经常怀念过去，也关注现在，更喜欢计划未来。对流动所产生的变化持积极态度。对昆明总体上是满意的，昆明给他留下印象深的就是"嫖客"，对青少年影响太大了，禁不住诱惑。最大的愿望就是希望青少年违法犯罪的事少发生。对流动人口的政策建议是：基本上住的都是出租房，希望环境好一点，不要太鱼龙混杂。

附录9：船房社区妈妈学校走访报告项目

船房社区8万多的流动人口中约有一半为女性，而女性人口中约有1/3为"流动妈妈"。她们都基本有两个及以上的孩子需要抚育，但由于缺乏科学和正确的育儿知识，影响幼儿的早期发育和成长。同时，由于缺乏法律知识和维权意识，歧视妇女、侵害妇女合法权益的现象时常发生。更为重要的是，这些流动妈妈由于文化程度低，缺乏职业技能，很难找到适合的职业，从而无法来帮助提高家庭的收入水平，由此造成不同程度的贫困。为提高流动妇女的幼儿科学抚育知识，增强她们的法律知识和维权意识，促进她们的职业技能培训和就业，中国发展研究基金会联合西山区妇联、船房西华派出所，从2011年11月28日开始开设妈妈学校。

第一期11月28日开班，学员主要来自公益幼儿园的48个家庭，当天到课46名家长，母亲和父亲都有，大家积极性很高。西华派出所程建军所长、邓刚教导员、船房社区居委会陆云祥主任、西山区妇联的鲍春华主席与曾玉竹副主席出席了开班仪式，并一一做了发言。

曾玉竹副主席作为第一期课的主讲人，主要为家长们介绍了我们今后妈妈学校会开展的内容：包括儿童教育、健康、卫生等知识；如何做一位合格的家长；家长们今后可以参与的创收工作，以及可能提供的一些工作机会等等。

会后，家长们都纷纷表示，下一次肯定还来。作为一个激励机制，每位家长听完课后，都会领到基金会10元钱的补助。

　　第二期 2011 年 12 月 14 日开班，学员主要来自于第一期听课后觉得受益匪浅的妈妈们，还有一部分是看到海报宣传来的。当天到课的家长是 59 名。

　　主讲老师是云南省家庭教育研究会常务理事、特级教师肖平。授课开始前肖老师就教大家玩起了游戏，教大家通过手指游戏去和孩子沟通，建立感情。课上，尽管孩子们的哭声吵闹声此起彼伏，但丝毫不影响妈妈们听课的热情和专心程度，回应着老师的各种互动。

　　本授课主要围绕儿童教育、健康、卫生和营养三方面。

　　课后，妈妈们都反映肖平老师讲得非常好，他们也学会了怎样去做一名合格家长，怎样合理地安排孩子的营养膳食等。再给她们发钱的时候，好多家长都说："你们给我们请来老师讲课，给我们传授知识，我们还怎么好意思拿钱？"她们都表示很有收获，下次还会来，并且还会带身边的妈妈们一起来！

　　2012 年 2 月 10 日，第三期妈妈学校在春节长假后再次开班了，学员在公益幼儿园家长的基础上又发展了一批愿意来妈妈学校学知识、增长见识的社区妇女。由于春节后还有部份家庭没有返回，这一期学员实到的是 36 人，但可喜的是又有另外一批人融入到了妈妈学校这个集体中来了。

　　此期妈妈学校的主讲老师是来自昆明市妇幼保健院的产科主任杨奕梅，主题是"妇女卫生保健"，她从事妇产科的工作 40 余年，有着丰富的经验同各位母亲们分享。杨主任给妈妈们主要讲述了人体的生理卫生知识，要孕育一个健康的宝宝的孕前、孕中和产后的注意事项，怎样到正规医院做检查确保胎儿的健康，如何觉察和防止宫外孕等现象，如何教育青春期的子女等等。针对此前我们妈妈学校中有学员由于到小诊所就诊被误诊、实施错误的手术，导致宫外孕大出血，转至正规大医院才将生命保住的事故，杨主任尤其介绍了一些避免出现这样危险情况的方法和措施，并建议大家尽量到正规医院就诊以确保生命安全。

　　课后，一些学员也留了下来和杨主任一起探讨自己在实际生活中遇到的疑问，杨主任一一作了耐心的解答。很多妈妈都觉得开这样的课真对她们来说很受用。妈妈们反映回到家还会回想老师今天讲的内容，在生活中遇到问题了，也会回想老师是怎么讲的，自己该怎么做。还给了我们一个很好的建议，就是在下次开课的时候，可以有一块黑板，让老师把授课内容写在黑板上，这样她们就好及时记录上课内容。俗话说得好："好记性不如烂笔头。"记录下来，她们以后会一直受用！

　　每一次结束签到的时候，很多人都问下一次的妈妈学校什么时候开班，都在翘首以盼！

　　2012年2月29日，第四期妈妈学开班。本期妈妈学校邀请了12355志愿者团队的专业的团队建设专家于朝晖老师和云大社工系的研究生一起来为妈妈学校做团队建设、分组互助。

　　本期妈妈学校采用的是座谈会的形式，目标是通过团队建设把身边的家长团结起来，参与到社区的建设中，为社区发展出自己的一份力，一方面回报社会，另一方面也提升自身的各方面能力。整场座谈会大家边吃边聊，气氛很轻松，学员也很活跃。

　　学员主要是公益幼儿园的家长，和多期妈妈学校开展下来受益的学员。到课的共有53位家长。家长们在专家的引导下，积极参与讨论，想着各种可以为社区做的事，也充分表达了对基金会和西华所以及政府的感谢。座谈会的后面也形成了4个小组讨论，并在中间发掘领导的力量，选出了每组的组长（张道金、杨培美、袁信粉、张春菊），今后组织自己的小组，方便互助以及开展活动。

分组名单

一组

组长：张道金（张语昕的爷爷）

成员：杨云翠（叶刚的妈妈）

　　　杨丽萍（杨海陵的妈妈）

　　　何俭梅（何金烨的妈妈）

　　　丰　蕾（徐沙的妈妈）

　　　柯贤会（王蓉、王奥运的妈妈）

　　　李　芹（陈奕帆的妈妈）

　　　李新英（聂锦杰的妈妈）

二组

组长：张丽粉（张欣的妈妈）

成员：自正萍（张涛的妈妈）

　　　杨培美（杨振航的妈妈）

　　　徐仙梅（胡森的妈妈）

　　　詹文贤（詹梅、詹鹏湘的爸爸）

　　　苏家润（翟培育的妈妈）

　　　申红卫（申扬锐曦的爸爸）

　　　刘代群（王育育、王力宏的妈妈）

三组

组长：袁信粉

成员：胡　林（谭晶莹的妈妈）

　　　陈九章（何双文、何双武的妈妈）

　　　宁桂兰（龙杰的妈妈）

　　　王顺菊（王子鑫的妈妈）

　　　朱家先

　　　韩　旭

　　　李御梅

　　　段永利

　　　李四德

　　　刘　梅

四组

组长：张春菊（文丽婷的妈妈）

成员：陈洪玉（王发涛的妈妈）

　　　付红梅（唐伊寒、唐筱涵的妈妈）

　　　陆明左（陆荣邦的爸爸）

　　　刘珍云（徐秋馨、徐佳湖的妈妈）

　　　马绍飞（郑志宏的妈妈）

　　　张连英

　　　罗利芬（袁鹏的妈妈）

　　　由于有一些家长提前离开要去接小孩下课，四个小组分组时，有一部份成员还未完整列入名单。接下来会通过小组长去分别吸纳当时没有留到最后的成员。

　　　在3月份微软"潜力无限"的项目开始接受报名之后，3月20日，召集妈妈学校小组长在青少年活动中心开了一个会，将微软项目进行宣传，四个小组的组长均到会。工作人员向小组长详细介绍了一下项目，鼓励大家积极报名。大家反映非常积极。第一组的小组长张道金甚至说，他会去召集他们整幢楼的居民都来报名。

接下来几天，主动到青少年活动站报名的妇女同志们络绎不绝，到目前为止，已经有 50 多名妇女报了名，等待安排开课。其中有相当一部分文字和拼音基础薄弱，可能需要先开设拼音班。

到目前为止，曾经参加过妈妈学校的学员加上现有的可以吸纳为成员的人数已超过 90 人。

2012 年 11 月 8 日，第六期妈妈学校再次开班，在中断一段时间之后，家长们的热情依然不减。当天通知了幼儿园的部分家长，晚上一共有 39 名家长来到活动站。此次妈妈课堂，西华派出所教导员邓刚首先为大家介绍了详细而有效的预防失窃及被抢劫的知识，也详细介绍了如果遇到类似案件应如何及时报案等指导，家长们表示非常受益。

接下来，妈妈学校谢老师给大家发了问卷调查表，了解一下儿童三餐的基本情况，特别是早餐状况调查。由于时常发生工作站到了午餐或晚餐时间，都还有很多小孩滞留的情况，工作人员了解到，由于家长下班回家很晚，或者有些时候没有时间照顾正餐，很多小孩的吃饭极不规律，特别是每周六、周日的上午组织活动或游戏的时候。现在活动内容越来越丰富了，但是很多孩子基本上都是空着肚子的。而如果饿着肚子，做什么事情都是没有精力的。并且来活动站的儿童普遍身高、体重、面色都不太好，让工作人员很是忧虑。

据了解，如果家长来不及做饭，会给孩子一两块零钱，他们就拿去买炸洋芋了，即使早餐也如此。而调查问卷的结果也反映出来，的确大多数儿童的早餐是极没有规律的。

这之后，微软潜力无限的项目负责人王珍，又为家长们介绍了微软项目免费培训电脑的事，鼓励所有家长都积极报名和参与。大部分家长通过幼儿园的宣传，已经来报过名，甚至有一部分今年年初的时候已经培训过，当天晚上又有 10 名新的家长填了报名表。

这次妈妈学校从晚上 7 点持续到 8：30。学员们非常开心，会后又与工作人员进行了各方面的交流，包括身体健康问题、子女上学问题等等。妈妈学校是一个很好的集体，从这里我们可以得到家长、家庭的各种问题的反馈，进行交流，然后延伸项目的细致和深度。

2012 年 11 月 15 日，妈妈学校第七期开班。我们邀请到了在营养学、团队训练、包括妇女创业方面非常有经验的杨静老师来为本期学员重点讲关于营养的基本概念。讲课内容分为以下几部分：①什么是营养？②人体所需的七大常量营养是什么？③这七大营养素的功能是什么？④人体每日所需的营养量。⑤营养素的配比关系。⑥天然食品与"垃圾食品"的区别。

在这之前，杨静老师专门咨询过吴畏博士，向他介绍了一下我们介绍的船房社区家长学校学员的构成情况，看课程应该从什么程度讲起。吴畏博士的意见是，尽管这些人经济水平和文化水平相对较低，但是不应以此就省略我们认为他们无法听懂的内容，就从最基本也是最准确的开始普及起。所以尽管这些概念显得比较专业、系统化，但是没有做任何的省略。第一堂课普及得很细致，学员不一定完全吸收，但是这是作为打下基础的第一步，不会就此停步。接下来的系列可能会持续跟进地讲授这些内容。

课堂中也有一些很有趣的部分和反馈。杨静老师了解了一下大家对于生男生女的情况和心态，然后从生物学、染色体的角度给大家解释了，性别不是由母亲这方决定，一定要了解这个道理，不然特别在农村地区会发生很多的误解、委屈甚至悲剧。接着我们周末在活动站的时候，其中一名学员刘代群就来跟我们说，她老家就有一个认识的朋友，生到第七个还是女孩儿，结果脚都被小孩父亲砍伤了。那天晚上她听了课以后就回家，打了电话去骂那个男方，告诉他这个责任不在母亲，并且用老百姓通俗易懂的方式告诉他这个道理。

当晚到场 37 名家长，由于这一期学员同时也在上微软电脑培训班，所以开课较晚，到了 19：30 才正式开始。晚上有一些家长（包括母亲）还要去上班（例如宗林丽的妈妈马邦翠，每天晚上要从 9 点开始去工地上班。孩子父亲在别的地方打工，她白天得带孩子，其中一个在公益幼儿园，另外两个上小学了，要接送，所以就只能晚上再出去打工，晚上工钱也会多一些。但她讲着讲着就开始哭，觉得整个彻夜干活太折磨人了，而且极其损害健康的），所以，还有一些家长要回去照顾小孩了，最后领钱的是 31 位家长。

在讲课完之后的提问环节，也有一些家长向讲师咨询，有小孩尿床的、由于缺钙引起的生长性疼痛的（5 岁）、内向的不喜欢说话的等等问题，讲师也尽力解答了，并在课后又单独进行了讨论。到了 11 月 24 号周六上午，学员刘代群又一次和我们交流，那天晚上听了老师关于多吃蔬菜水果的作用之后（她罹患宫颈癌，已经做完手术了，现在还有一些术后康复的问题），她回去之后照做了，每天都买几种蔬菜，后来说："最近真的是感觉舒服多了。"

我们从 11 月 15 号这一期就开通了短信群发功能，将所有学员（每期都会出现新面孔，每期都在往通讯录中补充）的电话号码输入在移动办理的"企信通"，提前一天，或到了目前已经基本固定下来参加时间，在开课当天的上午就发出群发短信，晚上 19：30 家长就会陆续到来。同时我们也征求了一下家长的意见，主张在周五晚上开课的占绝大多数，所以现在课程基本已经确定在了周五晚上。

由于妈妈学校的成员每次来上课，都会或者不得不携带着孩子一起来，所以活动站的多功能区发挥了很重要的作用。在家长们听课的时候，小孩就在电脑区或阅览区玩电脑或画画、玩具、橡皮泥等等，一定程度上保证了课堂的相对安静。所以在活动站开展妈妈学校的效果很好。

妈妈学校于 2012 年 11 月 23 日举办了第八期。这一期邀请到了广州中医学院硕士毕业、广州外语学院本科毕业的万颖为学员们先从儿童及青少年膳食应注重的几个问题讲起，强调了儿童及青少年时期是一个人体格和智力发育的关键时期，也是一个人行为和生活方式形成的重要时期。儿童及青少年在青春期生长速度加快，对各种营养素的需要增加，应给予充分关注。

由于前一次课杨静老师和万颖老师沟通了我们正在进行的儿童青少年早餐状况营养调查，所以万老师这次课前侧重地在课堂上强调了：三餐要定时定量，要保证吃好早餐，

不吃早餐影响学习和健康，并且早餐营养要充足等问题。

　　同时我们有把先前购买各种豆类、花生、芝麻等做成豆浆的成本为家长们做了一个比较，当我们谈到，小孩生病去小诊所打一天的针就是七八十元时，家长们都频频点头。而20多元的营养豆浆，够全家人喝一个月。当然不是说营养豆浆就保证孩子不生病，而是想强调，家长要从小注重孩子的三餐营养，这样肯定可以提升孩子的体质，增强体抗力，为预防疾病打下良好的基础。

　　第二天周六早上，马香兰家（谭凤群的家长）、柯贤会家都主动找到我们，询问豆浆机的事。现在小马家已经通过我们，在网上买到了一台非常好但价格很低的苏泊尔豆浆机（155元）。柯贤会家由于目前经济有点困难，还没有订购豆浆机，但是已经买了一个80元的电子砂锅，在我们的建议下，为老人多煮黑米粥。我们还为她们家老父亲买了蜂蜜，还建议她可以买一些葡萄干给老人吃。（柯贤会的父亲今年57岁，从上半年开始腿开始痛，本已经自己放弃治疗了。经过一系列的检查，包括在圣约翰医院做的一次腰椎核磁共振，以及一次胸椎的核磁共振，最后排除了所有的器质性问题，结论还是退化性疾病）（核磁共振一次是500元，我用我现在已经可以有现金支出的医保卡为他们支付了费用，每次从卡上扣150元，另外350元是从统筹医保中出。两次核磁共振治疗医保发挥了很关键的作用，同时有谁需要去抓药、可以使用我的医保卡的时候，我都交给她们。她们少数购买了城镇医保，但也没有这样一个医保卡可以支付门诊发生的费用。）柯贤会的父亲，上次在福华门诊医生给他开了价格不贵的补铁的药剂，现在他已经可以扔掉拐棍了，听医嘱连酒也断了，30号这期家长学校他老人家也来了，的确是可以自己走了。

　　然后课后有很多学员围绕着老师，询问很多问题。由于万老师本身是医生（中医世家），母亲有一个中医馆，她也非常耐心地为各个学员解答问题，并且当场为她们解答了各种妇科问题。万医生还在课堂上对大家说，如果学员们谁身体有疾病的，可以下一次将病历、诊断书带到课堂上来，她可以给大家一些建议。

在课后的讨论中，其中提到了妇女卫生用品，就有家长和万医生讨论，万医生叮嘱

大家一定注意这方面的质量与卫生。

根据我们走访，船房社区的小商店，甚至是超市，假货率实在是惊人的高。所以我们在 30 号这期妈妈课堂上也告诉大家一个想法，现在大家都在学习电脑了，很快掌握了网购常识以后，尽量在正品的商家，购买可靠的产品，不仅价格低很多，并且质量得到保障。如果还暂时做不到网购的，我们可以代为采购。

24 号周六上午，就帮小马家和柯贤会家买了两瓶 1L 的她们所要的老姜王正品洗发水。她们对价格这些都非常了解，在外面卖是 38 元，网上买到即 30 元。后来过了一周，她们又讨论洗衣粉等。我们也希望在这个小集体内形成互助，某几位学员购买卫生用品，某几位购买日用品，还有她们提到的孩子吃的零食等等。只是牵涉到经济往来的，还是需要谨慎，现在是在小范围内先做帮助。

这次课总共有 34 位家长参加。当天晚上的课后讨论持续到十点钟，学员才渐渐散去。

2012 年 11 月 30 日，是妈妈学校开办第九期的时间。我们邀请到了现在还在市政府办公厅就职只是已经退居二线的张叔静老师为学员讲关于家庭教育的主题。张老师曾经有过十多年的中小学教学经验，做过少先队、共青团的辅导员，做过行政工作、党务工作，是中文专业的背景，还有一个中医专业的学历，在家庭教育方面尤其有心得。

张老师就"如何做好家庭教育"准备了非常细致的提纲。

父母是孩子最好的老师，父母对孩子的教育很重要，大家都不能忽视对孩子的教育问题，可是家长该如何才能做好家庭教育呢？怎样让孩子得到更好的教育呢？

没有天生成功的父母，也没有不需要学习的父母，所有的父母亲都必须自我学习提高。下面我讲一些发生在孩子身上的常见问题的处理办法。这些虽然是小问题，但这些问题处理不得当的话，将来会给孩子造成不良的后果。

（然后分了八个场景，对比家长的反应，不同的做法造成不同的结果）

场景一、孩子把水、牛奶等撒了一桌子（学会通过发脾气、打人解决问题）

错误做法：训孩子："你怎么这么笨？连个杯子都拿不住。"更有甚者顺手给孩子一巴掌。

结果：大人和孩子都很生气，事情一团糟，孩子学会通过发脾气、打人解决问题。

正确做法：安慰孩子："孩子，没事，我知道你不是故意的，下次注意就行了。你把桌子擦干净好吗？"

结果：孩子得到了谅解，马上向打人道歉，并高兴地把桌子擦干净。孩子学会了宽容。

二、孩子见人不打招呼，没礼貌。（自卑感）

三、孩子的袜子脏了。（心安理得接受，不会尊重老人）

四、孩子早上不起床。（养成迟到的习惯）

五、大人做错事了。（强词夺理或视而不见）

六、家长会老师告状，家长挨批评了。（孩子没有任何自信，学会撒谎）

七、孩子问了个问题，大人不会。（从此，遇到难题一概略过，不求甚解）

八、孩子的日常生活

父母对孩子的影响很大，家长要重视在孩子面前的行为，应该给孩子做好榜样，让孩子得到更好的教育，让孩子健康成长。

最后，尊重孩子，不溺爱孩子，严格要求孩子，不暴力解决问题，要学习，教育孩子前多想一想再开口，自己做不到的事不要随承诺……

张老师在课堂上，用互动的形式，提出一个问题后，先让孩子们回答，他们的家长在这个情形下是如何反应和对待他们，然后再询问家长，是不是平时这样，课堂上迎来一片笑声，气氛非常活跃。

然后张老师用非常生动和极具说服力的方式为家长们上了一堂非常精彩的课，课上就有学员直接说出来："老师你讲得太好了，我们就爱听你这样讲课！"

随后，有学员给我们打电话的时候，又提到周五晚上的这堂课。学员李燕表示，这个老师讲得真的太好了，下次她还要叫上她在帮着做保育的一家幼儿园的"老大"园长也来听这个周五的妈妈讲座，她还想回来抄这个笔记，因为她说平时她对她女儿就是"一巴头"的方式。

学员中有一位是王发涛的母亲，王发涛就是我们公益幼儿园中，也是在测评过程中，从头至尾无论如何都不讲话的一个孩子。这个母亲和张老师作讨论的时候，张老师就说，你们平时是不是会骂他，这位母亲承认了。在我进到茶水间时有一个小场景，当时王发涛与另外一个小孩正在玩往气球里装水，正好我进去的时候，气球一下爆了，水就喷了一地。我十分记得当时这个孩子的神情，他惊住了，而且充满了恐惧（已经做好被骂或者"一巴头"的准备了），但是老师没有用那个模式反应。所以联系起张老师询问的问题以及对孩子的观察，她说这个小孩其实特别聪明，就是可能心里积压了太多的恐惧。

这位母亲其实也非常坦诚，她与教师的沟通也非常积极。课后当我们发补助的时候，她一直坚持不要，说就算交给我们，为孩子们办事了，所以我们就把这个钱又放进了营养豆浆基金中，正好第二天买了 10 元的白糖。很多家长都开始有这样的反应和倾向了，很多家长就主动跑了没有领钱。可能她们内心已经开始觉得，这是真正为她们带来收获的东西，她们也希望有所回馈，所以不领钱变成了第一反应。

当天晚上有 45 名家长签到，有 42 名家长领了补助。

后　记

　　书稿终于完成，喜忧参半。喜的是四年多来的调查研究能够以阶段性成果出版，算是对课题组和自己的一个交代；忧的是流动儿童的社会融合之路还很长，不知什么时候政府和社会能给他们一个交代。

　　四年来对流动儿童生命历程的探索，同时也是一次深入学习和思考的过程。记得刚到中国发展研究基金会时，我开始参与的是《中国发展报告》项目，经历反贫困、福利体系、城市化等一系列主题后，对抽象的社会结构和制度越发了解，但对具体而鲜活的"人"却越发生疏了。转折是 2011 年接手流动儿童项目。此后四年多，我不断往返于北京和昆明两地的城中村，在派出所、居委会、出租屋、民办学校、幼儿园、青少年工作站中调查和开展项目工作。许多时候，自己不仅是以一个调查者，更多的是以一个"村内人"的角色与流动儿童及其家庭一起交流和共同经历。对他们的喜怒哀乐感同身受之余，油然而生的是一种忧虑——流动儿童的社会融合之路究竟在哪里？

　　社会学的想象力要求研究者去理解个人和社会、个人生活和历史之间的关系。于是，四年来我们结合儿童发展理论与实地调查，从父辈的生活、流动儿童的营养、早期养育、学前教育、义务教育、义务教育阶段后教育、职业发展等多方面进行调查研究和干预实验。目的就在于忠实记录流动儿童的生命历程，同时希望对学术研究和政策制定能有所助益。

　　本书能够顺利完成得益于基金会"关爱流动儿童、促进社会融合"课题组全体成员的辛勤付出以及众多合作伙伴的鼎力支持。基金会秘书长卢迈从理论和政策研究两方面对项目进行了悉心指导，并多次就调查研究结果和本书写作提出了详尽的意见。基金会副秘书长方晋多次带领课题组远赴船房社区调研，积极支持本书的写作。

　　本书也是和船房社区各合作伙伴互动合作的结晶。感谢原西华派出所所长邓刚的倾力支持和辛苦付出。正是由于他在本职工作外，对城市化和流动儿童问题的思考、对社会公平的关注，才使得基金会得以深入船房社区顺利开展项目。感谢船房社区居委会对于项目的大力支持。感谢云南省妇儿工委副主任吴皖明对项目的长期关注，在她的大力支持下船房社区青少年工作站的经验得以在昆明市多个社区推广。感谢云南大学社会学与社会工作系高万红教授及流动儿童家访团队所做的大量社会工作和倾力奉献。

本书的完成尤其要感谢课题组同事于明潇、梁博娇、赵晨、都静的辛苦付出。她们参与了项目的设计、调研和评估工作，默默关心着船房社区的流动儿童。感谢项目工作人员谢曼、王珍的辛勤工作和爱心奉献。基金会同事俞建拖在书稿的修改中提出了许多建议，项目实习生王昊等做了大量文献搜集和数据分析工作，在此也一并致谢。

本书的完成也感谢弘毅基金会对于船房社区"关爱流动儿童、促进社会融合"项目的慷慨资助和爱心奉献。感谢中国发展出版社杜君编辑、方燕编辑所做的认真而细致的工作。

本书只是阶段性研究成果，不足之处在所难免，也恳请读者朋友批评指正。值此书稿付梓之际，谨以本书献给船房社区的流动儿童，也献给所有关注流动儿童的机构和个人。

杜智鑫

丙申春于守闲斋